旺文社
小学総合的研究
わかる 社会

三訂版

なぜ
社会を
学ぶのか

おうちの方へ

監修
植草学園大学発達教育学部教授　梅澤真一
東京家政大学家政学部准教授　　二川正浩
東京学芸大学附属竹早中学校主幹　上園悦史

旺文社

［小 学 総 合 的 研 究］わ か る 社 会

おうちの方へ

この冊子は，小学生のお子さまの保護者の方に，「小学校の社会ではどんなことを学んでいるのか」「社会をどのように勉強すればよいか」といったことを知っていただくために作りました。社会の学習のヒントになることが書かれていますので，ご一読いただき，お子さまの学びに役立ててください。

旺文社編集部

CONTENTS

なぜ 社会を学ぶのか

子どもたちに身につけてほしい3つの力

植草学園大学発達教育学部教授　梅澤 真一

◉生きていくためになくてはならない社会科の力

社会生活の適応力を身につける

社会科は，私たちの生活に密着したもので，生きる力の根本を身につけ，社会の一員として振る舞い，行動する資質を養うために，とても大切な科目です。

実際の授業では，どのようなことを学ぶのか

■各学年の学習内容（概要）

学年	学習内容
①3年	身近なくらしの様子
②4年	わたしたちの都道府県
③5年	日本の国土 産業　環境
④6年	日本の政治
	日本の歴史
	国際社会の様子

小学校の社会科では，①3年生で身近なくらしの様子，②4年生でわたしたちの都道府県，③5年生で自然や産業などの地理的分野，④6年生で政治分野・歴史分野・国際分野を学習します。

3年生では，地図の読み方やかき方といった基本技能を習得し，自分の生活する身の回りの地域の様子を知る手だてを学びます。また，お店で働いている人や農業などに従事している人の仕事の様子について学習します。私たちの生活に欠かせないものがどうやって生産されているのかを学ぶことで，働くことの大切さを知り，尊重する心を養います。

さらに，4年では，都道府県まで学習対象を広げ，特色ある地域の様子や昔からの伝統を守り，引き継いでいく心を育てることも含まれ，自分と自分をとりまく社会との関わりを確認していきます。

5年生では，日本という国の地理的

な特徴を知り，国土の様子や、日本がどのような産業で成り立っているのか，など，国土への理解を深めます。身近な地域を学んだ3・4年生よりも，範囲を広げ，さらに内容も深めて学習することになります。産業では産物の価格や流通にまで踏み込んだ学習になるので，実生活に密着した感覚を養うことにつながります。

6年生では，政治のしくみと日本の歴史，国際社会の様子を学習します。偉大な先人が積み上げてきた歴史の足跡を学ぶことで，自分という存在を客観的に見つめることができます。また，自らの文化を大切にし，引き継いでゆく心を養います。一方，自分が生きる現実の社会がどのようなシステムで動いているのか，社会における権利や義務は何なのかを，政治のしくみを通して学びます。そして，日本は世界の国々との関わりの中で歩んでいることを知ります。

小学校社会科の目標は

小学校社会科の目標は，学習指導要領に示されているように，「社会的な見方・考え方を働かせ，課題を追究したり解決したりする活動を通して，グローバル化する国際社会に主体的に生きる平和で民主的な国家及び社会の形成者に必要な公民としての資質・能力の基礎を育成する」ことにあります。小学校ではこれを，「3つの力」の活用で身につけていきます。

社会科で身につけたい 3つの力

小学校社会科では，「知る力」「考える力」「社会をつくる力」の3つの力が基本になります。

知る力

「知る力」とは，社会に見られる出来事の特色や構造を知る力です。例えば授業で山形県庄内平野を題材に，お米の生産方法から出荷，流通まで学んだとき，こういったことを知識として蓄積する必要があります。そして，「知る力」を強くするのは，「もっと知りたい」という意欲です。学校で学んだことをもとに，「家庭で食べているお米はどこで作られたものか」「なぜ，その品種を選んでいるのか」といった知識欲を満たすためには，家庭で，子どもの話をよく聞き，丁寧に

子どもの質問に答えることが必要になります。また，テレビのニュース番組などを見て，親が感想を述べ，子どもに問いかけ，子どもの質問を受けることでも伸ばすことができます。

「知る力」が身につくということは，自分を取り巻く社会の事象への興味や関心，感受性を高めることになり，成長するにつれて必要になる，理解力，判断力の土台になります。小学生のうちからいろいろなことに興味を持ち，自分の世界を広げておくことが，将来に役立つのです。

考える力

「考える力」とは，社会に見られる出来事や，獲得した知識を理解して深める力です。授業では，疑問，予想（仮説），調査，理解の段階を踏みます。「なぜ北海道は寒いのに米の生産が可能なのか」という疑問を持ち，「広大な土地と豊かな水があるから」などの予想（仮説）を立て，調べます。そうすることで「寒い地域でも育つように稲が品種改良されたから」という，これまで知らなかったことがわかり，理解が深まります。また，調査の過程で地図やグラフ，統計などの資料を活用するため，読解力や解釈力も高まります。

社会をつくる力

「知る⇒考える」をくり返すうちに，さまざまな問題点が見えてくるはずです。例えば「お米の生産者人口の減少」などの事実が分かったときに，「どうすれば解決できるのか」という解決策をいくつか考え，判断し，自分なりに結論を出してみることも重視されます。これが「社会をつくる力」です。この「社会をつくる力」は，話し合う際にも大切になります。小学校では調べ学習やその発表が課題になることがよくありますが，ここで必要になるのが，「社会をつくる力」を土台にした，自分の意見，主張を表明することです。お子さまが宿題のレポートを仕上げたときには，「自分が考えたこと」の中に，「こうしたらよい」など社会に働きかける意見が述べられているかどうか，確認してあげてください。

実生活の面でも，「社会をつくる力」がつくことで，身の回りで起こるさまざまな問題について，判断を下すことができるようになります。進路，進学，就職，退職など人生の岐路に立つときの決断力，人間関係に悩んだときにそれを解決するための判断力といったものの土台は，この「社

会をつくる」にあります。

■３つの力の模式図

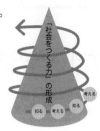

◎ 未来を生きる子どものために

現代社会は，日々様々な出来事がおこり，今日まったく問題ではなかったことが，明日は大問題になっているということが起こります。

例えば「地球温暖化」の問題のように，皆が気づいたときには，世界レベルで解決に向けて考えていかなければならない事態が起こっています。こういったとき，多様な価値観をもつ世界の国の人々と話し合いを行い，合意を得て行動を決めるのに必要となるのが，社会科で学んだ地理，歴史，政治，国際面での基礎知識を前提にした，「知る，考える，社会をつくる」の３つの力なのです。

本書を存分に使いこなして，社会科の学習に役立てるだけでなく，３つの力を存分に身につけてほしいと願っています。

監修者紹介

梅澤 真一
（植草学園大学発達教育学部教授）
専門は小学校社会科教育。日本社会科教育学会，全国社会科教育学会などに所属。小学校社会科教科書「新しい社会（東京書籍）」編集委員。著書に『深い学びをつくる社会科授業５年』（東洋館出版）『社会科を考えて創る子どもを育てる社会科授業』（東洋館出版）等がある。

上園 悦史
（東京学芸大学附属竹早中学校主幹）
専門は金融教育，国際理解，法教育。日本社会科教育学会，日本公民教育学会（理事）所属。著書に『単元を貫く「学習評価」とテストづくりアイデア』〔共著〕（明治図書 2023 年）がある。

二川 正浩
（東京家政大学家政学部准教授）
専門は社会科教育，教員養成教育。日本社会科教育学会所属。著書に『新しい中学社会のポイント』〔共著〕（日本文教出版），『教育実習安心ハンドブック』〔共著〕（学事出版）がある。

おさえておきたい学習POINT

小学社会で必ずおさえておきたい到達ポイントを，学年別にまとめました。到達ポイントをクリアする方法もあわせて示してありますので，お子さまの学年に合わせてチェックしてみてください。

3・4年生 おさえておきたいポイント

地図	☐ 東西南北の四方位がわかる。
地図	☐ 地図記号を読みとることができる。
都道府県	☐ 都道府県の位置と名称がわかる。

社会において，地図の読解は学習の基本となります。

教科書では自分で地図を作成する作業が中心ですが，最終的には地図を読み，どこに何があるのかを把握する力を身につけることが求められます。そのために必要なポイントが，上の表で示した2点です。

まず，四方位の知識は，地図を読むために必須のものといえます。地図上の位置と，自分のいる場所を重ねてみる際に，これは欠かすことのできない技能となります。

また，地図記号については，基本的なものは学校のテストはもちろん，入試にも出題されますので，必ずおさえておかなければなりません。

四方位を
示す
方位マーク

地図記号

◎ 市役所　⊕ 郵便局　⊕ 病院　⊗ 警察署　Y 消防署　卍 寺　卍 神社　⌂ しろあと
Λ林　⼭ あれ地　━━ 鉄道　▨ 家や店の多いところ　▨ 高い建物の多いところ

▲小学校の学習で使われる地図の例

● 四方位はなじみのある場所で, 体でおぼえる

食卓やリビング, お子さまにとってなじみのある場所で, 東西南北の感覚を身につけさせるのが効果的です。「うちの庭にあるびわの木のあたりから太陽が出る。それが東だよ。」というように, 日の出・日の入りと結びつけて覚えさせるとよいでしょう。

それぞれの方位になじみのある場所を書き込んでみるのもよいでしょう。

● 地図記号はその由来と一緒におぼえる

地図記号についても, 機械的に覚えるだけでは記憶への定着が弱く, すぐに忘れてしまいます。「田のマークはいねを切りとったあとのかぶの形」「警察署のマークはけいぼうを交差させている形」など, その記号の由来と一緒におぼえるようにしましょう。

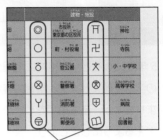

地図記号の形に注目させましょう。

また, 身近な地域の地図を読めるようになることに加えて, 日本地図を見て, それぞれの都道府県の名称と位置をおさえておくことも必要です。巻末についているポスターを見やすいところに貼るなどして, 学習に役立ててください。

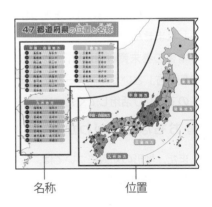

名称　　　　　　　　位置

5年生 おさえておきたいポイント

国土	☐ 地図帳・地球儀が使える。
国土	☐ おもな山地，山脈，河川，平野の名前がわかる。
産業	☐ 産業のおおまかな方法，工程がわかる。

5年生になると，本格的に地理分野の学習が始まります。学習内容が深まりますが，基本事項をしっかりおさえるようにしましょう。

5年生の学習内容としておさえておきたいポイントとしては，大別すると「国土」と「産業」の2つになります。

● 地図帳が使える

「国土」については，3・4年生までの身近な地域の学習から発展して，市町村全体，都道府県全体，日本全体のように，ずっと広い地域の地図に触れることになります。このとき，実際に自分で地図帳をめくり，さがし，調べるという作業が発生します。はじめての場合はとまどうかもしれません。

本書の巻末資料編には，「地図帳の使い方」というコーナーがありますので，ぜひ活用してください。

● おもな地形がわかる

また，地形の知識については，後に学習する産業と文化に密接に関わってくるので，必ずおさえておかなければなりません。

地図帳のさくいんのひき方がわかります。

さくいんから得た情報を使って，どのようにして地図上の位置をつかめばよいかがわかります。

しかし，山脈や河川などの名称，位置を覚えるのが苦手，というお子さまも多く見受けられます。

例えば，ご家庭のリビングに1冊，地図帳を置いてみてください。テレビで出てきた地名や地形を，お子さまと一緒に地図帳にマークしておくようにします。家族旅行で訪れた土地などにも，「夏休みに行った」「○月×日にハイキングをした」というように書き込みをしておくと，お子さまの記憶に定着しやすくなります。

また，本書では「山」「川」などの地形別にページをまとめていますので，「今日は山脈を覚える」というように目標を持って学習することができます。

「今日は山脈を覚える」というように，テーマを決めて使うことができます。

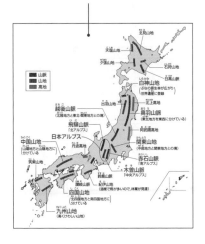

おおまかな産業の方法がわかる

5年生で学習するおもな産業は，「農業」「水産業」「工業」「情報産業」の4つです。これらの産業はそれぞれを代表する産物や製品を中心に，おおまかな工程をおさえておくとよいでしょう。

本書では，各産業の工程をイラストつきでわかりやすくまとめているので，最初から最後まで，しっかり流れをつかむことができます。

代表的な産物や製品をとりあげています。

工程を順番に追うことができます。

豊富なイラストで理解を助けます。

6年生 おさえておきたいポイント
日本の歴史

人物	☐ 歴史的な事実から人物の業績がわかる。
文化	☐ 日本の歴史の特徴的な文化遺産，文化財がわかる。
観点	☐ 日本の時代区分がわかる。

6年生では，「歴史」と「政治・国際」の2つの分野を学習します。歴史分野は縄文時代から現在までの，日本の歴史が学習の中心となります。

6年生の到達ポイントは，「歴史的事実」を通して日本の「歴史上の人物」「文化遺産」をおさえ，日本の歴史の「時代区分」を知ることです。

● 人物の業績がわかる

「歴史を学習する」ということは，「歴史上の人物を学ぶ」ということでもあります。歴史的な事実から歴史上の人物の業績を知るには，「いつ」「だれが」「なにを」「どこで」「なぜ」「（どのように）したか」のように整理されて，理解できていることが重要です。簡単なことではありませんが，これを実現できる取り組みの一案をご紹介します。

● できごとの「なぜ？」に注目させる

小学生で学ぶ歴史は，古代から現代におよぶ，かなり長い範囲です。おそらく大半のお子さまには新しい情報が山盛りであるため，知る，理解する，覚える途中で，興味，関心

を失ってしまわないよう，気をつけたいところです。

歴史的な出来事の背景には，起こった理由，原因があります。関わった人物，または人々がいます。出来事の推移，経過があります。そして結果があります。

お子さまにはまず「人物（または人々）」に関心をもたせ，その人物が出来事に関わった理由，または原因（因果関係）に対する理解を深めさせていくことが効果的です。

理解を深めながら学習を継続させるための工夫

写真，図版，統計資料，イラストを活用するとよいでしょう。文字だらけでは飽きてしまうお子さまも，写真や図版，イラストなどがあれば，楽しんで取り組むことができます。こういった資料は文章で表現されたことを違った形式で言いかえているとも言えるので，資料を見て気づいたことを述べさせるのも効果的です。

日本の歴史の時代区分がわかる

日本の歴史は，政治の中心地，世の中の様子によって，「室町時代」「江戸時代」など，いくつかの時代にまとめることができます。一つ一つの時代には様々な出来事があり，そういった出来事がまとまって，その時代を特徴づけていると言えます。年表を使って，その時代の特徴を大きくとらえておけば，日本の歴史の流れを大きくつかむことができるようになるのです。

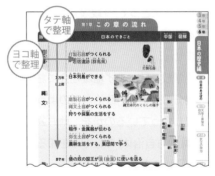

日本の文化遺産を知る

上述したように，日本の歴史はいくつかの時代にわけて特徴づけることができます。それぞれの時代の特徴的な文化の様式を知り，これらを歴史的事実との結びつきで理解できるように学習を進めてください。

政治	☐ 地方公共団体と国の政治のしくみが分かる。
憲法	☐ 日本国憲法の理念，構成がわかる。
国際	☐ 日本と関係が深い諸外国の経済，文化などの特徴を知る。
国際	☐ 国際連合の働きがわかる。

6年生の社会科のもう一つの柱は「政治・国際」分野です。学習内容は，大きくまとめると「日本国内の政治のしくみ」と「日本と諸外国とのつながり」をおさえることがポイントになります。

● 地方公共団体と国の政治のしくみが分かる

小学生にとって，「政治」という概念を理解するのは難しいことかもしれません。

小学校では，まず地域社会における自分の生活が，政治とどのように関連し合っているのかを，地方公共団体〔地方自治体〕のしくみを知ることから始めます。

例えば，公民館といった公共施設がつくられるプロセスを知ることで，地方公共団体の構成員としての自分が，政治や行政に関わっていることが理解できます。この地方行政という小さい単位から，国という大きな単位をおさえることが求められます。

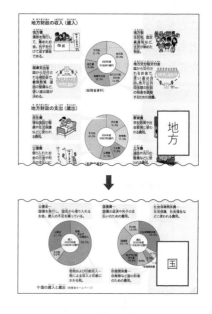

● 日本国憲法の理念，構成がわかる

「国民主権，平和主義，基本的人

権の尊重」という３つの柱を実現するために定められている，国民の権利と義務の内容理解が必須です。この理解をふまえて，国会における議会政治と選挙の関わり，司法，立法，行政の役割と三権分立，租税の役割までおさえます。

● 日本と関係が深い諸外国の経済，文化などの特徴を知る

日本は日本一国だけで存在しているのではなく，「歴史，文化，風俗，習慣，生活様式」などが異なる諸外国と関係を持ちながら成立していることを理解します。

小学校では，歴史的，政治的，経済的，文化的につながりが深い国々について，主に経済および文化面を中心に知識を深めていくことになります。東アジア，アジア，ヨーロッパ，アフリカ，オセアニア，南北アメリカなど，まんべんなくおさえておかなければなりません。

● 国際連合の働きがわかる

国際連合のしくみを知ることは，国際協調，国際協力の象徴として，日本と世界の関わりを学ぶ好材料です。SDGs の設定や，平泉の世界遺産登録は国連の機関によるものです。

組織としての国連の活動を，総会，安全保障，専門委員会の具体的な働きから理解することが必須です。

焦点をあてて理解

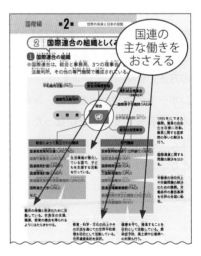

国連の主な働きをおさえる

「自分の考えを人に伝える力」が求められる！

「表現力」というと，とても抽象的に聞こえますが，これからの小学生に求められる「表現力」は，「自分の考えを人に伝える力」です。

例えば社会科では，ものごとを調べるだけではなく，その結果やわかったことを整理して，「自分は何を考えたか」を，人にわかりやすく伝える力が求められます。

これから重視される活動

① ものごとを適切な資料を使って的確に調べる。

② 調べたことをわかりやすくまとめる。

③ まとめたものを使って人に自分が考えたことをわかりやすく伝える。

「小学総合的研究」では，

巻末資料編に設けた「表現活動の方法」で，「調べ方」「まとめ方」「発表の方法」を解説しています。

レポートの宿題が出たとき，みんなの前で発表をすることになったときなど，手順や気をつけるべきことなどが示されているので，参考にしてください。

おさえておきたい中学受験POINT

お子さまが受験勉強に取り組むときの,「小学総合的研究 わかる社会」の活用方法をパターン別に紹介していきます。

パターン1

塾の勉強の予習・復習に使う。

予習・復習したい単元を目次やさくいんから調べ, 解説ページを読んで学習する。

例 「徳川家康の政治」を復習したい場合

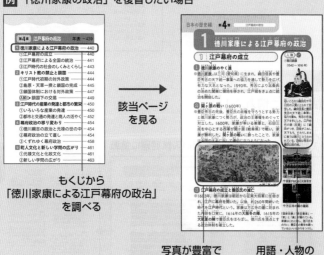

もくじから
「徳川家康による江戸幕府の政治」
を調べる

該当ページ
を見る

写真が豊富で
見やすい!

用語・人物の
説明があるので
わかりやすい!

※もくじから見つけられないときは・・・
　関係する用語を「さくいん」から調べてください。

パターン 2

中学入試に出る項目をおさえたい。

「中学入試対策」ページをチェック。

★特に入試で問われやすい
　内容を中心に集めていま
　す。

「ここが問われる!」は
入試出題ポイントです。
重点的に読むようにし
ましょう。

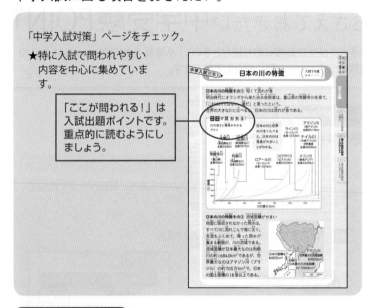

パターン 3

入試問題に慣れたい。

入試要点チェックで 入試頻出用語を確認	実際の入試問題に挑戦	巻末の解答・解説で 答えあわせ

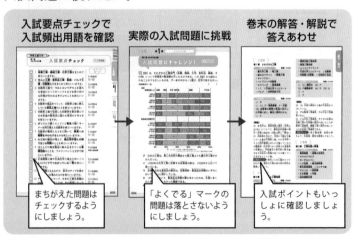

まちがえた問題は
チェックするように
しましょう。

「よくでる」マークの
問題は落とさないよう
にしましょう。

入試ポイントもいっ
しょに確認しましょう。

わかる 社会

三訂版

Obunsha

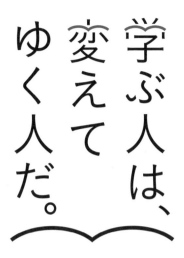

学ぶ人は、
変えて
ゆく人だ。

目の前にある問題はもちろん、

人生の問いや、社会の課題を自ら見つけ、

挑み続けるために、人は学ぶ。

「学び」で、少しずつ世界は変えてゆける。

いつでも、どこでも、誰でも、

学ぶことができる世の中へ。

旺文社

旺文社

小学総合的研究

わかる

社会

三訂版

Obunsha

はじめに

　小学校に入学してから大学を卒業するまで、みなさんは16年間も勉強をします。社会に出てからも人は毎日何かを学びます。なぜこんなにたくさん勉強をするのでしょうか。今まで知らなかったことを知るよろこびや、わからなかったことがわかる楽しさもあるでしょう。でも、勉強はつらく苦しいときも多いですね。まわりの大人たちはみなさんに「あきらめないでがんばれ」と言うでしょう。どうしてだと思いますか。テストで良い点を取り、試験に合格してほしいからでしょうか。それは目の前の1つのハードルにすぎません。その先にこそ本当の目的があるのです。「あきらめないでがんばれ」には、みなさんが大人になったときに幸せに生きてほしいという願いが込められているのです。

　学ぶ力こそが人を幸せにします。大人になっていろいろな困難にぶつかったときに、知識をたくさん持っていたほうが解決の糸口をみつけられますし、その知識を組み合わせる力を持っていれば、さらに多くの可能性を広げることができます。学ぶ力はより良く生きる力であることを、どうぞ忘れないでいてください。

　この本は、みなさんが学ぶ力をつけるために活用していただくものです。いつもかたわらに置いてページを開いてみてください。自分の中にある知識と、この本にある知識をいく通りでも組み合わせてみましょう。答えはみなさんの頭の中でつくられていきます。その過程こそが学ぶ力であり、将来のみなさんの幸せにつながっていくのだと信じています。

株式会社　旺文社　代表取締役社長

桒川秀樹

本書の特長と使い方

特長 1 学校の勉強から，中学入試レベルまで対応。小学校の学習はこれ1冊で安心！

① 学校や塾の勉強でわからないところがある！

さくいんで，わからない用語を見つけ，その説明のあるページを開いて調べましょう。単元の名前がわかっていたら，もくじから見つけることもできます。

> 予習したいときにも同じ方法が使えるね。

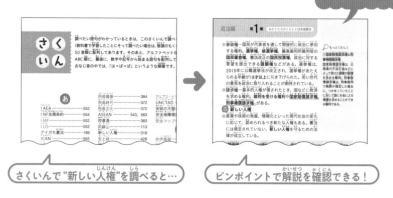

さくいんで"新しい人権"を調べると…

ピンポイントで解説を確認できる！

② 中学入試対策がしたい！

解説や中学入試対策のページで学習してから，章の最後の入試問題にチャレンジしてみましょう。

> 問題を解いてから解説を読んでもいいよ。

特長
2
知りたいことがすぐ探せる，引く機能重視の構成

特長
3
図をたくさん使っているので，見やすく，わかりやすい

③ 問題を解きたい！

章の最後に2段階の問題があります。「入試要点チェック」で重要項目をおさえ，「入試問題にチャレンジ！」で実際の問題を解いてみましょう。

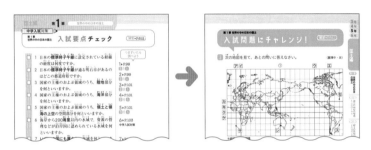

④ ノートのまとめ方や夏休みの自由研究のヒントがほしい！

巻末資料編には，表現活動の方法がのっています。調べ方やまとめ方，発表の方法など，困ったときはここを参考にしましょう。

巻末にまとまっているから
見つけやすいね。

調べ学習の進め方の基本が
書いてあるよ。

本書に出てくるマークのしょうかい

 もっとくわしく　本文の内容よりさらにくわしい説明が書いてあります。

 人物　重要人物について、くわしく説明します。

史料　おさえておきたい歴史史料をのせています。

⚠️ ここに注意！　まちがいやすそうなポイントについての解説です。

 用語　新しく出てきた用語の説明です。

 社会の宝箱　学習したことのこぼれ話などです。社会の知識をより深めることができます。

中学入試対策　中学入試対策のページについています。

 よくでる　問題ページで、入試によく出る問題についています。

ここが問われる！　入試で問われるポイントをまとめています。

 ハイレベル　問題ページで、少し難しい問題についています。

スタッフ

執筆編集協力　有限会社マイプラン（近田伸夫，松宮隆代，谷坂実紀）

執筆　尾崎涼子　株式会社 日本教育研究センター　有限会社 編集室ビーライン

校正　須藤みどり　株式会社 東京出版サービスセンター

イラスト　駿高泰子　有限会社 オフィスぴゅーま

装丁デザイン　内津剛（及川真咲デザイン事務所）

本文デザイン　林慎一郎（及川真咲デザイン事務所）

も　く　じ

6

環境編 …………………… 289

政治編 ………………… 311

日本の歴史編 ………… 345

知っておきたい時事ニュース
社会情勢の変化により、掲載内容に違いが
生じる事柄があります。
二次元コードを読み取るか、下記 URL をご
確認ください。
https://service.obunsha.co.jp/tokuten/jiji_news/

身近なくらし 編

わたしたちのまち

1 学校の周りのようす

1 高いところから見てみよう

1 おかにのぼって

● 学校の近くにある高いおかにのぼって，学校の周りに何があるかをながめてみよう。

● 高いところからながめると，周りのようすがよくわかる。

田んぼが広がっている。

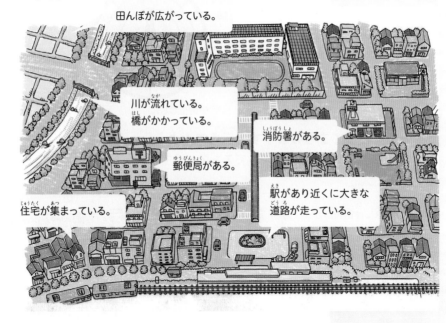

川が流れている。
橋がかかっている。

消防署がある。

郵便局がある。

駅があり近くに大きな道路が走っている。

住宅が集まっている。

2 高いところからながめてわかったこと

● 学校のそばには川が流れていて，その川の水が田んぼに引かれ，うるおしていること。

● 駅のそばには，**郵便局**や**消防署**などの大きな建物が集まっていること。

● 駅前や学校の周りには，横断歩道が多く設けられていること。

2 方角を調べる

1 方位

- **方位**がわかると、まちのようすを知るときに役に立つ。
- 地図はほとんどの場合、上が北になる。そうではない場合は、矢印のようなマーク（方位記号）を使って方位を表す。

↑八方位をしめす図

こちらが北を指す

↑方位記号

2 方位じしんの使い方

- 自分がいる場所からの方位を知るには、**方位じしん**を使うとよい。
- 方位じしんは、色のついたはりが北を指すようになっており、一目でそれぞれの方位がわかるようになっている。

↑方位じしん

たいらな場所において使う。

3 方位を使ってまちのようすを伝えてみよう

- 学校を中心にして、方位を使ってまちのようすを表してみよう。

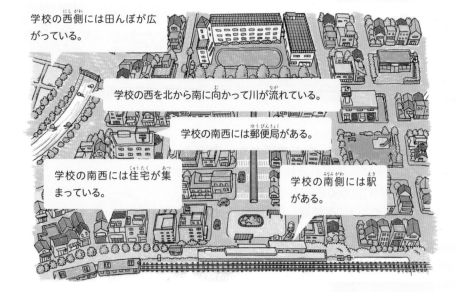

学校の西側には田んぼが広がっている。

学校の西を北から南に向かって川が流れている。

学校の南西には郵便局がある。

学校の南西には住宅が集まっている。

学校の南側には駅がある。

身近なくらし編

第1章
わたしたちの
まち

第2章
働く人々の
ようす

第3章
安心して
くらすために

第4章
くらしの
移り変わり

第5章
日本の諸地域

第6章
すこやかに
くらすために

第7章
開拓と
まちづくり

2 地図の読み方・かき方

1 地図をつくってみよう

1 まちを歩いて探検する

● 探検する地域の**白地図**を用意してから，スタートする。白地図は，道路や川などだけがかかれていて，記号や文字などがかかれていない地図のことである。

● 歩いてまちのようすを調べるときには，**探検メモ**を準備して持っていく。見たこと，気がついたことを書いておくと，あとで探検の結果をまとめるときに役に立つ。

● 時計やカメラもあると便利である。

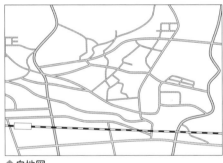

↑白地図

探検メモ
月　　日
年　組　名前（　　）
■行った場所
■見たもの
■気がついたこと

↑探検メモ

かじょう書きで
まとめておくと
よい。

↑時計

↑筆記用具

↑カメラ

● 探検に行くときに気をつけること
・車に注意し，交通ルールを守る。
・インタビューをするときは，あいさつやお礼を言う。
・お話してくださる人の話をしっかり聞く。

2 見たこと，気がついたことを書きだす

住宅地の中に病院がある。

まちの北東には田んぼが広がっている。

駅の周りにはお店が多い。

線路のそばに消防署がある。

3 探検したところを地図にかいてみよう

- まちを歩いてわかったことを言葉で表しただけでは，まちのようすはわかりにくい。地図に整理すれば，まちのようすが一目でわかるようになる。
- 地図に整理するときに，**地図記号**を使ってみよう。

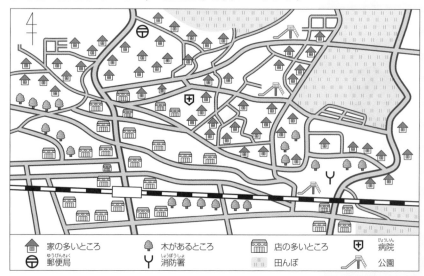

家の多いところ	木があるところ	店の多いところ	病院
郵便局	消防署	田んぼ	公園

身近なくらし編

第1章 わたしたちの まち

第2章 働く人々の ようす

第3章 安心して くらすために

第4章 くらしの 移り変わり

第5章 日本の諸地域

第6章 すこやかに くらすために

第7章 開拓と まちづくり

② 地図記号

● 地図に整理するときに，**地図記号**を使ってみよう。地図記号は，地図上で地形や建物，土地の利用状況などを表すための記号である。地図記号を使えば，その場所に何があるか，どのような状態になっているかがわかりやすい。

土地利用		建物・施設			
ˌ ˌ ˌ	田	◎	市役所・東京都の区役所	丗	神社
˅ ˅	畑	○	町・村役場	卍	寺院
♂♂	果樹園	◌̈	官公署	文	小・中学校
∴	茶畑	⊗	警察署	⊗	高等学校
♂♂	広葉樹林	Ƴ	消防署	⊞	病院
ʌʌʌ	針葉樹林	⊖	郵便局	📖	図書館
ˌ� ˌﬀ	荒地	☼	発電所・変電所	🏛	博物館
⺊⺊	竹林	⌐	城跡	⌂	老人ホーム
↑↑↑	ささ地	∴	史跡・名勝・天然記念物	△	三角点

● 外国人にもわかりやすい地図記号がつくられている。

✉	郵便局	🛏	ホテル	🚆	鉄道駅
🏠	交番		コンビニエンスストア・スーパーマーケット	✈	空港・飛行場
✚	病院	¥	銀行・ATM	ⓘⓠ	観光案内所

中学入試対策① ▷ **縮尺と等高線の読み方** 入試でる度 ★★☆☆☆

縮尺の計算方法

縮尺とは，実際の距離を地図上に縮めた割合のことである。

実際の距離＝「縮尺の分母」×「地図上の長さ」

例：2万5千分の1の地図の場合，地図上の長さが1cm ⇒ 実際の距離は25000cm＝250mとなる。

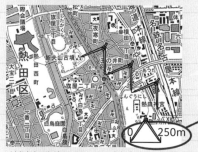

コンパス3つ分なので実際の距離は250m×3＝750m。

（国土地理院発行 2万5千分の1地形図「名古屋南部」）

どれだけ縮めているかのものさしになる。コンパスを使って考えるとわかりやすい。

等高線の読み方

等高線とは，海面からの高さが同じ地点を結んだ線のことである。等高線を使えば，土地の高低や傾斜のようすを表すことができる。

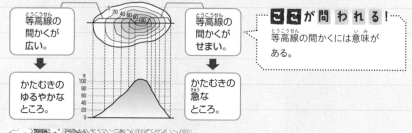

等高線の間かくが広い。

等高線の間かくがせまい。

ここが問われる！
等高線の間かくには意味がある。

↓

かたむきのゆるやかなところ。

↓

かたむきの急なところ。

間かくが**広い**→かたむきが**ゆるやか**

間かくが**せまい**→かたむきが**急**

（国土地理院発行 2万5千分の1地形図「山寺」）

3年 4年 5年 6年
身近なくらし編
第1章 わたしたちのまち
第2章 働く人々のようす
第3章 安心してくらすために
第4章 くらしの移り変わり
第5章 日本の諸地域
第6章 すこやかにくらすために
第7章 開拓とまちづくり

3 市全体のようす

1 広いはんいを見てみる

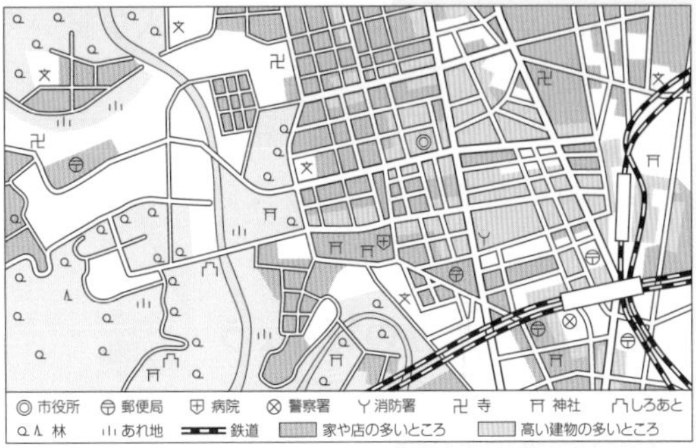
◎市役所
〒郵便局
病院
⊗警察署
Y消防署
卍寺
⛩神社
しろあと
林
あれ地
鉄道
家や店の多いところ
高い建物の多いところ

- 自分の住んでいるまちのようすがわかったら，さらに広いはんいについて調べてみよう。
- まちは大きな**市**の一部であり，市の全体のようすを知るには，まず市の地図を準備するとよい。
- 市の中で，自分の住んでいるところ，行ったことがあるところなど，調べてみたいところを決めよう。

2 駅の周り

- 市の中心にある大きな駅には，**鉄道**や**地下鉄**が通っていて，地下にも乗り場がある。
- 駅のすぐ前には**バス**の乗り場がたくさんある。
- 駅前にはデパートや専門店などがならんでいることが多い。
- 駅前には，**警察署**，**郵便局**，**銀行**などがある。
- 駅前はおおぜいの人たちで，いつもにぎわっている。

駅の近くには，高い建物が多く建っていることがわかる。

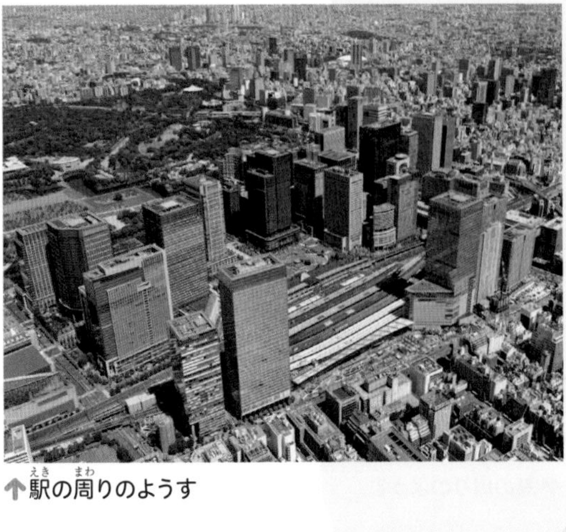

↑駅の周りのようす

③ 市役所の周り

1 市役所
- 市役所は，市に住む人たちや市全体のことを考えていろいろな仕事をしている。
- 市役所のなかでは，たくさんの人が働いており，毎日市民がおとずれている。
- 市内を探検するときも，市役所で資料をもらうことができる。

2 市役所の周りの特ちょう
- 市役所の近くには，市営プールや公園などいろいろな<u>公共施設①</u>が集まっている。

用語

①公共施設
みんなが利用することのできる，市役所や県庁，図書館，博物館などのこと。建物だけではなく道路や上下水道などのことを指すこともある。

↑市役所の周りのようす

④ 港の周り

- 船が停泊しやすいように海岸線がまっすぐになっており，日本の船や外国の船が，たくさん並んでいる。
- 大きな**クレーン**があり，船から貨物をおろしたり，船に貨物を積みこんだりしている。
- 貨物列車が走る**鉄道**や，**高速道路**が近くにある。
- 港から近いところに**工場**や**発電所**が集まっている。

海岸線がまっすぐになっている。

↑港の周りのようす

3 市全体のようす

3 年
4 年
5 年
6 年

身近なくらし編

第1章 わたしたちの まち

第2章 働く人々の ようす

第3章 安心して くらすために

第4章 くらしの 移り変わり

第5章 日本の諸地域

第6章 すこやかに くらすために

第7章 開拓と まちづくり

⑤ 工場の周り

● 工場は，沿岸部の広い埋め立て地①にあることが多い。
● いくつかの工場が集まっていて，**発電所**もある。
　近くに港や高速道路があって，材料を運び入れたり，
　できたものを運び出したりするのに適している。

↑工場の周りのようす

用語

①埋め立て地

もともとは海であったところを人工的に埋め立ててつくった陸地。工業用地を目的としてつくられることが多い。

⑥ 交通のようす

● 市のなかには，**鉄道・地下鉄・道路**②などの交通網がはりめぐらされている。
● 市役所などがある市の中心部には，多くの交通機関が集中している。

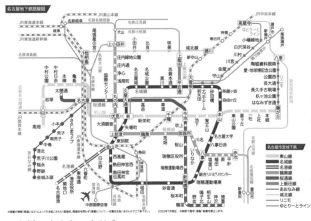

↑鉄道・地下鉄の路線図

🔍 **もっとくわしく**

②人口と交通機関

人口が多い地域では，たくさんの人をさまざまな場所に運ぶ必要があるため，いろいろな種類の交通機関が発達している。東京では，鉄道，地下鉄，高速道路のほかにモノレールなども運行している。

色のちがいは異なる路線であることを表す。いくつもの路線が交差していることがわかる。

第1章
わたしたちのまち

入試要点チェック

解答▶P.611

つまずいたら
調べよう

□ **1** 基準の地点に対してある方向が，どのような位置にあるかを示すことを何といいますか。

1▶P.14
1 **2** **1**

□ **2** 1を4つの方向で示す場合，北・南・東と，もう1つは何ですか。

2▶P.14
1 **2** **1**

□ **3** 色のついたはりが北を指すようになっていて，一目でそれぞれの1がわかるようになっている道具を何といいますか。

3▶P.14
1 **2** **2**

□ **4** 地図ではふつう，北は上下左右のうち，どの位置にあたりますか。

4▶P.14
1 **2** **1**

□ **5** 地図上で，土地が何に利用されているか，どのような建物であるかなどを表すために使われている記号を，何といいますか。

5▶P.17
2 **2**

□ **6** .":. は稲をかり取ったあとを表していますが，何を意味する記号ですか。

6▶P.17
2 **2**

□ **7** ∴ は芽を出した2まい葉を表していますが，何を意味する記号ですか。

7▶P.17
2 **2**

□ **8** は本を広げた形を表していますが，何を意味する記号ですか。

8▶P.17
2 **2**

□ **9** は赤十字の印をもとにつくられましたが，何を意味する記号ですか。

9▶P.17
2 **2**

□ **10** は建物の中につえがあるようすを表していますが，何を意味する記号ですか。

10▶P.17
2 **2**

□ **11** 実際の距離を地図上に縮めた割合のことを何といいますか。

11▶P.18
中学入試対策

□ **12** 海面からの高さが同じ地点を結んだ線のことを何といいますか。

12▶P.18
中学入試対策

□ **13** 市役所や図書館，博物館などみんなが利用することのできる施設を何といいますか。

13▶P.20
3 **3** **2**

第1章 わたしたちのまち

入試問題にチャレンジ!

解答▶P.611

1 地図を見ながら、あとの問いに答えなさい。

(和洋国府台女子中・改)

「国土地理院 1/50,000 横浜」より作成

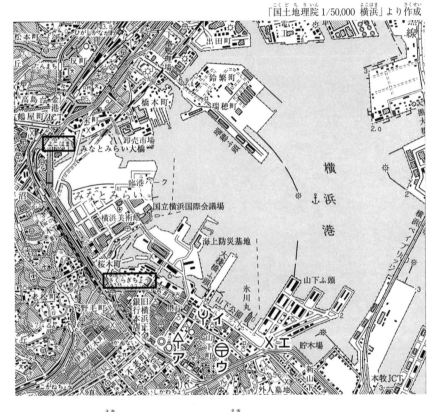

第1章 わたしたちの まち

第2章 働く人々の ようす

第3章 安心して くらすために

第4章 くらしの 移り変わり

第5章 日本の諸地域

第6章 すこやかに くらすために

第7章 開拓と まちづくり

(1) よこはま駅からさくらぎちょう駅まで歩いてみようと思いました。地図上で長さをはかったら4cmありました。実際の距離は何mですか。　　　　　　(　　　　　　　　　)

(2) 港の周りにはどんな施設があるのか調べてみることにしました。地図中の**ア**，**イ**，**ウ**，**エ**が示しているものは何ですか。それぞれ書きなさい。

ア（　　　　　　　　　）　**イ**（　　　　　　　　　）

ウ（　　　　　　　　　）　**エ**（　　　　　　　　　）

1 店で働く人々

3 年
4 年
5 年
6 年

身近なくらし編

第1章
わたしたちの
まち

第2章
働く人々の
ようす

第3章
安心して
くらすために

第4章
くらしの
移り変わり

第5章
日本の諸地域

第6章
すこやかに
くらすために

第7章
開拓と
まちづくり

1 店で働く人々

1 スーパーマーケットのようす

● わたしたちが買い物に行く**スーパーマーケット**は，どのような品物を売っているか，どのような人が働いているか，見てみよう。

野菜や魚，食料品，日用品などさまざまな品物があって，一度で買い物がすむ。

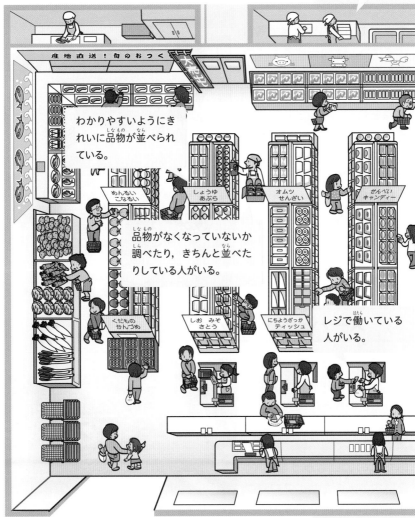

わかりやすいようにきれいに品物が並べられている。

品物がなくなっていないか調べたり，きちんと並べたりしている人がいる。

レジで働いている人がいる。

② スーパーマーケットで働く人々

◉レジでお金の計算をしている
人や，品物をほじゅうする人
以外にも，いろいろな人が働
いている。

1 調理場

◉おべんとうやおそうざいをつ
くっている。

◉できたてのものを食べてもら
えるよう，時間帯を考えてつ
くるようにしている。

2 サービスカウンター

◉品物を包んだり発送したりす
る。

◉お客さんに困ったことがあれ
ば，対応をする。

3 事務室

◉コンピューターで品物の売れ
ゆきを確認する。売れゆきの
ぐあいによって，注文する数
を決める。

③ スーパーマーケットの工夫

◉スーパーマーケットでは，お
客さんが買い物をしやすいよ
うに，さまざまな工夫をして
いる。

◉遠くから車で買い物に来る人
のための広いちゅう車場や，
車いすの人のためのスロープ
などがその一例である。

↑スーパーマーケットにある広いちゅう車場

1 店で働く人々

3年
4年
5年
6年

身近なくらし編

第1章 わたしたちのまち

第2章 働く人々のようす

第3章 安心してくらすために

第4章 くらしの移り変わり

第5章 日本の諸地域

第6章 すこやかにくらすために

第7章 開拓とまちづくり

4 産地を調べる

● 産地①は，品物につけられたラベルや，品物が入っていた段ボール，チラシなどに表示されている。

● 品物は，近くの産地から運ばれたもののほか，遠く離れた産地，外国から運ばれてくるものもある。

● 野菜やくだものは，産地によって収穫できる時期や種類，量が異なる。スーパーマーケットでは，いつも安定して，安全で安い品物を並べる必要があるため，いろいろな産地から品物を仕入れ②ている。

用語

① 産地
品物をつくっている土地。

② 仕入れ
売るための品物を買い入れること。

いろんな産地のものを仕入れている。

遠く外国から運ばれてくるものもある。

中国
北海道
カナダ
青森県
山梨県
アメリカ合衆国
ニュージーランド
鹿児島県
宮崎県
フィリピン

↑国内や外国から運ばれてきた食品の産地

5 買い物を考える

● 安全で安心な品物を選ぶ。

● 賞味期限・消費期限に気をつける。

● 必要なものだけを買うようにする。

2 農業で働く人々

1 農家のようす

1 農業でつくられるもの

- スーパーマーケットなどで売られている米や野菜などは、どこでつくられているのだろうか。
- 外国から輸入されているものもあるが、わたしたちのまちの近くの農家でつくられているものもたくさんある。

↑お店で売られている野菜

2 農家の仕事

- 農家の人たちは、土を耕し、種をまいて米や野菜を育て（⇒p.29）、収穫し、出荷することでわたしたちの食卓を豊かにしてくれている。

2 農家の工夫

- 農家の人たちは、わたしたちが食べる安全でおいしい米や野菜を効率よくつくるためにいろいろな努力をしている。
- ビニールハウスを利用して時期をずらして収穫ができるようにしている（⇒p.162）。
- 安全な農薬を使う、またはなるべく農薬を使わないようにしている。

ビニールハウスを使うことによって、冬でも暖かい状態で野菜を育てることができる。

↑ビニールハウス

28

③ 野菜づくりの流れ

もっとくわしく

1 野菜ができるまで

野菜づくりの流れは，野菜ごとにちがう。ここでは**ほうれんそう**の場合を見てみよう。

畑を耕す

種をまく

収穫

場合によっては**まびき**①をする

2 収穫された野菜

収穫された野菜はどこに運ばれるか調べてみよう。

農協②の直売所…地元の人たちに直接売ることができる。

市の青果市場…たくさんの農家から運ばれてきた野菜やくだものが，仕入れに来た人たちに売られる。

スーパーマーケットなどの小売店…大量の野菜を一度に売ることが多い。

①まびき
植物が密着した状態であるところから，少数の葉や苗だけを残してあとは抜いてしまうこと。養分を十分にいきわたらせることを目的として行われる。

第1章 わたしたちのまち

第2章 働く人々のようす

第3章 安心してくらすために

第4章 くらしの移り変わり

第5章 日本の諸地域

第6章 すこやかにくらすために

第7章 開拓とまちづくり

用語

②農協
農業協同組合（ＪＡ）のこと。農家同士が協力して，機械を共同で買ったり，作物をいっしょに売ったりして，助けあうしくみ。

3 工場で働く人々

1 工場のようす

1 工場でつくられるもの

● スーパーマーケットなどで売られているものでも，野菜や魚などのほかは，多くが工場でつくられている。

● わたしたちのまちにもたくさんの工場があり，食品だけではなくいろいろなものをつくっている。

2 工場のようす

↑かまぼこ工場の中のようす

● 工場では，機械を使ってものづくりが行われているが，どの作業も人が確認しながら進められている。

2 工場の工夫

● 工場で働く人たちは，安全でおいしいものをつくるためにどんな工夫をしているのだろうか。

1 衛生のための工夫

● 衛生のために，働く人，機械，工場の中などを，つねに清潔にすることに気をつけている。

・清潔な服を着る
・服についたほこりやよごれは**ローラー**ですぐにとる
・手を**アルコール**でていねいに洗う
・機械はよく洗う

↑衛生に気をつける工場の人

3 工場で働く人々

3 年
4 年
5 年
6 年

身近なくらし編

第1章 まち わたしたちの

第2章 働く人々の ようす

第3章 安心して くらすために

第4章 くらしの 移り変わり

第5章 日本の諸地域

第6章 すこやかに くらすために

第7章 開拓と まちづくり

２ むだなくつくるための工夫

● 工場では，むだなくつくるために次のような工夫が
されている。

・注文や売り上げなどを**コンピューター**で管理してい
る

・**よい材料**をなるべく**安く**手に入れるようにする①

・容器などの**リサイクル**につとめている

３ 工場の仕事の流れ

● ここでは，**マヨネーズ**をつくっている工場のようす
を見てみよう。

もっとくわしく

①材料の値段

安い材料を使えば，安い
値段で売ることができる。
しかし，安い材料を使っ
たことで品質が落ちれば，
買う人の満足を得ること
はできない。買う人によ
ろこんでもらうために，
材料選びはしんちょうに
行う必要がある。

①材料を選んで運んでくる

②卵を割る

③材料をまぜる

⑥箱につめて送る

⑤包装する

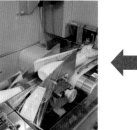

④容器につめる

安心して
くらすために

1 火事を防ぐ

1 火事が起きる理由

1 火事の被害

● 日本では1年間に，7千人近くの人が，火事のためになくなったりけがをしたりしている。多くの建物や大切なものも，火事で失われている。

2 火事の原因

● 火事の原因にはいろいろなものがあるが，たき火，こんろなど，身近な原因による火事も非常に多く起きている。

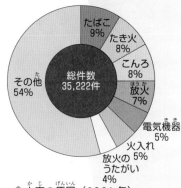

総件数
35,222件

たばこ 9%
たき火 8%
こんろ 8%
放火 7%
電気機器 5%
火入れ 5%
放火のうたがい 4%
その他 54%

↑火事の原因（2021 年）
（『日本国勢図会』2023/24 年版）

2 火事が起こったら

1 消火活動の流れ

● 火事を発見したらまず119番に電話する。その後はどこにどのように連絡されるのか，調べてみよう。

消防署　　通信指令室　　消防団

水道局

病院　　警察署　　ガス会社　　電力会社

↑火事に対応するしくみ

② 火事の現場のようす

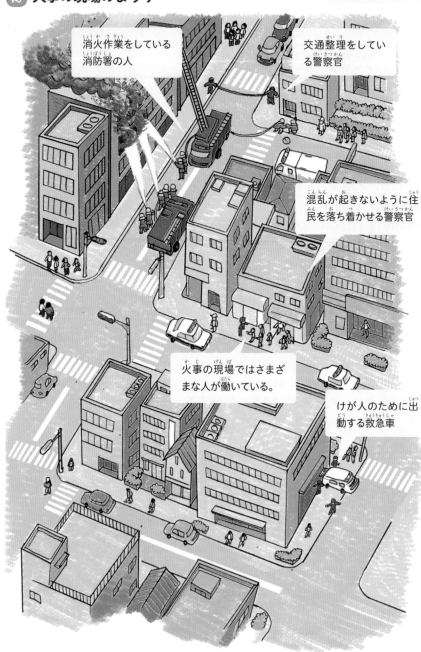

↑火事の現場で働く人々

1 火事を防ぐ

3 年
4 年
5 年
6 年

身近なくらし編

第1章 わたしたちのまち

第2章 働く人々のようす

第3章 安心してくらすために

第4章 くらしの移り変わり

第5章 日本の諸地域

第6章 すこやかにくらすために

第7章 開拓とまちづくり

③ 火事を防ぐ工夫

● 火事が起きないように，また火事が起きてもすぐに消火できるように，どんな工夫がされているか調べてみよう。

1 まちのなかにある消防施設

● 消火せんや防火水そうが，まちのさまざまなところに設置されている。

● 消火せんとは，地下にある給水施設のことである。ふたを開け，近くに格納されているホースをつなげば，火事の場合に放水することができる。

このふたを開けてホースをつなぎ，放水する。

↑消火せん

● 防火水そうとは，火事の際の給水に備えて水をためておく施設のことである。近くに防火水そうがあることを知らせる赤い標識が目印になる。

● その他，いざというときのひなん場所になるように公園などが整備されている。

↑防火水そうの標識

2 家庭での工夫

● 家庭用の消火器を用意しておく。

● 住宅用の火災警報器を取りつける。火災警報器はけむりを感知すると警報が鳴るようになっており，火事を未然に防ぐことができる。

↑住宅用の火災警報器

3 地域の人々の協力

● 消防団の人を中心に，夜間のパトロールをする。

● まちの人々も参加して消防訓練を行う。

↑消防訓練のようす

2 事件や事故を防ぐ

1 交通事故やとうなんの被害

1 交通事故

● 最近では交通事故は減ってきているが，それでも1年間に約30万件以上の事故が起こり，3000人以上（事故発生から30日以内）の人がなくなっている。特に65歳以上のお年寄りの被害者が多い。

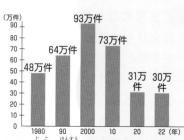

↑交通事故の件数 （『日本国勢図会』2023/24年版ほか）

2 せっとうの被害

● 犯罪は1年間で約60万件起きているが，そのうちもっとも多いのが人のものをぬすむせっとうで，犯罪全体の7割近くを占めている。

2 事件や事故が起こったら

● 事件や事故が起こったらまず110番に電話する。その後はどこにどのように連絡されるのか，調べてみよう。

110番を受けた通信指令室は，すみやかに指示を出す。

↑交通事故に対応するしくみ

身近なくらし編

第1章
わたしたちの
まち

第2章
働く人々の
ようす

第3章
安心して
くらすために

第4章
くらしの
移り変わり

第5章
日本の諸地域

第6章
すこやかに
くらすために

第7章
開拓と
まちづくり

③ 警察の仕事

● 警察は，わたしたちのくらしを守るために，いろいろな仕事をしている。警察の仕事について調べてみよう。

1 犯罪のそうさをする

● 殺人やごうとうなどの犯罪について調べ，犯人をたいほする。
● 犯人をたいほするために，聞きこみ調査などのそうさを行う。

2 交通違反を取りしまる

● ちゅうしゃ違反の車を取りしまる。
● 速度違反や飲酒運転をした人を取りしまる。
● シートベルトをしないで運転している人を取りしまる。
● 携帯電話をかけながら運転している人を取りしまる。

3 地域の安全を見守る

● 交番で，地域の人たちの相談にのったり，まちをパトロールしたりする。
● お祭りのときの警備の仕事をする。
● 落とし物をあずかる。

4 まちの生活の相談にのる

● 地域の防犯活動を指導する。
● 犯罪についての情報を人々に知らせる。
● 非行少年の補導をする。

5 災害のときに人を助ける

● 地震やこう水などの災害が起きたとき，救助活動などをする。

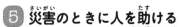
↑警察の仕事

④ 事件や事故を防ぐ工夫

●事件や事故が起きないようにするために，どのような工夫があるだろうか。警察や地域，わたしたちができる工夫についても考えてみよう。

1 警察の工夫

●まちの**パトロール**をして，安全を確認する。

●交通状況や犯罪についての情報をみんなに知らせる。

●交通安全の講習会を開いて，交通安全指導をしている。

●交通事故が起きやすい場所に，**信号機**やガードレールなどの交通安全施設や，**道路標識**をつけて，事故が起こらないようにしている。

↑まちを見回るパトカー

↑信号機

↑ガードレール

↑カーブミラー

道路標識

↑歩行者専用
歩行者以外は通行できない。

↑横断歩道
横断歩道がある。

↑一時停止
必ず止まって，左右を確認する。

↑歩行者横断禁止
ここから道をわたることはできない。

身近なくらし編

第1章 わたしたちの まち

第2章 働く人々の ようす

第3章 安心して くらすために

第4章 くらしの 移り変わり

第5章 日本の諸地域

第6章 すこやかに くらすために

第7章 開拓と まちづくり

5 安全なまちづくり

- 事件や事故のないまちづくりをするためには，警察・市役所，会社やお店，学校や町内会などが情報を知らせあい，協力していく必要がある。
- 地域の人たちは，まちの安全を守るために，防犯パトロールをしたり，子どもの登下校時に通学路に立って，見守り活動などをしたりしている。
- 防犯カメラをつけている地域もある。
- 子どもたちが，いざというときに，助けを求めることができるように，「こども110番の家」がある。これは，子どもたちが，知らない人に声をかけられたり，危ないと思ったりしたときに，すぐに助けを求められるようにしている店や家である。
- 安全マップをつくり危険な場所をなくしたり，そこには行かないようにしたりする。

まちのなかで安全な場所と危険な場所が一目でわかるようになっている。

↑地域の見守り活動

↑さまざまなこども
110番ステッカー

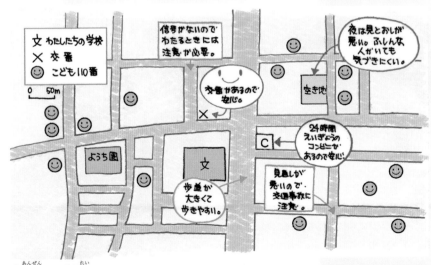
↑安全マップの例

第4章

くらしの移り変わり

1 昔のくらしのようす

1 古い道具を調べよう

●まちの郷土資料館などには，昔の道具が展示されている。何に使っていた道具か，今の道具とどうちがうかなどを，調べてみよう。

井戸
水道の通っていない家が多かった。

かまど
ガスがないので，まきを燃やしてごはんをたいていた。

水がめ
井戸からくんだ水をためていた。

いろりやひばち
いろりやひばちで暖をとっていた。

着物
着物を着ている人が多かった。

↑昔のくらしのようす

② くらしの移り変わり

●昔のくらしのようすについて，おうちの人に聞いて，今とどんなところがちがっているか考えてみよう。

1 おじいさん・おばあさんが子どものころ（1950年代）

電話はダイヤル式だった。

テレビはチャンネルを手で回す。

冷蔵庫は氷で冷やすタイプだった。

洗たく機は手しぼり式。ハンドルを回して脱水する。

2 現代（2000年代）

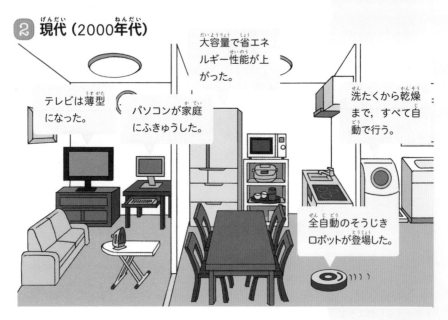

大容量で省エネルギー性能が上がった。

テレビは薄型になった。

パソコンが家庭にふきゅうした。

洗たくから乾燥まで，すべて自動で行う。

全自動のそうじきロボットが登場した。

1 昔のくらしのようす

3年
4年
5年
6年

身近なくらし編

第1章 わたしたちの まち

第2章 働く人々の ようす

第3章 安心して くらすために

第4章 くらしの 移り変わり

第5章 日本の諸地域

第6章 すこやかに くらすために

第7章 開拓と まちづくり

③ 市の移り変わり

● 昔と今では，まちのようすが大きく変わってきている。兵庫県明石市を例にとって見てみよう。

① 交通の移り変わり

● 兵庫県明石市では，昭和の初めごろから，**道路や鉄道**の整備が進んだ。

● 道路や鉄道が整備されたことで，人々の生活は便利になり，家や工場が増え，人口も増えていった。

年	
1888年	鉄道（現在のＪＲ）が開通し明石駅ができた
1933年	国道2号線が通った
1970年	第二神明道路ができた
1972年	山陽新幹線が開通した

↑明石市の交通の発展

② 人口の移り変わり

● 1919（大正8）年，明石町から明石市がたん生した。このとき，人口はおよそ3万人であった。

● 1951年，周りの大久保町，魚住村，加古郡二見町が明石市に合ぺいされたことによって，人口は急に増えた。

● 現在では，およそ30万人の人がくらしている。

● 近年では，お年寄りの人口の割合が増加している。

● 外国人も多く住むようになってきている。

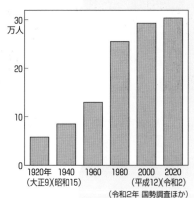

↑明石市の人口の移り変わり

③ 公共施設の移り変わり

● 市民のみんなが使う図書館や市民会館などの**公共施設**が50年ほど前から多くつくられてきた。

● 公共施設は，みんなから集めたお金（税金）をもとにつくられている。

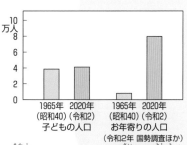

↑明石市の子ども（0〜14歳）とお年寄り（65歳以上）の人口の移り変わり

43

第**5**章

日本の諸地域

身近なくらし編

第1章
わたしたちの
まちの

第2章
働く人々の
ようす

第3章
安心して
くらすために

第4章
くらしの
移り変わり

第5章
日本の諸地域

第6章
すこやかに
くらすために

第7章
開拓と
まちづくり

1 都道府県のようす

日本には、1都1道2府43県がある。地方に分ける場合は8つの地方に区分することが多い。

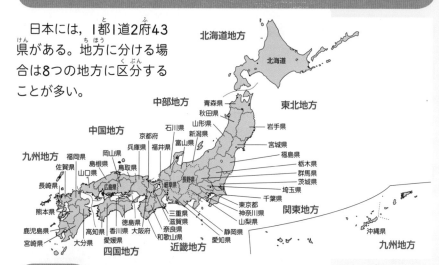

2 北海道地方

1 北海道 面積83424km², 人口514万人

1 自然
都道府県のうちで最も面積が広い。東部の知床は世界自然遺産に登録されている。夏は短く、冬の寒さがきびしい。

2 産業
品種改良で寒さに強い稲をつくり、米づくりがさかん。また広い土地を利用してじゃがいも・たまねぎなどが大規模につくられており、酪農もさかん。漁獲量も多い。

3 文化
昔から住む**アイヌの人々**の独特な文化があり、多くの地名がアイヌ語に由来している。

↑札幌雪まつり

3 東北地方 とうほくちほう

1 青森県 あおもりけん　面積 9646km²，人口 120 万人

1 自然 しぜん

本州の最北端にあり，下北半島と津軽半島の2つの半島をもつ。南西部の白神山地には，ぶなの原生林があり，世界自然遺産に登録されている。

2 産業 さんぎょう

りんごの生産は日本一。漁業もさかんで，八戸港では，いか・さばなどの漁獲量が多い。陸奥湾ではほたて貝の養殖がさかんである。

3 文化 ぶんか

青森市で夏に行われる**ねぶた祭**が有名。

↑りんごの収穫 しゅうかく

2 岩手県 いわてけん　面積 15275km²，人口 118 万人

1 自然 しぜん

太平洋に面した三陸海岸南部は**リアス海岸**となっている。西部に奥羽山脈が，中央に北上高地があり山が多い。

2 産業 さんぎょう

三陸海岸ではたくさんの魚が水揚げされているが，東日本大震災で被害を受けた。北上高地では肉牛などを飼う畜産業がさかん。**南部鉄器**が伝統的工芸品に指定されている。

3 文化 ぶんか

中尊寺などのある**平泉**は，世界文化遺産に登録されている。

↑中尊寺金色堂 ちゅうそんじこんじきどう

3 東北地方

3年
4年
5年
6年

身近なくらし編

第1章 わたしたちのまち

第2章 働く人々のようす

第3章 安心してくらすために

第4章 くらしの移り変わり

第5章 日本の諸地域

第6章 すこやかにくらすために

第7章 開拓とまちづくり

③ 宮城県　面積 7282km²，人口 228 万人

1 自然
太平洋に面した三陸海岸は**リアス海岸**となっている。西部に奥羽山脈，北東部に仙台平野が広がる。

2 産業
リアス海岸の石巻・気仙沼などの漁港ではたくさんの魚が水揚げされるが，東日本大震災で被害を受けた。また，仙台平野を中心として米づくりがさかんである。仙台市は人口107万人（2022年）をこえ，東北地方の中心となっている。

3 文化
夏に仙台市で行われる**七夕まつり**はおおぜいの観光客でにぎわう。

↑仙台七夕まつり

④ 秋田県　面積 11638km²，人口 93 万人

1 自然
東部に奥羽山脈，中央部に出羽山地が連なる。北部の白神山地には，ぶなの原生林があり世界自然遺産に登録されている。

2 産業
日本海に面した秋田平野などで米づくりがさかん。また，林業が発達し，**秋田すぎ**は建築用高級木材として利用される。

3 文化
夏に秋田市で行われる**竿燈まつり**や，おおみそかに男鹿市などで災いをはらうために行われる**なまはげ**が有名である。

↑秋田竿燈まつり

5 山形県 面積 9323km²，人口 104 万人

1 自然

東部に奥羽山脈が連なる。中央部を最上川が流れ，流域に新庄・山形・米沢盆地が，河口に庄内平野がある。

2 産業

さくらんぼの生産量は日本一。また，庄内平野では米づくりがさかんである。米沢盆地では畜産が行われ，**米沢牛**の産地として有名。近年では高速道路が整備され，工場が進出している。

3 文化

夏に山形市で行われる**花笠まつり**は東北四大祭りの一つとして有名である。

↑花笠まつり

6 福島県 面積 13784km²，人口 179 万人

1 自然

中央に奥羽山脈，東部に阿武隈高地が連なる。**猪苗代湖**からひかれた安積疏水によって土地の開拓が進んだ。

2 産業

米づくりや野菜・果物づくりなどがさかん。特にももは日本で第2位の生産量である。漁業もさかんに行われている。関東地方に近く，高速道路などが整備されたことで，各地に工場がつくられている。

3 文化

中央部の会津若松市には鶴ヶ城があり，史跡の多い地域となっている。

↑猪苗代湖

48

身近なくらし編

第1章 わたしたちのまち

第2章 働く人々のようす

第3章 安心してくらすために

第4章 くらしの移り変わり

第5章 日本の諸地域

第6章 すこやかにくらすために

第7章 開拓とまちづくり

4 関東地方

1 茨城県　面積6098km², 人口284万人

1 自然
南部は関東平野の一部で, 東部に常総台地が広がっている。千葉県との県境には利根川が流れ, その下流は水郷地帯となっている。

2 産業
野菜づくりがさかんで, ピーマン・はくさいの生産量は日本一。太平洋側の南東部に鹿島臨海工業地域が広がり, 石油化学工場などが立ち並んでいる。

3 文化
水戸藩の城下町であった水戸市には, 日本三大名園の一つである偕楽園がある。

↑水郷

2 栃木県　面積6408km², 人口191万人

1 自然
海に面していない内陸県。北西部は山地となっており, そのふもとには那須高原が広がっている。南部は関東平野の一部で平地である。

2 産業
いちごは日本一の生産量で,「とちおとめ」という品種が有名。また電気製品や自動車の工場が各地につくられている。

3 文化
日光市にある東照宮は世界文化遺産に登録され, 世界中から観光客がおとずれる。

↑日光東照宮

③ 群馬県　面積6362km², 人口191万人

1 自然

海に面していない内陸県。朝と夜の気温の差が大きい。南東部には平地があるが，全体的に山がちの地形である。冬には「からっ風」が吹き，寒さがきびしくなる。

2 産業

野菜づくりがさかんで，嬬恋村では夏の涼しい気候を利用して**キャベツ**がつくられている。また，自動車や電気製品の工場もたくさんつくられている。

3 文化

日本の旧石器時代の存在を証明することになった岩宿遺跡が，県の東部にある。

↑嬬恋村のキャベツ畑

④ 埼玉県　面積3798km², 人口734万人

1 自然

海に面していない内陸県。関東の中心に位置する。西部は山がちであるが，東部は平地が広がっている。

2 産業

東京などの大都市に向けた野菜づくりがさかんで，**ねぎ・ブロッコリー・ほうれんそう**は日本有数の生産量である。また東京に近く輸送に便利であるため，自動車の部品工場などが多い。

3 文化

城下町として栄えた**川越市**には現在もその街並が残っており，小江戸として観光客を集めている。

↑川越市

⑤ 千葉県　面積 5157km²，人口 627 万人

① 自然

太平洋に面した房総半島が県のほとんどをしめている。茨城県との境を流れている利根川は，昔から江戸の入り口として水運の役割を果たしてきた。

② 産業

銚子港は日本有数の水揚げ量がある。また，東京湾沿岸の埋め立て地には，京葉工業地域の製鉄所や石油化学工場などが集まっている。成田国際空港は日本の空の玄関口といわれ，多くの人々が利用している。

③ 文化

成田山新勝寺には，毎年多数の初もうで客がおとずれる。

利根川
千葉
東京湾
房総半島
九十九里浜
太平洋

↑成田国際空港

⑥ 東京都　面積 2194km²，人口 1404 万人

① 自然

人口がもっとも多い。東京湾に面しており，神奈川県との境を多摩川が流れている。小笠原諸島は世界自然遺産に登録されている。

② 産業

東京は日本の首都であり，国の機関や大企業の本社が集まり，交通機関が発達している。出版社や印刷工場が多いのも特徴である。都心部には会社や店舗の入った高層ビルが立ち並んでいる。

③ 文化

多くの人が日本全国から集まるため，情報・流行の発信地となっている。

多摩川
東京
小笠原諸島
東京湾

↑新宿の高層ビル群

第1章　わたしたちのまち

第2章　働く人々のようす

第3章　安心してくらすために

第4章　くらしの移り変わり

第5章　日本の諸地域

第6章　すこやかにくらすために

第7章　開拓とまちづくり

7 神奈川県　面積2416km²，人口923万人

1 自然

東部は東京湾に，南部は相模湾に面している。西部には丹沢山地や**箱根山**などが連なっている。

2 産業

横浜市や川崎市を中心とした**京浜工業地帯**があり，東京湾沿岸には火力発電所や製鉄所などが集中している。また，横浜港は日本有数の貿易港である。

3 文化

昔，政治の中心地だった鎌倉市には大仏がある。また，川崎市は全国に先がけて多文化共生をすすめる方針をとった。

↑横浜みなとみらい21

5 中部地方

1 新潟県　面積12584km²，人口215万人

1 自然

県の南北を日本一長い信濃川が流れ，その下流には越後平野が広がる。日本海からふく季節風のえいきょうにより，冬の寒さはきびしく，豪雪地帯である。

2 産業

米づくりがさかんで，生産量は日本有数である。またスキー客などが多く，観光業もさかん。

3 文化

戦国時代の武将，上杉謙信は越後国出身で，関連する史跡が県内に残っている。

↑実った稲

5 中部地方

3年
4年
5年
6年

身近なくらし編

第1章 わたしたちのまち

第2章 働く人々のようす

第3章 安心してくらすために

第4章 くらしの移り変わり

第5章 日本の諸地域

第6章 すこやかにくらすために

第7章 開拓とまちづくり

② 富山県　面積 4248km², 人口 102万人

① 自然
県域は富山湾を囲むような形になっており，東部には**飛驒山脈**が連なっている。冬には雪が多い。

② 産業
山々からの豊かな雪解け水を利用して，黒部川を中心に**水力発電**がさかん。また，米づくりやチューリップの栽培も行われている。

③ 文化
南西部にある**五箇山**には伝統的な**合掌造り**の家が残されており，岐阜県の白川郷とともに世界文化遺産に登録されている。

↑黒部ダム

③ 石川県　面積 4186km², 人口 112万人

① 自然
日本海につきでている北部の能登半島が特徴的である。西部は日本海に面して金沢平野が広がっている。冬には雪が多く降る。

② 産業
雪解け水を利用した米づくりがさかん。また，**伝統的工芸品**として，**輪島塗・加賀友禅・九谷焼**などがある。金沢市は北陸地方の中心都市である。

③ 文化
江戸時代に前田家が治めていた金沢市には兼六園や古い街並が残り，多くの観光客がおとずれている。

↑兼六園

④ 福井県　面積 4191km²，人口 75 万人

1 自然

日本海に面しており，全体的に山がちである。南部の若狭湾に面した海岸は，**リアス海岸**になっている。

2 産業

福井平野を中心に米づくりがさかん。かに漁もさかんで，特に**越前がに**は冬の味覚として有名である。鯖江市では**めがねフレーム**の生産がさかん。若狭湾の沿岸には原子力発電所がつくられている。

3 文化

永平寺や戦国時代の大名の遺跡など，文化財も残されている。

↑リアス海岸

⑤ 山梨県　面積 4465km²，人口 80 万人

1 自然

海に面していない内陸県。南にある**富士山**は日本一高い山である。甲府盆地周辺には**扇状地**がみられる。

2 産業

甲府盆地周辺の水はけのいい扇状地で果物づくりがさかんで，**ぶどう・もも**の生産量は日本一である。またぶどうを原料とした**ワインづくり**もさかん。南東部の都留市には，リニアモーターカーの見学施設がある。

3 文化

戦国武将・武田信玄のふるさとであり，信玄のつくった信玄堤とよばれる堤防が現在でも残っている。

↑ぶどうの収穫のようす

5 中部地方

3年
4年
5年
6年

身近なくらし編

第1章 わたしたちのまち

第2章 働く人々のようす

第3章 安心してくらすために

第4章 くらしの移り変わり

第5章 日本の諸地域

第6章 すこやかにくらすために

第7章 開拓とまちづくり

6 長野県　面積 13562km²，人口 202 万人

1 自然

海に面していない内陸県で，47都道府県のうち最も多い8県と接している。あわせて日本アルプスといわれる飛驒山脈・木曽山脈・赤石山脈などの山々が連なり，その間を天竜川などが流れている。

2 産業

夏でも涼しい気候を利用して，他の県とは時期をずらして**キャベツ**や**はくさい**などをつくっている。また，**長野盆地**などでは，果物づくりがさかん。

3 文化

「牛に引かれて善光寺参り」で有名な善光寺がある。

↑飛驒山脈

7 岐阜県　面積 10621km²，人口 195 万人

1 自然

海に面していない内陸県。北部は山地で，南西部には濃尾平野が広がっている。濃尾平野には木曽川・長良川・揖斐川が流れており，昔から洪水が恐れられてきた。

2 産業

北部の山地では牛の飼育がさかんで，肉牛は**飛驒牛**として有名。また，南部の多治見市などでは焼きものがつくられている。

3 文化

北部にある**白川郷**には伝統的な**合掌造り**の家が残されており，富山県の五箇山とともに世界文化遺産に登録されている。

↑白川郷　写真提供　岐阜県白川村役場

8 静岡県 　面積 7777km²，人口 358 万人

1 自然

北部は富士山や赤石山脈など高い山々が連なり，南部は太平洋に面している。太平洋沿岸は，日本海流〔黒潮〕が流れているために冬でも温暖である。

2 産業

牧ノ原などを中心に茶の生産がさかん。焼津港や清水港の水揚げ量も多い。工業もさかんで，浜松市ではオートバイや楽器がつくられ，富士市では製紙業がさかん。

3 文化

日本の産業革命を支えた韮山反射炉が世界文化遺産に登録されている。

↑富士山と茶畑

9 愛知県 　面積 5173km²，人口 750 万人

1 自然

太平洋に面しており，西部には濃尾平野が，中央部には岡崎平野が広がっている。知多半島と渥美半島が三河湾をはさむようにのびている。

2 産業

豊田市を中心とする自動車工業などがさかんで，日本一の生産額をあげている中京工業地帯の中心となっている。また，知多半島には愛知用水が，渥美半島には豊川用水がひかれて水不足が解消し，農業がさかん。

3 文化

名古屋城は金のシャチホコで知られ，観光客を集めている。

↑中京工業地帯

56

6 近畿地方

第1章 わたしたちのまち

第2章 働く人々のようす

第3章 安心してくらすために

第4章 くらしの移り変わり

第5章 日本の諸地域

第6章 すこやかにくらすために

第7章 開拓とまちづくり

1 三重県　面積 5774km²，人口 174 万人

1 自然
東部にある志摩半島は，出入りの多いリアス海岸になっている。南西部は紀伊山地の一部で，日本でもっとも雨の多い地域のひとつになっている。

2 産業
雨の多い尾鷲市は林業がさかんでひのきの産地である。リアス海岸の志摩半島の**英虞湾**では，真珠の養殖がさかん。

3 文化
伊勢神宮があり，参拝におとずれる観光客が多い。

↑伊勢神宮

2 滋賀県　面積 4017km²，人口 141 万人

1 自然
海に面していない内陸県。日本一大きい湖である琵琶湖が中央部にある。

2 産業
琵琶湖の東岸の近江盆地では米づくりがさかん。大阪と結ばれる高速道路沿いなどに，電気製品の大きな工場がたくさんできており，工業がさかんになっている。

3 文化
京都・奈良に近いため，歴史的建築物が多い。延暦寺などの有名寺院が現在も残っている。

↑琵琶湖

57

③ 京都府　面積 4612km², 人口 255 万人

❶ 自然

北部は日本海に面している。全体に山がちで，北部には丹波高地がある。京都盆地は琵琶湖の南西部にある。

❷ 産業

農業では，南部の宇治市で茶の生産がさかんで，また**西陣織・清水焼**など**伝統的工芸品**の生産もさかん。

❸ 文化

京都は1000年以上も日本の都であったことから，**金閣**や**銀閣**をはじめ有名な神社やお寺が多い。これらは世界文化遺産に登録されており，世界的な観光地としてにぎわっている。

↑金閣

④ 大阪府　面積 1905km², 人口 878 万人

❶ 自然

人口が日本で3番目に多い。西部は大阪湾に面し，中央部には大阪平野が広がり，淀川が流れている。

❷ 産業

昔から**商業**がさかんで「**天下の台所**」といわれた。また，**阪神工業地帯**の中心として工業もさかんである。大阪湾の海上には関西国際空港がつくられ，西日本の空の玄関口となっている。

❸ 文化

江戸時代からの町人文化のなごりがあり，商業や大衆芸能がさかんである。

↑大阪城

6 近畿地方

3年
4年
5年
6年

身近なくらし編

第1章 わたしたちのまち

第2章 働く人々のようす

第3章 安心してくらすために

第4章 くらしの移り変わり

第5章 日本の諸地域

第6章 すこやかにくらすために

第7章 開拓とまちづくり

5 兵庫県　面積 8401km², 人口 540 万人

1 自然

北部は日本海に，南部は瀬戸内海と大阪湾に面している。日本の標準時の基準となる東経135度の経線が通る明石市がある。

2 産業

北部の山地では畜産がさかんで，特に但馬牛が有名である。播磨平野では米づくりが，淡路島では**たまねぎ**の生産がさかん。南部の海岸沿いには工場がたくさんつくられており，阪神工業地帯の一部となっている。

3 文化

姫路市にある**姫路城**は，美しさから白鷺城ともよばれ，世界文化遺産に登録されている。

↑姫路城

6 奈良県　面積 3691km², 人口 131 万人

1 自然

海に面していない内陸県。北部に奈良盆地があり，多くの人が生活している。南部は紀伊山地で高い山々が連なる。

2 産業

紀伊山地では温暖で雨の多い気候を利用して林業がさかんで，**吉野すぎ**が有名。紀伊山地を流れる吉野川の流域では，**うめやかき**がつくられている。

3 文化

1300年前ごろに日本の政治の中心であった地域なので，遺跡や古いお寺などが多い。**法隆寺**や**東大寺**などは世界文化遺産に登録されていて，観光客も多い。

↑東大寺の大仏
©01075AA

7 : 和歌山県　面積 4725k㎡, 人口 90 万人

1 自然
紀伊半島の南西部にある。南部は非常に降水量が多い。

2 産業
みかん, うめ, かきの栽培がさかん。また, 紀伊山地では林業がさかん。多くは民間で所有している林で, すぎやひのきが多く植えられている。

3 文化
南部の熊野地方は昔から信仰の対象となっており熊野三山といわれる神社への参詣道などは世界文化遺産に登録されている。

↑那智の滝

7 中国地方

1 : 鳥取県　面積 3507k㎡, 人口 54 万人

1 自然
47都道府県の中で人口がもっとも少ない。東部の鳥取平野には日本最大級の鳥取砂丘が広がっている。

2 産業
漁業がさかんで, 境港では松葉がにといわれるかにや, あじ・ぶりなどが水揚げされている。鳥取砂丘では, らっきょう・長いも・すいか・日本なしなどをつくっている。

3 文化
県のほぼ中央の三徳山にある三佛寺投入堂は, 絶壁のくぼみに建てられためずらしい建築物である。

↑鳥取砂丘

身近なくらし編

第1章 わたしたちのまち

第2章 働く人々のようす

第3章 安心してくらすために

第4章 くらしの移り変わり

第5章 **日本の諸地域**

第6章 すこやかにくらすために

第7章 開拓とまちづくり

② 島根県　面積6708km², 人口66万人

1 自然

北部は日本海に面しており，南部は中国山地。東部に島根半島があり，そのつけねのところに出雲平野が開け，その東に宍道湖がある。また沖合には隠岐諸島がある。

2 産業

宍道湖ではしじみが，日本海ではあじ・ぶり・かになどがとれる。

3 文化

出雲平野には縁結びで有名な出雲大社がある。また石見銀山の遺跡は世界文化遺産に登録されている。

↑出雲大社

③ 岡山県　面積7115km², 人口186万人

1 自然

北部は中国山地で，南部は瀬戸内海に面して岡山平野が広がっている。西部の児島半島と四国の香川県は，瀬戸大橋で結ばれている。

2 産業

もも・ぶどうなどの果物づくりがさかんである。児島湾を干拓して土地を広げるなどして，米づくりもさかん。倉敷市では工業がさかんで，石油化学コンビナートや製鉄所などがつくられている。また，備前焼が伝統的工芸品に指定されている。

3 文化

昔話の「桃太郎」の発祥の地の一つで，桃太郎にまつわるスポットが残されている。

↑瀬戸大橋

61

4　広島県　面積8479km², 人口276万人

1　自然

中国地方の中央に位置する。北部は中国山地が連なり，南部は瀬戸内海に面している。

2　産業

広島湾ではかきの養殖がさかん。広島市では自動車工業，呉市では造船業，福山市で鉄鋼業がさかんで，瀬戸内海に面した地域で工業が発達している。広島市は，中国地方の行政や経済などが集中している地方中枢都市である。

3　文化

厳島神社や原爆ドームが世界文化遺産に登録されている。

↑原爆ドーム

5　山口県　面積6113km², 人口131万人

1　自然

本州のもっとも西にあり，北部は日本海，南部は瀬戸内海に面している。西部には日本最大の**カルスト地形**の秋吉台がある。関門トンネルと関門橋で，九州と結ばれている。

2　産業

漁業がさかんで，下関港ではふぐの水揚げが多い。瀬戸内海に面した地域では，石油化学工業，自動車工業などの工業がさかん。萩市では伝統的工芸品の萩焼がつくられている。

3　文化

萩市などの武家屋敷が残る街並のほか，下関市の近くに壇ノ浦の古戦場がある。

↑秋吉台

身近なくらし編

第1章 わたしたちの まち

第2章 働く人々の ようす

第3章 安心して くらすために

第4章 くらしの 移り変わり

第5章 日本の諸地域

第6章 すこやかに くらすために

第7章 開拓と まちづくり

8 四国地方

1 徳島県　面積 4147km², 人口 70 万人

1 自然
中央部から西部には四国山地が，北部には讃岐山脈が連なり，そのあいだを吉野川が流れている。大鳴門橋で淡路島と結ばれていて，その下の鳴門海峡はうずしおで有名。

2 産業
農業ではにんじん・れんこん・さつまいもなどが多くつくられている。紀伊水道に面した県東部には漁港も多い。

3 文化
毎年夏に行われる阿波おどりが有名。

↑うずしお

2 香川県　面積 1877km², 人口 93 万人

1 自然
日本で最も面積の小さい県。雨が少なく水不足になりやすいため，昔はため池がつくられていた。

2 産業
漁業でははまちの養殖がさかんである。小豆島ではオリーブのさいばいがさかんで，オリーブオイルがつくられている。

3 文化
「こんぴらさん」として親しまれる金刀比羅宮は，参道の長い石段で有名である。

↑小豆島オリーブ

③ 愛媛県　面積 5676km²，人口 131 万人

1 自然

北部は瀬戸内海，西部は宇和海に面している。宇和海に面した海岸は入り組んだ**リアス海岸**となっている。

2 産業

みかんやいよかんの生産がさかんで，日本有数の生産地になっている。また，宇和海に面した海岸では，**たい・はまち**や真珠の養殖がさかん。北部の瀬戸内海に面した地域では，化学工業・機械工業など，工業が発達している。

3 文化

松山市には，夏目漱石の小説『坊っちゃん』の舞台となった道後温泉がある。

↑みかん畑

④ 高知県　面積 7103km²，人口 68 万人

1 自然

四国地方でもっとも広い面積をもち，太平洋に面している。西部に流れる四国一長い四万十川は清流として有名である。

2 産業

高知平野では温暖な気候を利用して，早場米をつくったり，**なす・ピーマン**などを他の地域より早い時期につくったりしている。漁業もさかんで**かつお**の水揚げが多く，かつおぶしが有名である。

3 文化

坂本龍馬をはじめ，幕末期に活躍した志士は高知出身の人物が多い。

↑桂浜にある龍馬像

9 九州地方

1 福岡県　面積 4988km², 人口 512万人

1 自然
北部は日本海，東部は瀬戸内海，南西部は有明海に面している。中央部に筑紫山地があり，その南を筑後川が流れている。

2 産業
筑紫平野では米づくりや，いちごなどの生産がさかん。**博多人形**が伝統的工芸品に指定されている。また福岡市は人口150万人をこえ，九州地方の地方中枢都市である。

3 文化
古くから中国や朝鮮半島との交易があり，志賀島から発掘された金印が有名である。

↑筑紫平野

2 佐賀県　面積 2441km², 人口 80万人

1 自然
北部は日本海に，南部は有明海に面しており，南部には筑紫平野が広がる。有明海では干拓によって土地を広げてきた。

2 産業
有明海での**のり**の養殖がさかん。**伝統的工芸品**として，伊万里焼・有田焼が有名である。

3 文化
弥生時代の遺跡で国内最大級の吉野ヶ里遺跡がある。

↑有田焼

第1章　わたしたちのまち

第2章　働く人々のようす

第3章　安心してくらすために

第4章　くらしの移り変わり

第5章　日本の諸地域

第6章　すこやかにくらすために

第7章　開拓とまちづくり

③ 長崎県　面積 4131km², 人口 128 万人

1 自然
九州の北西部にあり東シナ海に面している。対馬・壱岐・五島列島など離島が多く，島の数は1400をこえて日本一。また海岸は入り組んだ**リアス海岸**がつづいている。雲仙岳の噴火により大きな被害が出た。

2 産業
リアス海岸を生かした港が多く，漁業がさかん。長崎市や佐世保市では造船業が発達している。

3 文化
昔から外国との交流があった長崎市は，街並が異国情緒にあふれており，観光地として有名。

↑大浦天主堂

④ 熊本県　面積 7409km², 人口 172 万人

1 自然
東部から南部にかけて九州山地があり山がちである。阿蘇山には世界有数の大きな**カルデラ**（火山の活動でできた土地のくぼみ）がある。

2 産業
熊本平野での米づくりをはじめ，農業がさかんで，生産量日本一の**トマト**や**すいか**のほか，い草のさいばいがさかんである。

3 文化
りっぱな天守閣をもつ熊本城や，熊本藩の大名庭園であった水前寺成趣園などが，観光地として有名である。

↑阿蘇山

9 九州地方

3年
4年
5年
6年

身近なくらし編

第1章 わたしたちのまち

第2章 働く人々のようす

第3章 安心してくらすために

第4章 くらしの移り変わり

第5章 日本の諸地域

第6章 すこやかにくらすために

第7章 開拓とまちづくり

5 大分県　面積 6341km²，人口 111 万人

1 自然
西部と南部は山地，東部は瀬戸内海，豊後水道に面している。南東部の海岸は**リアス海岸**になっている。

2 産業
農業ではしいたけのさいばいがさかん。漁業もさかんで，豊後水道でとれる**あじ**や**さば**は高級魚として高いねだんで取引される。また温泉の源泉数が日本一多く，温泉の熱を利用した地熱発電所もつくられている。

3 文化
北部の宇佐市にある宇佐神宮は，全国の八幡宮の総本宮である。

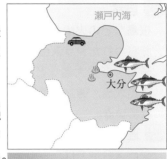

↑別府温泉

6 宮崎県　面積 7734km²，人口 105 万人

1 自然
北西部には九州山地があり，東部は太平洋に面している。沖合を暖流の日本海流〔黒潮〕が流れているため，一年中温暖である。

2 産業
暖かい気候を利用して，マンゴーなどの南国フルーツのさいばいがさかん。日本有数の生産量の**きゅうり**をはじめ，**ピーマン・さといも**などもつくられている。にわとり・ぶた・牛の飼育もさかん。

3 文化
『古事記』や『日本書紀』には宮崎の地名が多く登場するため，日本のはじまりの地であるという説がある。

↑日南海岸

7 鹿児島県　面積 9186km²，人口 156 万人

1 自然

桜島などの火山があり，南部には火山灰でおおわれた**シラス台地**が広がっている。種子島・奄美大島など，島が多い。屋久島，奄美大島，徳之島は世界自然遺産に登録されている。

2 産業

シラス台地では，さつまいも・茶などの生産がさかん。またぶたやにわとりの飼育もさかん。

3 文化

かつてポルトガル人によって鉄砲が伝えられた種子島は，現在では宇宙開発基地となっている。

↑桜島

8 沖縄県　面積 2282km²，人口 147 万人

1 自然

47都道府県の中でもっとも西にある。気候が暖かいため，**さんごしょう**の海岸や，**いりおもてやまねこ**など，他ではみられない動植物が多い。

2 産業

暖かい気候を利用して，**さとうきび・パイナップル**などがつくられている。また美しい海や琉球文化などを求めて多くの観光客がおとずれる。アメリカ軍が駐留する基地が多い。

3 文化

かつて琉球王国として栄えた歴史をもち，独特の文化が発展し，那覇市の首里城あとなどは世界文化遺産に登録されている。

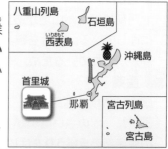

↑首里城（1992 年に復元されたもの）

入試要点チェック

解答▶P.611

身近なくらし編

第1章
わたしたちの
まち

第2章
働く人々の
ようす

第3章
安心して
くらすために

第4章
くらしの
移り変わり

第5章
日本の諸地域

第6章
すこやかに
くらすために

第7章
開拓と
まちづくり

つまずいたら
調べよう

☐ **1** 47都道府県のうち，都にあたるものはどこですか。

☐ **2** 47都道府県のうち，道にあたるものはどこですか。

☐ **3** 47都道府県のうち，府にあたるものはどこか，2つ答えなさい。

☐ **4** 日本を8つの地方に区分した場合，本州のもっとも北にある地方を何といいますか。

☐ **5** もっとも面積の大きい都道府県は北海道ですが，もっとも面積の小さい県はどこですか。

☐ **6** 日本でもっとも多い8県と接している，中部地方にある内陸県はどこですか。

☐ **7** 新潟県などを流れる日本でもっとも長い川を何といいますか。

☐ **8** 人口が東京都・神奈川県についで3番目に多い都道府県はどこですか。

☐ **9** みかんの生産がさかんな県としてあてはまらない県は，和歌山県・愛媛県・青森県のうちではどこですか。

☐ **10** 中京工業地帯の中心である愛知県で，特に生産がさかんな工業製品は何ですか。

☐ **11** 徳島県で夏に行われる有名なお祭りを何といいますか。

☐ **12** 伝統的工芸品の輪島塗がつくられている都道府県はどこですか。

☐ **13** 縄文杉で有名な世界自然遺産に登録されている島を何といいますか。

1▶P.51
4 6

2▶P.45
2 1

3▶P.58
6 3，4

4▶P.45
1

5▶P.63
8 2

6▶P.55
5 6

7▶P.52
5 1

8▶P.58
6 4

9▶
P.46 **3** 1
P.60 **6** 7
P.64 **8** 3

10▶P.56
5 9

11▶P.63
8 1

12▶P.53
5 3

13▶P.68
9 7

第5章 日本の諸地域

入試問題にチャレンジ!

解答▶P.611

1 次の図は日本の東北地方1県，関東地方1県，近畿地方1県，九州地方1県のかたちをしめしたものです。これらの図をみて，あとの問いに答えなさい。ただし，それぞれの縮尺や方位はそろえてありません。

(世田谷学園中・改)

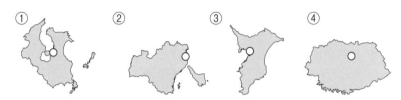

(1) 図①〜④の県名を答え，その説明にあてはまるものを，次の**ア**〜**オ**の中から1つずつ選び記号で答えなさい。

ア　北部は平たんな台地が広がり，南部は県の面積の半分以上をしめる房総半島がある。その半島では温暖な気候を利用した野菜の促成栽培がさかんである。

イ　近畿地方ではもっとも面積が大きい。北部は日本海に面し，南部は瀬戸内海に面している。この県は日本の標準時子午線が通っている。

ウ　北部は鈴鹿山脈，南部は紀伊山地にふくまれ，全体的に山がちである。南北に細長い県で，志摩半島の英虞湾では真珠の養殖がおこなわれている。

エ　九州の最南端に位置し，二つの半島が向き合っている。二つの半島に広がるシラス台地では水もちが悪く稲作ができないため，畑作がおこなわれている。

オ　県の中では面積は最大であるが，人口は少ない。西部はけわしい奥羽山脈が，東部はなだらかな北上高地が，それぞれ南北にはしっている。

①（　　　　県・　　）②（　　　　県・　　）
③（　　　　県・　　）④（　　　　県・　　）

3年
4年
5年
6年

身近なくらし編

第1章 わたしたちのまち

第2章 働く人々のようす

第3章 安心してくらすために

第4章 くらしの移り変わり

第5章 **日本の諸地域**

第6章 すこやかにくらすために

第7章 開拓とまちづくり

2 右の地図を用いて，次の問いに答えなさい。

(日本大学第一中)

(1) 地図中の①の半島名と，その半島が属している県名を答えなさい。

(　　　　半島)
(　　　　県)

(2) 地図中の **a ～ c** は養殖漁業がさかんに行われているところです。それぞれの海や湾の名前を次の**ア～カ**から選び，記号で答えなさい。また，**a ～ c** の場所で養殖されている水産物を語群から選び，記入しなさい。

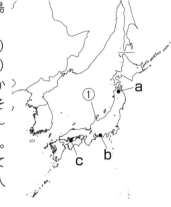

ア 有明海　**イ** 宇和島　**ウ** 浜名湖
エ 土佐湾　**オ** 広島湾　**カ** 陸奥湾

【水産物】うなぎ　かき　真珠　たい　はまち　のり　ほたて貝

a (　・　　　　) b (　・　　　　　)
c (　・　　　　)

3 次の表は，全国における家畜飼育頭羽数の，上位5道県を表したものです。乳牛の飼育頭数（2022年）を表しているものを次の表の**ア～エ**から一つ選び，記号で答えなさい。

(城北中・改)

(単位：万頭・万羽)

	ア	イ	ウ	エ
1位	北海道 84.6	鹿児島県 2809	鹿児島県 119.9	北海道 55.3
2位	栃木県 5.5	宮崎県 2760	宮崎県 76.4	鹿児島県 33.8
3位	熊本県 4.4	岩手県 2110	北海道 72.8	宮崎県 25.5
4位	岩手県 4.0	青森県 806	群馬県 60.5	熊本県 13.4
5位	群馬県 3.4	北海道 518	千葉県 58.3	岩手県 8.9

(『日本国勢図会2023／24』より作成)

(　　　　)

すこやかに
くらすために

1 くらしと電気　　2 くらしと水

3年
4年
5年
6年

身近なくらし編

第1章 わたしたちの まち

第2章 働く人々の ようす

第3章 安心して くらすために

第4章 くらしの 移り変わり

第5章 日本の諸地域

第6章 すこやかに くらすために

第7章 開拓と まちづくり

1 くらしと電気

1 電気が届く流れ

● わたしたちは，電気を多く使用している。電気をつくるのは発電所で，さまざまな発電方法がある（⇒P.262〜264）。わたしたちは，電気をむだに使わないように努める必要がある。

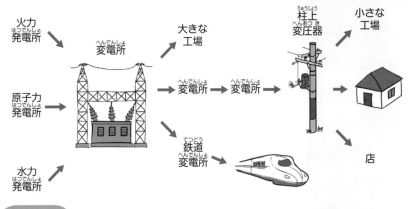

2 くらしと水

1 くらしと水道

● わたしたちが使う水の量

わたしたちは，生活のさまざまな場面で水を使っている。おふろ，トイレ，洗たくなど，ひとりが1日に使う水の量は，平均で200リットル（1リットルは牛乳パック1本分の量）以上にもなる。

● 水をむだにしないために節水することが大切である。

・水を流しっぱなしにしない
・庭にまく水は雨水を利用する　　など

その他12.4%
洗たく 13.3%
トイレ 14.3%
台所 18.3%
ふろ 41.7%

（令和元年度 福岡市）

↑ 4人家族の家庭での 1日の水の使われ方 の割合

73

② きれいな水が届くまで

●わたしたちの生活には，水は欠かすことができない。安全で清潔な水が，どうやってわたしたちのところに届くのか，調べてみよう。

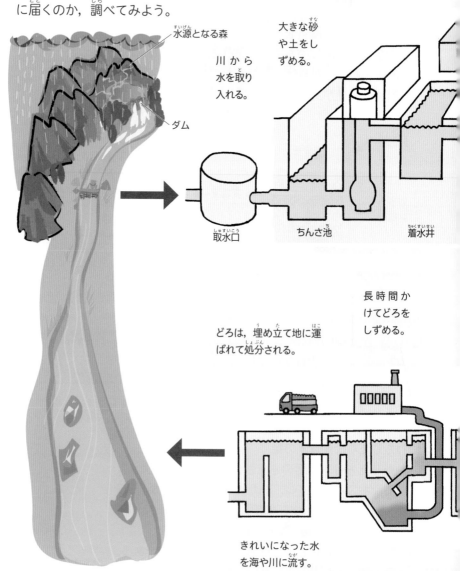

水源となる森

ダム

川から水を取り入れる。

取水口

取り入れた水の量を調整する。

大きな砂や土をしずめる。

ちんさ池

着水井

どろは，埋め立て地に運ばれて処分される。

長時間かけてどろをしずめる。

きれいになった水を海や川に流す。

↑きれいな水が届くまで

2 くらしと水

3 年
4 年
5 年
6 年

身近なくらし編

第1章 わたしたちのまち

第2章 働く人々のようす

第3章 安心してくらすために

第4章 くらしの移り変わり

第5章 日本の諸地域

第6章 すこやかにくらすために

第7章 開拓とまちづくり

浄水場

砂やじゃりの層を使って，水をこす。

きれいになった水をためる。

きれいになった水を給水所に送水する。

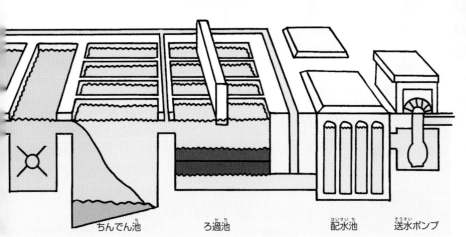

ちんでん池　　　　ろ過池　　　　　配水池　　　送水ポンプ

空気を送って水をかきまぜ，ごみをしずめやすくする。

小さなごみやどろをしずめる。

砂や大きなごみをしずめる。

きれいになった水は，さまざまな用途で使われる。

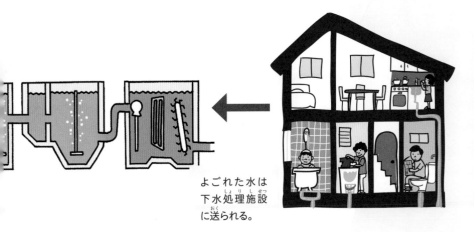

よごれた水は下水処理施設に送られる。

下水処理施設

3 くらしとごみ

1 ごみを処理するしくみ

1 ごみを処理する流れ

● わたしたちの周りでは，家庭でも学校でも毎日多くのごみが出ている。わたしたちが出したごみはどのように処理されているか，調べてみよう。

高熱でごみを燃やして灰にするところ。ごみを燃やした熱で電気をつくったりしている。

ごみは種類ごとに分けて，決められた日に出される。

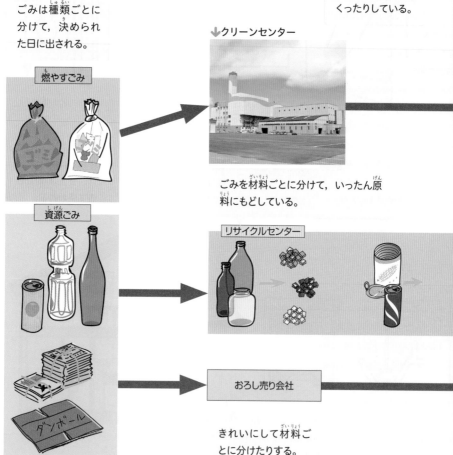

↓クリーンセンター

燃やすごみ

資源ごみ

ごみを材料ごとに分けて，いったん原料にもどしている。

リサイクルセンター

おろし売り会社

きれいにして材料ごとに分けたりする。

↑ごみの処理の流れ

身近なくらし編

第1章 わたしたちの まち

第2章 働く人々の ようす

第3章 安心して くらすために

第4章 くらしの 移り変わり

第5章 日本の諸地域

第6章 すこやかに くらすために

第7章 開拓と まちづくり

❷ ごみの種類

●ごみは，集めやすいように，また処理しやすいよう
にいろいろな種類に分けて集配所に出す。

燃やすごみ…生ごみ，紙くずなど
資源ごみ…きれいにしてもう一度使ったり，もとの
材料にもどして再利用したりする。**びん，
かん，ペットボトル，紙類**など

ごみを燃や
した灰はさ
らに高温で
とかす。

↓埋め立て処分場

埋め立て処分場
は，新しくつくる
には費用がかか
るため，できる
だけ長く使い続
ける必要がある。

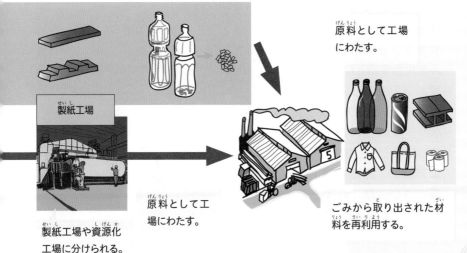

原料として工場
にわたす。

製紙工場

製紙工場や資源化
工場に分けられる。

原料として工
場にわたす。

ごみから取り出された材
料を再利用する。

② ごみを減らす工夫

家庭や会社などから出るごみは多い。①クリーンセンターでは1日中ごみを燃やしているが，それでもおいつかないほどである。わたしたちは，ごみを減らすためにどのようなことをすればよいだろうか。**ごみを減らす工夫**を考えてみよう。

1 ３Rとは

ごみを減らすためには，出たごみをどう処分するかだけでなく，なるべくごみが出ないようにすることも大切である。そのために３R②という考え方がある。

３R

リデュース…ごみをなるべく出さないようにすること。

リユース…ものを捨てずにくりかえし使うこと。

リサイクル…使い終わったものを資源にもどして再利用すること。

2 ごみを生かすしくみ

ものを捨てずにくり返し使えば，ごみにならずにすむ。**フリーマーケット**や**リサイクルショップ**を利用することでごみを生かすことになる。

資源ごみをきちんと分別することで，リサイクルがしやすくなり，資源を大切に利用することになる。法律で，**テレビ・エアコン・洗たく機・冷ぞう庫**については，必ずリサイクルすることが定められている。

↑リサイクル工場のようす

もっとくわしく

①ごみの量
日本で家庭などから出るごみ（一般はいき物）は1年で約4300万トン，1人1日あたり約920グラムになる（2021年）。

Reduce
（リデュース）
Reuse
（リユース）
Recycle
（リサイクル）
それぞれの最初の文字をとって３Rという。

もっとくわしく

②3Rから4Rへ
最近は，ごみとなるいらないものを断るリフューズ（Refuse）が加わることもある。

4 くらしとガス

3年
4年
5年
6年

身近なくらしく編

第1章 わたしたちのまち

第2章 働く人々のようす

第3章 安心してくらすために

第4章 くらしの移り変わり

第5章 日本の諸地域

第6章 すこやかにくらすために

第7章 開拓とまちづくり

4 くらしとガス

1 ガスを安全に使う

1 ガスが届く流れ

- ガス①はどのようにして，わたしたちの家まで届くのか調べてみよう。
- 天然ガスは，もともとはにおいや色がない。しかし，そのままだとガスがもれたときに気づかない。そのため，ガスを製造するときににおいをつける。
- 都市ガスは，製造された後，会社やわたしたちの家へガス管を通って届けられている。ガス管は地下にうまっていることが多く，ガスがもれないように管理されている。

🔍 もっとくわしく

①ガスの種類
ガスは都市ガスとLPガスの2種類がある。都市ガスは天然ガスが原料，LPガスは石油が原料。

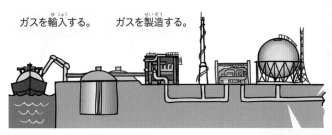

ガスを輸入する。　ガスを製造する。

ガス管を通ってわたしたちの家へ

ガスをためる。

2 ガスの事故を防ぐために

- ガス会社では，ガスもれの連絡があると，すぐに現場に向かい修理をする。家庭についているガスメーターは，ガスの使用量を測るだけではなく，24時間使用の状況が管理されている。安全装置もついており，地震やガスがもれているのを感知するとガスを止める機能がついている。

↑ガスメーター

79

開拓と まちづくり

1 昔からうけつがれてきた文化・行事

3年
4年
5年
6年

身近なくらし編

第1章 わたしたちの まち

第2章 働く人々の ようす

第3章 安心して くらすために

第4章 くらしの 移り変わり

第5章 日本の諸地域

第6章 すこやかに くらすために

第7章 開拓と まちづくり

1 昔から受け継がれてきた文化・行事

1 うけつがれてきた伝統文化・行事

日本全国には昔から続く**お祭り**がある。わたしたちのまちに伝わるお祭りが、いつから続いているのか、どのようないわれがあるのか、調べてみよう。

1 祇園祭（京都市）

京都市にある八坂神社のお祭りである。毎年7月1日から31日まで行われる。お祭りが最高潮に達するのは、17日と24日に行われる山ほこ巡行で、毎年多くの観光客がおとずれる。

2 ねぶた祭（青森市）

災難をはらい、無事をいのる行事で、歴史や伝説、歌舞伎などを題材にしてつくられた巨大な山車が、笛・たいこのはやしとともにまちの中をねり歩く。

©青森ねぶた実行プロジェクト／制作者 竹浪比呂央

3 阿波おどり（徳島市）

8月のお盆の期間に行われる盆おどりの一つ。約400年の歴史があるといわれる。三味線や横笛、たいこの伴奏にのって、おどり手が集団になっておどりながら町をねり歩く。

② 文化を絶やさないためには

1 文化を支える人たち

昔から続いてきたお祭りや，古くから伝わる芸能のことを，**伝統文化**という。最近では，伝統文化にたずさわる人が減っているが，これらはこれから先もずっと残していきたいものである。そのため各地で保存会などを中心に，子どもたちも加わって，伝統文化を絶やさない努力がなされている。

それぞれの地域で特色のあるお祭りがうけつがれている。

↑おわら風の盆（富山県富山市）

↑お旅まつり（石川県小松市）

2 年中行事

わたしたちのまちには，お祭りなどのほかにも，昔から続いているものがある。毎年決まった時期に行われる**年中行事**である。

年中行事は，平安時代に朝廷で行われた公式行事や神事などから始まった。江戸時代に定着したものが多く，今ではわたしたちの生活に節目として大切な機会となっている。

現代に残るおもな年中行事の例	
1月	七草がゆ
2月	節分
3月	ひな祭り
4月	お花見
5月	たんごのせっく
6月	田植え
7月	七夕
8月	おぼん
9月	十五夜
10月	秋祭り
11月	七五三
12月	除夜のかね

2 先人の働き

1 用水をつくる

● 水は飲み水など生活のためにも，また田や畑のかんがいのためにも，欠かすことのできないものである。人々は昔から，水を得るために，いろいろな工夫や苦労をして，<u>用水</u>①を開いてきた。

1 用水の役割
● **飲み水や使い水としての役割**
　飲んだり，洗いものをするなど，生活のために水を使う。
● **かんがい用水としての役割**
　田や畑で米や野菜などをつくるときに水が必要となる。
● **発電や工業用水としての役割**
　発電のときや，工場でものをつくるときに水を使う。
● **人やものを運ぶ役割**
　人やものを運ぶために使われる用水もある。

↑用水

2 用水を引く苦労
● 用水をつくるには，土地をほって水を通さなければならない。また山があるところには**トンネル**をつくる必要がある。このように，地域の人たちの大勢の力が必要とされた。

↑用水をつくるようす

3 各地の用水

● 日本の各地では，昔から用水がつくられてきた。用水の目的やどのようにつくられたのかも調べよう。

● 玉川上水

今から370年ほど前，江戸（今の東京）では人が急に増え，飲み水が不足していた。そこで多摩川の水を江戸へ引くため，用水路をつくった。

この用水のおかげで，江戸の人々は飲み水に困らなくなり，またこの用水の水を利用して，新しい田や畑もひらくことができた。

● 琵琶湖疏水

今から130年ほど前，産業をさかんにする目的で琵琶湖の水を京都市に引いてつくられた。

琵琶湖と京都市の間の山にトンネルをほって水を引き，途中に発電所をつくり，工場の動力になった。さらに，疏水の水は田や畑のかんがいにも利用された。

↑今も残る玉川上水

↑琵琶湖疏水につくられた日本で最初の発電所

2 土地をひらく

1 開拓とは

● 自然のままのあれた土地をひらいて，田や畑にすることを開拓という。

● 昔は機械がなかったので，人や牛や馬の力だけで，木を切り，水を運び，土地を耕した。

2 開拓の種類

● でい炭地の開拓

水はけが悪くじめじめしている<u>でい炭地</u>①を開拓するために，別の場所からかわいた土を運んできて土の性質を変えて田や畑にした。（北海道石狩平野など。）

用語

①でい炭地
アシなどの植物がくさりきらないで長い間積み重なってできた水はけの悪いじめじめした土地。

2 先人の働き

3 年
4 年
5 年
6 年

身近なくらし編

第1章
わたしたちの
まち

第2章
働く人々の
ようす

第3章
安心して
くらすために

第4章
くらしの
移り変わり

第5章
日本の諸地域

第6章
すこやかに
くらすために

第7章
開拓と
まちづくり

● 砂丘の開拓

植林したり，スプリンク
ラーで水をまいたりして
いる。（鳥取砂丘など。）

↑スプリンクラー

● 干拓と埋め立て

大規模に新しい土地をひらく方法として，干
拓と**埋め立て**がある。干拓は，遠浅の海をし
めきって水を干して陸地にすることである。
埋め立ては，海岸などを土や砂などで埋めて
土地にすることである。どちらも大変な労力
と時間がかかるが，広い土地を新しくつくる
ことができる。（有明海諫早湾など。）

干拓

堤防をきずき，中
の水を外に出す。

埋め立て

土や砂を運んでき
て水面を埋める。

↑干拓と埋め立て

③ 洪水を防ぐ

1 洪水による被害

● 洪水は，大雨などで川があふれておこる災害である。
家や田が流されるなど大被害が出ることがある。

2 洪水を防ぐ工夫

● 堤防を築く

堤防は，川の岸に土をもって高い土手をつくり，木を
植えるなど，川の水がこえてこないようにする工夫で
ある。昔は人の手だけでつくったため，労力や費用
がかかり，何度もこわれるなど，大変な苦労があった。

↑堤防

● 川の流れを変える

洪水のおこりやすい川の流れを変えて，
洪水がおこらないようにする工夫もある。
利根川は，江戸時代までは東京湾に流れ
こみ，何度も洪水にみまわれた。川の流
れを変え，太平洋に流れるようにした。

● ダムをつくる

川の上流に**ダム**をつくり水の量を調節す
ることもある。ダムは発電などの役割も
果たしている。

現在の
利根川

昔の
利根川の流れ

東
京
湾

太 平 洋

↑利根川の流れの変化

3 特色ある地域

1 伝統的な技術と国際交流

地域によって，まちの特色がちがう。自然環境や，昔の街並を生かしてまちづくりをしている地域，伝統的な技術や国際交流に取り組んでいる地域などがある。わたしたちのまちの特色を調べよう。

1 伝統的な技術を生かす

その地域で取れる原料を用いて，古くから伝わっている技術や技法で独自の製品をつくっている。南部鉄器や，雄勝硯などの**伝統的工芸品**はその一つである。

↑南部鉄器

2 国際交流に取り組む

外国にも文化があり，おたがいの文化を理解しながら，くらそうと**多文化共生**に取り組んでいる地域がある。仙台市などでは，外国人のために，生活相談をうける多文化共生センターがおかれている。

日本には，世界の都市と姉妹都市①と結んでいる都市もある。

国旗は，国の象徴のため，どの国の国旗も尊重することが大切である。

↑多文化共生センターの様子

用語

①姉妹都市
つながりが深い都市同士が交流を目的に結びついた都市。

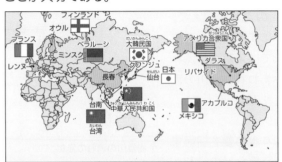

↑仙台市の姉妹都市や協定締結都市

国土 編

第1章

世界の中の日本の国土

1 地球と世界のすがた

1 地球という惑星

1 地球のしくみ

● 地球は太陽系の惑星のひとつである。

● 地球は，ほぼ球の形をしていて，半径は約6400km，一周（赤道）の長さは約4万km①である。

● 地軸（地球の中心を通って，北極と南極を結ぶ線）は，地球が太陽のまわりをまわる面に垂直な線より約23.4度かたむいている。このため，季節のちがいや，昼と夜の長さのちがいがうまれる。②

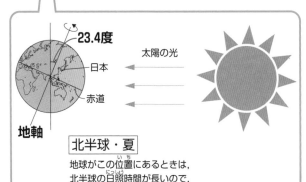

北半球・春

北半球・夏

太陽

北半球・冬

北半球・秋

23.4度

太陽の光

日本

赤道

地軸

北半球・夏

地球がこの位置にあるときは，北半球の日照時間が長いので，北半球は夏になる。

↑地球と四季

もっとくわしく

①地球の大きさ
地球一周の長さは約4万kmである。これは，1795年にフランスがメートル法を決めるときに，北極からパリを通って赤道までの長さの1000万分の1の長さを1mと決めたためである。1000万m＝1万kmで，地球はほぼ球だから，一周の長さは4万kmとなる。

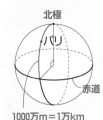

北極

パリ

赤道

1000万m＝1万km

もっとくわしく

②白夜
北緯約66度33分の緯線以上の高緯度が北極圏，南緯約66度33分の緯線以上の高緯度が南極圏で，夏季になると北極圏と南極圏では太陽が一日中沈まない白夜がある。

↑白夜のときの太陽の動き

② 地球儀と地図

① 地球儀と経線・緯線

● 地球儀には，縦の線と横の線がひいてある。

● 縦の線を**経線**，横の線を**緯線**という。

● 経線は，イギリスの首都**ロンドン**郊外にある旧**グリニッジ天文台**を通る**本初子午線**を0度として，東と西を180度に分けている。東を**東経**，西を**西経**とよび，東経180度と西経180度は同じ経線になる。これは本初子午線の反対側の太平洋上にある。

● 緯線は，**赤道**を0度として，北と南を90度に分けている。北を**北緯**，南を**南緯**とよび，北緯90度が**北極点**，南緯90度が**南極点**となる。

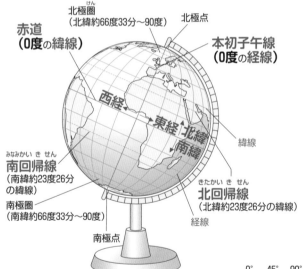

↑地球儀と緯線・経線

⚠️ココに注意！

北回帰線と南回帰線
北回帰線は北緯約23度26分の緯線で，北半球が夏至の日の正午（12：00）に太陽が真上にくる位置をつなげた線。南回帰線は南緯約23度26分の緯線で，北半球が冬至の日の正午に太陽が真上にくる位置をつなげた線。

日付変更線は1つの国を分断しないようにするため，複雑な形になっている。

● 日付変更線は東経（西経）180度の経線にほぼ沿ってひかれている。日付変更線を東から西へこえるときは，日にちを1日進め，西から東へこえるときは，1日遅らせる。

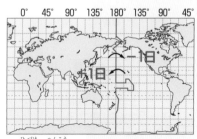

↑日付の変更

1 地球と世界のすがた

3年
4年
5年
6年

国土編

第1章
世界の中の日本の国土

第2章
国土の地形の特色と人々のくらし

第3章
国土の気候の特色と人々のくらし

❷ さまざまな地図の図法

●地図の図法にはいろいろな種類があるが，図法によって何を正しくあらわすことができるのかが異なる。

メルカトル図法

角度を正しくあらわすことができる。そのため，昔から航海図として使われてきた。出発地と目的地を結ぶ線（**等角航路**）に沿って船を進ませると，目的地に着くことができる。

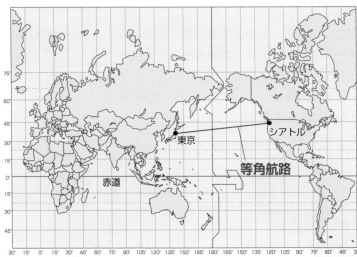

↑メルカトル図法

正距方位図法

地図の中心からの距離と方位を正しくあらわすことができる。地図の中心と目的地を結んだ直線が最短距離をあらわすため，飛行機の航空図などに利用されている。

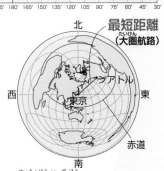

↑正距方位図法

モルワイデ図法

面積を正しくあらわすことができ，分布図などに利用される。

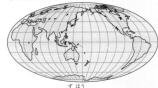

↑モルワイデ図法

2 世界の自然・気候とさまざまな国々

1 世界の自然・気候

1 六大陸と三大洋

● 地球の表面積は，約5.1億km²で，そのうち，陸地の面積が約30％，海洋の面積が約70％を占める。

● 大きな陸地のことを**大陸**という。地球には**ユーラシア大陸**，**アフリカ大陸**，**北アメリカ大陸**，**南アメリカ大陸**，**オーストラリア大陸**，**南極大陸**の六大陸がある。

● 大きな海のことを**海洋**という。海洋のうち，**太平洋**，**大西洋**，**インド洋**を三大洋という。

⚠️ココに注意！
太平洋と大西洋
「太」平洋と「大」西洋の漢字のちがいに注意すること。太平（穏やか）な海→「太平洋」，西にある大きな海→「大西洋」，の語が生まれたという説がある。

南極大陸
ユーラシア大陸
オーストラリア大陸
南アメリカ大陸
北アメリカ大陸
アフリカ大陸

6　9
世界合計
14945
万km²
37%
12
16　20

↑六大陸の広さの割合

その他
インド洋
太平洋
大西洋
9.9　45.9%
合計
36203
万km²
20.3
23.9

↑三大洋の広さの割合

北アメリカ大陸
ユーラシア大陸
大西洋
太平洋
アフリカ大陸
南アメリカ大陸
インド洋
太平洋
オーストラリア大陸
南極大陸

↑六大陸と三大洋

② 世界の気候

● 世界の気候は，大きく5つに分けることができる。

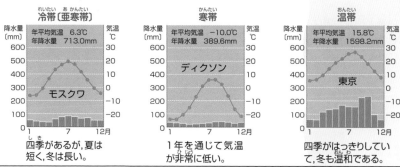

冷帯〔亜寒帯〕

降水量(mm) ／ 気温℃
年平均気温　6.3℃
年降水量　713.0mm

モスクワ

四季があるが，夏は短く，冬は長い。

寒帯

降水量(mm) ／ 気温℃
年平均気温　−10.0℃
年降水量　389.6mm

ディクソン

1年を通じて気温が非常に低い。

温帯

降水量(mm) ／ 気温℃
年平均気温　15.8℃
年降水量　1598.2mm

東京

四季がはっきりしていて，冬も温和である。

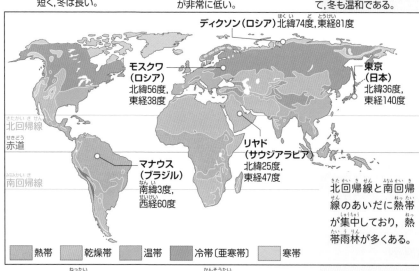

ディクソン（ロシア）北緯74度，東経81度

モスクワ
（ロシア）
北緯56度，
東経38度

東京
（日本）
北緯36度，
東経140度

北回帰線
赤道

南回帰線

マナウス
（ブラジル）
南緯3度，
西経60度

リヤド
（サウジアラビア）
北緯25度，
東経47度

北回帰線と南回帰線のあいだに熱帯が集中しており，熱帯雨林が多くある。

| | 熱帯 | | 乾燥帯 | | 温帯 | | 冷帯〔亜寒帯〕 | | 寒帯 |

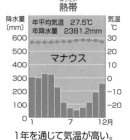

熱帯

降水量(mm) ／ 気温℃
年平均気温　27.5℃
年降水量　2381.2mm

マナウス

1年を通じて気温が高い。1年中雨が降る熱帯雨林気候と数ヶ月の乾季があるサバナ気候に分かれる。

乾燥帯

降水量(mm) ／ 気温℃

リヤド

年平均気温　27.0℃
年降水量　127.3mm

1年を通じて降水量が少ない。

↑ 世界の気候と雨温図　（『理科年表』2023年版ほか）

もっとくわしく

雨温図の読みとり
棒グラフが各月の降水量を表し，折れ線グラフが各月の平均気温の変化を表す。

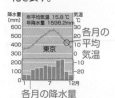

降水量(mm) ／ 気温℃
年平均気温　15.8℃
年降水量　1598.2mm

各月の平均気温

東京

各月の降水量

③ さまざまな国々

1 東アジア・東南アジア

中華人民共和国は世界で2番目に人口が多い。

モンゴルでは遊牧民が移動生活をしている。

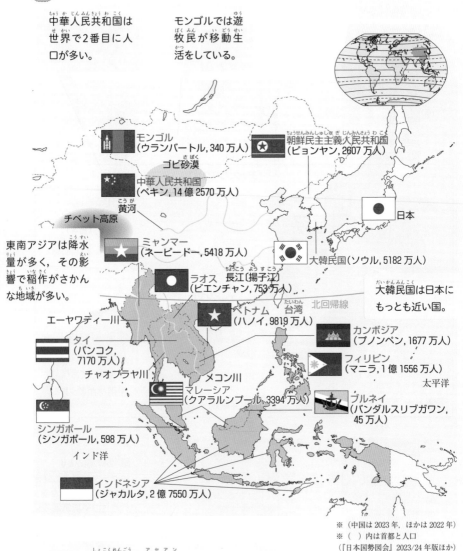

モンゴル
（ウランバートル, 340万人）

ゴビ砂漠

朝鮮民主主義人民共和国
（ピョンヤン, 2607万人）

中華人民共和国
（ペキン, 14億2570万人）

黄河

チベット高原

日本

ミャンマー
（ネーピードー, 5418万人）

東南アジアは降水量が多く, その影響で稲作がさかんな地域が多い。

ラオス
（ビエンチャン, 753万人）

長江（揚子江）

大韓民国（ソウル, 5182万人）

大韓民国は日本にもっとも近い国。

エーヤワディー川

ベトナム
（ハノイ, 9819万人）

台湾

北回帰線

タイ
（バンコク, 7170万人）

チャオプラヤ川

カンボジア
（プノンペン, 1677万人）

フィリピン
（マニラ, 1億1556万人）

太平洋

メコン川

マレーシア
（クアラルンプール, 3394万人）

ブルネイ
（バンダルスリブガワン, 45万人）

シンガポール
（シンガポール, 598万人）

インド洋

インドネシア
（ジャカルタ, 2億7550万人）

※ （中国は2023年, ほかは2022年）
※ （ ）内は首都と人口
（『日本国勢図会』2023/24年版ほか）

東南アジア諸国連合をASEANという。インドネシア, マレーシア, シンガポール, フィリピン, タイ, ブルネイ, ベトナム, ミャンマー, ラオス, カンボジアの10カ国が加盟している（2023年9月現在）。

② 南アジア・西アジア

中東では政情と治安の
不安定な地域が多い。

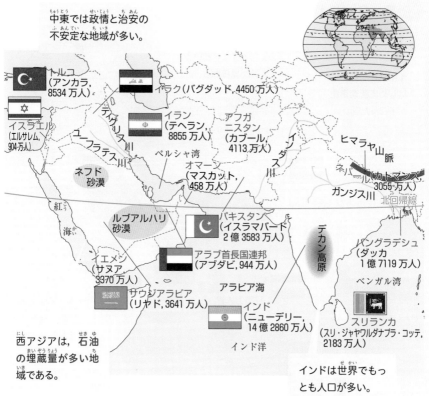

トルコ
（アンカラ,
8534万人）

イラク（バグダッド, 4450万人）

イラン
（テヘラン,
8855万人）

イスラエル
（エルサレム,
904万人）

アフガ
ニスタン
（カブール,
4113万人）

ヒマラヤ山脈

ティグリス川

ユーフラテス川

ペルシャ湾

オマーン
（マスカット,
458万人）

ネパール（カトマンズ,
3055万人）

ガンジス川

北回帰線

ネフド
砂漠

紅海

ルブアルハリ
砂漠

パキスタン
（イスラマバード,
2億3583万人）

イエメン
（サヌア,
3370万人）

アラブ首長国連邦
（アブダビ, 944万人）

デカン高原

バングラデシュ
（ダッカ
1億7119万人）

ベンガル湾

サウジアラビア
（リヤド, 3641万人）

アラビア海

インド
（ニューデリー,
14億2860万人）

スリランカ
（スリ・ジャヤワルダナプラ・コッテ,
2183万人）

西アジアは, 石油
の埋蔵量が多い地
域である。

インド洋

インドは世界でもっ
とも人口が多い。

③ オセアニア

太平洋

グレート
ビクトリア砂漠

大鑽井盆地

ニュージーランド
（ウェリントン, 519万人）

オーストラリア
（キャンベラ, 2618万人）

南半球は北半球と
季節が逆になる。

オーストラリアと
ニュージーランド
は, イギリスの
植民地だったが,
20世紀前半に独
立した。現在もイ
ギリス連邦の加盟
国なので, 国旗を
見ると, イギリス
の国旗がえがか
れている。

※（インドは2023年, ほかは2022年）
※（　）内は首都と人口
　　　（『日本国勢図会』2023/24年版ほか）

95

④ ヨーロッパ・ロシア

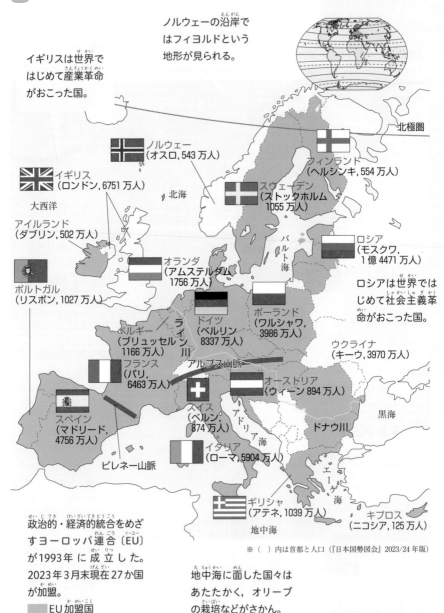

ノルウェーの沿岸ではフィヨルドという地形が見られる。

イギリスは世界ではじめて産業革命がおこった国。

ノルウェー
（オスロ, 543万人）

フィンランド
（ヘルシンキ, 554万人）

イギリス
（ロンドン, 6751万人）

大西洋

北海

スウェーデン
（ストックホルム
1055万人）

アイルランド
（ダブリン, 502万人）

バルト海

ロシア
（モスクワ,
1億4471万人）

ポルトガル
（リスボン, 1027万人）

オランダ
（アムステルダム
1756万人）

ロシアは世界ではじめて社会主義革命がおこった国。

ポーランド
（ワルシャワ,
3986万人）

ベルギー
（ブリュッセル
1166万人）

ライン川

ドイツ
（ベルリン
8337万人）

ウクライナ
（キーウ, 3970万人）

フランス
（パリ,
6463万人）

アルプス山脈

オーストリア
（ウィーン 894万人）

黒海

スペイン
（マドリード,
4756万人）

スイス
（ベルン,
874万人）

アドリア海

ドナウ川

ピレネー山脈

イタリア
（ローマ, 5904万人）

エーゲ海

ギリシャ
（アテネ, 1039万人）

キプロス
（ニコシア, 125万人）

地中海

北極圏

※（　）内は首都と人口（『日本国勢図会』2023/24年版）

政治的・経済的統合をめざすヨーロッパ連合〔EU〕が1993年に成立した。2023年3月末現在27か国が加盟。

EU加盟国

地中海に面した国々はあたたかく，オリーブの栽培などがさかん。

国土編

第1章
世界の中の日本
の国土

第2章
国土の地形の特色
と人々のくらし

第3章
国土の気候の特色
と人々のくらし

⑤ 北アメリカ・南アメリカ

アメリカ合衆国は，アラス
カやハワイもふくめて日本
の約26倍の面積を持つ。

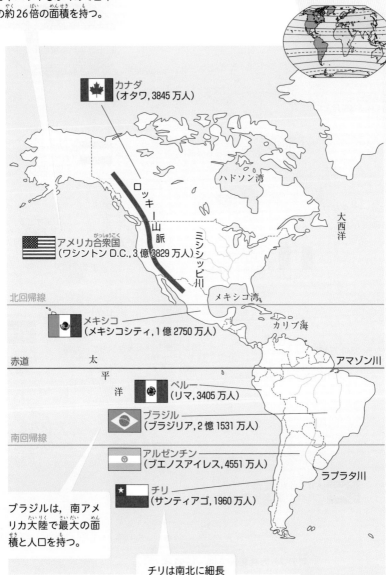

カナダ
(オタワ, 3845万人)

ハドソン湾

ロッキー山脈

大西洋

アメリカ合衆国
(ワシントン D.C., 3億3829万人)

ミシシッピ川

北回帰線

メキシコ湾

メキシコ
(メキシコシティ, 1億2750万人)

カリブ海

赤道　太

平

洋

アマゾン川

ペルー
(リマ, 3405万人)

ブラジル
(ブラジリア, 2億1531万人)

南回帰線

アルゼンチン
(ブエノスアイレス, 4551万人)

ラプラタ川

チリ
(サンティアゴ, 1960万人)

ブラジルは，南アメ
リカ大陸で最大の面
積と人口を持つ。

チリは南北に細長
く，特ちょう的な
形をしている。

※（　）内は首都と人口
(『日本国勢図会』2023/24年版)

6 アフリカ

アフリカの国境がまっすぐなのは，かつてヨーロッパの
国々がアフリカを植民地にする際に，緯線・経線で土
地を区切ったためである。

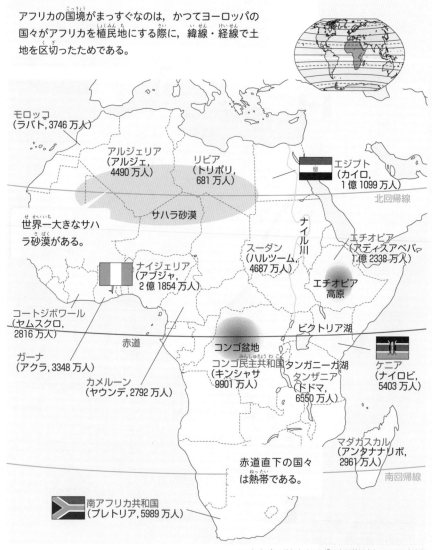

モロッコ
（ラバト，3746万人）

アルジェリア
（アルジェ，
4490万人）

リビア
（トリポリ，
681万人）

エジプト
（カイロ，
1億1099万人）

北回帰線

世界一大きなサハ
ラ砂漠がある。

サハラ砂漠

ナイル川

エチオピア
（アディスアベバ，
1億2338万人）

ナイジェリア
（アブジャ，
2億1854万人）

スーダン
（ハルツーム，
4687万人）

エチオピア
高原

コートジボワール
（ヤムスクロ，
2816万人）

赤道

ビクトリア湖

ガーナ
（アクラ，3348万人）

コンゴ盆地
コンゴ民主共和国 タンガニーカ湖
（キンシャサ，
9901万人）

タンザニア
（ドドマ，
6550万人）

ケニア
（ナイロビ，
5403万人）

カメルーン
（ヤウンデ，2792万人）

マダガスカル
（アンタナナリボ，
2961万人）

赤道直下の国々
は熱帯である。

南回帰線

南アフリカ共和国
（プレトリア，5989万人）

※（ ）内は首都と人口（『日本国勢図会』2023/24年版）

南アフリカ共和国では，1991年
に，アパルトヘイトという人種隔
離政策のもととなっていた法律が
廃止された。

3 日本の領土・領域と特色

1 世界の中での日本の位置と範囲

1 日本の位置

●日本は，**北海道・本州・四国・九州**の4つの大きな島と約14000の島からなり，ユーラシア大陸の東側，太平洋の西側に位置する，アジアの一国である。日本は，北半球のおよそ北緯20度から46度の間，東半球のおよそ東経122度から154度の間にある。

●日本の時刻の標準になるのは**東経135度の経線**（標準時子午線）で，**兵庫県明石市**などを通過している。経度0度の経線が通る旧グリニッジ天文台のあるロンドンとの時差（時間の違い）は9時間で，日本の方が9時間進んでいる。①

第1章
世界の中の日本の国土

第2章
国土の地形の特色と人々のくらし

第3章
国土の気候の特色と人々のくらし

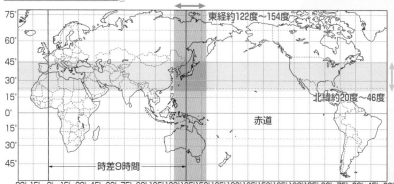

東経約122度〜154度
北緯約20〜46度
赤道
時差9時間

↑日本の位置

🔍 もっとくわしく

①日本とロンドンの時差はなぜ9時間なのか

ロンドンの経度は0度，日本の標準時子午線の経度は東経135度。地球は1周360度を24時間でまわるから，15度で1時間の時差が生じる（360÷24 = 15）。だから135度の差は，135÷15 = 9時間，となる。地球は北極から見て左回り（反時計回り）で自転し，日付変更線が太平洋上にあるため，ロンドンより日本の方が，9時間進んでいることになる。

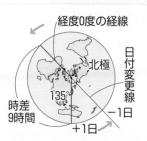

経度0度の経線
北極
日付変更線
135°
時差9時間
−1日
+1日

② 日本の範囲

●日本は，北端の択捉島から西端の与那国島まで，約3000kmにわたって，たくさんの島々がつらなる列島である。

●日本の東西南北の端には，それぞれの島が位置する。

北端→択捉島（北緯45度33分）
南端→沖ノ鳥島（北緯20度25分）
東端→南鳥島（東経153度59分）
西端→与那国島（東経122度56分）

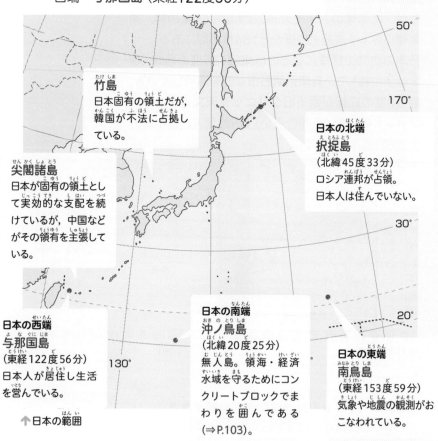

竹島
日本固有の領土だが，韓国が不法に占拠している。

尖閣諸島
日本が固有の領土として実効的な支配を続けているが，中国などがその領有を主張している。

日本の北端
択捉島
（北緯45度33分）
ロシア連邦が占領。日本人は住んでいない。

日本の西端
与那国島
（東経122度56分）
日本人が居住し生活を営んでいる。

日本の南端
沖ノ鳥島
（北緯20度25分）
無人島。領海・経済水域を守るためにコンクリートブロックでまわりを囲んである（⇒P.103）。

日本の東端
南鳥島
（東経153度59分）
気象や地震の観測がおこなわれている。

↑日本の範囲

② 国の領域と北方領土問題

1 国の領域

● 世界には196の国がある（2023年現在）。国である
ための条件は，領土・国民・主権（政府）である。
つまり，国の領域（特に領土）に国民がいて，国民を
代表する政府があることで国として認められている。

● 国の主権がおよぶ範囲を国の**領域**という。国の領域
は，領土・領海・領空からなる。

領土…陸地の部分。日本の領土の大きさ（国土面
積）は，約38万km²（北方領土を含む）である。

領海…領土の海岸の基線から12海里（約22km）ま
での海。基線とは，干潮（引き潮）のときの
海岸線のこと。

領空①…領土と領海の上空。飛行機は許可を得なく
ては他の国の領空を飛ぶことができない。

もっとくわしく

①領空の上限
領土と領海の上空のうち，
宇宙空間の下の大気圏
（地上から約100km）が
領空だが，宇宙空間との
境ははっきりしていない。

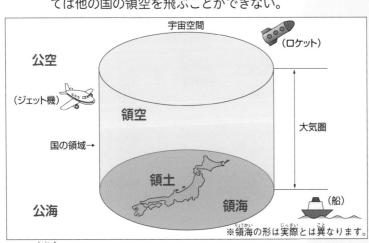

宇宙空間

（ロケット）

公空

（ジェット機）

領空

国の領域→

大気圏

領土

公海

領海

（船）

※領海の形は実際とは異なります。

↑国の領域

公海…どの国にも属さない海。船は自由に航行する
ことができる。

公空…どの国にも属さない空間。公海やどこの国に
も属さない土地（南極など）の上空。飛行機
は自由に飛ぶことができる。

2 北方領土

● 北方領土は，北海道の北東にある島々（択捉島・国後島・色丹島・歯舞群島）のことである。

● 第二次世界大戦の終了直前にソビエト社会主義共和国連邦が占領し，現在もロシア連邦が占領を続けている。日本はその返還を働きかけている。

● 面積は，国後島だけで沖縄島とほぼ等しく，4島をすべて合わせると，福岡県の面積とほぼ等しい。

● サンフランシスコ平和条約（1951年）で，日本は南樺太，千島列島を放棄したが，北方領土は日本のもともとの領土であり，放棄していない。

日本領
北方領土
ロシア連邦領
日本が放棄した地域

↑ 1951年のサンフランシスコ平和条約に基づく国境線

102

もっとくわしく

北方領土の歴史
日露通好条約（1855年）
江戸時代末期に結んだ条約で，日本とロシアの国境が択捉島の北側となり，樺太は両国の共同統治となった。

樺太・千島交換条約（1875年）
千島全島は日本，樺太はロシアの領土となった。

ポーツマス条約（1905年）
日露戦争の勝利で，日本は樺太の南半分を得た。

3年
4年
5年
6年

国土編

第1章
世界の中の日本
の国土

第2章
国土の地形の特色
と人々のくらし

第3章
国土の気候の特色
と人々のくらし

中学入試対策

排他的経済水域

入試でる度
★★★☆☆

- 海岸から12海里以内の海を**領海**，海岸から200**海里**（約370km）以内の海を**排他的経済水域**という。
- 排他的経済水域では，魚などの水産資源をとり海底にある鉱物資源を開発する権利などは沿岸国にあり，他国の権利を排除，あるいは制限することができる。
- 日本の領土は約38万km²だが，島国で離島が多いため，領海と排他的経済水域をあわせた水域は約448万km²になる。

ここが問われる！

経済水域によって，外国の船がとる魚の量が制限されたため，世界の海で行っていた日本の遠洋漁業の生産高は，減少した。（⇒P.175）

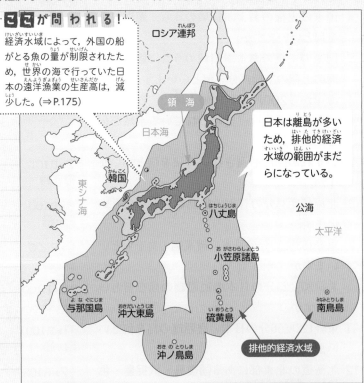

日本は離島が多いため，排他的経済水域の範囲がまだらになっている。

↑日本の排他的経済水域

自国の領土を守り，排他的経済水域を維持するため，水没しそうな沖ノ鳥島のまわりを，コンクリートで固める護岸工事をしている。

↑沖ノ鳥島

入試要点チェック

解答▶P.612

つまずいたら
調べよう

☐ **1** 日本の**標準時子午線**に設定されている経線の経度は何度ですか。

1▶P.99
③①①

☐ **2** 日本の**標準時子午線**が通る明石市があるのはどこの都道府県ですか。

2▶P.99
③①①

☐ **3** 国家の主権のおよぶ領域のうち，**陸地**部分を何といいますか。

3▶P.101
③②①

☐ **4** 国家の主権のおよぶ領域のうち，**海洋**部分を何といいますか。

4▶P.101
③②①

☐ **5** 国家の主権のおよぶ領域のうち，**領土と領海の上空**の空間部分を何といいますか。

5▶P.101
③②①

☐ **6** 海岸から200**海里**以内の水域で，資源の管理などが沿岸国に認められている水域を何といいますか。

6▶P.103
中学入試対策

☐ **7** **いずれの国にも属さない海域**を何といいますか。

7▶P.101
③②①

☐ **8** 北緯45度33分の日本の**最北端**の島を何といいますか。

8▶P.100
③①②

☐ **9** 東経153度59分の日本の**最東端**の島を何といいますか。

9▶P.100
③①②

☐ **10** 北緯20度25分の日本の**最南端**の島を何といいますか。

10▶P.100
③①②

☐ **11** 東経122度56分の日本の**最西端**の島を何といいますか。

11▶P.100
③①②

☐ **12** 北海道の北東部にある**国後島・択捉島・色丹島・歯舞群島**のことを何といいますか。

12▶P.102
③②②

☐ **13** 第二次世界大戦の後，日本が**南樺太と千島列島**を放棄した講和条約は，アメリカの何という都市で結ばれましたか。

13▶P.102
③②②

3年
4年
5年
6年

国土編

第1章
世界の中の日本
の国土

第2章
国土の地形の特色
と人々のくらし

第3章
国土の気候の特色
と人々のくらし

第1章 世界の中の日本の国土

入試問題にチャレンジ！

解答▶P.612

1 次の地図を見て，あとの問いに答えなさい。

（麗澤中・改）

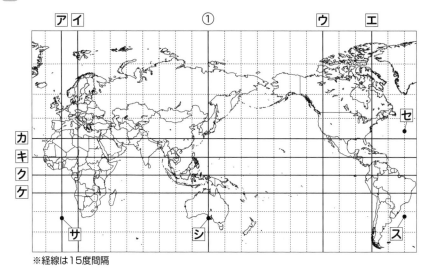

※経線は15度間隔

（1）直線①は日本のある都市を通る。その都市を，次のア〜エより1つ
選びなさい。　　　　　　　　　　　　　　　　　　（　　　　　）
　　ア　新宿区　　イ　明石市　　ウ　那覇市　　エ　大阪市

（2）経度0度の線を本初子午線というが，本初子午線はどれか。地図
中のア〜エより1つ選びなさい。　　　　　　　　　（　　　　　）

（3）赤道にあたる線はどれか。地図中のカ〜ケより1つ選びなさい。
　　　　　　　　　　　　　　　　　　　　　　　　　（　　　　　）

（4）地球上の正反対の地点を対蹠点というが，（1）の対蹠点として最
もふさわしいものはどれか。地図中のサ〜セより1つ選びなさい。
　　　　　　　　　　　　　　　　　　　　　　　　　（　　　　　）

（5）2018年，ある国でサッカーのワールドカップが開催されたが，そ
の国の首都は日本と6時間の時差がある，その首都で午後2時に開
催される試合を日本のテレビ中継で見た場合，日本での時間は何
時か，午前か午後かを明確にしながら答えなさい。
　　　　　　　　　　　　　　　　　　　　　　　　　（　　　　　）

2 次の文を読んで，あとの問いに答えなさい。 （普連土学園中・改）

　日本は四方を海に囲まれた島国です。その領土は北東から南西にかけておよそ3000kmにわたっているため，気候風土も多様です。

　日本の標準時となる経線は　**あ**　経135度で，兵庫県の明石市を通っています。日本の東西南北のはしは，東は　**い**　島，西は①与那国島，南は　**う**　島，北は択捉島です。

よくでる（１）空らん　**あ**　〜　**う**　にあてはまる正しいことばを書きなさい。

　　　　　　　　あ（　　　　　　）い（　　　　　　）う（　　　　　　）

（２）下線部①について，与那国島はどの都道府県に属していますか。

　　　　　　　　　　　　　　　　　　　　　　　　　（　　　　　　）

3 次の文を読んで，あとの問いに答えなさい。 （芝中）

　日本の①国土面積は37.8万km^{2}におよび，世界の国々と比較してもけっして小さい国ではありません。日本の西端は東経122度に位置する島で，東端は②東経153度に位置する島です。北端は北緯45度に位置し，南端の島は北緯20度に位置しています。このうち南端の島は，③1988年に護岸工事が行われた島として注目されました。

（１）下線部①について，国土面積が日本に最も近い国を次の**ア**〜**エ**からひとつ選び，記号で答えなさい。　　　　　　　　　（　　　　）

　　ア イラン　　**イ** オランダ　　**ウ** ドイツ　　**エ** スイス

（２）下線部②について，この島の対せき点（真裏）として正しいものを右図の**ア**〜**エ**からひとつ選び，記号で答えなさい。ただし，図の経緯線は，10度間隔で描いています。

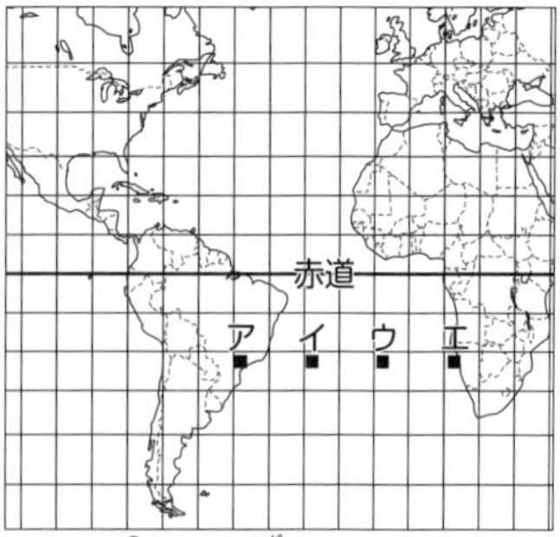

　　　　　　　　　　　　　（　　　　）

赤道
ア　イ　ウ　エ

（３）下線部③について，この島の護岸工事は，排他的経済水域の確保のために行われました。排他的経済水域について述べた次の**ア**〜**エ**のうち，あやまっているものをひとつ選び，記号で答えなさい。

　　　　　　　　　　　　　　　　　　　　　　　　　（　　　　　　）

3年
4年
5年
6年

国土編

第1章
世界の中の日本
の国土

第2章
国土の地形の特色
と人々のくらし

第3章
国土の気候の特色
と人々のくらし

ア この島を失うことで，約40万km²の排他的経済水域を失うことになる。

イ 日本の領海と排他的経済水域を足した面積は，中国の領海と排他的経済水域を足した面積より広い。

ウ 排他的経済水域内でも，他国は船舶の航行や海底パイプラインの設置を自由におこなうことができる。

エ 1980年代以降，世界的に規制をゆるやかにする取り組みが進められ，排他的経済水域を設定する国は減少している。

④ 次の**あ〜え**の都市は，羽田空港から直行便が就航している都市である。あとの問いに答えなさい。

（開成中）

あ ロサンゼルス　**い** 北京（ペキン）　**う** パリ　**え** シンガポール

（1）**あ〜え**の都市の位置を後の地図中の記号**A〜F**からそれぞれ選び，記号で答えなさい。

あ（　　　）**い**（　　　）**う**（　　　）**え**（　　　）

（2）ロサンゼルスは東京から見てどの方位であるか，次の**ア〜エ**から1つ選び，記号で答えなさい。　（　　　）

ア 東　**イ** 北　**ウ** 北東　**エ** 南東

（3）地図中の記号**A〜F**の都市のなかで，東京からの直線距離がもっとも遠い都市を，記号で答えなさい。　（　　　）

（4）地図中の記号**A〜F**の都市のなかで，日本時間が2011年2月1日13時30分の時点で，現地時間が1月31日の都市が1つあります。**A〜F**から1つ選び，記号で答えなさい。　（　　　）

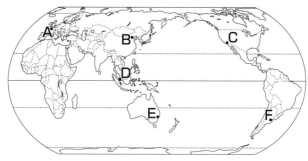

第2章

国土の地形の特色と人々のくらし

1 日本の地形の特色

1 世界と日本の地形の特色

1 世界の地形のしくみ

● 地球の表面 (地殻) は，**プレート**という大きく分けると10数枚の岩盤でおおわれている。プレートは，その下の**マントル**の動きとともにゆっくりと移動している。①

● プレートが動くことで，その上にある大陸もいっしょに動いている。そのため，長い時間をかけて大陸は分裂や結合をくり返してきたと考えられている。

● プレートとプレートがたがいに押し合っているところが，**造山帯**である。

● 造山帯には，**環太平洋造山帯**と**アルプス・ヒマラヤ造山帯**がある。日本は環太平洋造山帯の上に位置する。

🔍 もっとくわしく

①**プレートとマントル**
地殻 (深さ5〜60km) とマントルの上端部分の，深さ100kmぐらいの岩盤がプレートで，その下の深さ約2900kmまでの部分のマントルは流動している。

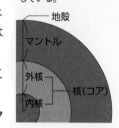

地殻
マントル
外核
内核
核 (コア)

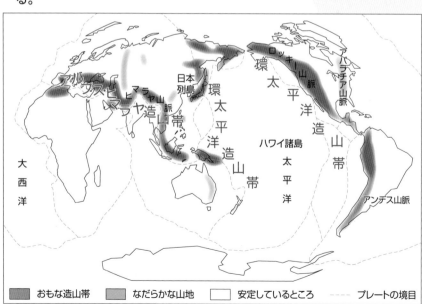

| おもな造山帯 | なだらかな山地 | 安定しているところ | --- プレートの境目 |

⬆ **環太平洋造山帯**と**アルプス・ヒマラヤ造山帯**

② 日本の地形のしくみ

● 日本列島の周辺では，**太平洋プレート・ユーラシアプレート・北アメリカプレート・フィリピン海プレート**の4つのプレートが接している。

● 太平洋プレートが北アメリカプレートの下に，フィリピン海プレートがユーラシアプレートの下に，それぞれ沈みこんでおり，それによって生じるプレートのひずみが地震の起きる原因のひとつである。日本周辺は，特に地震が多い地域である。

● 大昔の日本列島は，北アメリカプレートの上にある東北日本とユーラシアプレートの上にある西南日本の間に海があって2つに分かれていたが，500万年ほど前に，太平洋プレートの沈みこみで北アメリカプレートがおされ，2つの部分が接近してつながった。その境目が**フォッサマグナ**（「巨大なみぞ」）である。

● 本州はフォッサマグナで東西に分かれる。フォッサマグナは，**中央構造帯**ともいわれるかんぼつ地帯であり，西のふちは，新潟県の糸魚川市から静岡県静岡市にいたる範囲である。東のふちは諸説があり，確定していない。

● 日本列島には，九州から関東にいたるかんぼつ地帯がある。これを**中央構造線**という。1億数千年前に，日本列島の内側部分（北側）が外側部分（南側）に対して東に大きくずれたためにできたといわれる大きな断層である。

↑日本周辺のプレート

↑プレートの沈みこみによりひずみが進む　↑ひずみが限界に達すると土地が隆起する

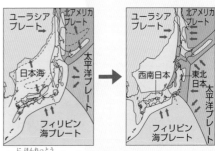

↑日本列島ができるまで

↑フォッサマグナと中央構造線

国土編

第1章
世界の中の日本
の国土

第2章
国土の地形の特色
と人々のくらし

第3章
国土の気候の特色
と人々のくらし

② 日本のおもな地形

① 地形を表す用語

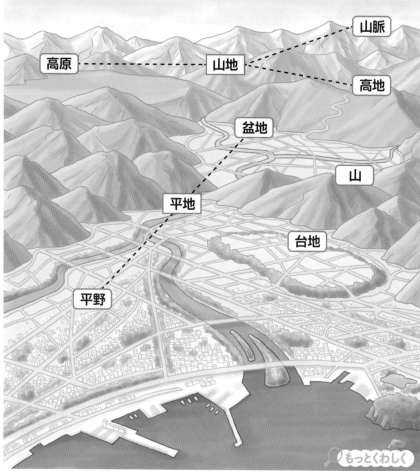

高原

山地

山脈

高地

盆地

山

平地

台地

平野

もっとくわしく

山地…いくつかの山が集まって，一つのまとまりをつくっているところ。

山脈…山地のうち，山の峰（頂上）が連なって脈状になって続いているもの。

高地…山地のうち，起伏が大きくなく，表面がなだらかになっているもの。

高原…山地のなかで，表面が平らになっているところ。

平地…山がなく，平らになっているところ。

平野…平地のうち，海に面しているもの。

盆地…平地のうち，まわりを山に囲まれているもの。

台地…平地や盆地のなかで，まわりより高くなっている平らなところ。

日本の地形の割合

その他 2%

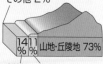

山地・丘陵地 73%

14
%

11
%

低地　台地

日本は，国土のおよそ7割を山地・丘陵地が占める山がちな国である。

（日本国勢図会　2023/24年版）

111

❷ 日本の山脈と山地

- 日本列島は，環太平洋造山帯 (⇒P.109) にふくまれ，中心には背骨のように山脈が連なっている。

- 日本の国土は約4分の3が山地である。

- 中央高地の飛驒山脈 (北アルプス)・木曽山脈 (中央アルプス)・赤石山脈 (南アルプス) は，標高3000mをこえる山が連なり，ヨーロッパのアルプス山脈にならって「日本アルプス」(「日本の屋根」) とよばれる。

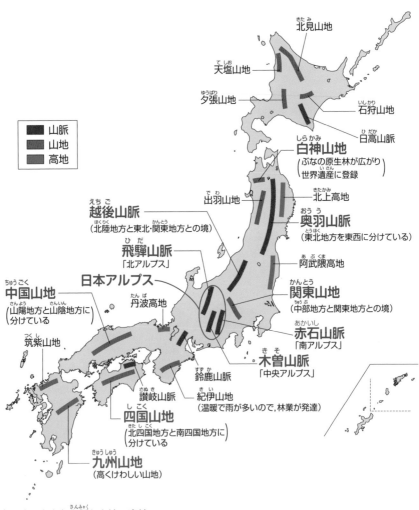

山脈
山地
高地

北見山地

天塩山地

夕張山地

石狩山地

日高山地

白神山地
(ぶなの原生林が広がり
世界遺産に登録)

出羽山地

北上高地

越後山脈
(北陸地方と東北・関東地方との境)

奥羽山脈
(東北地方を東西に分けている)

飛驒山脈
「北アルプス」

阿武隈高地

日本アルプス

丹波高地

関東山地
(中部地方と関東地方との境)

中国山地
(山陽地方と山陰地方に
分けている

筑紫山地

赤石山脈
「南アルプス」

木曽山脈
「中央アルプス」

鈴鹿山脈

讃岐山脈

紀伊山地
(温暖で雨が多いので，林業が発達)

四国山地
(北四国地方と南四国地方に
分けている

九州山地
(高くけわしい山地)

↑日本のおもな山脈と山地，高地

国土編

第1章
世界の中の日本の国土

第2章
国土の地形の特色と人々のくらし

第3章
国土の気候の特色と人々のくらし

③ 日本の山（火山）

● 日本は環太平洋造山帯に位置し，火山活動が活発な国である。富士山をはじめとして，各地に火山がある。

用語

② **カルデラ**

阿蘇山のように，噴火で火口の中央部が落ち込んでしまった火山のくぼ地のこと。

🔍 **もっとくわしく**

① **富士山ができるまで**

70万年前
小御岳という火山ができた。

↓

10万年～1万年前
小御岳の南に古富士が噴火した。

↓

6000年前
新富士が噴火して，今の富士山になった。

小御岳

古富士

新富士
古富士　小御岳

羊蹄山
「蝦夷富士」

大雪山
（旭岳＝北海道で最も高い山）

有珠山
（2000年に噴火）

岩木山
（「津軽富士」。ふもとでりんごの栽培）

鳥海山
（東北で2番目に高い山）

岩手山
「南部片富士」

浅間山
（ふもとの嬬恋村では高冷地農業）

磐梯山

男体山

白山

八ヶ岳〔赤岳〕
（ふもとの野辺山原では高冷地農業）

雲仙岳
〔普賢岳〕
1990年に噴火，翌年，大火砕流が発生

富士山①
成層火山〔コニーデ〕
日本一高い山＝3776m

御嶽山

石鎚山（四国で最も高い山）

阿蘇山（世界有数の**カルデラ**②）

御岳（桜島）
（1914年の大噴火によって，大隅半島と陸続きになる）

宮之浦岳（九州で最も高い山）

↑日本のおもな山（火山）

4 日本の川と湖

●世界の川と比べると，日本の川は短くて流れが急である。

●流れが急な川では，降った雨はすぐ海に流れてしまう。そのため，日本では降水量が多くても，利用できる水資源が少ない。そのため，**ダム**をつくり，水をためるとともに洪水を防いでいる。

サロマ湖
(潟湖，ほたて貝の養殖)

石狩川
石狩平野，蛇行のあとが三日月湖をつくる
[長さ] 日本第3位
[流域面積] 日本第2位

阿寒湖
(せき止め湖)

洞爺湖(カルデラ湖)

十勝川(十勝平野)

十和田湖
(カルデラ湖，ひめますの養殖)

雄物川(秋田平野)

最上川
米沢盆地～山形盆地～新庄盆地
～庄内平野，「三大急流」の一つ

北上川
北上盆地～仙台平野

阿賀野川(越後平野，新潟水俣病)

信濃川(越後平野，長さ 日本第1位)

阿武隈川郡山盆地～福島盆地～仙台平野

諏訪湖(断層湖，湖の汚れが問題)

神通川(富山平野，イタイイタイ病)

猪苗代湖(せき止め湖)

木曽三川

木曽川(濃尾平野，「日本ライン」)

霞ヶ浦(潟湖)

長良川(鵜飼いで有名，河口堰がある)

揖斐川

利根川(関東平野，「坂東太郎」)流域面積 日本第1位

宍道湖(しじみ漁)

富士川(「三大急流」の一つ)

大井川

天竜川(水源は諏訪湖)

紀ノ川(和歌山平野)

浜名湖(潟湖，うなぎの養殖)

琵琶湖(断層湖，面積 第1位)

吉野川(徳島平野，「四国三郎」)

淀川(大阪平野，水源は琵琶湖)

四万十川(最後の清流)

球磨川(八代平野，「三大急流」の一つ)

筑後川(筑紫平野，「筑紫二郎」)

↑日本のおもな川と湖

3 年
4 年
5 年
6 年

国土編

第1章
世界の中の日本
の国土

第2章
国土の地形の特色
と人々のくらし

第3章
国土の気候の特色
と人々のくらし

日本の川の特徴

(入試でる度)
★★☆☆☆

日本の川の特徴その① 短くて流れが急

明治時代にオランダから来た治水技術者は，富山県の常願寺川を見て，
「これは川ではない，滝だ」と言ったという。
世界の大きな川と比べると，日本の川は流れが急である。

ここが問われる！

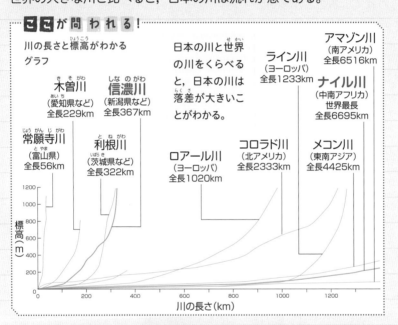

川の長さと標高がわかる
グラフ

日本の川と世界
の川をくらべる
と，日本の川は
落差が大きいこ
とがわかる。

アマゾン川
（南アメリカ）
全長6516km

ライン川
（ヨーロッパ）
全長1233km

ナイル川
（中南アフリカ）
世界最長
全長6695km

木曽川
（愛知県など）
全長229km

信濃川
（新潟県など）
全長367km

常願寺川
（富山県）
全長56km

利根川
（茨城県など）
全長322km

ロアール川
（ヨーロッパ）
全長1020km

コロラド川
（北アメリカ）
全長2333km

メコン川
（東南アジア）
全長4425km

標高（m）

川の長さ(km)

日本の川の特徴その② 流域面積がせまい

地面に吸収されなかった雨水は，
すべて川に流れこんで海に注ぐ。
支流もふくめて，降った雨水が
集まる範囲が，川の流域である。
流域面積が日本最大なのは利根
川の約16840km²であるが，世
界最大なのはアマゾン川（ブラ
ジル）の約705万km²で，日本
の国土面積の18倍以上である。

日本の面積は
約38万km²

アマゾン川
（世界最大の流域面積）
約705万km²

利根川
日本最大の流域面積
約1万6840km²

0　　500　　1000km

115

5 日本の平野

● 平野には，川が運んだ土砂が積もった**沖積平野**（扇状地・三角州など）と，海底がもり上がった，または海水面が下がった**海岸平野**がある。

● 沖積平野は，**関東平野**，**濃尾平野**，**越後平野**，**筑紫平野**，**石狩平野**などが代表的である。海岸平野は，**宮崎平野**などが代表的である。

● 平野には川が流れており，水に恵まれていることから，農業がさかんに行われていることが多い。

石狩平野
（泥炭地を客土によって土地改良）

釧路平野
（釧路湿原がある）

十勝平野
（大規模な畑作地帯）

津軽平野
（りんごの生産地）

能代平野

庄内平野
（「はえぬき」の産地）

秋田平野
（「あきたこまち」の産地）

越後平野
（「コシヒカリ」の産地）

富山平野
（流水客土による土地改良）

仙台平野
（「ひとめぼれ」の産地）

鳥取平野（日本なしの栽培）

岡山平野
（もも・マスカットの栽培）

播磨平野

関東平野
（利根川下流の低湿地は水郷地帯早場米の産地）

出雲平野

広島平野
（太田川の三角州）

濃尾平野
（「木曽三川」が流れ，洪水を防ぐ輪中地帯がある）

岡崎平野

大阪平野（近郊農業がさかん）

讃岐平野
（日本最大のため池「満濃池」がある）

高知平野（なすの栽培）

宮崎平野（ピーマンやきゅうりの栽培）

野菜の促成栽培がさかん

熊本平野（すいかの栽培）

八代平野（い草の栽培）

筑紫平野
（筑後川下流の低湿地。米と野菜の二毛作。水路のクリークは観光資源）

↑日本のおもな平野

扇状地と三角州

入試でる度 ★★☆☆☆

扇状地

雨となって山に降った水は，山の岩や土を削って，土砂を下流へと運ぶ。川が山間部から平地に出て，流れが弱まりゆるやかになると，運んできた大きめの土砂がたまっていく。平地への出口を中心とした扇の形に土砂がたまっていくため扇状地といわれる。扇状地は大きめの土砂からできているため，水のとおりがよい。また，山で囲まれた盆地にできた扇状地は，雨も少なく果樹の栽培に向いているため，果樹園になることが多い。

三角州

平地を流れた川は，最後は海や湖に注いで流れを終える。このとき運んできた軽く細かい土砂が河口付近に三角形の形にたまっていく。このためこの地形を三角州という。三角州は細かい土砂からできているので，水をためやすく，水田に利用されることが多い。

ここが問われる！

三角州と扇状地のちがい

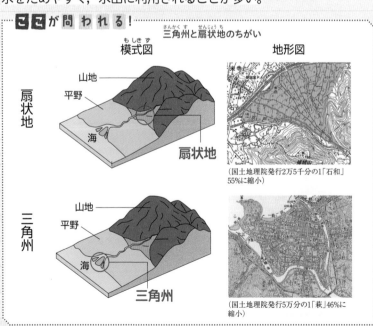

模式図　　地形図

扇状地

山地
平野
海
扇状地

（国土地理院発行2万5千分の1「石和」55%に縮小）

三角州

山地
平野
海
三角州

（国土地理院発行5万分の1「萩」46%に縮小）

6 日本の盆地と台地

● まわりを山に囲まれた**盆地**は寒暖の差が大きい。

● 盆地には扇状地が発達している。盆地の扇状地は，主に果樹園に利用されている。

● **台地**は，海底や川底だったところがもり上がってできたところで，まわりの平地より高い。

● 関東平野の台地は，台地の上に火山灰がたまって，**関東ローム**といわれる赤土になっている。

台地
盆地

上川盆地
(盆地の夏の気温をいかした稲作)
北見盆地(畑作がさかん)

根釧台地
(火山灰を酪農地帯へ，パイロットファームの建設)

横手盆地
(かまくらで有名)
富良野盆地(畑作がさかん)

新庄盆地
北上盆地
(稲作がさかん)

山形盆地(おうとうの栽培)

米沢盆地(置賜つむぎや紅花などの特産物)

福島盆地(もものの栽培)

長野盆地(りんごの栽培がさかん)

松本盆地

福知山盆地

郡山盆地
(猪苗代湖から安積疏水がひかれる)

三次盆地

津山盆地

会津盆地
(漆器が有名)

秋吉台
(石灰岩台地で，カルスト地形が発達)

下総台地
(畑作がさかん)

武蔵野台地
(大規模なベッドタウン)

甲府盆地
(ぶどう・もものの生産地)

近江盆地

牧ノ原(茶の生産地)

奈良盆地(かんがい用のため池がある)

京都盆地(琵琶湖から琵琶湖疏水がひかれる)

シラス台地
(火山灰地は畑作に利用され，さつまいも・茶などを栽培)

笠野原
(高隈ダムによるかんがい，野菜・草花づくり・畜産もさかん)

↑日本のおもな盆地と台地

⑦ 日本のまわりの海と湾・海峡

● 日本は，オホーツク海，東シナ海，日本海，太平洋の4つの海に囲まれている。

● 4つの海を，冷たい寒流の千島海流〔親潮〕とリマン海流，あたたかい暖流の日本海流〔黒潮〕と対馬海流の4つの海流が流れている。

● 暖流と寒流がぶつかるところを潮目〔潮境〕という。

潮目は養分が豊富で魚のえさになるプランクトンが多いため，寒暖両方の魚が流れにのって集まるよい漁場となっている。

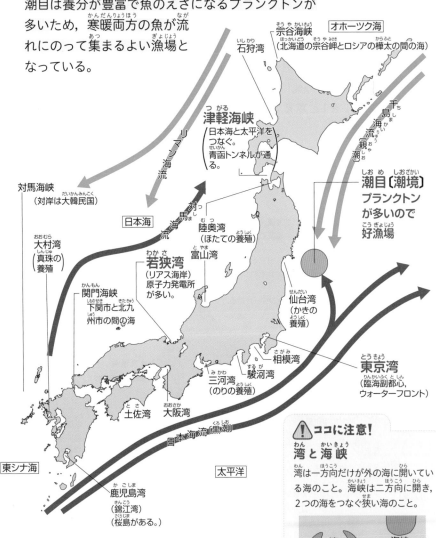

国土編

第1章 世界の中の日本の国土

第2章 国土の地形の特色と人々のくらし

第3章 国土の気候の特色と人々のくらし

オホーツク海

宗谷海峡
（北海道の宗谷岬とロシアの樺太の間の海）

石狩湾

津軽海峡
日本海と太平洋をつなぐ。青函トンネルが通る。

千島海流〔親潮〕

潮目〔潮境〕
プランクトンが多いので
好漁場

対馬海峡
（対岸は大韓民国）

リマン海流

日本海

対馬海流

陸奥湾
（ほたての養殖）

富山湾

大村湾
（真珠の養殖）

若狭湾
（リアス海岸）
原子力発電所が多い。

関門海峡
下関市と北九州市の間の海

仙台湾
（かきの養殖）

相模湾

駿河湾

東京湾
（臨海副都心，ウォーターフロント）

三河湾
（のりの養殖）

土佐湾

大阪湾

日本海流〔黒潮〕

東シナ海

鹿児島湾
（錦江湾）
（桜島がある。）

太平洋

↑日本のまわりのおもな海と湾・海峡

⚠️ ココに注意！

湾と海峡
湾は一方向だけが外の海に開いている海のこと。海峡は二方向に開き，2つの海をつなぐ狭い海のこと。

湾　　海峡

↑湾と海峡のちがい

⑧ 日本の海岸と島

● 日本の海岸線の長さは約3万5000kmである。

● 海岸には，山地が海に迫ったところにできる**岩石海岸**と，砂や小石が積もってできる**砂浜海岸**がある。

● 岩石海岸のうち，小さな岬と湾がのこぎりの歯のように続くのが**リアス海岸**で，水深が深いため船をとめやすく，漁港に向いている。

● 日本は4つの大きな島をふくむ14125島（海岸線100m以上の島）からなる。四国・九州・北海道・本州の面積の比は，四国（約2万km²）を1とすると，1：2：4：12である。

北海道・本州・
四国・九州以外の島
海
海岸

①択捉島
（日本最北端の島）

②国後島

③色丹島

礼文島
利尻島

北海道

歯舞群島

※①〜④
（北海道，北方領土）

奥尻島
（北海道，1993年の北海道南西沖地震で津波による被害）

三陸海岸
（岩手県から宮城県にかけて）
リアス海岸

佐渡島
（新潟県，トキ保護センターがある。）

父島

母島

隠岐諸島
（島根県）

本州

九十九里浜
（千葉県，砂丘海岸）

小笠原諸島
（東京都）

対馬（長崎県）

伊豆諸島
（東京都）

硫黄島

四国

淡路島（兵庫県，1995年の阪神・淡路大震災の震源地）

九州

小豆島（香川県，オリーブの栽培）

奄美大島
（鹿児島県，世界遺産に登録）

宇和海（リアス海岸の入り江で真珠の養殖）

五島列島
（長崎県）

有明海（長崎県，佐賀県，福岡県，熊本県に面する，江戸時代から本格的な干拓，のりの養殖）

沖縄島
（沖縄県，多くの米軍基地がある。）

種子島（鹿児島県，鉄砲伝来の地，宇宙センター）

屋久島（鹿児島県，縄文すぎなどがあり，世界遺産に登録）

↑日本のおもな海岸と島

9 日本の半島と岬

● 半島は，海に突き出た，三方が海の陸地のことであり，岬は半島の小さいものをいう。

● 志摩半島での真珠の養殖，渥美半島での電照菊の栽培などが有名である。

● 岬のある地域では，海に面した景観を生かし，観光産業に力を入れているところが多い。

⚠ ココに注意！
島と半島の違い

島や半島の最先端部にある，海などにつき出た陸地は岬。

- **知床半島**（世界自然遺産）
- 宗谷岬
- 渡島半島（青函トンネルの北海道側）
- 根室半島
- 襟裳岬
- 下北半島（青森県北東部，六ヶ所村に原子燃料サイクル施設がある。）
- 津軽半島（青森県北西部，青函トンネルの本州側）
- 男鹿半島（秋田県西部）
- 牡鹿半島（宮城県東部）
- 能登半島（2007・2023年の地震で被害）
- 丹後半島
- 島原半島（雲仙岳の噴火）
- 国東半島
- 犬吠埼
- 房総半島
- 三浦半島
- 伊豆半島
- 渥美半島（三河湾東部，豊川用水によるかんがい，電照菊や温室メロンの栽培）
- 知多半島（三河湾西部，愛知用水によるかんがい）
- 室戸岬（土佐湾東部）
- 志摩半島（リアス海岸が発達し，真珠の養殖がさかん。）
- 足摺岬（土佐湾西部）
- 潮岬（本州最南端）
- 紀伊半島（温暖多雨な気候により，林業がさかん。）
- 大隅半島（鹿児島湾東部，桜島）
- 薩摩半島（鹿児島湾西部）

↑日本のおもな半島と岬

121

2 低い土地に住む人々のくらし

1 低い土地の特色

1 日本の代表的な低地

●日本の低地は，大きな川の下流の，海に面した平野にある。昔から田畑などの農地として利用され，現在は住宅地や工場用地として利用されているが，水害（水による被害）をうけやすい。

●代表的な低地には以下のところがある。

・**利根川下流**から**霞ヶ浦**にかけての茨城県南部や千葉県北部の低湿地帯（**水郷**①）。

・**信濃川下流**の越後平野にある新潟市とその周辺。

・**木曽川**，**長良川**，**揖斐川**の下流にある岐阜県海津市とその周辺。

・**筑後川**下流の福岡県・佐賀県にまたがる筑紫平野。

・**江戸川**，**荒川**，**隅田川**の下流にある東京都の江戸川区や江東区とその周辺。

2 低い土地でくらす工夫

1 輪中

●木曽川・長良川・揖斐川下流は，大雨のたびに洪水になやまされてきたため，江戸時代から村のまわりを高い堤防で囲んだ。堤防で囲まれた土地を輪中という。

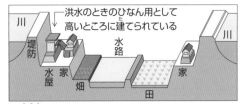

洪水のときのひなん用として
高いところに建てられている

川　堤防　水路　水家　水屋　畑　田　家　川

↑輪中のしくみ

輪中が残る木曽川・長良川・揖斐川の下流域（愛知県・岐阜県・三重県）。手前が下流の伊勢湾に通ずる。

もっとくわしく

①水郷
水郷は，もとは「すいきょう」と読まれ，水のほとりの村の意味であり，利根川下流の千葉県香取市や茨城県潮来市付近が水郷として有名になった。現在では，河川や湖沼の近くの低湿地を水郷と呼ぶことが多い。水郷では，川や湖沼をつないで網の目のように水路が走り，移動手段としては川舟が使われていた。

② 分水路

● **分水路**とは，洪水を防ぐために河川の途中に人工的に新しい河川を枝分かれさせてつくり，一定の水量を他の海や河川などに放流させるしくみのことをいう。

● 越後平野では米づくりがさかんであるが，標高が低いため，洪水になると水につかる場所が多く，米づくりは水とのたたかいであった。

● 明治時代の末から昭和時代の初めに，信濃川の河口から約60km上流の地点に水を分ける**堰**①を設け，信濃川を日本海に流す**大河津分水路**がつくられた。こうして，信濃川の水量を調節できるようになり，洪水の被害を避けられるようになった。

用語

①堰
堰とは，水をせき止めるために河川や湖沼につくられた構造物のことである。大河津分水路のように扉を開け閉めできる可動堰と，閉め切りの固定堰がある。

日本海

分水路

もとからの川
→信濃川

↑大河津分水路（直接日本海に通じる）

↓大河津分水路のしくみ

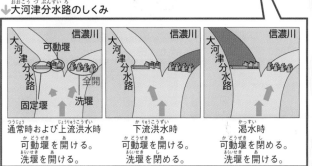

通常時および上流洪水時	下流洪水時	渇水時
可動堰を開ける。	可動堰を開ける。	可動堰を閉める。
洗堰を開ける。	洗堰を閉める。	洗堰を開ける。

3 高い土地に住む人々のくらし

1 高い土地の特色

● 人が住む日本の高地には，**山地**や，山に囲まれた**盆地**，山地のなかで平らになった**高原**がある（⇒P.111）。
● 一般的に，高地の気候はすずしく，特に朝夜の気温の差が大きい傾向にある。

2 山地や盆地でのくらし

1 山地での農業

● 山地の山村では，傾斜のある土地を生かし，山の斜面に<u>たな田やだんだん畑</u>①をつくって農業をしている。このようにすることでどの部分にもまんべんなく日光があたるようになる。また，木を植えて育てる林業も行われている。

2 盆地での農業

● 盆地には扇状地（⇒P.117）が発達している。扇状地は水はけがよいため，水をためておく水田よりは畑として利用する方が向いている。
● また盆地は，昼と夜，夏と冬の気温の差が大きく1年を通じて降水量が少ないため，果物を育てるのに向いている。

↑たな田

↑だんだん畑

↑ぶどう畑

⚠️ココに注意！

①たな田とだんだん畑

たな田とだんだん畑は，ともに，山の斜面に階段のようにつくられたものだが，たな田は米をつくる田んぼで，だんだん畑は小麦や豆，野菜，山菜，果物などをつくる畑である。たな田はおもに山地に見られるが，だんだん畑は瀬戸内海の島々や沿岸地方にも見られ，山地だけとは限らない。

3 高原でのくらし

1 高原での農業

● 高原では，夏のすずしい気候を利用して，平地の野菜とは出荷時期をずらした野菜づくりがさかんである（⇒P.162）。**キャベツやレタス，はくさい**など，高温に弱い**高原野菜**がさかんに栽培されている。①

↑高原に広がるキャベツ畑

● 浅間山のふもとに広がる標高700 ～1400mの**群馬県嬬恋村**や，長野県の八ヶ岳の東側に広がる標高1200～1500mの**野辺山原**では，高原野菜の栽培がさかんである。これらの地域で収穫された野菜は，高速道路を使って冷蔵トラックで新鮮なまま全国に出荷されている。

↑夏の高原（福島県尾瀬）

2 観光地としての高原

● 高原は，夏でもすずしく過ごしやすいうえに，土地の起伏が少なく歩きやすいことから，**避暑地**として利用されることが多い。

● また，冬に積雪があるところでは，スキーを目的とした観光客を集めている。

↑冬の高原（長野県志賀高原）

①連作障害
同じ畑に毎年同じ作物を栽培すると，作物の育ちがだんだん悪くなる。これを連作障害という。そのため，野辺山原では，キャベツ・はくさい・レタス，麦，牧草などを順に植えている。

第2章
国土の地形の特色と
人々のくらし

入試要点チェック

解答 ▶P.612

つまずいたら
調べよう

☐ **1** 日本列島がふくまれる造山帯を何といいますか。

1▶P.109
❶❶❶

☐ **2** 本州を東西に分ける大きなかんぼつ地帯を,カタカナで何といいますか。

2▶P.110
❶❶❷

☐ **3** 日本アルプスの3つの山脈（北・中央・南アルプス）の名前は何ですか。北から順に答えなさい。

3▶P.112
❶❷❷

☐ **4** 濃尾平野を流れる木曽三川は,木曽川,揖斐川と,もうひとつは何ですか。

4▶P.114
❶❷❹

☐ **5** 筑紫平野は,福岡県と何県に広がっていますか。

5▶P.116
❶❷❺

☐ **6** 筑紫平野を流れている川を何といいますか。

6▶P.114
❶❷❹

☐ **7** 日本の太平洋側を流れている暖流は何といいますか。

7▶P.119
❶❷❼

☐ **8** 日本の太平洋側を流れている寒流は何といいますか。

8▶P.119
❶❷❼

☐ **9** 暖流と寒流がぶつかる,魚が豊富なところを何といいますか。

9▶P.119
❶❷❼

☐ **10** 9で魚が豊富な理由は,魚のエサになる何が多いからですか。

10▶P.119
❶❷❼

☐ **11** 三陸海岸の中央部から南部にかけて広がる海岸地形を何といいますか。

11▶P.120
❶❷❽

☐ **12** 青森県の陸奥湾の東側にある半島は何といいますか。

12▶P.121
❶❷❾

☐ **13** 青森県の陸奥湾の西側にある半島は何といいますか。

13▶P.121
❶❷❾

☐ **14** 愛知県の知多半島の東側にある半島は何といいますか。

14▶P.121
❶❷❾

☐ **15** 愛知県の知多半島の東側にある湾は何といいますか。

15▶P.119
❶❷❼

☐ **16** 木曽川下流の堤防で囲まれた土地を何といいますか。

16▶P.122
❷❷❶

3年
4年
5年
6年

国土編

第1章
世界の中の日本
の国土

第2章
国土の地形の特色
と人々のくらし

第3章
国土の気候の特色
と人々のくらし

第2章 国土の地形の特色と人々のくらし

入試問題にチャレンジ！

解答▶P.613

1 次の文を読んで，あとの問いに答えなさい。

(芝中・改)

　日本の国土は，北海道・本州・四国・九州の四大島の他，14000以上の島々で構成されています。ユーラシア大陸の東側に位置する日本は，プレートが4つもあつまる複雑な地域です。本州の中央には［　①　］とよばれる断層地帯があり，ここから東側を東北日本，西側を西南日本とよびます。また，太平洋のプレートにぶつかるところには，［　②　］とよばれる水深6000m以下の細長い海底地形がみられます。

よくでる（1）文章中の空欄［　①　］［　②　］にあてはまる語を答えなさい。

①（　　　　　　　　　　　）②（　　　　　　　　　　　）

　　（2）下線部について，四大島を比較した次の**ア〜エ**のうち，正しいものをひとつ選び，記号で答えなさい。　　　　　　　　　　（　　　）

　　　　ア 九州の面積は，北海道の面積の約3分の2である。
　　　　イ 九州の面積は，四国の面積の約2倍である。
　　　　ウ 北海道の面積は，本州の面積の約5分の1である。
　　　　エ 北海道の面積は，四国の面積の約3倍である。

2 日本各地の河川と，川がつくり出した地形について説明した次の文を読んで，あとの問いに答えなさい。

(白百合学園中)

　石狩川は，北海道中央部から（　**a**　）盆地を流れ，石狩平野へとそそいでいます。石狩平野は傾斜がなだらかで，川は大きく蛇行し，たびたび流路が変わります。このため流れが途中で切りとられたり，とぎれたりしてできる（　**b**　）という地形が見られます。

　山形県と福島県の境に源流を持つ（　**c**　）川は，上流から，（　**d**　）盆地・山形盆地・新庄盆地を流れ，下流では（　**e**　）平野をつくり日本海側にそそいでいます。各盆地の周辺部では，川が上流から運んだ土砂を堆積させてできる（　**f**　）と呼ばれる地形が発達し，果樹栽培が盛んです。

　濃尾平野西部では，木曽川・（　**g**　）川・揖斐川が合流して（　**h**　）湾にそそいでいます。河口付近では，人びとは自然堤防の上に家を建て，堤防の内側に水田をつくって洪水にそなえてきました。このように周囲を堤防で囲まれた地帯を（　**i**　）と呼びます。

(1) 文中の（ **a** ）〜（ **i** ）にあてはまる地名・ことばなどを答えなさい。

a（　　　　　）b（　　　　　）c（　　　　　）
d（　　　　　）e（　　　　　）f（　　　　　）
g（　　　　　）h（　　　　　）i（　　　　　）

(2)（ **a** ）盆地の中心都市の名を答えなさい。（　　　　　）

(3)（ **e** ）平野の中心都市の名を答えなさい。（　　　　　）

3 次の文を読んで，あとの問いに答えなさい。（筑波大学附属駒場中）

◎（ **ア** ）川は，[**A**]県の南西部を流れ，太平洋にそそぐ一級河川です。長さは約196kmと，西日本で一番長い川です。水がとてもきれいな川として知られ，1980年代ころから「日本最後の清流」といわれるようになりました。（ **ア** ）川の流域はほとんど森林で，上流では降水量も多く，山に降った雨がきれいな水となって川に集まってきます。

◎[**B**]県は，大部分が（ **イ** ）とよばれる土壌におおわれています。標高約50〜100mほどの比較的平らな台地で，（ **イ** ）台地とよばれています。この土壌は，色は白っぽく，砂だけでなく軽石も含まれています。

(1)（ **ア** ）（ **イ** ）に入れるのにもっとも適切な語句や地名を書きなさい。かなで書いてもかまいません。

ア（　　　　　）
イ（　　　　　）

(2)[**A**][**B**]には都道府県名が入ります。それぞれの都道府県を，右の白地図から一つずつ選び，その番号を書きなさい。

A（　　　　　）B（　　　　　）

3年
4年
5年
6年

国土編

第1章
世界の中の日本の国土

第2章
国土の地形の特色と人々のくらし

第3章
国土の気候の特色と人々のくらし

4 次の地図を見て，あとの問いに答えなさい。 （清泉女学院中・改）

地図

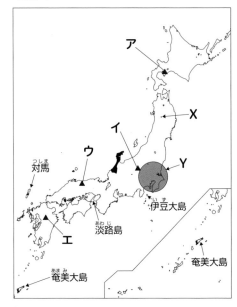

ア
X
イ
ウ
Y
対馬
伊豆大島
淡路島
エ
奄美大島
奄美大島

（1）有珠山を示すものを，地図中の▲ア～エから一つ選び，記号で答えなさい。 （　　　）

（2）地図のXが示す湖の名前を書きなさい。 （　　　　湖）

（3）地図のY●の地域に広がる，火山灰がもととなった赤土の地層を何といいますか。 （　　　　　）

（4）次の表は，長崎県・香川県・兵庫県・福島県のいずれかの面積と海岸線の長さについてまとめたものです。長崎県を，表中のア～エから一つ選び，記号で答えなさい。 （　　　）

	ア	イ	ウ	エ
面積（km²）	4,131	8,401	1,877	13,784
海岸線の長さ（km）	4,166	856	699	167

（「理科年表」2023年版ほかより作成）

（5）地図の島と，島が所属する都道府県の組み合わせとして正しいものを，次のア～エから一つ選び，記号で答えなさい。（　　　）
ア　対馬－佐賀県　　　　イ　伊豆大島－東京都
ウ　奄美大島－沖縄県　　エ　淡路島－香川県

第 3 章

国土の気候の特色と人々のくらし

1 日本の気候の特色

1 日本の気候

1 世界における日本の気候

●日本の大部分は，世界の気候区分（⇒P.93）では温帯①にふくまれる。温帯のなかでは**温暖湿潤気候**に分類され，夏は高温，冬は低温で，四季の区別がはっきりしていて，1年中雨が降るため，農業がさかんである。

●中国の南東部，アメリカ合衆国の南東部，南アメリカのブラジル南部やアルゼンチン北部，オーストラリアの東部などが，日本と同じ気候である。

🔍 もっとくわしく

①温帯
温帯は，もっとも寒い月の平均気温がマイナス3℃以上18℃未満の地域。南北の回帰線と南北の極圏（⇒ P.90）の間の地域がふくまれる。温暖湿潤気候のほかに，**西岸海洋性気候**と**地中海性気候**がある。（⇒ P.143）

中国南東部

アメリカ合衆国南東部

オーストラリア東部

ブラジル南部・アルゼンチン北部

↑日本と同じ温暖湿潤気候の地域

2 温帯以外の日本の気候帯

●日本のなかでも，沖縄などの南西諸島は**亜熱帯**に，北海道の全部や東北地方北部の山間部，本州の中央高地の一部は，**冷帯〔亜寒帯〕**にふくまれる。

亜寒帯

温帯

亜熱帯

↑温帯以外の日本の気候帯

② 日本の四季

① 季節風と季節の関係

●日本の夏と冬の季節の違いが大きいのは，1つには，地球の**地軸**（⇒P.89）が傾いており，夏と冬では，昼間の時間（太陽が照っている日照時間）の長さが違うからだが，**季節風〔モンスーン〕**の影響もある。

●夏の季節風は，海洋側からユーラシア大陸側へ吹き，冬の季節風は，反対に，ユーラシア大陸側から海洋側へ吹く。

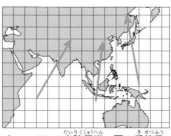

↑ユーラシア大陸周辺の夏の季節風　↑ユーラシア大陸周辺の冬の季節風

② 日本の夏

●夏は，太平洋から日本列島に向けて**暖かい南東の季節風**が吹きこむ。夏の季節風は太平洋をわたってくるときに，大量の水蒸気を含み湿った風となる。この風が日本列島の背骨の山地や山脈にあたって上昇すると雲となり，太平洋側に雨を降らせる。そして，かわいた風となって日本海側に吹く。

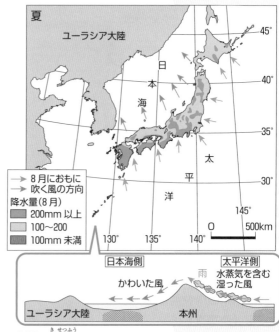

↑夏の季節風

③ 日本の冬

●冬は，ユーラシア大陸のシベリア周辺から日本列島へ冷たい北西の季節風が吹きこむ。①この風は，日本海をわたってくるときに，大量の水蒸気を含む湿った風となる。この風が日本列島の背骨の山地や山脈にあたって上昇すると雲となり，日本海側に雪を降らせる。そして，かわいた冷たい風となって太平洋側に吹くのである。冬の太平洋側では，乾燥した晴天の日が続く。

国土編

第1章 世界の中の日本の国土

第2章 国土の地形の特色と人々のくらし

第3章 国土の気候の特色と人々のくらし

🔍 **もっとくわしく**

①上州空っ風
太平洋側に吹く冬の強風のなかでも特に有名なのが，群馬県の南東部に吹く風である。赤城山から吹き下ろす風なので「赤城おろし」ともいい，また群馬県は昔上州といったので「上州空っ風」ともいう。「カカア天下と空っ風」（女性がよく働くという意味）は群馬県の名物になっている。

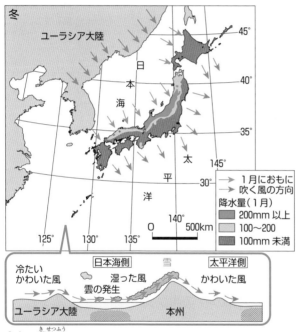

↑冬の季節風

🎁 **社会の宝箱** **北海道とノルウェーはどちらが寒い？**

北海道はヨーロッパ北部のノルウェーよりずっと低緯度にある。しかし，**冬の気温は北海道の方が低い。**

その理由は，**冬の北海道には，シベリアから寒い季節風が吹いてくる**が，ヨーロッパの北部には，**付近を流れる暖流の上を1年中偏西風（⇒ P.143）が吹いている**からである。

4 日本の春

● 春になると，**北西の冷たい季節風**が弱まり，気温が上昇する。

● 日本では，桜の開花が春の訪れの目安となっている。日本各地の桜の開花予想日を線で結んだのが，**桜前線**である。1月に桜が咲く沖縄県から3月下旬の九州と，日本列島をだんだん北上して，およそ4か月かけて5月下旬に北海道東部にいたる。

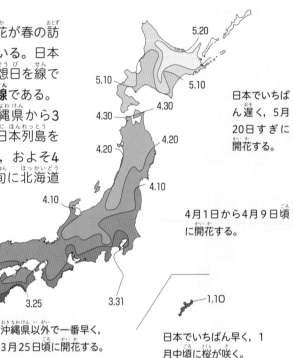

5.20

5.10

5.10

4.30

4.30

4.20

4.20

4.10

4.10

3.31

3.31

3.25

3.25

1.10

日本でいちばん遅く，5月20日すぎに開花する。

4月1日から4月9日頃に開花する。

沖縄県以外で一番早く，3月25日頃に開花する。

日本でいちばん早く，1月中頃に桜が咲く。

↑桜前線の例（数字は月・日をあらわす。）

5 梅雨

● 春から夏の間（5月下旬から7月上旬）の雨が多い時期を梅雨という。

● シベリアやオホーツク海からくる冷たい空気と太平洋の小笠原諸島からくる暖かい空気がぶつかって雲が発生し，雨をもたらす。このぶつかったところ（**梅雨前線**①）が日本列島の上に1か月ほどとどまった後，北上して日本から去ると夏になる。

● 梅雨の時期，本州より南では雨の日が続くが，北海道はほとんど梅雨の影響を受けない。

用語

①**梅雨前線**
シベリアからの冷たい空気と太平洋からの暖かい空気がぶつかっているところを示す天気図の線のこと。

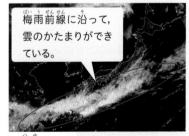

梅雨前線に沿って，雲のかたまりができている。

↑梅雨のときの雲のようす（6月）

6 台風

太平洋のフィリピン沖で発生した**熱帯低気圧**①のうち，大きなもの（最大風速が毎秒17.2m以上）を台風という。台風が上陸すると，洪水や土砂崩れなどを引き起こし，農産物などに被害をもたらすことがある。

台風の進路は，6〜7月ごろは中国に向かい，8〜9月ごろに日本に上陸し，10月以降は太平洋に去ることが多い。

用語

①**熱帯低気圧**
熱帯地方の海上で発生する低気圧。はげしい上昇気流がうず状の積乱雲を生み，強い風雨をもたらす。

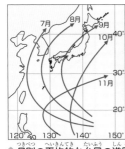

↑月別の平均的な台風の進路

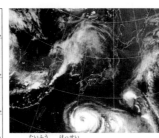

↑台風が発生しているときの雲のようす（8月）

7 日本の秋

秋は，北風とともにやってきて，北海道や本州の高い山々の葉が10月ごろから紅葉する。

紅葉前線は，桜の開花前線とは逆に北から南へ1か月以上かけて南下していく。

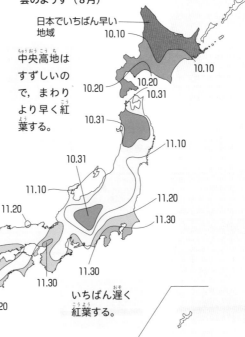

日本でいちばん早い地域

中央高地はすずしいので，まわりより早く紅葉する。

いちばん遅く紅葉する。

↑紅葉前線の例（数字は月・日をあらわす。）

国土編

135

③ 日本の気候区分

●日本の気候は，日本列島の地形の特徴から，次の6つに分けられる。

①北海道の気候　　②南西諸島の気候
③太平洋側の気候　④日本海側の気候
⑤中央高地の気候　⑥瀬戸内の気候

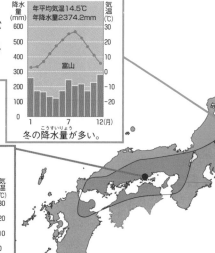

④日本海側の気候（富山市）

　冬は北西の季節風の影響で雪が多い。夏は乾燥した晴れの日が多く，気温も高くなる。

年平均気温14.5℃
年降水量2374.2mm

富山

冬の降水量が多い。

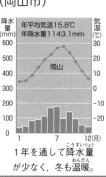

⑥瀬戸内の気候（岡山市）

　中国山地と四国山地に囲まれているため，季節風の影響を受けにくく降水量が少ない。冬の気候は温暖である。

年平均気温15.8℃
年降水量1143.1mm

岡山

1年を通して降水量が少なく，冬も温暖。

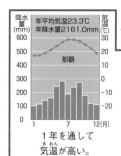

年平均気温23.3℃
年降水量2161.0mm

那覇

1年を通して気温が高い。

②南西諸島の気候（那覇市）

　世界の気候区分では**亜熱帯**となる。沖縄・奄美群島，小笠原諸島がふくまれる。1年を通して気温が高く，雪は降らない。那覇では，4月から11月まで平均気温が20℃以上となる。台風の影響を受けやすく，降水量が多い。

①北海道の気候（札幌市）
　世界の気候区分では冷帯〔亜寒帯〕となる。夏はすずしく，冬の寒さがきびしい。12月から2月まで平均気温が0℃以下となる。梅雨や台風の影響はほとんど受けず，1年を通じて降水量は少ない。

冬の寒さがきびしい冷帯〔亜寒帯〕の気候。

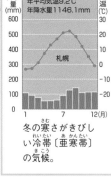

⑤中央高地の気候（松本市）
　まわりを山に囲まれているため，季節風の影響を受けにくく降水量が少ない。夏と冬，昼と夜の気温の差が大きい。

1年を通して降水量が少なく，冬の寒さがきびしい。

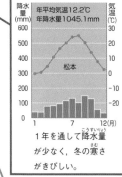

③太平洋側の気候（静岡市）
　夏は太平洋からふく南東の季節風のため，雨が多く，むし暑い日が続く。冬は北西の季節風により，乾燥した晴れの日が続く。東北地方では，夏に海から濃い霧が入ってくることがある。九州・四国・紀伊半島では，夏から秋は台風の影響を受けやすいが，冬は暖かくすごしやすい。

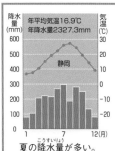

夏の降水量が多い。

（『理科年表』2023年版）

137

2 暖かい土地に住む人々のくらし

1 沖縄県の自然とくらし

1 沖縄県の位置と気候

● 沖縄県は鹿児島県から500kmほど南西の位置にある。那覇市から東京までの距離と，那覇市からフィリピンのマニラまでの距離は，ほぼ同じ1500kmである。

● 気候は亜熱帯に属し，1年を通じて気温が高く，平均気温は冬でも10℃より低くなることはない。

2 台風などに備えた工夫

● 沖縄県は，台風の進路にあたることが多く，台風が近づく回数は他の地域の約2倍以上である。

● 台風の強い風や夏の暑さを防ぐために，沖縄県の伝統的な家は，さまざまな工夫をしている。

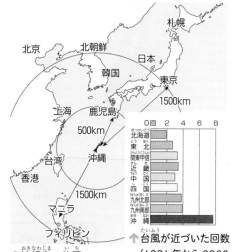

↑沖縄島の位置

↑台風が近づいた回数
（1991年から2020年までの平均値）

『理科年表』2023年版

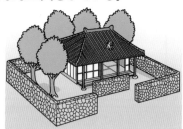

周りを石がきや木で囲い，台風の強い風に備えている。

窓は大きく風通しがよい。夏の暑さに備えている。

↑沖縄県の伝統的な家のつくり

● 沖縄県は梅雨や台風で多くの雨が降るが，山が少なく，川が短いため，水がすぐ海に流れてしまい，水不足になりやすい。そのため，**水をためるタンク**を屋根に置いたコンクリートの家もつくられている。

↑屋根にタンクのある家

国土編

第1章
世界の中の日本の国土

第2章
国土の地形の特色と人々のくらし

第3章
国土の気候の特色と人々のくらし

3 農業・漁業の特色

● 沖縄県の農業は，一年中暖かい気候を利用して，**さとうきび**や**パイナップル**，**マンゴー**などの生産がさかんである。しかし，外国からより安い商品が輸入されるようになり，近年では**花**や**野菜**を作る**園芸農業**（⇒P.161）を行う農家が増えている。花ではきくや洋らん，野菜では**ゴーヤー（にがうり）**やいんげん，キャベツ，レタス，すいかなどを生産している。

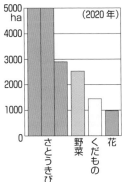

↑沖縄県のおもな農産物の作付面積（2023年 沖縄県庁調べ）

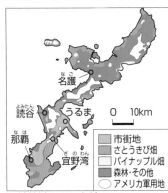

↑沖縄島の土地利用

凡例：
市街地
さとうきび畑
パイナップル畑
森林・その他
アメリカ軍用地

沖縄県の沖縄島は，面積の約15％がアメリカ軍の基地である。基地周辺に住む人々は，基地に関連した仕事につくことも多い。

● 沖縄県の漁業は，海水温が高くてきれいな海水を利用した，**もずくの養しょく**がさかんである。もずくは，沖縄県の養しょく漁業生産高の約9割をしめ，日本のもずくのほぼ100％が沖縄産となっている。

4 沖縄県をささえる観光業

● 農業や漁業以外に観光業が沖縄県の重要な産業になっている。沖縄には豊かな自然と独特の文化，歴史があり，1年間に約700万人もの観光客がおとずれている。

↑沖縄舞踊

3 寒い土地に住む人々のくらし

1 北海道の自然とくらし

1 北海道の気候

● 1日の最高気温が0℃未満の日を真冬日という。真冬日では1日じゅう雪や氷がとけない。北海道の大部分の地域では40日以上，内陸部では100日以上，真冬日が続くところがある。

● 北海道のオホーツク海沿岸には，北西の季節風と海流にのって，1〜3月ごろ流氷がおし寄せてくる。

● 北海道の東部の太平洋沿岸には，6〜7月ごろ濃霧が発生することがある。寒流の千島海流〔親潮〕の上に南からの暖かい空気が流れこむからである。

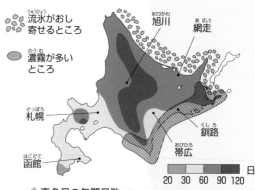

🔲 流氷がおし寄せるところ

▨ 濃霧が多いところ

旭川　網走　札幌　釧路　帯広　函館

| 20 | 30 | 60 | 90 | 120 | 日 |

↑真冬日の年間日数 （『日本気候図』1990年度版）

↑流氷

2 寒さにそなえる工夫

● 町のなかでは，雪が積もると，除雪車で取り除く。大きな道路では，道路の下に温水パイプや電熱線などを通して，熱で雪をとかすロードヒーティングの設備がつくられているところもある。

↑ロードヒーティングが設置された歩道

● 冬の寒さにそなえるため，家屋はさまざまな工夫をしている。Ⓐ玄関やまどを二重にする，Ⓑかべやゆかに断熱材を入れる，Ⓒ雪が積もらないように屋根のかたむきを急にする，Ⓓ家の土台を土のこおらない地下1m以上の深さからつくる，などである。

↑寒さにそなえた家のつくりの工夫

3 北海道の農業

● 北海道では，**根釧台地**などの広い牧草地で牛を育てる**酪農**がさかんである。飼育している乳牛と肉牛の数は，ともに日本一である。

● 乳牛からとった生乳の大部分を**バター・チーズなどの乳製品**に加工して首都圏などの大消費地に出荷している。

↑根釧台地

肉牛 ─2022年─ 261万頭

北海道 21%	鹿児島 13	宮崎 10	熊本 5	岩手 3	その他 48

乳牛 ─2022年─ 137万頭

北海道 62%	栃木 4	熊本 3	岩手 3	群馬 3	その他 25

↑都道府県別の肉牛・乳牛飼育頭数（『日本国勢図会』2023/24年版）

● 北海道では，大量の雪解け水を利用した稲作で，新潟県とともに米の生産量は全国有数である。

● 北海道は畑作もさかんである。**てんさい**①，**大豆**，**じゃがいも**，**小麦**，**たまねぎ**など，数多くの農産物が北海道で生産されている。

てんさい	100%	小豆	93%
じゃがいも	78%	小麦	62%
たまねぎ	61%	かぼちゃ	47%
スイートコーン	37%	そば	46%
にんじん	32%	大豆	45%
ブロッコリー	16%	やまいも	46%

(2022年，一部2021年)　　　　(『日本国勢図会』2023/24 版)
↑北海道が第1位の農産物の全国生産で占める割合

4 北海道の漁業

● 北海道の漁獲量は，日本全体の約3割を占め，日本一である。

● 漁港は，かつては大船団を組んで北アメリカの近海にまで出漁する北洋漁業の基地だったが，200海里の経済水域（⇒P.103）が設定されておとろえた。現在は**ほたての養しょく漁業**や，うに，にしんなどの**栽培漁業**の「育てる漁業」がさかんである。

↑都道府県別の漁獲量（2020年）
（農林水産省調べ）

5 北海道の歴史

● 北海道や東北地方，樺太（サハリン）南部には，古くから**アイヌの人々**が住んでいた。明治時代になると，政府は，屯田兵を派遣し，農地の開墾と北方の警備にあたらせた。アイヌの人々は土地をうばわれていったが，北海道の地名にはアイヌ語由来のものが数多く残っている。

● 道庁所在地の札幌は，屯田兵が開いた村が発展したものだが，**サッポロ**という地名は，もとはアイヌ語が由来となっている。他にも，**シリエトク**（知床），**ヤムワッカナイ**（稚内），**モルラン**（室蘭），**フラヌイ**（富良野）など，すべてアイヌ語がもとである。

用語

①**てんさい**
さとうの原料となる植物。根を細かく切って煮つめ，さとうのもとになる汁をとる。その汁を冷やして結晶とし，さとうとする。

3年
4年
5年
6年

国土編

第1章
の世界の中の日本
国土

第2章
と人々のくらし
国土の地形の特色

第3章
と人々のくらし
国土の気候の特色

世界の温帯

入試でる度
★★☆☆☆

世界の気候は, 大きく5つ (熱帯・乾燥帯・温帯・冷帯・寒帯) に分かれる (⇒P.93) が, 温帯はさらに細かく3つに分かれる。

①温暖湿潤気候

夏は高温・冬は低温で, 1年中雨が多い。**日本**がふくまれる。

②西岸海洋性気候

イギリス, フランス, ドイツなど西ヨーロッパや, **ニュージーランド, オーストラリア東南部**などがふくまれる。

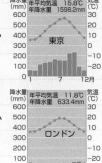

ここが問われる！

西岸海洋性気候は, 夏はすずしく, 高緯度のわりには冬は暖かい。西ヨーロッパの場合は, 大西洋上を北上する暖流の上を1年中偏西風という西風が吹き, 冬は暖かい空気を運び, 夏は陸地よりすずしい空気を運ぶためである。

③地中海性気候

スペインなど地中海沿岸, **アメリカ合衆国西海岸**などがふくまれる。夏は乾燥し, 冬に雨が多い。地中海沿岸の場合は, 夏はサハラ砂漠周辺の乾燥した空気におおわれる。

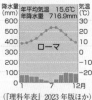

(『理科年表』2023年版ほか)

温暖湿潤気候　　西岸海洋性気候　　地中海性気候

↑世界の温帯

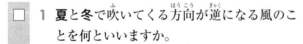

入試要点チェック

解答▶P.613

| □ | **1** | **夏**と**冬**で吹いてくる方向が逆になる風のことを何といいますか。 |

1▶P.132
①②①

| □ | **2** | 西ヨーロッパで1年中吹いている**西風**を何といいますか。 |

2▶P.143
中学入試対策

| □ | **3** | 5月下旬から7月上旬にかけて，本州より南で**雨の日が続く時期**を何といいますか。 |

3▶P.134
①②⑤

| □ | **4** | フィリピン沖で発生した**熱帯低気圧**のうち大きなものを何といいますか。 |

4▶P.135
①②⑥

| □ | **5** | 次の気温と降水量を示した図は，静岡市（静岡県），松本市（長野県），岡山市（岡山県）を表したものです。**松本市**にあたる図の記号を答えなさい。 |

5▶P.136, 137
①③

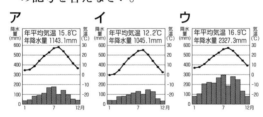

| □ | **6** | **沖縄県**や**南西諸島**が属する気候を何といいますか。 |

6▶P.136
①③

| □ | **7** | 沖縄県には屋根にタンクを置いている家がありますが，それは何が**不足**するためですか。 |

7▶P.138
②①②

| □ | **8** | 北海道のオホーツク海沿岸に**1月～3月**に**おし寄せてくる**ものは何ですか。 |

8▶P.140
③①①

| □ | **9** | **さとうの原料**になる農産物で，北海道で日本の生産量の100%を生産しているものは何ですか。 |

9▶P.142
③①③

| □ | **10** | フランスの首都**パリ**が属する気候は，温帯の何という気候ですか。 |

10▶P.143
中学入試対策

3年
4年
5年
6年

国土編

第1章
世界の中の日本
の国土

第2章
国土の地形の特色
と人々のくらし

第3章
国土の気候の特色
と人々のくらし

入試問題にチャレンジ！

解答▶P.613

1 日本は国土が南北に長く，海洋に面しているため，気候は地域によって大きく異なります。次の図の①〜④のグラフは，日本国内における4つの都市の月ごとの降水量と月平均の気温をあらわしたものです。日本を6つの気候区にわけた場合の特徴をふまえて，各グラフとその地域の気候を説明した文章として誤っているものをあとのア〜エから1つ選び，記号で答えなさい。

（東京都市大学附属中）

（　　　）

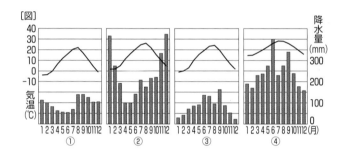

ア ①は北海道の気候を示した札幌市の雨温図で，冬の寒さは厳しく夏は涼しい。年間を通して降水量は少なく，明確な梅雨の現象もみられない地域である。

イ ②は日本海側の気候を示した上越市の雨温図で，冬に大陸から吹く北西の季節風が日本海をわたる時に大量の湿気を含むため雪が多い。夏は晴天が多く，気温が高い。

ウ ③は瀬戸内海の気候を示した高松市の雨温図で，中国山地と四国山地が季節風をさえぎるため，通年で晴天が多く温暖である。雨量が少なく夏に日照りや干ばつが起きやすく，ため池など乾燥地特有の工夫がある。

エ ④は南西諸島の気候を示した名瀬市の雨温図で，年間を通して気温が高く，霜や雪はほとんどみられない。降水量が多く，奄美諸島はその中でも雨量が多い地域である。

② 次の2つの表は，それぞれ札幌，東京，松本，那覇の各月における平均
気温と平均降水量を示したものです。あとの問いに答えなさい。（吉祥女子中・改）

	ア	イ	ウ	エ
1月	5	−3	17	0
2月	6	−3	18	1
3月	9	1	19	5
4月	14	7	22	11
5月	19	13	24	17
6月	22	17	27	20
7月	26	21	29	24
8月	27	22	29	25
9月	23	19	28	20
10月	18	12	26	14
11月	13	5	23	8
12月	8	−1	19	3

	ア	イ	ウ	エ
1月	40	102	60	108
2月	39	115	57	92
3月	78	143	116	78
4月	81	161	134	55
5月	95	245	140	56
6月	115	284	168	60
7月	131	188	156	91
8月	102	240	155	127
9月	148	275	225	142
10月	128	179	235	110
11月	56	119	96	114
12月	33	110	58	115

（1991～2020年の平均値にもとづく。　小数点以下四捨五入。　『理科年表　2023年版』より作成）

（1）東京の平均気温（℃）として正しいものを左の表の**ア～エ**から1つ
選び，記号で答えなさい。　　　　　　　　　　　　　　（　　　）

（2）東京の平均降水量（mm）として正しいものを右の表の**ア～エ**か
ら一つ選び，記号で答えなさい。　　　　　　　　　　　（　　　）

③ 次の文章を読んで，あとの問いに答えなさい。
（慶応義塾中等部・改）
　東北地方の中央部には，南北約500kmにわたる奥羽山脈が連なり，また，
おもに岩手県から宮城県にかけての太平洋側にはリアス海岸とよばれる地形
が続いています。**ア**太平洋側の地域では，寒流の上を通って吹く北東風の影
響で冷夏になることがあります。一方，日本海側の盆地では，南東風が奥羽
山脈を越えて吹いてくることで猛暑になることもあります。

　下線部**ア**に関連して，**A**この北東風と**B**猛暑をもたらす現象の名前をそ
れぞれ選びなさい。　　　　　　　　　**A**（　　　）**B**（　　　）
1　からっ風　　　2　季節風　　　3　偏西風　　　4　やませ
5　スプロール現象　　　6　ドーナツ化現象
7　ヒートアイランド現象　　　8　フェーン現象

食料編

第1章

農業と
人々のくらし

1 日本の農業の特色

1 日本の農家の現状

1 農家の減少

日本の農業で働く人の数は，減少する傾向にある。農業は，漁業，林業とともに**第一次産業**に分類される①が，第一次産業で働く人の割合は，1950年以降，年々減少している。

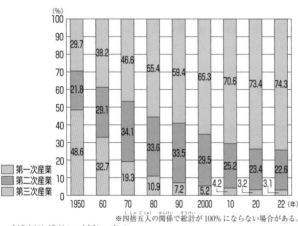

↑ 産業別就業者の割合の推移 (『日本国勢図会』2023/24年版ほか)

※四捨五入の関係で総計が100%にならない場合がある。

2 日本の農業の特色

● 農業で働く人の数は約123万人で，平均年齢は約68歳と高齢化している（2022年）。農家の戸数は約175万戸で，そのうち**販売農家**②の数は約103万戸である（2020年）。販売農家は，農業を専門に行う**専業農家**と，農業以外の仕事もする**兼業農家**にわかれるが，現在では兼業農家の方が多い。

● 農家1戸あたりの耕地面積の平均は約3.3ヘクタール③で，半数以上が1ヘクタール未満である。

● 日本では，高齢化した生産者が家族単位でせまい耕地をたがやす農業が中心になっている。④

もっとくわしく

①産業の分類
農業，林業，漁業が，**第一次産業**，製造業，建設業，鉱業などが**第二次産業**，それ以外の商業，運輸業，サービス業，公務員などは**第三次産業**に分類される。

用語
②販売農家
経営耕地面積30アール以上か，年間販売額50万円以上の農家のこと。それより生産規模が小さい農家は**「自給的農家」**と呼んで区別している。

もっとくわしく
1ヘクタール
③1辺100mの正方形の面積と等しい面積のこと。

ココに注意！
④日本とアメリカの農業のちがい
アメリカでは，広い農場で大型機械を使って農業をしている。

→ P.166

食料編

第1章 くらし 農業と人々の
第2章 くらし 水産業と人々の
第3章 わたしたち 食料生産とこれからの

149

2 米作りと人々のくらし

1 米作りのさかんな地域

1 米作りの歴史

●米は，稲科の植物である。稲は，もともとは高温多雨の気候に適した植物であり，東南アジアの熱帯地方を中心に栽培されていた。

●日本では弥生時代の紀元前4世紀ごろから，九州地方の北部で稲が栽培されるようになった。

●米は現在では日本人の主食であり，**品種改良**された稲は寒い地方でも栽培されるようになっている。

2 米作りのさかんな地域

●冬に降雪量が多く，農業に適さない北海道，東北地方，北陸地方では，豊富な雪解け水を利用した米作りに力をいれた。その結果，これらの地方で日本の米の生産量の約半分をしめるようになっている。

●北陸地方の新潟県では**コシヒカリ**が栽培され，東北地方の宮城県ではササニシキが栽培されていたが，1993年に起きた冷害でササニシキが大きな被害を受けてから，ササニシキを作る農家が減った。

●現在もっとも多くつくられている品種は，コシヒカリであり，米の生産量の3分の1をしめている。

●水をたくわえている水田は，大気の温度の上昇をおさえたり，洪水を防ぐ役割もある。

3 進む米ばなれ

●米の生産量は減少しており，また，食生活が西洋化してパンや肉をたくさん食べるようになり，消費量も減っている（⇒P.194）。

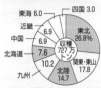

北陸は新潟・富山・石川・福井の4県。東海は岐阜・静岡・愛知・三重の4県。東山は山梨と長野の2県。九州には沖縄県をふくむ。

↑**地方別の米のとれ高**
（2022年）（農林水産省調べ）

コシヒカリ	33.4
ひとめぼれ	8.7
ヒノヒカリ	8.4
あきたこまち	6.8
ななつぼし	3.3
はえぬき	2.8
まっしぐら	2.5
キヌヒカリ	1.9
きぬむすめ	1.7
ゆめぴりか	1.7

（2021年産）

↑**水稲の品種別作付割合**（米穀安定供給確保支援機構調べ）

↑**田植え**

(年度)	(g)
1965	306
1970	260
1975	241
1980	216
1985	204
1990	192
1995	185
2000	177
2005	168
2010	163
2015	149
2020	139

↑**日本人1人1日あたり米の消費量**
（農林水産省調べ）

❹ 地方別，都道府県別の米の生産量

米の生産量は東北地方が多く，全国の約27%を占めている。また，全国の生産量の約42%が東北地方と北陸地方で生産されているため，両地方は「**日本の米ぐら**」とよばれている。

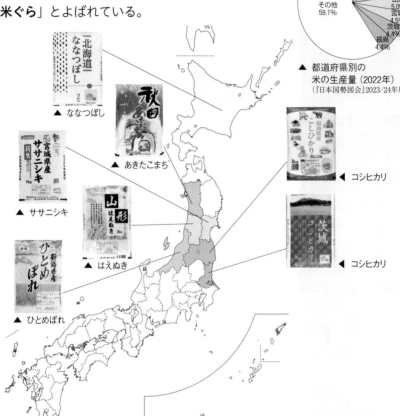

▲ ななつぼし

▲ あきたこまち

▲ ササニシキ

▲ はえぬき

▲ ひとめぼれ

◀ コシヒカリ

◀ コシヒカリ

▲ 都道府県別の
　 米の生産量（2022年）
　 （『日本国勢図会』2023/24年版）

新潟 8.7%
北海道 7.6%
秋田 6.3%
山形 5.0%
宮城 4.5%
茨城 4.4%
福島 4.4%
その他 59.1%

食料編

第1章 農業と人々のくらし

第2章 水産業と人々のくらし

第3章 これからの食料生産とわたしたち

❺ 減反政策

第二次世界大戦後の農地改革で多くの自作農が生まれたが，米は政府が買い取る制度をとったため，米の生産に力が入れられ，生産量が増えていった。しかし，食生活は洋風化していき，米の消費量は減少していった。その結果，政府がかかえる米の在庫量が増加したため，政府は1970年に米の生産量を減らす**生産調整**を始めた。これは水田の面積を減らす政策だったため，**減反政策**とよばれた。

1946~1950 年
農地改革
↓
米の**生産増大**
↓
米の**消費減少**
↓
米の**在庫増大**
↓
1970~2018 年
減反政策

↑米の生産をめぐる動き

② 米作りの1年

10月 ● たい肥作り

　米作りは稲を育てる土作りから始まり，土作りは土にまく肥料づくりから始まる。わら・落ち葉・土などを積み重ねて動物のふん尿などをかけてくさらせて，たい肥をつくる。

12月 ● 土作り

　田の土にたい肥をまぜる。

↑種もみ

3月 ● よい種もみを選ぶ

　もみがらがついたままのイネが「もみ」で，そのもみを塩水につけてしずんだもの（実がしまって重いもの）を，種まき用として選ぶ。

↑なえ

4月 ● なえを育てる

　種もみは，すぐ水田にまくのではなく，なわしろ（苗代）でなえ（苗）を育てる。最近は，田植え機で機械まきできるように，**ビニールハウス**の中で箱に種もみをまいて，温度を調節しながら，なえを育てる。

● 田おこし

　たい肥をまいた田を**トラクター**などで耕す。

↑田おこし

● 代かき

　田に水を入れたあと，土の表面をトラクターなどで平らにして水の深さを一定にして，田植えをしやすくする。

↑代かき

5月 ● 田植え

　なえを田植え機で水田に植える。

↑田植え

6月 ● 田にみぞをほる（作溝）

稲に水や栄養がいきわたるように，稲の列の間にみぞをほって，根のはたらきをよくする。

↑農薬をまいている様子

7月 ● 農薬をまく

病気や害虫などから稲を守るために，農薬をまく。ヘリコプターをラジコンで操作して散布することもある。

● 中干し

根がよくのびて稲がじょうぶに育つように，いったん田から水をぬいて土をかわかす。（その後もう一度水を入れ，9月はじめにぬく。）

9月 ● 稲刈り

穂が出て40～50日たったころ，稲を刈って収かくする。

↑稲刈り

● だっこく・乾燥・もみすり

収かくした稲の穂から，**動力だっこく機**でもみを取る。もみは水分を25％ふくんでいるので，**カントリーエレベーター**で，水分を15％まで乾燥させて貯蔵する。注文があると，もみすり機でもみがらをとって玄米にして出荷する。

10月 ● たい肥づくり（来年に向けて）

↑カントリーエレベーター

🔍 もっとくわしく

有機肥料と化学肥料

化学肥料は、工場で作られる硫安・尿素・塩化カリ・過リン酸石灰などの原料からつくられた肥料のこと。化学肥料を田畑にまくと効果は大きいが、値段が高く、また何年も使っていると、土の中の微生物が死んで、農作物を育てる力が弱くなる。これを「**土がやせる**」という。
そのため、昔から使われてきたたい肥、きゅう肥（家畜小屋のふん尿とわらをまぜてくさらせたもの）、草木を燃やした灰・人のふん尿・緑肥（草を土にまぜたもの）・魚・豆かすなどの有機肥料が見直されるようになった。

3 その他の農産物作りと人々のくらし

1 野菜・穀物の産地

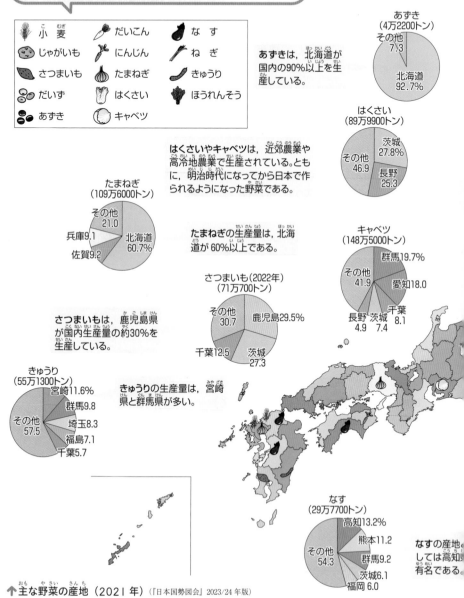

小麦　だいこん　なす
じゃがいも　にんじん　ねぎ
さつまいも　たまねぎ　きゅうり
だいず　はくさい　ほうれんそう
あずき　キャベツ

あずきは，北海道が国内の90%以上を生産している。

はくさいやキャベツは，近郊農業や高冷地農業で生産されている。ともに，明治時代になってから日本で作られるようになった野菜である。

たまねぎの生産量は，北海道が60%以上である。

さつまいもは，鹿児島県が国内生産量の約30%を生産している。

きゅうりの生産量は，宮崎県と群馬県が多い。

なすの産地としては高知が有名である。

あずき
（4万2200トン）
その他 7.3
北海道 92.7%

はくさい
（89万9900トン）
茨城 27.8%
その他 46.9
長野 25.3

たまねぎ
（109万6000トン）
その他 21.0
兵庫9.1
佐賀9.2
北海道 60.7%

キャベツ
（148万5000トン）
群馬19.7%
その他 41.9
愛知18.0
千葉 8.1
長野 4.9　茨城 7.4

さつまいも（2022年）
（71万700トン）
その他 30.7
鹿児島29.5%
千葉12.5
茨城 27.3

きゅうり
（55万1300トン）
宮崎11.6%
群馬9.8
埼玉8.3
その他 57.5
福島7.1
千葉5.7

なす
（29万7700トン）
高知13.2%
熊本11.2
その他 54.3
群馬9.2
茨城6.1
福岡 6.0

↑主な野菜の産地（2021年）（『日本国勢図会』2023/24年版）

小麦（2022年）
（99万3500トン）

- その他 21.9
- 北海道 61.8%
- 愛知 3.0
- 佐賀 5.7
- 福岡 7.6

小麦は，パンなどの原料として，国内の年間消費量が600万トンをこえるが，国内の生産量が少ないため，消費量の約85%を輸入している。国内の小麦生産量の約60%は北海道が占めている。

じゃがいも
（217万5000トン）

- その他 22.5
- 北海道 77.5%

じゃがいもは，北海道の生産量が，国内の生産量の4分の3をこえている。

にんじん
（63万5500トン）

- その他 30.8
- 北海道 31.7%
- 長崎 5.2
- 青森 6.7
- 徳島 7.9
- 千葉 17.7

にんじんは，千葉県の生産量が北海道の次に多い。

だいず（2022年）
（24万2800トン）

- その他 35.5
- 北海道 44.9%
- 福岡 4.0
- 滋賀 4.4
- 秋田 4.7
- 宮城 6.5

だいずは，食用油・とうふ・みそなどの原料になるが，国内消費量の90%以上を輸入している。国内生産量では北海道が第1位である。

ほうれんそう
（21万500トン）

- 埼玉 10.8%
- 群馬 10.2
- その他 61.7
- 千葉 8.8
- 茨城 8.5

ほうれんそうの生産量は，関東地方の県が多い。

ねぎ
（44万400トン）

- 埼玉 11.9%
- 千葉 11.9
- その他 55.2
- 茨城 11.9
- 北海道 4.9
- 群馬 4.2

深谷ねぎで有名な埼玉県が千葉県と1,2位をあらそう。

だいこん
（125万1000トン）

- 千葉 11.8%
- 北海道 11.4
- その他 54.4
- 青森 9.1
- 鹿児島 7.4
- 神奈川 5.9

だいこんの生産量は，東京近郊の千葉県と，北海道が1,2位をあらそう。

🔍 もっとくわしく

とうもろこしの生産量

とうもろこしは，家畜のエサとして，日本国内でも消費量が多いが，日本ではほとんど生産されず，ほぼすべてを輸入している。

② くだものの産地

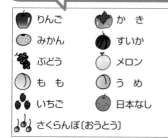

りんご		かき	
みかん		すいか	
ぶどう		メロン	
もも		うめ	
いちご		日本なし	
さくらんぼ〔おうとう〕			

りんごは，すずしい気候の地域で作られる。青森県だけで全国の60%以上を生産し，青森県の弘前市だけで全国の約20%を生産している。

りんご
（66万トン）
福島2.8
山形4.9
岩手6.4
長野16.7
青森62.8%
その他6.4

いちごの生産量第1位の栃木県を代表する品種は「とちおとめ」，第2位の福岡県を代表する品種は「あまおう」である。

いちご
（16万トン）
栃木14.8%
福岡10.1
熊本7.3
愛知6.7
長崎6.5
その他54.6

日本なしは，沖縄県以外の日本各地で作られ，「幸水」，「豊水」，「新水」の三品種は「三水」と呼ばれ，有名である。

日本なし
（18万トン）
千葉11.1%
茨城10.3
栃木8.6
長野6.5
福島6.4
その他57.1

すいかは，もともと乾燥地帯の作物で，新潟県などのすいかは「砂丘すいか」として有名である。

すいか
（32万トン）
熊本15.4%
千葉11.7
山形10.1
新潟5.6
愛知5.2
その他52.0

みかん
（75万トン）
和歌山19.7%
愛媛17.1
静岡13.3
熊本12.0
長崎6.9
その他31.0

みかんは，あたたかいところで作られる。和歌山県や愛媛県での生産がさかんである。

↑主なくだものの産地（2021年）（『日本国勢図会』2023/24年版ほか）

社会の宝箱　いちごは野菜？

あまいいちごやすいか，メロンは，くだものではなく野菜に分類される。毎年木に実るのがくだもの，1年ごとに枯れてしまうのが野菜とすると，いちごやすいかは野菜になる。しかし，デザートに食べるものとして，いちごはくだものとして売られている。

第1章
農業と人々の
くらし

第2章
水産業と人々の
くらし

第3章
これからの
食料生産と
わたしたち

メロン
（15万トン）

茨城 24.3%
その他 31.9
熊本 16.9
青森 6.4
山形 6.9
北海道 13.6

高級果実のメロンには，北海道夕張市の「夕張メロン」が有名である。

さくらんぼ
（1万3100トン）

その他 18.6
北海道 11.5
山形 69.9%

さくらんぼは「おうとう（桜桃）」ともいう。山形県の生産量が全国の約70%をしめる。品種としては，「佐藤錦」が有名である。

ぶどう
（17万トン）

山梨 24.6%
その他 35.9
長野 17.4
福岡 4.2
山形 8.8
岡山 9.1

ぶどうは，山梨県の生産量が第1位である。

もも
（11万トン）

その他 20.2
山梨 32.2%
和歌山 6.8
福島 22.6
山形 8.3
長野 9.9

ももは，ぶどうとともに，山梨県が全国第1位である。夏と冬，昼と夜の寒暖の差が大きい盆地の気候がくだもののあまさを増すのである。

かき
（19万トン）

和歌山 21.1%
その他 43.4
奈良 15.1
福岡 8.4
長野 5.3
岐阜 6.7

かきは，みかんやうめとともに，和歌山県が生産量全国第1位である。

うめ
（10万トン）

その他 30.0
和歌山 64.5%
群馬 5.5

うめぼしの元になるうめの生産は，和歌山県が全国の60%以上をしめる。

🔍 **もっとくわしく**

くだものの輸入

2021年のくだものの国内生産量は約260万トンで，輸入量は約416万トン。輸入されるくだもののほうが多い。輸入されるくだもので最も多いのはバナナで，輸入元の約76%はフィリピンである。

③ 畜産物の産地

● 牛乳などの乳製品や卵，食用の肉をとるために，牛やブタやニワトリを飼育する産業を畜産業という。

● 牛乳をとる乳牛を飼う農業を酪農という。酪農は，北海道がもっともさかんであり①，北海道で飼育されている乳牛の数は，全国の60％以上を占める。首都圏などの大消費地から遠いため，生乳の大部分はバターやチーズなどの乳製品に加工されて出荷されている。（⇒P.141）

● 乳牛を飼育する農家数は減り，乳牛の数も減っているが，1戸あたりの頭数は増えている。

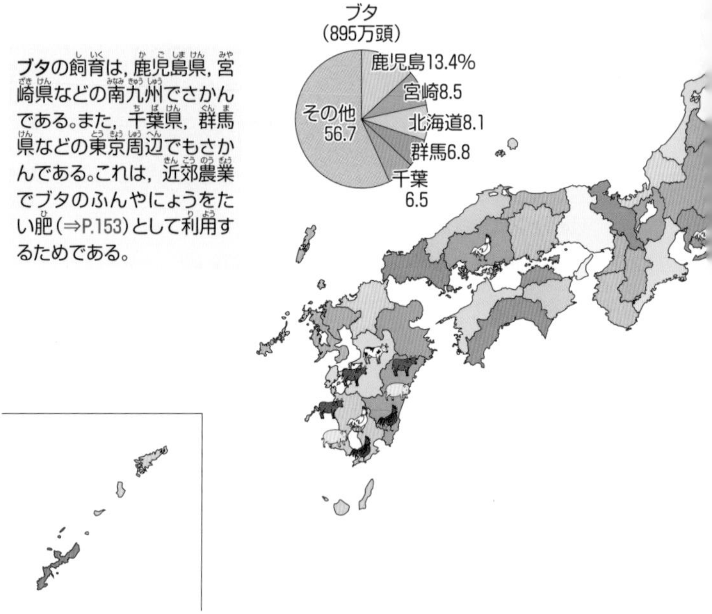

ブタの飼育は，鹿児島県，宮崎県などの南九州でさかんである。また，千葉県，群馬県などの東京周辺でもさかんである。これは，近郊農業でブタのふんやにょうをたい肥（⇒P.153）として利用するためである。

ブタ
（895万頭）
鹿児島13.4%
宮崎8.5
北海道8.1
群馬6.8
千葉6.5
その他56.7

↑主な畜産物の産地（2022年）（『日本国勢図会』2023/24年版）

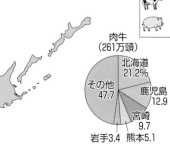

3年
4年
5年
6年

食料編

第1章
農業と人々の
くらし

第2章
水産業と人々の
くらし

第3章
これからの
食料生産と
わたしたち

肉牛		ニワトリ（たまご用）
乳牛		
ブタ		ニワトリ（食肉用）

肉牛
（261万頭）

北海道 21.2%
その他 47.7
鹿児島 12.9
宮崎 9.7
岩手 3.4　熊本 5.1

食用の肉をとる牛を**肉牛**という。北海道についで，鹿児島県，宮崎県などの，牛を飼育するのに適した広い土地がある南九州でさかんに飼育されている。

乳牛
（137万頭）

その他 25.7
北海道 61.7%
群馬 2.5
岩手 2.9
熊本 3.2
栃木 4.0

北海道についで栃木県や群馬県などの東京に近い関東地方でも**乳牛**が飼育されている。大消費地が近いため，新鮮な牛乳を安く届けることができる。

たまご用ニワトリ
（1億8010万羽）

茨城 8.4%
千葉 7.1
鹿児島 6.5
広島 5.5
愛知 5.4
その他 67.1

採卵用のニワトリは，茨城県，千葉県などの大都市周辺で飼育され，新鮮な卵を消費地に届けている。

食肉用ニワトリ
（1億3923万羽）

鹿児島 20.2%
その他 35.3
宮崎 19.8
岩手 15.2
海道 3.7
青森 5.8

食肉用のニワトリは，鹿児島県・宮崎県などの南九州や，岩手県，青森県などの東北地方で飼育されている。

🔍 **もっとくわしく**

①北海道で酪農がさかんな理由

北海道で酪農がさかんな理由は，おもに3つである。
①牧草地になる根釧台地などの広い平地がある。
②夏の気温が低いため，牛が夏バテせず，牛乳の質が落ちない。
③国が1956年に根釧台地にパイロットファームとよばれる大規模な農場をつくった。

④ 工芸作物の産地

● 工芸作物は，そのまま料理して食べるのではなく，収かく後に加工して食品になったり，工業製品となる植物である。各地域の特産物になっているものが多い。

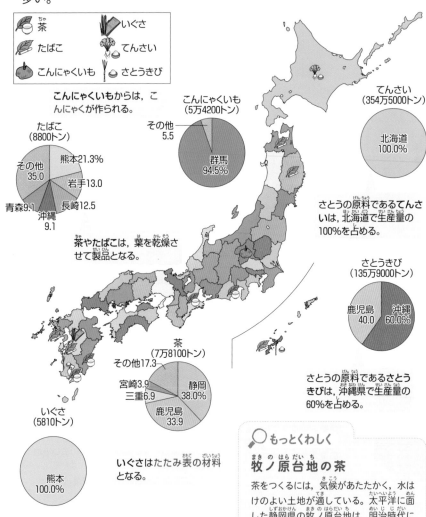

凡例：
- 茶
- いぐさ
- たばこ
- てんさい
- こんにゃくいも
- さとうきび

こんにゃくいもからは，こんにゃくが作られる。

こんにゃくいも
（5万4200トン）
- その他 5.5
- 群馬 94.5%

てんさい
（354万5000トン）
- 北海道 100.0%

たばこ
（8800トン）
- その他 35.0
- 熊本 21.3%
- 岩手 13.0
- 長崎 12.5
- 沖縄 9.1
- 青森 9.1

さとうの原料であるてんさいは，北海道で生産量の100%を占める。

茶やたばこは，葉を乾燥させて製品となる。

さとうきび
（135万9000トン）
- 鹿児島 40.0
- 沖縄 60.0%

茶
（7万8100トン）
- その他 17.3
- 宮崎 3.9
- 三重 6.9
- 静岡 38.0%
- 鹿児島 33.9

さとうの原料であるさとうきびは，沖縄県で生産量の60%を占める。

いぐさ
（5810トン）
- 熊本 100.0%

いぐさはたたみ表の材料となる。

↑ **主な工芸農作物の産地**（2022年，一部2021年）

（『日本国勢図会』2023/24年版ほか）

🔍 もっとくわしく

牧ノ原台地の茶

茶をつくるには，気候があたたかく，水はけのよい土地が適している。太平洋に面した静岡県の牧ノ原台地は，明治時代になってから，茶の栽培で成功し，日本有数の茶の産地となっている。茶畑に設置された大きな扇風機は，地表付近の冷気をかき回して，霜の害を防いでいる。

4 最近の農業の特徴

3年
4年
5年
6年

食料編

第1章 農業と人々のくらし
....
第2章 水産業と人々のくらし
....
第3章 これからの食料生産とわたしたち
....

4 最近の農業の特徴

① 近郊農業

1 近郊農業とは
● 東京都や大阪市，名古屋市などの大都市の近郊で行われている農業を近郊農業という。

2 近郊農業の利点
● 野菜やくだもの，花，生乳，にわとりの卵などを新鮮なうちに消費者に届けられるという利点がある。ほうれんそうやこまつななどのいたみやすい葉ものの野菜も栽培に向いている。
● 消費者に届けるまでの輸送距離が短いため，二酸化炭素などの地球温暖化ガスの排出量も少なくてすむ。また，その土地で生産されたものをその土地で消費するという「地産地消」を行うことにもなる。

② 園芸農業

1 園芸農業とは
● 大都市の市場に出荷することを目的に，価格の高い野菜やくだもの，花などを栽培する農業を園芸農業という。
● 大都市の近辺で行う場合は近郊農業となるが，大都市から遠い地域で行う場合は，輸送機関を使っての出荷になるため，輸送園芸農業という。①

2 園芸農業の利点
● 輸送園芸農業では，遠距離から運ぶという不利な条件を，生産物の旬の時期をずらして出荷するなどのくふうをして (⇒P.162)，有利な条件に変えている。

○ もっとくわしく

① **輸送園芸農業が可能になった理由**
輸送園芸農業には，保冷車や航空機などが使われる。交通機関の発達にともないさかんになった。

なぜ野菜が1年中あるのか

入試でる度 ★★★☆☆

　野菜は，種をまく時期や収かくする時期が決まっており，その野菜がいちばんおいしい「旬」の季節がある食べ物だった。しかし，今では，さまざまな野菜が，ほぼ1年中スーパーなどで売られている。

　これは，日本各地の農家が，それぞれ地域の気候を利用して植物の生長を早めたり，遅くしたりして出荷の時期を調整しているからである。これは，もともと収かくできる季節ではない品薄の時期に出荷して，高い値段で売るためである。

　植物の**生長を早める栽培方法は促成栽培，生長を遅くする栽培方法**は**抑制栽培**という。促成栽培・抑制栽培には，**ビニールハウス**などの施設や電灯などが利用されている。

　たとえばキクは，日照時間が短くなると花が咲くので，ビニールハウスの中で夜も電灯をつけて，花の咲く時期を遅らせている。こうした抑制栽培で，品薄で高い値段がつく冬から春に花を咲かせ，高い値段をつけて出荷している。このキクは「**電照菊**」とよばれ，愛知県の渥美半島や沖縄県で生産がさかんである。

↑電照菊の栽培のようす

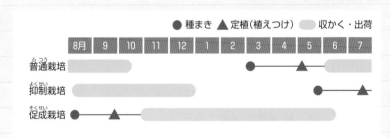

県内の市によって，抑制栽培をしているところと，促成栽培しているところにわかれる。

↑宮崎県のピーマンの栽培カレンダー

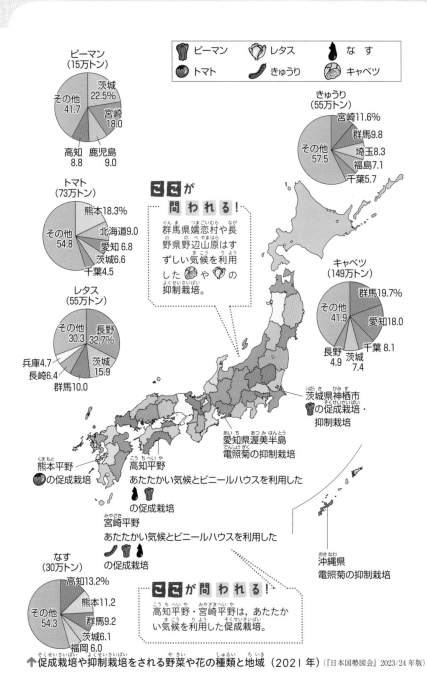

3年
4年
5年
6年

食料編

第1章
農業と人々のくらし

第2章
水産業と人々のくらし

第3章
これからの食料生産とわたしたち

ピーマン
（15万トン）

その他
41.7
茨城
22.5%
宮崎
18.0
高知
8.8
鹿児島
9.0

きゅうり
（55万トン）

その他
57.5
宮崎11.6%
群馬9.8
埼玉8.3
福島7.1
千葉5.7

ここが問われる！

群馬県嬬恋村や長野県野辺山原はすずしい気候を利用した やの抑制栽培。

トマト
（73万トン）

その他
54.8
熊本18.3%
北海道9.0
愛知6.8
茨城6.6
千葉4.5

キャベツ
（149万トン）

その他
41.9
群馬19.7%
愛知18.0
千葉8.1
茨城
7.4
長野
4.9

レタス
（55万トン）

その他
30.3
長野
32.7%
茨城
15.9
群馬10.0
長崎6.4
兵庫4.7

茨城県神栖市
の促成栽培・抑制栽培

愛知県渥美半島
電照菊の抑制栽培

熊本平野
の促成栽培

高知平野
あたたかい気候とビニールハウスを利用した
の促成栽培

宮崎平野
あたたかい気候とビニールハウスを利用した
の促成栽培

沖縄県
電照菊の抑制栽培

なす
（30万トン）

その他
54.3
高知13.2%
熊本11.2
群馬9.2
茨城6.1
福岡6.0

ここが問われる！

高知平野・宮崎平野は、あたたかい気候を利用した促成栽培。

ピーマン　レタス　なす
トマト　きゅうり　キャベツ

↑促成栽培や抑制栽培をされる野菜や花の種類と地域（2021年）（『日本国勢図会』2023/24年版）

5 農産物の流通

① 野菜の流通

●収穫された野菜が，消費者に届くまでの流れは，2つある。
① 農家→ＪＡ①→お店など→消費者
② 農家（→ＪＡ）→消費者
●鮮度が大切な野菜は，保冷装置をそなえたトラックが，全国にはりめぐらされた高速道路を使って届けている。
●消費者が直接農家（またはＪＡ）から野菜を届けてもらう②のしくみを産地直送という。

○ もっとくわしく

①ＪＡ
ＪＡ〔農協〕は，「農業協同組合」のことで，農家が自主的に作業を協同し，お米などの農産物を管理するための協同組織である。

② 米の流通

●米が消費者に届くまでの流れは，3つある。
① 農家→ＪＡ→政府→米屋など→消費者
② 農家→ＪＡ→米屋など→消費者
③ 農家（→ＪＡ）→消費者

農家　ＪＡ　米屋など
政府
消費者

○ もっとくわしく

②自主流通米
政府を通さずに消費者の手元に届くお米のこと。政府を通すお米は価格決定に政府が関与していたが，自主流通米は指定された集荷業者とおろし売り業者の間で価格を決めることができる。

●以前は，政府がＪＡから米を買って米屋などに売る①のしくみしかなかったが，1995年に廃止され，政府が管理しない②のしくみができた。②や③で消費者の手にわたる米を自主流通米②という。

6 これからの農業

1 農業経営と労働のありかた

1 農業人口の高齢化

● 農業で働く人（**販売農家**）の数はますます減少して
いるが，平均年齢は上がっている。

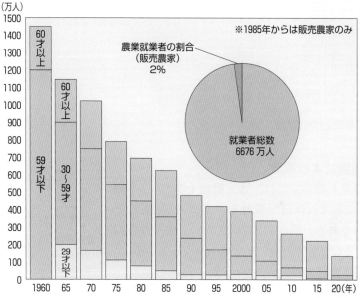

↑ 年齢別農業人口のうつり変わり

（農林水産省調べ）

● 2020年の農業従事者の平均年齢は67.8歳で，
年齢別の割合は右の表のとおりである。60歳
以上の割合は約80%であり，農業人口の高
齢化が社会問題になっている。

年齢	人数	割合
15 ～ 29	1.6 万人	1.2%
30 ～ 39	5.0 万人	3.7%
40 ～ 49	8.1 万人	5.9%
50 ～ 59	12.7 万人	9.3%
60 ～ 64	14.0 万人	10.3%
65 ～	94.9 万人	69.6%
合計	136.3 万人	100%

（農林水産省調べ）

2 耕作時間の短縮化

●若い人が農業につかない理由のひとつとして，農業の仕事がきついことがあげられる。しかし，**トラクター**や**田植え機**，**コンバイン**などの機械のおかげで，年間の耕作時間は短くなっている。

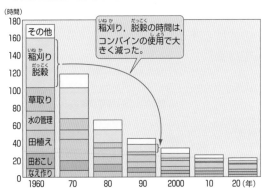

稲刈り，脱穀の時間は，コンバインの使用で大きく減った。

↑ 10a あたり年間耕作時間のうつり変わり
（農林水産省調べ）

3 会社組織による農業

●農業従事者を増やすには，法人組織（会社，農事組合など）にして，休日が取れるようにすることなどが効果的である。現在約3万の法人が，農家から耕地を借りるなどして，経営規模を大きくしている。

法人（会社・農事組合など）3.3%

農業経営体の数 98万

非法人（ほとんど個人農家）96.7

↑農業経営のかたち（2022年）
（農林水産省調べ）

2 集約農業と有機農法

1 集約農業

●アメリカやオーストラリアのように，広大な農場で大きな農業機械を使って農業をしている国と比べて，日本の農業はせまい耕地に多くの人手と肥料をかけて生産をしている。このような方法を集約農業という。

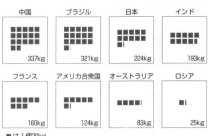

中国	ブラジル	日本	インド
337kg	321kg	224kg	193kg

フランス	アメリカ合衆国	オーストラリア	ロシア
160kg	124kg	83kg	25kg

■は1個20kg

↑耕地 1ha あたり肥料消費
（『日本国勢図会』2023/24 年版）

食料編

第1章
農業と人々のくらし

第2章
水産業と人々のくらし

第3章
これからの食料生産とわたしたち

日本の国土の4分の3は山地であり，農業に適した平たい土地が少ない。せまい耕地からより多くの収かくをあげるには，耕地の生産力を上げる必要がある。こうして，せまい耕地に多くの人手と肥料をかけてきた。

中国やインドは，日本よりも，同じ面積に多くの人手をかけている。

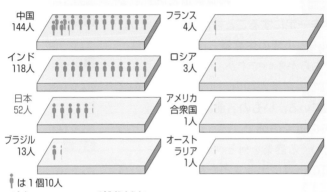

中国
144人

フランス
4人

インド
118人

ロシア
3人

日本
52人

アメリカ
合衆国
1人

ブラジル
13人

オースト
ラリア
1人

👤は1個10人

↑耕地100haあたり農業従事者（2019年）

（『データブック・オブ・ザ・ワールド』2023年版）

2 有機農法

有機農法とは，たい肥などの**有機肥料**（⇒P.153）を使う農法のことである。

害虫駆除などの農薬のおかげで，農作業時間も短縮されたが，人の健康面での心配もある。また，化学肥料を投入された土地は農作物を育てる力が弱くなる。このため，最近は，有機農法が見直されてきている。

↑スーパーマーケットの有機野菜コーナー

入試要点チェック

解答▶P.613

つまずいたら
調べよう

□ **1** 都道府県別で米の生産量の多い上位3つは，**新潟県**，**秋田県**と，あとどこですか。

1▶P.151
2 **1** **4**

□ **2** 米作りの作業で，4月ごろ田に水を入れて，土の表面をトラクターなどで平らにして**水の深さを一定にすること**を何といいますか。

2▶P.152
2 **2**

□ **3** 日本国内の**小麦**の**生産量**と小麦の**輸入量**では，どちらが多いですか。

3▶P.155
3 **1**

□ **4** 北海道の生産量が国内の生産量の4分の3をこえている，**いも**の名前は何ですか。

4▶P.155
3 **1**

□ **5** **大都市の近くの畑**で，ほうれんそうなどの野菜をつくる農業を何といいますか。

5▶P.161
4 **1** **1**

□ **6** **大都市の市場に出荷するために**，値段の高い野菜やくだもの，花などを栽培する農業を何といいますか。

6▶P.161
4 **2** **1**

□ **7** 高知県や宮崎県の暖かい気候を利用して，ビニールハウスなどの中でなすやピーマンをつくり，他の産地より**早く出荷する栽培方法**を何といいますか。

7▶P.162
中学入試対策

□ **8** 長野県や群馬県の高原の夏のすずしい気候を利用して，レタスやきゃべつ，はくさいなどをつくり，ほかの地域より**遅らせて出荷する栽培方法**を何といいますか。

8▶P.162
中学入試対策

□ **9** 1970年から進められた**米の生産調整**を何といいますか。

9▶P.151
2 **1** **6**

□ **10** **政府の手を通さず**，消費者の手元に届く米を何といいますか。

10▶P.164
5 **2**

□ **11** 消費者が，農家や**JA**〔**農協**〕から米などの農産物を直接届けてもらうことを何といいますか。

11▶P.164
5 **1**

3年
4年
5年
6年

食料編

第1章
農業と人々のくらし

第2章
水産業と人々のくらし

第3章
これからの食料生産とわたしたち

第1章 農業と人々のくらし

入試問題にチャレンジ！

解答▶P.613

1 2010年4月，宮崎県で家畜伝染病の口てい疫が発生し，牛・豚などに感染して，約29万頭が処分されるなど大きな被害が出ました。8月になり口てい疫はおさまりましたが，全国の畜産農家に大きな不安をあたえました。次の表は，牛の飼育頭数の多い順に都道府県を上から5つ示したものです。X，Yにあてはまる都道府県名を答えなさい。

(ラ・サール中・改)

X（　　　　　　　　　） Y（　　　　　　　　　）

乳用牛（万頭）			肉用牛（万頭）		
	2021年	2022年		2021年	2022年
X	83.0	84.6	X	53.6	55.3
栃木県	5.3	5.5	Y	35.1	33.8
熊本県	4.4	4.4	宮崎県	25.0	25.5
岩手県	4.1	4.0	熊本県	13.5	13.4
群馬県	3.4	3.4	岩手県	9.1	8.9

(『日本国勢図会』2023/24年版より作成)

2 右の統計資料はある農産物の生産量（2021年）を示したものです。その作物名を**ア**〜**エ**から1つ選び，記号で答えなさい。

(早稲田中・改)

（　　　　）

順位	都道府県名	生産量（t）
1位	長野	178,800
2位	茨城	87,000
3位	群馬	54,500
4位	長崎	35,000
5位	兵庫	25,900

(『日本国勢図会』2023/24年版より作成)

ア きゅうり　**イ** レタス　**ウ** はくさい　**エ** トマト

3 北海道では農業がさかんで，生産量が全国一の農作物も数多くあります。右のグラフは，2021年において北海道での生産量が全国一であった，ある農作物の都道府県別の割合を示しています。この農作物は何ですか。次の**ア**〜**カ**から一つ選び，記号で答えなさい。

(横浜双葉中・改)

（　　　　）

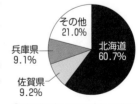

その他 21.0%
北海道 60.7%
兵庫県 9.1%
佐賀県 9.2%

(『日本国勢図会』2023/24年版より作成)

ア じゃがいも　**イ** にんじん　**ウ** 小麦
エ だいず　**オ** かぼちゃ　**カ** たまねぎ

第2章

水産業と人々のくらし

1 日本の水産業の特色

1 日本の近海にある三大漁場

1 よい漁場の条件

海のなかでも，魚介類がたくさんとれるよい漁場とそうでないところがある。よい漁場の条件は次のとおりである。

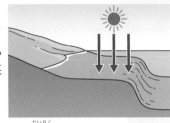
↑大陸だな

(1) 大陸だなが広がる

大陸だなは，水深200mくらいまでの海底の傾きがゆるやかな海のことで，光が海底までとどくため，海そうがよく育つ。また，海そうに魚が卵を産むため，魚が多くなる。

(2) 暖流と寒流がぶつかる

暖流と寒流がぶつかるところは潮目〔潮境〕(⇒P.119)といい，暖流は上に，寒流は下に行こうとして，海水が上下に回り，海昇①ができる。このようにして暖流と寒流にすむいろいろな種類の魚が集まるところになる。

(3) 島や暗しょうが多く，海山（海底の山）がある②

(4) 強い季節風がふいている③

いずれも海水の流れが上下に回り，海昇ができる。

> 🔍 **もっとくわしく**
>
> **①海昇**
> 海底から上に向かう海水の流れのこと。海昇があるところでは，海底の養分をふくんだ土がまきあげられ，魚のエサになる**プランクトン**がふえ，よい漁場となる。
>
>
> ②海山
>
>
> ③季節風
>
>

2 世界の三大漁場

世界の三大漁場とよばれるのは，北西太平洋漁場，北東大西洋漁場，北西大西洋漁場の3か所である。特に日本近海がふくまれる北西太平洋漁場が，よい漁場の条件を満たし，漁獲量がいちばん多い。

北西大西洋漁場
ニューファンドランド島周辺，グランドバンク

北東大西洋漁場
北海，ドッガーバンク，グレートフィッシャーバンク，アイリッシュ海

北西太平洋漁場
三陸沖，日本海，東シナ海，オホーツク海

↑世界の三大漁場

② 日本の魚介類の生産量

① 日本近海の魚介類

● 四方を海（**太平洋，オホーツク海，日本海，東シナ海**）に囲まれた日本は，昔から海の幸にめぐまれ，たくさんの魚介類（魚や貝，イカ，タコなど）を食べてきた。

● 日本の漁獲量は，世界全体の約3.5％で，世界第8位である。

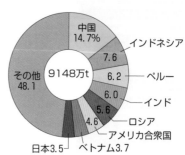

↑世界の漁獲量（2020年）
（水産庁ホームページ）

中国 14.7%
インドネシア 7.6
ペルー 6.2
インド 6.0
ロシア 5.6
アメリカ合衆国 4.6
ベトナム3.7
日本3.5
その他 48.1
9148万t

> 🔍 **もっとくわしく**
>
> **淡水魚**
>
> こい・あゆは，海ではなく，川や湖でとれる。海水ではなく淡水（塩分を多くふくまない水）で生きる魚だからである。川や湖での漁業・養殖業を，内水面漁業・内水面養殖業という。

リマン海流
すけとうだら
ずわいがに
にしん
ほっけ
ほたてがい
こんぶ
いか
ます
さけ
千島海流（親潮）
かれい
ひらめ
さんま
対馬海流
あじ
ぶり
さば
わかめ
まぐろ
いわし
こい
のり
かき
うなぎ
たい
くるまえび
日本海流（黒潮）
かつお

↑日本近海でとれるおもな魚介類

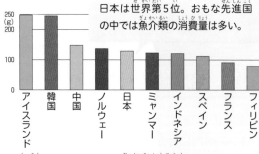
② 魚介類の消費量

日本では戦前までは，ブタや牛などの畜産物の肉は今ほど多く食べられず，魚介類の肉で動物性たんぱく質をとることが多かった。戦後は生活が豊かになるにつれて，魚の消費量も増えたが，1970年代以降は，畜産物の肉を多く食べるようになり，2000年代になると，魚の消費量は減っていった。2021年の日本人1人1年あたりの魚介類の消費量は約41kgである。

日本は世界第5位。おもな先進国の中では魚介類の消費量は多い。

↑各国の1人1日あたり魚介類消費量（2020年）
（『日本国勢図会』2023/24年版）

③ 魚介類の生産量

日本の魚介類の生産量は1990年代から減っていき，2021年は約422万トンとなった。これは，世界各国が排他的経済水域（⇒P.181）を設けたため，遠洋漁業（⇒P.174）が世界の漁場で自由に魚をとることができなくなったことと，日本の近海の魚が減ったために沖合漁業（⇒P.174）も生産量が減ったためである。

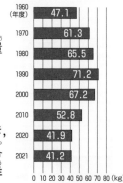

↑日本人1人1年あたりの魚の消費量（農林水産省調べ）

④ 魚介類の輸入量

魚介類の輸入量は1985年ころから増えていった。円高で円の力が強くなり，外国の魚介類を安く買えるようになるとともに，日本の漁獲量が減ったためである。しかし，最近は輸入する魚介類の価格があがったことと，日本人があまり魚を食べなくなったため，輸入量も減っている。

最近は輸入量が国内での水あげ量を上回る傾向にある。

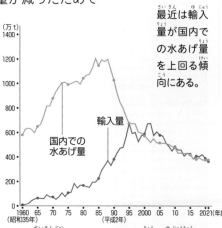

↑水産物の国内での水あげ量と輸入量の移り変わり（農林水産省調べ）

2 さまざまな漁業の種類・方法

1 沿岸漁業・沖合漁業・遠洋漁業

● 漁業の種類は, 沿岸漁業・沖合漁業・遠洋漁業の
3つの部門にわかれる。

沖合漁業
200海里以内の海

沿岸漁業
海岸近くの海

遠洋漁業
200海里以上の海

	沿岸漁業	沖合漁業	遠洋漁業
漁場	海岸近くの海	日本近海の 200 海里(約 370km)以内の海	200 海里以上の太平洋やインド洋など遠方の海
船	小型船(10 トン未満)	中型船(10 トン以上)	冷凍設備のある大型船(数百トン〜 1000 トン以上)
日数	日帰り (1 日)	数日	数十日〜 1 年
漁法(⇒ P.176, 177)	定置網漁法地引き網漁法いか釣り漁法	船団を組むことが多い。底引き網漁法まき網漁法さんま棒受網漁法	船団を組むことが多い。トロール漁法まき網漁法ながし網まぐろはえなわ漁法かつおの一本づり
とれる魚	さば, あじ, たら, たい,いか	かつお, まぐろ, さんま,いわし, かれい, さば,あじ, いか	かつお, まぐろ
規模	個人 (漁師) 経営	小規模の会社による経営	大企業による大規模経営

2 さまざまな漁業の種類・方法

3年
4年
5年
6年

食料編

第1章
農業と人々のくらし

第2章
水産業と人々のくらし

第3章
これからの食料生産とわたしたち

1 沿岸漁業

● 沿岸漁業の生産量は，1950年代からずっと200万トン前後だったが，最近十数年はだんだんと減って，100万トンを下回っている。

2 沖合漁業

● 沖合漁業の生産量は，1950年代の200万トン前後から生産量を増やし，1980年代半ばには700万トン台にまでせまった。しかし，日本近海の魚が減ったため，1990年代になると生産量は減っていき，最近十数年は200万トン前後となって，1950年代の水準になっている。

3 遠洋漁業

● 遠洋漁業の生産量は，南氷洋の捕鯨漁業①などが急成長し，1970年前後には沖合漁業を超えて第1位となった。しかし，1977年から世界各国が200海里の排他的経済水域（⇒P.181）を宣言して，自由に漁ができる漁場がせばめられると，生産量は減っていった。最近十数年の生産量は沿岸漁業より少なく，2022年はわずか24万トンである。

もっとくわしく

①日本の捕鯨漁業
鯨（クジラ）は，肉は食用に，油はあかり用に，骨やヒゲは工芸品の材料になるという貴重な生物資源だった。
日本では縄文時代から沿岸に来る鯨をとってきた。明治時代以降は，西洋の捕鯨技術を学び，南氷洋にまで鯨をとりにいき，日本はノルウェー，イギリスと並ぶ捕鯨大国となった。
太平洋戦争中，一時的に捕鯨漁業はとだえたが，戦後は再び世界一の捕鯨大国となった。しかし，鯨の頭数が減ったことや環境問題・文化のちがいから，1982年に国際的に**商業捕鯨の一時停止**が決議され，日本もこれに従っていた。しかし，2018年末，日本はIWC（国際捕鯨委員会）からの脱退を表明し，2019年7月から商業捕鯨を再開した。

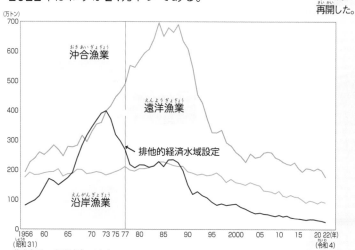

↑漁業別の生産量の変化

（農林水産省調べ）

② おもな漁法

❶ まき網漁法（沖合漁業，遠洋漁業）

● 魚の群れを見つけて，一度に大量にとる漁法である。

● 沖合漁業で，**かつお・まぐろ・いわし・あじ・さば**や，遠洋漁業で，かつおをとるときに使われる。

● **魚群探知機〔ソナー〕**を使って魚の群れを見つけ，二せきの船で群れを囲むように網を入れ，網の底をとじて網を引きあげる。引きあげた魚は，魚を港まで運ぶ船に積みこむ。

● 遠洋漁業の大型のまき網船には，マイナス50度まで冷凍できる設備がある。

↑魚の群れをさがす機械

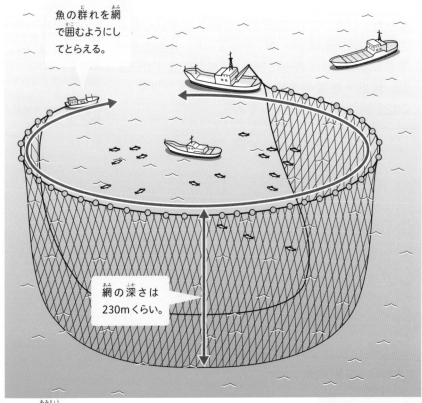

魚の群れを網で囲むようにしてとらえる。

網の深さは230mくらい。

　↑まき網漁

② さんま棒受網漁法 (沖合漁業)

- さんまが光に集まる性質を利用して，夜，網を海にしずめて集魚灯をつけて，集まったさんまをすくいとる。

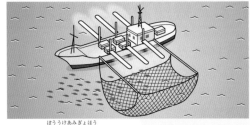

↑さんま棒受網漁法

③ トロール漁法 (遠洋漁業)

- 底引き網漁法の一種で，**トロール網**を使う。**すけとうだら**などをとる。

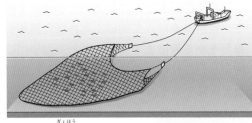

↑トロール漁法

④ 定置網漁法 (沿岸漁業)

- 魚の通る海の中の流れにふくろのように網を張ってとる。
- **いわし・ぶり**など回遊するコースが決まっている魚をとるのに向いている。

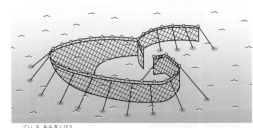

↑定置網漁法

⑤ かつおの一本づり (遠洋漁業)

- **かつお**の群れとともに，漁船が数十日間，日本列島の近海を北上もしくは南下する。魚を傷めずにとることができ，新鮮なうちに一本ずつ冷凍するので，さしみ用に向いている。

↑かつおの一本づり

177

③ 養殖漁業と栽培漁業

1 「つくり，育てる漁業」

- 近年，「とる漁業」（沿岸漁業，沖合漁業，遠洋漁業）の生産量は減り，「つくり，育てる漁業」の生産量が増えている。
- 「つくり，育てる漁業」には，養殖漁業と栽培漁業がある。
- 養殖漁業は網を張った海や人工の池で管理し大きくなるまで育てたあととる漁業である。栽培漁業は人工的にふ化させた稚魚や稚貝をある程度まで育てたあとで海や川に放流し，これらが成長したあとにふたたびとる漁業である。

内水面漁業 0.6%　内水面養殖業 0.8%
養殖業 23.6%
沖合漁業 45.6%
遠洋漁業 6.1%
沿岸漁業 23.3%

↑漁業の種類別生産量
合計 386 万トン（2022 年）
（農林水産省調べ）

おもなちがいは放流をするか，しないか。

分野	養殖漁業	栽培漁業
特徴	いけすなどの中で，たまごなどから出荷できる大きさまで育てる。	いけすなどの中で，たまごなどから育てるが，ある程度の大きさになったら，海や川に放流して，大きく成長してからとる。
目的	安定した収入を得るため。（魚を探して船で漁をしなくてもよいから。）	魚の数を増やすため。（魚のたまごや稚魚は，自然の海ではほかの魚に食べられたりして死んでしまうから。）
魚介類	ぶり，まだい，ぎんざけ，ほたてがい，かき，のり，わかめ，こんぶ，うなぎ，ます，あゆ，こい，しんじゅ	さけ，ます，まだい，かれい，ひらめ，うに，あわび

↑養殖漁業と栽培漁業のちがい

② 養殖される水産物の生産量と養殖がさかんな地域

水産物の種類	養殖物の生産量	天然物の生産量	養殖のさかんな地域	
ぶり類	11万トン	9万トン	鹿児島県, 大分県, 愛媛県, 宮崎県	海で養殖される
まだい	7万トン	1.6万トン	愛媛県, 熊本県, 高知県, 三重県, 和歌山県	
ぎんざけ	2万トン	ほとんどとられていない。	宮城県	
ほたてがい	17万トン	34万トン	北海道, 青森県	
かき類	17万トン	ほとんどとられていない。	広島県, 宮城県, 岡山県	
のり類	23万トン	ほとんどとられていない。	佐賀県, 兵庫県, 福岡県, 熊本県, 宮城県	
わかめ類	5万トン	−	宮城県, 岩手県	
こんぶ類	3万トン	4万トン	北海道, 岩手県	
しんじゅ	0.001万トン	ほとんどとられていない。	長崎県, 愛媛県, 三重県, 熊本県	
うなぎ	1.9万トン	0.006万トン	鹿児島県, 愛知県, 宮崎県, 静岡県	川や湖, 池で養殖される
ます類	0.6万トン	さけ・ます類が10万トン	長野県, 静岡県, 山梨県	
あゆ	0.4万トン	0.2万トン	愛知県, 岐阜県, 和歌山県	
こい	0.2万トン	0.01万トン	茨城県, 福島県, 宮崎県	

(2022年)

(農林水産省『令和4年漁業・養殖業生産統計』)

養殖漁業で有名な地域

（入試でる度 ★★☆☆☆）

日本には，養殖漁業で有名な地域がある。**島根県の宍道湖のしじみは古代から，長野県佐久市の食用の鯉や，奈良県大和郡山市の金魚，新潟県の錦鯉**（赤色などの色のついた鯉）は江戸時代から有名である。

ここが問われる！

有明海の干拓とのりの被害
有明海ののりの生産は，赤潮などにより被害が出ている。諫早湾干拓による影響ではないかと，干拓事業の見直しが裁判で争われた。

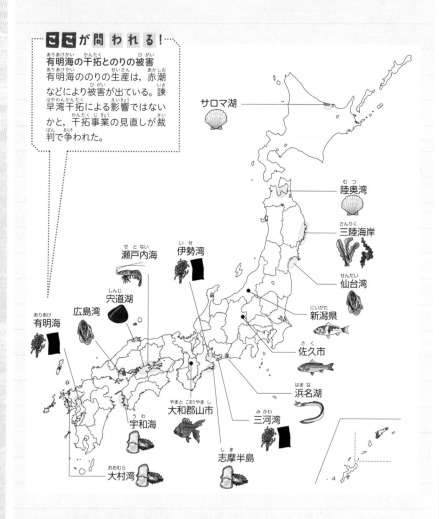

サロマ湖

陸奥湾

三陸海岸

瀬戸内海

伊勢湾

仙台湾

宍道湖

新潟県

広島湾

有明海

佐久市

浜名湖

宇和海

大和郡山市

三河湾

大村湾

志摩半島

④ 排他的経済水域と遠洋漁業

① 排他的経済水域

● 1977年にアメリカ合衆国・ヨーロッパ各国・ソビエト連邦（現在のロシア連邦など），日本など世界各国が，自国の水産資源などを守るために，沿岸から<u>200海里①</u>（約370km）の範囲の海を「**排他的経済水域**」に設定した（⇒P.103）。

● 排他的経済水域（200海里）内の海では，外国の船はとる魚の種類や量が制限され，その国の許可を得なくては漁業ができなくなった。たとえば，日本のさんま漁は，ロシアの200海里内で行うことが多いが，ロシアに**許可料**を払って行うようになった。

● 一方，日本が排他的経済水域の宣言をした理由には，ソ連（現在のロシア）などの外国の漁船から日本の漁場を守るという理由もあった。

② 遠洋漁業の衰退

● 世界で排他的経済水域が設けられた1977年以降，世界の海で漁をしていた日本の遠洋漁業は大きな影響を受け，生産量を減らしていった。（⇒P.175）

🔍 **もっとくわしく**

①**北方領土と200海里**
北方領土（⇒ P.102）付近の海は，たら・さけ・ますなどの豊富な漁場である。現在はロシアが北方領土を占有しているため，日本の漁船は，その周辺の海で自由に漁をすることができない。
したがって，北方領土返還要求には，周辺の海や水産資源を確保するという目的もある。

領海，自国の200海里と公海では，自由に漁ができる。

他国が200海里内で，漁をするのに沿岸国の許可が必要。

公海

↑ 排他的経済水域と漁業

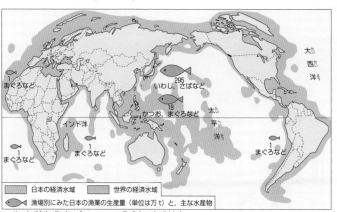

↑ 排他的経済水域と日本の漁業の生産量（2021年）（農林水産省調べ）

まぐろなど
295 いわし，さばなど
18 かつお，まぐろなど
インド洋
1 まぐろなど
1 まぐろなど
1 まぐろなど
大西洋
太平洋

🐟 日本の経済水域 　🐟 世界の経済水域
漁場別にみた日本の漁業の生産量（単位は万）t と，主な水産物

⑤ 水あげ量の多い漁港

① 漁港の水あげ量

●漁港の水あげ量とは，船が海でとった魚が漁港で陸あげされた量のことである。漁船はどこの都道府県の漁港で水あげをしても良いので，それぞれの船は，魚をとった海域の近くで，冷凍保存できる倉庫や魚の加工工場がある漁港を選んで水あげをする。

② 水あげ量の多い漁港のうつりかわり

●遠洋漁業・沖合漁業の生産量がのびた1970年代前半は，遠洋漁業に出漁する大船団の母港が水あげ量も多かった。代表的な漁港は，釧路港（北海道），八戸港（青森県），稚内港（北海道）などである。

●200海里時代になり，遠洋漁業がおとろえ，沖合漁業が中心となった時代の代表的な漁港は，釧路，八戸，銚子港（千葉県），境港（鳥取県）などであり，現在水あげ量の多い漁港は，銚子や焼津港（静岡県）である。

●輸入される水産物もふくめると，成田国際空港の水あげ量も多く，成田国際空港は「成田漁港」ともいわれている。

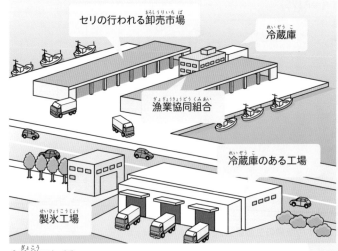

↑漁港のしくみ

3 魚の種類別の水あげ量の多い漁港

まぐろ		焼津 (静岡県), 塩竈 (宮城県), 境 (鳥取県)
さんま		根室 (北海道), 気仙沼 (宮城県), 女川 (宮城県)
あ じ		石巻 (宮城県), 舞鶴 (京都), 焼津
さ ば		銚子 (千葉県), 石巻, 松浦 (長崎県)
かつお		焼津, 枕崎 (鹿児島県), 石巻 (宮城県)

↑おもな漁港の水あげ量 (2021 年) (農林水産省資料より)

稚内 1.8 ほっけ
紋別 7.4 ほたて貝
羅臼 2.3 たら
網走 5.0 ほたて貝
根室 2.9 さんま
小樽 2.2 ほっけ
厚岸 0.8 さんま
釧路 20.5 すけとうだら
広尾 7.0 いわし
函館 0.2 いか
八戸 4.4 さば
久慈 0.4
宮古 3.1 さんま
大船渡 2.6 さんま
気仙沼 7.5 かつお
新潟 0.3 さば
女川 4.2 さんま
石巻 9.6 さば
塩釜 1.2 かつお
境 9.1 いわし
舞鶴 1.0 あじ
浜田 1.2 あじ
香住 0.3
福岡 1.2 あじ
下関 0.9 あじ
波崎 2.2 さば
銚子 28.0 さば
唐津 2.1 さば
焼津 14.8 かつお
三崎 0.9 まぐろ
沼津 1.1 あじ
松浦 5.9 さば
勝浦 1.1 まぐろ
佐世保 2.4
八幡浜 0.7 あじ
長崎 5.2 さば
枕崎 6.2 かつお
阿久根 0.9 あじ

(単位は万トン)

3 水産物の流通

1 鮮度を保つ輸送

1 水産物の流通のおおまかな流れ

●漁港で水あげされた魚介類は，漁港の魚市場で**せり**①にかけられた後，全国各地の市場（いちば，しじょう）まで輸送される。市場で再びせりにかけられた後，スーパーなどの店頭にならぶ。水あげされた翌日か翌々日には消費者の食卓にとどく。

●魚は漁港で箱づめされて輸送される。輸送には，トラック，船，飛行機が使われるが，鮮度を保つため，②保冷トラックや冷凍トラックで高速道路を使って市場まで輸送されることが多い。鉄道はほとんど使われない。

●北海道や岩手県，静岡県などの漁港に水あげされた魚も，東京都や大阪府や全国各地の市場まで輸送される。東京都には，東京都江東区にある**豊洲市場**など3カ所に中央卸売市場がある。

2 北海道のさんまが東京の食卓にならぶまで

1日目

午前6時
　　根室港（北海道）で
　　さんまの水あげ

漁港の魚市場で
せりにかけられる。

用語

①せり
市場で，品物を買いたい人（仲買人）が集まって値段をつけあい，もっとも高い値段をつけた人に売る方法のこと。かけ声と手のサインで，買う人がすぐ決まる。

🔍 **もっとくわしく**

②コールドチェーン
鮮度を保つため，**魚を冷凍したまま流通させる仕組み**をコールドチェーンという。遠洋漁業の場合は，すぐ漁港に水あげできないため，鮮度を保つために魚介類の内臓を取りのぞいて船内の冷凍庫で保存するか，専用の運搬船に積みかえて，冷凍のまま水あげして市場で売買して，鮮魚店まで運ぶ。

正午

漁港の加工工場で
箱づめ。

午後

トラックに積みこみ。
苫小牧港（北海道）
まで**トラック輸送。**

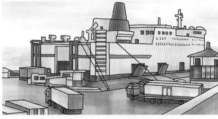

2日目

午前0時

苫小牧港でフェリーに
乗船，出港。

午後6時

大洗港（茨城県）に着く。
東京の**豊洲市場**まで
トラック輸送。

3日目

午前4時

豊洲市場で**せり**にかけ

られる。

午前10時

店にならぶ。
消費者が買う。

4 これからの水産業

1 水産物の輸入

1 日本の輸入高

● 日本人は水産物を好んで食べるが，水産物の輸入高では，日本はアメリカ・中国に次いで輸入高が多い。

● 日本の水産物の輸入相手国別の金額では，中国が第1位で，チリ，アメリカ，ロシア，ベトナムと続く。

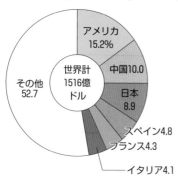

その他 52.7／アメリカ 15.2%／中国 10.0／世界計 1516億ドル／日本 8.9／スペイン 4.8／フランス 4.3／イタリア 4.1

（『日本国勢図会』2023/24 年版）

↑世界の水産物輸入にしめる日本（2020 年）

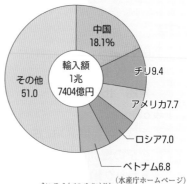

中国 18.1%／チリ 9.4／輸入額 1兆7404億円／その他 51.0／アメリカ 7.7／ロシア 7.0／ベトナム 6.8

（水産庁ホームページ）

↑日本の相手国別輸入額（2019 年）

● 1977年に排他的経済水域が設定されると，日本の水産物輸入量は増加していった。しかし近年，日本人が魚をたくさん食べなくなってきたため，輸入量も減少してきている。

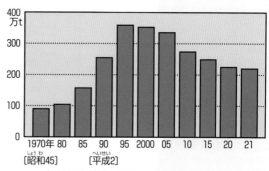

↑日本の水産物輸入量の変化（水産物流通統計年報ほかより作成）

2 日本の水産物輸入のうちわけ

●特にさけ・ます，かつお・まぐろ類，えびの輸入額が多い。

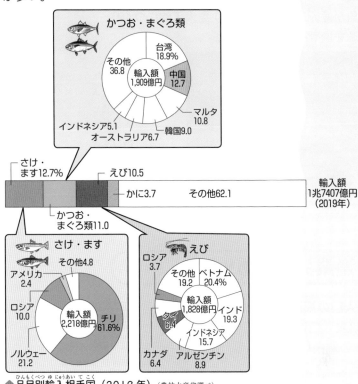

かつお・まぐろ類
台湾 18.9%
その他 36.8
輸入額 1,909億円
中国 12.7
マルタ 10.8
韓国9.0
オーストラリア6.7
インドネシア5.1

輸入額 1兆7407億円（2019年）

さけ・ます12.7%
えび10.5
かに3.7
その他62.1
かつお・まぐろ類11.0

さけ・ます
その他4.8
アメリカ 2.4
ロシア 10.0
ノルウェー 21.2
輸入額 2,218億円
チリ 61.6%

えび
ロシア 3.7
その他 19.2
ベトナム 20.4%
輸入額 1,828億円
インド 19.3
タイ 6.4
インドネシア 15.7
カナダ 6.4
アルゼンチン 8.9

↑品目別輸入相手国（2019年）（農林水産省調べ）

2 水産資源の保護

1 「海の森・海の畑」

●生活排水や工場廃水で海や川がよごれたり，**赤潮**（海の中のプランクトンが異常発生して海が赤くなり，海中の酸素が減る現象）が起きると，魚のすむ環境が破壊される。そのため，「育てる漁業」（養殖漁業・栽培漁業）だけでなく，「とる漁業」でも，魚が育つ環境を整える必要がある。

↑赤潮

187

●そこで,「海の森」である**藻場**(沿岸の海草がしげっている海)や「海の畑」である**魚礁**(海底の浅い隆起部。魚が産卵する場所となる)を人工的につくり,水産資源を増やそうとしている。

↑魚礁

このような人工的なブロックを海にしずめ,魚のすみかにしている。

③ 漁業労働のありかた

1 漁業人口の高齢化

●近年,漁業人口はいちじるしく減り,高齢化している。

●このように漁業人口の高齢化が問題となっているが,漁業では,水産加工などの会社に雇われて働く働き方がある。会社では,給料を水あげ量と関係なく一定にしたり,休日も定期的にとれるようにして,若い人にとってみ力のある職場にしようとしている。また,漁業協同組合などによって働きやすい環境づくりが行われている。

漁業従事者は男性の方が圧倒的に多く,かつ高齢化している。

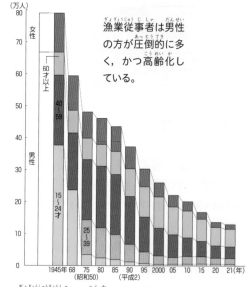
↑漁業就業者数の変化(農林水産省資料より)

188

入試要点チェック

解答▶P.614

つまずいたら
調べよう

1 海の深さが200mくらいまでの，傾きがゆるやかな，**よい漁場になる海底**を何といいますか。

1▶P.171
①①①

2 **寒流と暖流が出合い**，多くの魚がとれるため，よい漁場になるところを何といいますか。

2▶P.171
①①①

3 1977年から世界各国が**自国の水産資源など**を守るために設定した水域を何といいますか。

3▶P.181
②④①

4 世界各国が3を設けたため，**漁獲量が減っ**た日本の漁業の種類は何ですか。

4▶P.181
②④②

5 沿岸から数十kmから200海里（約370km）くらいまでの海で数日間漁をし，日本の漁業の種類の中で，**漁獲量がいちばん多いもの**は何ですか。

5▶P.174, 175
②①

6 **いけすなどの中で**，魚介類をたまごのときから出荷できるまで育てる漁業を何といいますか。

6▶P.178
②③①

7 いけすなどの中で，魚介類を卵のときから育て，ある程度の大きさになったら海に**放流**して，成長したらとる漁業を何といいますか。

7▶P.178
②③①

8 **魚群探知機〔ソナー〕**で魚の群れを見つけ，群れを囲むように網を入れてかつおやまぐろ，いわしなどをとる漁法を何といいますか。

8▶P.176
②②①

9 沿岸漁業で，魚の通る海の中に**網を張って**，いわし・ぶりなどの回遊する魚をとる漁法を何といいますか。

9▶P.177
②②④

10 かつおの群れとともに，漁船が日本近海の海を航行し，**釣りざおで一匹ずつかつおを**とる漁法を何といいますか。

10▶P.177
②②⑤

11 漁港の**魚市場**や大都市の**卸売市場**で，**仲買人**たちが魚に値段をつけあって売買する方法を何といいますか。

11▶P.184
③①①

第2章 水産業と人々のくらし

入試問題にチャレンジ！

解答▶P.614

1 駿河湾沿岸の焼津港では，まぐろやかつおが多く水揚げされます。日本の漁業種類別生産量の推移をあらわした次のグラフのうち，まぐろ漁やかつお漁を中心とする漁業をあらわしたものを，**A・B・C**から一つ選び，記号で答えなさい。

(浦和明の星女子中・改)

（　　　）

よくでる 2 日本は現在でも世界有数の水産国です。しかし，現在の漁獲量は1980年代半ばの半分以下になっています。日本の水産業の変化について述べた文として誤りを含むものを次の**ア～エ**から一つ選び，記号で答えなさい。　(吉祥女子中)

（　　　）

ア 1970年ころにもっとも漁獲量が多かった遠洋漁業は，オイルショックの影響で燃料費が大幅に上がり，大打撃を受けた。

イ 1970年代後半から，日本は200海里水域を設けたため，日本の遠洋漁業の漁場が縮小してしまった。

ウ 1980年代には沖合漁業の漁獲量が急増したが，1980年代末以降，乱獲などが原因で大きく減少し始めた。

エ 現在の漁業の内訳は，漁獲量が多い順に，沖合漁業，沿岸漁業，海面養殖漁業，遠洋漁業となっている。

3 次の文は，日本のある都道府県について述べています。文章を読んで，あとの問いに答えなさい。　(芝浦工業大学中・改)

　県庁所在地は内陸部の盆地にあります。海岸部には，①山地が沈んでできた複雑な海岸線が見られ，②三陸沖は日本を代表する漁場となっています。

(1) 文中の下線部①について，このような地形を何といいますか。

（　　　　　　　　　　　）

ハイレベル (2) 文中の下線部②について，三陸沖漁場がすぐれている理由としては，「波がおだやかな湾が多く，天然の港にめぐまれるから」「海底地形が複雑で，魚が居つきやすいから」などの理由がありますが，これ以外の理由を15字以内で答えなさい。

（　　　　　　　　　　　　　　　　）

(3) この県を，次の中から選び，記号を答えなさい。　　（　　　）

ア　宮城県　　イ　岩手県　　ウ　青森県

4 次の文を読んで，あとの問いに答えなさい。 (筑波大学附属駒場中・改)

　三陸海岸の南部にある気仙沼湾は，[A]県にあります。となりの県の室根山からはじまる大川は，ここに流れてきます。ある日，室根山に色とりどりの大漁旗が多数みられました。漁船につける旗が山ではためいていたのです。そこでは，はちまきすがたの男たちが，なれない手つきで木を植えていました。「森は海の恋人」と書かれた，たれ幕もはられていました。彼らは気仙沼湾で（ ア ）の養殖をしている漁師さんたちでした。

(1)（ ア ）に入れるのにもっとも適切な語句を書きなさい。かなで書いてもかまいません。 （　　　　　　　）

(2) [A]には都道府県名が入ります。あてはまる都道府県名を答えなさい。 （　　　　　　　）

5 図は，日本が輸入した「生鮮・冷凍エビ」の輸入相手を帯グラフで示したものです。図中の①にあてはまる最も適切な国を，**あ～え**から選んで記号で答えなさい。(桐朋中・改) （　　　）

あ　カンボジア　　い　スリランカ　　う　パキスタン　え　ベトナム

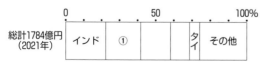

↑日本のエビの輸入相手（生鮮・冷凍のものだけについて）

（「データブック・オブ・ザ・ワールド2023年版」より作成）

これからの
食料生産
とわたしたち

1 現在の食料事情と食料生産

1 食料の自給率

1 日本の食料の自給率

- 食料の自給率①とは，ある国や地域で消費する食料のうちのどれだけの量をその国や地域で生産しているのか，という割合のことである。

- 日本の2021年の食料自給率は38％である。つまり日本国内で食べる食料のうちの38％を国内で生産し，残りの62％は輸入していることになる。日本の食料自給率は先進国のなかでもっとも低い。

- 日本で食料の輸入が増えた理由は，外国産の食料の値段が安いことや，交通が発達し新鮮なまま食料を運べるようになったこと，政府が農産物の輸入の制限をゆるめたことなどである。

🔍 もっとくわしく

①自給率

$$食料の自給率 = \frac{食料の生産量}{食料の消費量}$$

自給率が100％より低ければ，不足する分を輸入しなくてはならない。
食料すべてではなく，穀物や肉類，野菜などにしぼった自給率を算出することもある。また，重さ（トン）ではなく，熱量（カロリー）や金額（円やドル）で計算することもある。

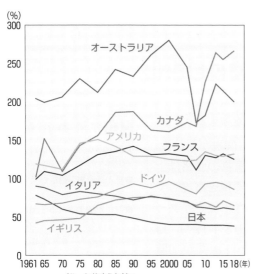

↑おもな国の食料自給率のうつりかわり
（『世界国勢図会』2022/23年度版ほか）

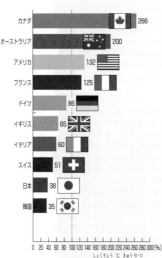

↑おもな国の食料自給率
（2018年，日本だけ2021年）
（『世界国勢図会』2022/23年度版ほか）

② 米，肉，野菜などの自給率

●近年，日本の食生活は豊かになり，洋風化していった。パンを多く食べるようになり，肉類，牛乳・乳製品の消費量が増えていき，米の消費量は減っていった。

●消費量が増えた食料品やその原料（パンの原料の小麦など）の輸入量は増大している。輸入が増えたため，自給率は下がっていった。

肉，牛乳・乳製品の消費量が増えている。

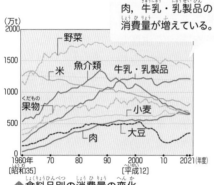

↑食料品別の消費量の変化

（『日本国勢図会』2023/24 年度版ほか）

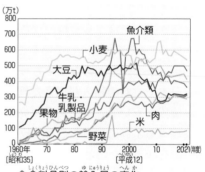

↑食料品別の輸入量の変化

（『日本国勢図会』2023/24 年度版ほか）

中学入試対策！

農産物の自由化

入試でる度 ★★☆☆☆

日本はさまざまな国から農産物を輸入しているが，輸入した農産物には関税がかかる。関税がかかることにより農産物の価格は上がる。そのため，これまで関税を撤廃して自由に貿易をすることをめざす協定があった（GATT，FTOなど）。2018年12月，日本を含む，太平洋に面した11か国が加盟国の経済発展をめざし，TPP11（CPTPP）〔環太平洋パートナーシップに関する包括的および先進的な協定〕を発効した。

ここが問われる！

TPPのメリット・デメリット

メリット
●輸入農産物の価格が安くなる。
●関税が撤廃されることにより商品を販売しやすくなるため，企業は海外進出がしやすくなる。

デメリット
●国内産の農産物が売れなくなる可能性がある。

② 自給率を高める工夫

1 稲の品種改良

● あたたかい地方が原産地の稲が，日本の東北地方や北海道でも生産されるようになったのは，寒い地方でも育つように品種改良されたからである。

● 現在も，冷害や病気，害虫に強いだけでなく，味のよい品種をつくる研究が農業試験場で進められている。

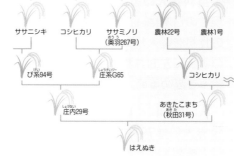

↑「はえぬき」の生まれるまで (JA全農山形資料より)

農業試験場の品種改良の研究により，「はえぬき」が生まれた。

2 ブランド米

● 外国から安い農産物が輸入され，食料の自給率が低くなるのをおさえるために，値段が高くても味が良い農産物をブランド化して売り出している。「はえぬき」などは「ブランド米」である。

3 地産地消

● 地元で生産された農産物や水揚げされた水産物を地元で消費することを地産地消という。「食の安心・安全」や環境問題への関心から注目されている。

● 生産者が消費者に直接販売する場合は，消費者は生産者の顔がわかって安心である。また，フード・マイレージ①が小さく，環境への影響が小さいだけでなく，自給率を高めることにもなる。

🔍 もっとくわしく

①フード・マイレージ
食料の輸送にともなう環境への影響をはかる基準の値のこと。
「輸送される食料の重量(t) ×輸送距離 (km)」(単位は tkm) で表す。
生産地が遠いほど，輸送にかかる燃料の消費量や二酸化炭素の排出量が大きいので，フード・マイレージは大きくなり，環境への影響は大きくなる。

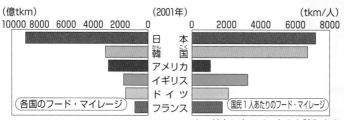

tkm はトンキロメートルと読みます。

↑おもな国のフード・マイレージ (農林水産省調べ)

③ 食料の輸入

① 食料輸入の今後

●現在の日本は，食料の自給率が低く，外国から大量の食料を輸入している。しかし，食料輸入は輸入元の事情に左右されるため，不安定であり，食料の自給率を高める努力が必要である。

（1）人口増加にともなう食料不足

　世界人口は79億人を突破し，2050年には97億人を超えると予想されている。しかし，人口の増加にともない耕地面積は増加しないため，世界的に食料不足になると推測される。

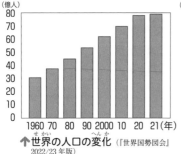

↑世界の人口の変化（『世界国勢図会』2022/23年版）

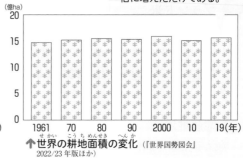

↑世界の耕地面積の変化（『世界国勢図会』2022/23年版ほか）

（2）発展途上国の経済成長

　途上国の中で経済成長が目立つ国々では，経済が豊かになると食料の消費量が増えて，輸出にまわす食料の量が減る。

（3）環境変化に左右される食料生産

　地球温暖化①などの影響で乾燥地が増えると水不足で農産物の生産が減ることがある。

（4）バイオ燃料の生産量の増加

　とうもろこしから作るバイオ燃料②の生産量が増加して，原料のとうもろこしが不足すると，だいずをつくっていた土地でとうもろこしを作るようになる。そうすると，日本が輸入しているだいずが不足する。

1 現在の食料事情と食料生産

3年
4年
5年
6年

食料編

第1章
くらしの農業と人々の

第2章
水産業と人々のくらしの

第3章
これからの食料生産とわたしたち

② 輸入農産物の国別割合

●日本の農産物の輸入額は，アメリカ，中国で30%以上を占める。アメリカからは，野菜，くだもの，牛肉など，農産物全般を輸入している。

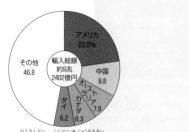

↑農産物の国別輸入割合（2022年）（農林水産省調べ）

アメリカ 23.0%
中国 9.8
オーストラリア 7.9
カナダ 6.3
タイ 6.2
その他 46.8
輸入総額 約9兆2402億円

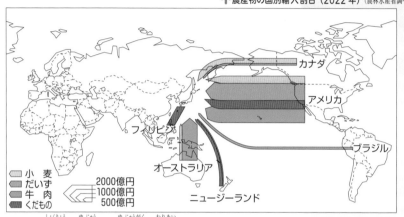

↑おもな食料の輸入先と輸入額の割合（2022年）（農林水産省調べ）

小麦 ── 小麦
だいず ── だいず
牛肉 ── 牛肉
くだもの ── くだもの

2000億円
1000億円
500億円

カナダ
アメリカ
フィリピン
ブラジル
オーストラリア
ニュージーランド

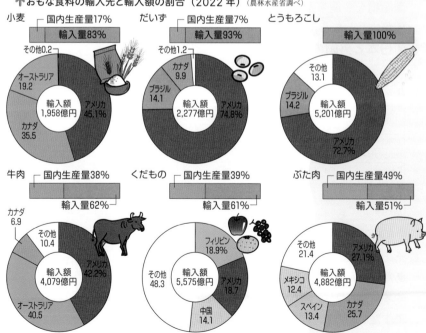

小麦　国内生産量17%　輸入量83%
その他0.2
オーストラリア 19.2
カナダ 35.5
アメリカ 45.1%
輸入額 1,958億円

だいず　国内生産量7%　輸入量93%
その他1.2
カナダ 9.9
ブラジル 14.1
アメリカ 74.8%
輸入額 2,277億円

とうもろこし　輸入量100%
その他 13.1
ブラジル 14.2
アメリカ 72.7%
輸入額 5,201億円

牛肉　国内生産量38%　輸入量62%
カナダ 6.9
その他 10.4
アメリカ 42.2%
オーストラリア 40.5
輸入額 4,079億円

くだもの　国内生産量39%　輸入量61%
フィリピン 18.9%
その他 48.3
アメリカ 18.7
中国 14.1
輸入額 5,575億円

ぶた肉　国内生産量49%　輸入量51%
その他 21.4
アメリカ 27.1%
メキシコ 12.4
スペイン 13.4
カナダ 25.7
輸入額 4,882億円

↑おもな食料の品目別輸入割合とおもな輸入国（2021年）（『日本国勢図会』 2023/24年版ほか）

2 食料品の価格と安全

1 食料品の価格が決まるまで

1 農産物の生産にかかる費用

● 商店などで売られている商品の**価格**は，商品をつくるのにかかる費用と利益を合計した金額がついている。

● 費用には，商品を生産するときの費用，商品を輸送するときの費用，商品を販売するときの費用などがあり，利益には，生産者の利益，輸送者の利益，販売者の利益などがある。

● 商品としての農産物の価格もこのようにして決まるが，その中では，農産物を生産するときにかかる費用が中心となる。

農産物を生産するときにかかる費用が50%以上を占める。

↑米 10a あたりの生産にかかるさまざまな費用
（農林水産省調べ）

その他 48.0
農家の収入や人件費など 26.1%
費用合計 12万8145円
18.8 農機具にかかる費用
7.1
肥料にかかる費用

2 日本と外国の食料の価格

● 日本産の食料の価格に比べて，外国産の食料の価格が安いのはなぜだろうか。

調査品目	単位	国産	外国産
		国産(円)	外国産(円)
牛肉ロース	100g	860	349
ブロッコリー	1kg	389	208
にんじん	1kg	137	46
ほうれんそう	1kg	523	160
ねぎ	1kg	347	132
かぼちゃ	1kg	223	88

↑食品の国産・外国産　価格比較 （農林水産省調べ）

● その理由は，中国などアジア産の食料の場合は，1人あたりの**人件費**①が安いからである。また，アメリカ産やオーストラリア産などの食料の場合は，広大な耕地で生産しており，同じ耕地面積あたりの人件費や機械，肥料にかかる費用が安いからである（⇒P.166）。

用語

①人件費
人の労働に対して支払われるお金のこと。給与だけでなく保険料など，その人が労働するにあたってかかる費用全般のことをいう。

第1章
くらしと
農業と人々の

第2章
水産業と人々の
くらし

第3章
これからの
食料生産と
わたしたち

② 食料品の安全への関心

① 食料品を買うときの基準

● 消費者が食料品を買うときの基準には，価格の安さだけでなく，「食の安全」がある。

● 「食の安全」とは，食品の新鮮さ，添加物や農薬の使用が少ないこと，などがあげられる。

② 有機栽培

● 有機栽培とは，農薬や化学肥料などを使わずに農産物を栽培することである。農薬や化学肥料は農産物や土壌に害をあたえたり，人体にも影響があることがわかってきたために，このような農法が求められるようになった。生ごみ，落ち葉，家畜の排せつ物であるふん尿などを用いた**たい肥**で土作りを行ったり，雑草や害虫を食べる**アイガモ**を水田に放つ**アイガモ農法**を行ったりしている。

↑アイガモ農法

アイガモが雑草や害虫を食べてくれるだけでなく，その排せつ物が肥料となるため，農薬の量を減らすことができる。

③ パッケージの工夫

● 商品のパッケージに生産者の顔やプロフィール，野菜のつくり方を表示し，消費者を安心させるような工夫も見受けられる。

↑生産者の顔やつくり方がわかる表示

パッケージやプレートに生産者の顔やプロフィールが表示されている。

④ 流通のくふう

●最近では，生産者・食品事業者が，生産，加工および流通などの段階を通じて食品の移動を把握できること（トレーサビリティ）を心がけるような動きになってきている。

最近では携帯電話のバーコードリーダーなどで消費者が産地を確認することもできる。

「どこから何をどれだけ仕入れたか」という情報（青のやじるし）だけでなく，「だれに何をどれだけ売ったか」という情報（赤のやじるし）も把握される。

↑トレーサビリティのしくみ

⑤ 「食の安全」をめぐる事件

●最近，産地をいつわったり，食品から危険物質が出てきたり，使ってはいけない農薬が使われていたりなど，食の安全をゆるがす事件が多数おきている。

●わたしたち消費者も，商品を購入する際にただ安い値段のものを選ぶのではなく，パッケージをきちんと見て生産地や賞味期限や消費期限を確認しておくなど，十分に注意をして商品を購入する必要がある。

生産地や賞味期限，消費期限をきちんと見る。

複数の商品を見くらべる。

手にとって鮮度を確かめる。

↑食品を購入する際に気をつけたいこと

3 環境と食料生産

3年
4年
5年
6年

食料編

第1章
農業と人々の
くらし

第2章
水産業と人々の
くらし

第3章
これからの
食料生産と
わたしたち

3 環境と食料生産

1 水田の環境への影響

●水田は米を作るだけでなく，次のような環境保全の
はたらきもしている。

蒸発して気温を下げる。

生き物を育てる。

水をたくわえる。

土が流れ出るのを防ぐ。

↑水田のはたらき

2 地球温暖化の食料生産への影響

●石炭・石油を燃料として使うと，地球温暖化の原因
となる二酸化炭素の大気中の含有率が増加する。地
球の平均気温は，この100年間で0.74℃上がった。①

●地球の平均気温の上昇が1℃から3℃までの間なら
ば，低緯度地域や半乾燥地域では水不足となり食料
生産が減少するが，今まで農業に適さなかった寒冷
の高緯度地域や中緯度地域では食料生産が増大し，
全体としては食料生産は増大すると予想されている。

●しかし，平均気温の上昇が3℃をこえると，食料生
産は全体として減少すると予想されている。

もっとくわしく

①日本の気温上昇
日本の平均気温は，この
100年間で1.3℃上昇し，
化石燃料を大量に消費
しつづければ21世紀末
には，最大で4.8℃上昇
するという予想もある。
もしそうなると，温帯気
候に属している日本は，
亜熱帯気候に属すること
になる。

③ 水産資源への国際的な取り組み

1 海洋保護の理由

●ある国が産業化をすすめて二酸化炭素の排出量を増やすと，その国だけでなく地球全体の気温が上昇して全世界に影響が及ぶ。戦争や事故による油田損壊やタンカー座礁などによる**原油流出①**などで海洋が汚染されたり，**魚介類の乱獲**（むやみやたらにとること）などで水産資源が減少した場合も，その影響は大きい。そのため，海洋を保護する国際的な取り組みがなされている。

2 国際連合海洋法条約

●世界の海洋についての基本的な条約は，1982年に国際連合総会で採択され，1994年に発効した**国際連合海洋法条約**である。12海里の**領海**（⇒P.101）や，200海里の**排他的経済水域**（⇒P.103）の取り決め，漁業および公海での生物資源の保存などについての取り決めがなされた。

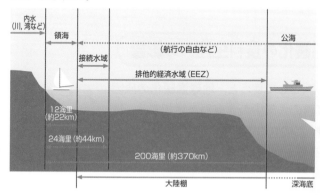

3 国際捕鯨委員会

●**クジラ**の保存・利用，研究・調査については，国際捕鯨委員会が設立され，日本も1951年に加盟した。

●しかし，日本は2019年に脱退し，商業捕鯨を再開している（⇒P.175）。

🔍 **もっとくわしく**

①原油流出
戦争での原油流出は，1991年の湾岸戦争のときのイランの油田からのペルシャ湾への大量の原油流出がある。事故での原油流出は，2010年のメキシコ湾での原油掘削施設の爆発による大量の原油流出がある。

この200海里内においては，沿岸国は自由に資源を利用することができる。

入試要点チェック

解答▶P.614

つまずいたら
調べよう

1 ある国や地域で消費する食料の量のうち, その国や地域で生産する食料の量の割合を何といいますか。

1▶P.193 ①①①

2 日本が**小麦**をもっとも多く輸入している国はどこですか。

2▶P.197 ①③②

3 日本が**とうもろこし**をもっとも多く輸入している国はどこですか。

3▶P.197 ①③②

4 値段が高くても味がよい「**はえぬき**」などの有名な米を何といいますか。

4▶P.195 ①②②

5 外国から食料品を輸送するときなどに, 輸送される食料の重さ（トン）に輸送距離（km）をかけた数値で, **環境への影響をはかる基準**となる値を何といいますか。

5▶P.195 ①②③

6 とうもろこしやさとうきびなどの生物体からつくられた**アルコール**などの燃料を何といいますか。

6▶P.196 ①③①

7 日本で, この数十年間で消費量が減った**穀物**は何ですか。

7▶P.194 ①①②

8 中国などの他のアジアの国でつくられる食料が日本でつくられる食料より値段が安いのは, アジアの国では日本と比べて, おもに**何が安いから**ですか。

8▶P.198 ②①②

9 冷害や病気に弱い農作物の品種を, 冷害や病気に強い**品種に変える**ことを何といいますか。

9▶P.195 ①②①

10 地元で生産された農産物をその**地元で消費する**ことを何といいますか。

10▶P.195 ①②③

11 添加物・農薬の使用量が少ない食品を選ぶことを,「食の□□□」といいます。□□□にあてはまる言葉は何ですか。

11▶P.199 ②②①

203

第3章 これからの食料生産とわたしたち

入試問題にチャレンジ！

解答▶P.614

1 次の文章を読んで，あとの問いに答えなさい。

(吉祥女子中)

日本の「豊かさ」の背景には，さまざまな問題点もひそんでいます。

まず，日本の食生活は今や輸入なしでは成り立たないため，海外からの安定的な食料の確保とともに，自給率の向上が大きな課題となっています。

また，食の安全性の問題も近年ますます大きくなっています。BSE（牛海綿状脳症）問題や，食品表示偽装問題，さらに2010年には宮崎県で ① と呼ばれる家畜の感染症が拡大したことが記憶に新しいでしょう。

こうした食の安全性の問題に加えて，平均寿命がのびるとともに健康に気をつかう人も多くなっており，化学肥料を使わない ② 栽培の農作物を選ぶ人も増えています。

(1) 下線部について，輸入食料の確保において心配されることについて述べた文として誤りを含むものを次の**ア～エ**から一つ選び，記号で答えなさい。　　　　　　　　　　　　　（　　　　）

ア アメリカの大豆輸入量が急増しているので，日本の需要と競い合うおそれがある。

イ 世界のバイオエタノールの需要が拡大し，とうもろこしの供給についての不安が指摘されている。

ウ 異常気象などで穀物生産量が落ちこみ，国外への輸出を制限する国が出てくる可能性がある。

エ 日本は中国から野菜を多く輸入しているが，農薬の残留などの問題も発覚しており，今後も安全性をめぐる問題が心配される。

(2) 空欄 ① にあてはまる語句をひらがな6字で答えなさい。

（　　　　　　　）

よくでる (3) 空欄 ② にあてはまる語句を漢字2字で答えなさい。

（　　　　　　　）

❷ 右のグラフはそれぞれ「米」「小麦」「野菜」「果実」の日本の自給率の移り変わりを表わしています。「果実」のグラフを**ア〜エ**から1つ選び，記号で答えなさい。（日本女子大学附属中・改）

（　　　　　　）

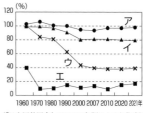

（『日本国勢図会』2023/24年版ほかより作成）

❸ 次の文を読んで，あとの問いに答えなさい。
（捜真女学校中学部・改）

　日本の野菜生産・畜産は，輸入農産物との競争にさらされながら，①それぞれの地域の特色を活かした食料生産を，②国内の大都市の消費者向けに行ってきました。

（1）外国産の野菜との競争で,日本の野菜が不利な点は何ですか。
（　　　　　　　　　　　　　　　　　　　　　　　）

（2）輸入野菜と比べて国産の野菜が見直されてきているのはどんなところですか。
（　　　　　　　　　　　　　　　　　　　　　　　）

（3）下線部①について，**A〜C**のおもな国内産地を次の地図からそれぞれ1つずつ選び，記号で答えなさい。

A（　　　　）**B**（　　　　）**C**（　　　　）

A さくらんぼ　**B** ハウス栽培のピーマン　**C** 夏に収穫するレタス

（4）下線部②について，大都市の消費者が，国内外の遠い産地からの農産物を多く消費する生活のあり方は，地球環境の破壊につながると言われています。そのような消費生活を見直し，身近な地域で作られたものを食べよう，という考え方を何といいますか。漢字4字で答えなさい。

（　　　　　　　）

4 日本の農林水産業について，次の問いに答えなさい。（東洋英和女学院中・改）

(1) 食生活の変化により，米の消費量が減少したため，1970年以降，ある政策が行われるようになりました。この政策を何といいますか。

（　　　　　　　　　）

(2) パンの原料である小麦は，輸入に頼っています。右の**グラフ1**は，その輸入国の割合を表しています。**グラフ1**中の**A**にあてはまる国を答えなさい。

（　　　　　　　　　）

グラフ1

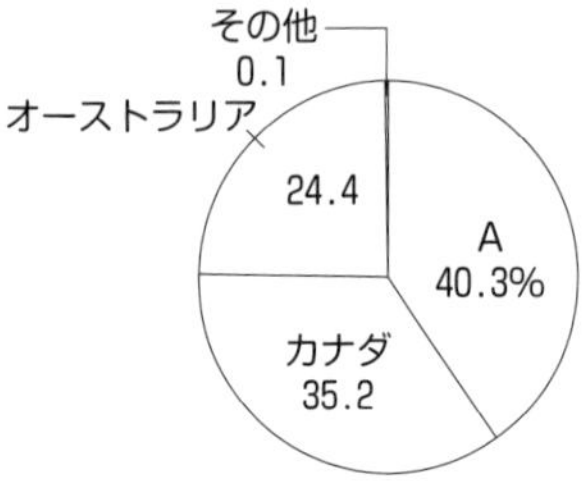

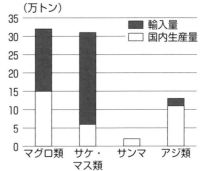

（『日本国勢図会2023/24年版』より作成）

(3) 近年，回転寿司チェーン店の増加などにより，魚の消費量は増加しています。しかし，日本の漁獲量は減少し続けています。右の**グラフ2**は，魚種ごとの輸入量と国内生産量を表しています。輸入量が多い魚は，日本ではどのような漁業で獲られていますか。

（　　　　　　　　　）

グラフ2

（万トン）

（2021年）　　　　　　　　（農林水産省資料ほかより作成）

(4) 輸入される農作物が増える中，国内の畜産農家は工夫や努力を重ね，生産量を維持しています。次の表は，肉牛・乳牛・豚・鶏の飼育頭数の上位3道県を表したものです。肉牛にあてはまるものを選び，記号で答えなさい。

（　　　　　　　　　）

	ア	イ	ウ	エ
1位	鹿児島県	北海道	鹿児島県	北海道
2位	宮崎県	鹿児島県	宮崎県	栃木県
3位	岩手県	宮崎県	北海道	熊本県

（「日本国勢図会 2023/24年版」より作成）

工業 編

第1章

さまざまな工業

1 工業の特色と種類

1 重化学工業と軽工業とは

1 重化学工業と軽工業の種類

素材や機械をつくる工業。

鉄鉱石から鉄鋼をつくり加工する鉄鋼業, 銅・鉛・亜鉛・アルミニウムなどをつくる非鉄金属製造業, ネジやドラム缶などをつくる金属製品製造業の3つにわかれる。

自動車, 船舶, 電気機器, 工作機械(機械をつくるための機械), 精密機械などをつくる工業。

石油などの原料を化学的に変化させて, 合成ゴム, 化学肥料, プラスチック, 石けん, 化粧品や薬などをつくる工業。

重化学工業	軽工業
金属工業	せんい工業
機械工業	食料品工業
化学工業	その他の工業

身近な生活用品をつくる工業。

綿花, 羊毛, 生糸などの天然せんいや, レーヨン, ポリエステルなどの化学せんいを原料として, 糸や衣類などをつくる工業。

パン, 菓子, 乳製品, アルコール飲料, ジュース, 冷凍食品などをつくる工業。

セメントやガラス, 陶磁器などをつくる窯業, 紙や紙の原料のパルプをつくる製紙・パルプ工業, 木材・木製品工業, 印刷業, ゴム製品工業, プラスチック製品製造工業などがある。

209

❷ 重化学工業と軽工業の割合

● 日本の工業生産額（工場からの出荷額）の内訳は，重化学工業が全体の約70％，軽工業が全体の約30％である（2020年）。その中でも，機械工業が特にさかんである。

● 第二次世界大戦前の1935年には，日本の工業生産額は，せんい工業が32.3％で，せんい工業をふくむ軽工業が全体のほぼ半分を占めていた。これは戦後もかわらず，1955年においても，軽工業が55.4％と半分以上を占めていた。

● 1950年代後半から，白黒テレビ・電気冷蔵庫・電気洗濯機が「**三種の神器**」として，1960年代後半には，カラーテレビ・クーラー・カー（自動車）が「**３Ｃ**」として需要が急増した。こうした国内の需要にこたえるために機械工業が発展し，[1]日本の工業は，高度経済成長時代の1960年代に，軽工業中心から重化学工業中心へと変わっていった。

（年）	重化学工業			軽工業			
	金属	機械	化学	食料品	せんい	その他	
1935	18.4%	12.6	16.8	10.8	32.3	9.1	合計108億円
1955	17.0%	14.7	12.9	17.9	17.5	20.0	合計7兆円
1970	19.3%	32.3		10.6	10.4	7.7 / 19.7	合計69兆円
1980	17.1%	31.8		15.5	10.5	5.2 / 19.9	合計215兆円
1990	13.8%	43.1		9.7	10.2	3.9 / 19.3	合計327兆円
2000	11.1%	45.8		11.0	11.6	2.3 / 18.2	合計304兆円
2010	13.6%	44.6		14.2	11.7	1.4 / 14.5	合計291兆円
2020	13.1%	45.0		13.1	12.9	1.2 / 14.7	合計304兆円

1970年以降は，重化学工業の中で機械工業の占める割合が高い。

せんい工業の占める割合がとても小さくなっている。

↑ **工業の生産額の割合の移り変わり**（『日本国勢図会』2023/24年版ほか）

❸ 日本と世界の工業生産の動き

● 日本の工業生産額はのび続けてきたが，**バブル景気**が崩壊してからは低迷した。

🔍 もっとくわしく

① **機械工業と輸出**
自動車や半導体の生産がさかんになった日本は，1970年代はアメリカへの輸出を多く行っていたが，その後現地生産を行うようになった。近年はアジアの国々との競争が激しくなっているが，現在も工業生産と輸出の中心は機械工業となっている。

2000年代に入ると，アジア市場の需要を受けて成長しかけたが，2008年後半からの世界同時不況①の影響を受けた。

●一方，中国は，政治体制は中国共産党による社会主義体制を維持しつつ，経済は市場経済を推し進め，工業生産額は2000年代に入って日本を抜いて世界第2位になり，その後，アメリカを抜いて世界第1位となった。

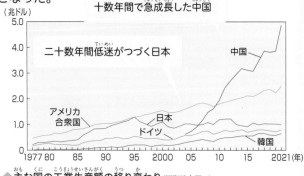

十数年間で急成長した中国

（兆ドル）

二十数年間低迷がつづく日本

中国
アメリカ合衆国
日本
ドイツ
韓国

1977 80　85　90　95　2000　05　10　15　2021（年）

↑主な国の工業生産額の移り変わり（国際連合調べ）

🔍 もっとくわしく

①世界同時不況
2008年にアメリカの大証券会社が破綻したことをきっかけに，アメリカ，日本，ヨーロッパなどの経済が「100年に1度」という大不況におちいった。これを「世界同時不況」という。

2 自動車工業

1 自動車の生産

1 自動車生産の歴史

●世界最初の自動車は，蒸気で動く自動車で，18世紀後半にフランスでつくられた。19世紀後半にドイツでつくられたガソリンで動く自動車は，アメリカでの流れ作業による大量生産で，全世界に普及していった。日本では，1914年に，エンジンまでふくめた初の国産自動車がつくられた。

蒸気で動く自動車↑

↑大量生産でつくられたフォード・T型

↑ガソリンエンジンで動く最初のモーターバイク

② 自動車の生産方法

● 自動車工場には，部品を組み
立てて自動車を完成する**組立
工場**と，組立工場にさまざま
な部品を納入する**部品工場**が
ある。ふつう自動車工場とい
うと，組立工場のことをいう。
部品工場に部品を納入する部
品工場もある。

● 組立工場での自動車の組み立
ての流れは以下のとおりである。

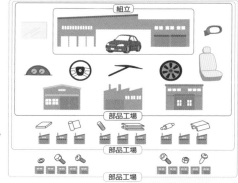

↑自動車工場のしくみ

①プレス

うすい鉄の板を，プレス機で圧力
を加えて，余分なところを切り落
として型ぬきをし，鉄板を曲げる。
このようにすることでドアや屋根，
ボンネットなどの形にする。

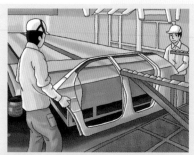

②溶接

プレスした部品をつなぎ合わせて
車体にする。人ではなく，**溶接ロ
ボット**が行う。1台の車で約2500
か所の溶接が行われる。

③塗装

車体に色をぬる。車体をきれいに
洗い，さび止め・中塗り・上塗り
と塗りつけを3回くり返す。人で
はなく，**ロボット**が行う。

工業編

第1章
工業
さまざまな

第2章
工業生産と
工業地域

第3章
工業生産と
貿易

④組み立て

ベルトコンベア（組み立てライン）を流れて行く車体に，部品工場から納入されたシート（座席）やハンドル，メーター，窓ガラス，バンパーなどの部品を取り付け，エンジンを組み込み，電気の配線をする。人と**ロボット**で行う。

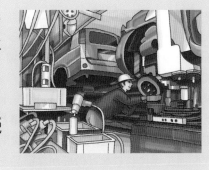

流れ作業にすることで，作業の効率があがり，大量生産が可能となる。

⑤検査

組み立てが終わると，ブレーキ・水もれ・スピードメーター・ライト類・排出ガスの量・ドアの開閉など600項目以上の検査をする。

⑥出荷

完成した車は，キャリアカーで国内の販売店に送り届けられたり，大きな船で外国に輸出されたりする。

3 自動車工場と関連工場

● 1台の自動車は，約3万もの部品からつくられている。部品をつくる部品工場を自動車工場（組立工場）の関連工場という。

● 関連工場は，直接自動車工場にシートやハンドルなどの部品を納入する第一次関連工場と，第一次関連工場に小さな部品を納入する第二次関連工場，第二次関連工場にねじなどの細かな部品を納入する第三次関連工場などで構成される。たくさんの関連工場が，組立工場の生産スケジュールに合わせてひとつの工場のように規則正しく生産している。①

● 1つの自動車工場には関連工場が約300ある。たいてい自動車工場の近くにあることが多い。

もっとくわしく

①ジャスト・イン・タイム
自動車工場は，必要な数の部品を必要な時刻に，部品工場から届けられるようにしている。このしくみを「ジャスト・イン・タイム方式」という。自動車工場の組み立てラインが，工場の外の道路を通じて，部品工場まで広がっているようなもので，日本独特の方式である。

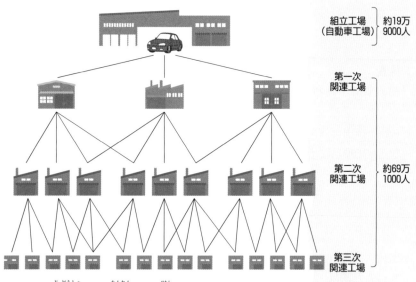

組立工場（自動車工場）	約19万9000人
第一次関連工場	
第二次関連工場	約69万1000人
第三次関連工場	

↑日本の自動車工場と関連工場で働く人の数（2021年）（『日本自動車工業会資料』）

1つの組立工場には，たくさんの関連工場から部品が届けられている。関連工場ではたくさんの人々が働いている。

④ 日本の自動車工場の位置

● 自動車の組立工場は，海外から直接納入する原材料がほとんどないため，港がある沿岸部に集中することなく内陸部にもある。

● 自動車工場が集中しているのは，愛知県，神奈川県と東京都，関東内陸部 (埼玉県，栃木県，群馬県)，大阪府，福岡県などである。これらは日本を代表する自動車会社の本拠地と新しく拡大した地域である。

● 二輪車 (オートバイ) の工場は，第二次世界大戦後にオートバイの生産をはじめた静岡県浜松市が中心となっていたが，現在は熊本県や海外が中心となっている。

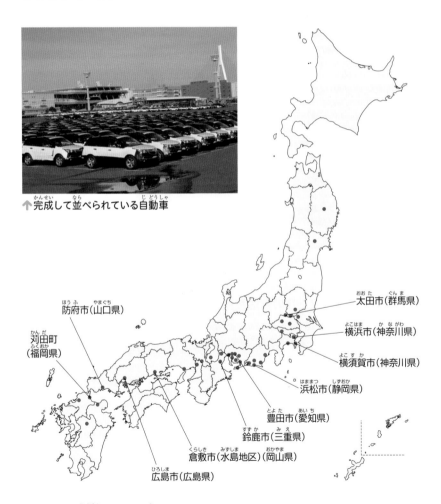

↑完成して並べられている自動車

太田市(群馬県)
防府市(山口県)
横浜市(神奈川県)
苅田町(福岡県)
横須賀市(神奈川県)
浜松市(静岡県)
豊田市(愛知県)
鈴鹿市(三重県)
倉敷市(水島地区)(岡山県)
広島市(広島県)

↑日本の自動車工場の位置 (2022年)

工業編

第1章
さまざまな
工業

第2章
工業生産と
工業地域

第3章
工業生産と
貿易

5 完成車の輸送

● 自動車工場での検査を終えて出荷される自動車は，国内には船（専用の**自動車運搬船**）か**キャリアカー**（専用のトラック）で，外国には船で輸送される。①

↑自動車運搬専用の「キャリアカー」

● 積み出し港がある工場もある。

↑積み出しのための岸壁がある福岡県苅田町にある自動車工場

● 自動車運搬船は，一度に大量の自動車を運ぶことができるので，1台当たりの輸送費用が安くなる。

● 九州から東京までは約32時間，日本からアメリカまでは約15日間，日本からヨーロッパまでは約30日間で送り届けることができる。

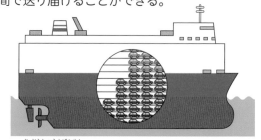

↑自動車運搬船

もっとくわしく

①海上輸送と陸上輸送
海上輸送は，大きな船で大量の車を運ぶことができる。陸上輸送（キャリアカー）は，かかる時間は短いが少量の車しか運べない。つまり車一台当たりの輸送費は海上輸送の方が安い。
昔から海上輸送が発達してきた理由の一つは，大量に運ぶことで輸送費を安くできることにある。

工場の中にある港から，自動車運搬船で自動車が出荷される。

216

６ これからの自動車

自動車はガソリンを燃料とし，動くときに排出するガスには，地球温暖化の原因になると考えられている二酸化炭素をはじめ，人体や生物に害をあたえる気体がふくまれている。そのため，ガソリンの消費をおさえたり，ガソリンを使わない自動車がつくられている。

ハイブリッド自動車

ガソリンで動くエンジンと電気で動くモーターの2つの動力で走る自動車。同じ距離を走れば，普通の自動車に比べてガソリンの使用量も二酸化炭素の排出量も半分以下になる。

電気自動車

電池による電気だけで動く自動車。充電器を備え，専用のスタンドや家庭の電源から充電して，電気モーターを動かして走る。

燃料電池電気自動車

タンクにためた水素と大気中の酸素から電気をつくり，電気モーターを動かして走る。このとき排出されるのは水で，環境に影響をあたえることはない。

交通事故の件数は，日本で年間約30万件（2022年）。人の安全を考えた工夫が研究，開発され，件数は減少してきている。

エアバッグ…衝突したときにふくらんで，乗っている人への衝撃をやわらげ，安全を守る。

自動運転…自動で障害物や前の自動車との距離を保って進み，歩行者を感知してブレーキをかけるような，自動車の運用がはじまっている。

その他，足の不自由な人が車いすのまま乗車できる車や，足を使わないで手だけで運転できる車などもつくられている。また，ETCやカーナビ①で車の運転を便利にすることで，ガソリンの消費量を減らし事故を減らす取り組みも行われている。

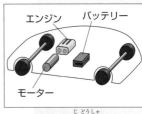

↑ハイブリッド自動車

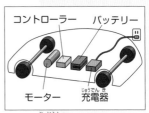

↑電気自動車

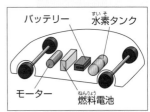

↑燃料電池電気自動車

↑エアバッグが開いたとき

🔍 もっとくわしく

①ETCとカーナビ
ETCは，高速道路への入退出時に車を停車させないですむ機能。カーナビ（カーナビゲーションシステム）は，目的地までの道を教えてくれる機能。

② 自動車産業

1 日本の自動車産業

●日本の自動車産業は1960年代，国内向けに成長し，70年代にはアメリカへの輸出が増えた。そのためアメリカ製自動車の売れ行きが落ち，<u>日米間に貿易摩擦</u>①が生じた。日本はアメリカへの輸出を自主的に規制するとともに，アメリカに工場を設置して労働者を雇用した。

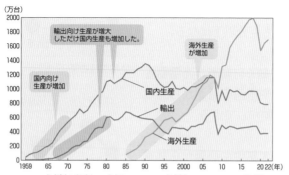

↑日本の自動車生産・輸出と日本の自動車会社の海外生産
（『日本自動車工業会資料』ほか）

●日本車の海外生産の工場は，アジア，ヨーロッパにも拡大し，現在では，海外で生産する台数のほうが国内で生産する台数より多くなっている。

●2009年の自動車の生産台数は2008年後半に始まった世界同時不況で落ちたが，2010年には回復した。

↑海外にある日本の自動車会社の主な工場数
（『日本自動車工業会資料』）

もっとくわしく

①日米貿易摩擦
品質が優良で安価な日本製品がアメリカへ輸出されるようになると，アメリカの製品が売れなくなり，日本製品の販売・購入のボイコットなどの問題が起こった。これを日米貿易摩擦という。日本は，1969年には鉄鋼，81年には自動車の輸出を自主規制した。自動車会社は，アメリカでの現地生産により雇用をうみだし，貿易摩擦の緩和をはかった。

↑日本車をこわしているようす

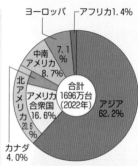

↑日本の自動車会社の海外生産
（『日本国勢図会』 2023/24年版）

② 世界の自動車産業

● 1980年代から1990年代初めにかけて，日本の自動車の生産台数は国内・国外をあわせて世界第1位であったが，バブル経済が崩壊してから，日本国内の生産台数は低迷している。しかし，貿易摩擦への対応から始まった海外生産は，アジア諸国の労働賃金の安さなどから生産台数が増大している（⇒P.218）。

● 日本と欧米が世界同時不況で生産台数を落とした2009年に中国の生産台数が世界第1位となり，2010年は生産台数をさらにのばした。

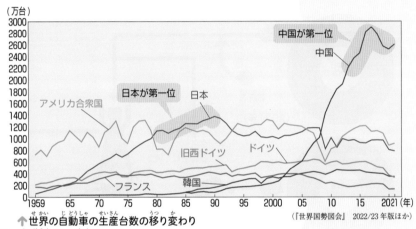

↑世界の自動車の生産台数の移り変わり

（『世界国勢図会』 2022/23年版ほか）

③ 自動車の輸出

● 日本の自動車産業は，国内で生産して輸出する台数より海外で生産する台数の方が多い（⇒P.218）。輸出台数の数は世界第1位であったが，2009年には世界第2位になった。

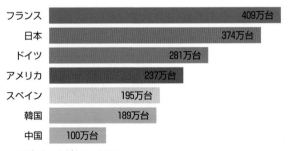

↑主要国の自動車の輸出台数（2020年）（『日本国勢図会』 2023/24年版）

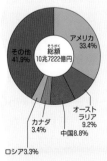

↑日本の自動車の輸出相手先（2021年）

（『日本国勢図会』2023/24年版）

3 その他の工業

1 重化学工業

1 鉄鋼業

● 鉄鋼業は，鉄鉱石から銑鉄を取り出して鋼をつくり，この鋼を板や管などの鉄製品に加工する金属工業である。

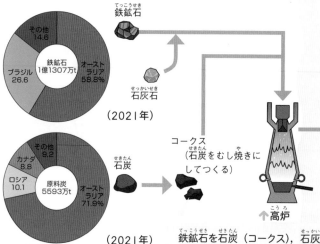

鉄鉱石

その他 14.6
ブラジル 26.6
鉄鉱石 1億1307万t
オーストラリア 58.8%
（2021年）

石灰石

その他 9.2
カナダ 8.8
ロシア 10.1
原料炭 5593万t
オーストラリア 71.9%
（2021年）

石炭

コークス
（石炭をむし焼きにしてつくる）

↑ 高炉

鉄鉱石を石炭（コークス），石灰石といっしょに高炉でとかして銑鉄を取り出す。

↑ 鉄鋼業の原料輸入元
（『日本国勢図会』2023/24年版）

● このようにして加工された鉄は，機械の部品などに利用される。

● 粗鋼（加工をほどこす前の鋼）生産量は，中国が世界の生産量の約50%を占めて，第1位になっている（2022年）。

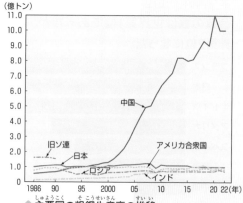

（億トン）

11.0
10.0
9.0
8.0
7.0
6.0
5.0
4.0
3.0
2.0
1.0
0

中国
旧ソ連
日本
ロシア
アメリカ合衆国
インド

1986 90 95 2000 05 10 15 20 22（年）

↑ 主要国の粗鋼生産高の推移
（『日本国勢図会』2023/24年版ほか）

3 その他の工業

3年
4年
5年
6年

工業編

第1章
さまざまな
工業

第2章
工業生産と
工業地域

第3章
工業生産と
貿易

● 鉄は自動車や電化製品，機械などあらゆる製品に使われ，「産業の米①」といわれた。

↑転炉

↑圧延機

鋼板

条鋼

鋼管

出荷する。

銑鉄は炭素を多量にふくんでいてもろいため，転炉や電気炉に移して，余分な成分を取りのぞき，鋼というねばり強く加工しやすい鉄にする。

鋼のかたまりを圧延機でさまざまな形にのばし，表面がいたまないように加工してさまざまな鉄製品ができる。

その他 43.3%

中国 16.5%

タイ 14.9%

韓国 13.2%

台湾 6.3%

メキシコ5.8%

3兆8143億円

↑鉄鋼の輸出先（2021年）
（『日本国勢図会』2023/24年版）

● 原料である鉄鉱石や石炭は輸入にたよっているため，製鉄所は臨海地帯に集中しており，大半は太平洋ベルトにある。

室蘭市(北海道)

加古川市(兵庫県)

倉敷市(岡山県)
(水島地区)

福山市(広島県)

北九州市・小倉市
(福岡県)

鹿嶋市(茨城県)

千葉市(千葉県)

君津市(千葉県)

川崎市(神奈川県)

東海市(愛知県)

和歌山市(和歌山県)

太平洋ベルト

大分市(大分県)

↑主な製鉄工場のある都市

② 造船業

- 造船業は，船という海上輸送機械をつくる機械工業である。

- 現在，世界の造船業は，中国・韓国・日本の3国だけで，世界の全生産量（竣工量）の約95％を占めている。

- 日本は，第二次世界大戦中に船を早く安くつくる技術を発達させ，戦後1956年には世界一の造船国となった。しかし，1970年代の石油危機で，石油タンカーなどの需要が落ちこみ，造船の竣工量も落ちこんだ。

- 韓国の造船業は，1990年代から活発になった。賃金の安さと，新しく大きな造船設備で，日本の造船業と競争し，2000年には竣工量で日本を抜いて，世界一となった。

- 中国では，中国経済の急成長にともない，新造船への需要が高まった2000年代から活発になった。2010年に竣工量で韓国を抜いて世界一になった。

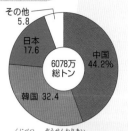

↑ 国別の造船割合（2021年）
（『日本国勢図会』2023/24年版）

6078万総トン
中国 44.2％
韓国 32.4
日本 17.6
その他 5.8

🔍 **もっとくわしく**

①船の受注と竣工
大型船をつくるには何年もかかる。そのため，造船工場には，船の注文を受けて（受注して）から，実際に船が完成して海に出る（竣工）までの製作中の船が何そうも並んでいる。景気が悪くなって，船の受注量が減っても，竣工量に影響が出るのは数年先になる。

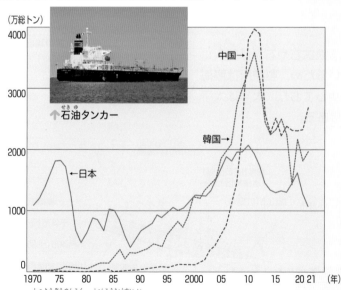

↑石油タンカー

↑ 主要造船国の竣工量推移
（『日本国勢図会』2023/24年版ほか）

● 船は鋼板を溶接してつくるため，造船所は製鉄所のある太平洋ベルトに集中している。

工業編

第1章
さまざまな
工業

第2章
工業地域と
工業生産と

第3章
貿易
工業生産と

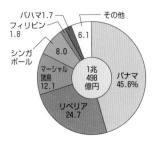

バハマ1.7
フィリピン 1.8
その他 6.1
シンガポール
マーシャル諸島 12.1
リベリア 24.7
1兆498億円
パナマ 45.6%
8.0

↑ 船舶の輸出相手国（2021年）（『日本国勢図会』2023/24年版）

↑ 造船所

もっとくわしく

船の輸出相手国

船の所有者は，船にかかる税金や船員の賃金を安くするために税金の安い国に船を登録する。便宜的に籍だけ置いた船を「便宜置籍船」といい，籍を登録した国に輸出したことになるため，船の税金が安いパナマやシンガポールなどの国への輸出が多くなっている。

造船所は太平洋ベルトに集中している。

函館市（北海道）
玉野市（岡山県）
舞鶴市（京都府）
呉市（広島県）
下関市（山口県）
佐世保市（長崎県）
横浜市（神奈川県）
市原市（千葉県）
津市（三重県）
横須賀市（神奈川県）
神戸市（兵庫県）
坂出市（香川県）
尾道市（広島県）
今治市（愛媛県）
長崎市（長崎県）

↑ 造船所のある都市

③ 電気機器・電子産業

家庭電気製品〔家電〕

● 1950年代後半から，白黒テレビ・電気冷蔵庫・電気洗濯機が「三種の神器」として，1960年代後半からは，カラーテレビ・クーラーがカー〔自動車〕とともに「3C」として需要をのばし，家電産業は成長した（⇒P.210）。

● 1970年代には，テレビ・VTR（ビデオ）・テープレコーダーなどの輸出がのび，1985年には家電の輸出額が最大になった。

● 1980年代中ごろから，家電メーカーは，賃金の安い東南アジアや中国などに工場を移すようになり，海外で生産した家電製品を日本が輸入するようになった。2010年ごろには家電製品の輸入額が輸出額を上回った。

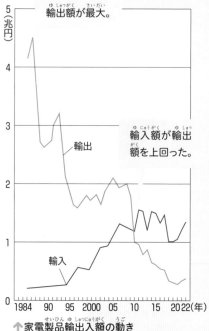

輸出額が最大。
輸入額が輸出額を上回った。
輸出
輸入

↑家電製品輸出入額の動き
（『日本のすがた』2023年版ほか）

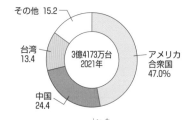

	中国	その他
液晶テレビ 631万台	78.5%	21.5
DVD・ビデオ 448万台	72.6%	27.4
デジタルカメラ 3221万台	68.4%	31.6

	中国		その他
エアコン 583万台	96.3%		その他 3.7
電気冷蔵庫 361万台	69.9%	タイ 23.2	その他 6.9
電気洗濯機 449万台	86.8%		その他 13.2

↑家電製品の輸入元（2021年）（『日本国勢図会』2023/24年版）

コンピューター

● 中国やアメリカ合衆国では，世界的に大きなパソコンやスマートフォンのメーカーがいくつかある。

その他 15.2
台湾 13.4
中国 24.4
3億4173万台 2021年
アメリカ合衆国 47.0%

↑世界のパソコン出荷台数
（『世界国勢図会』2022/23年版）

その他 32.0
中国 32.3%
14億3386万台 2021年
韓国 19.0
アメリカ合衆国 16.7

↑世界のスマートフォンの出荷台数
（『世界国勢図会』2022/23年版）

学入試対策！

半導体工場のある都市

はんどうたい

とし

入試でる度
★★★☆☆

工業編

第1章
工業
さまざまな

第2章
工業生産と
工業地域

第3章
工業生産と
貿易

集積回路〔ＩＣ〕は，シリコン（ケイ素）の
しゅうせきかいろ　アイシー　　　　　　　　　　　　　　そ
結晶でつくったうすい基板の上に，超小型の
けっしょう　　　　　　　きばん　　　　　　ちょうこがた
電気回路を焼きつけたもの。ほとんどの電気
かいろ　　　　やき
製品に組み込まれる重要な部品である。
せいひん　　くこ　　　　　　じゅうよう　ぶひん

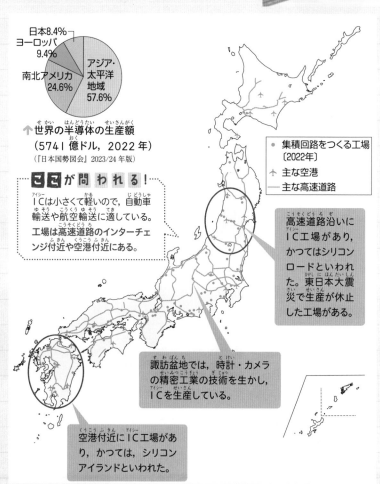

日本8.4%
ヨーロッパ
9.4%

南北アメリカ
24.6%

アジア・
太平洋
地域
57.6%

↑世界の半導体の生産額
せかい　はんどうたい　せいさんがく
（5741億ドル，2022年）
おく
（『日本国勢図会』2023/24年版）

• 集積回路をつくる工場
〔2022年〕

✈ 主な空港

— 主な高速道路

ここが問われる！

ＩＣは小さくて軽いので，自動車
アイシー　　　　　　かる　　　　　　じどうしゃ
輸送や航空輸送に適している。
ゆそう　こうくうゆそう　てき
工場は高速道路のインターチェ
こうじょう　こうそくどうろ
ンジ付近や空港付近にある。
ふきん　くうこうふきん

高速道路沿いに
こうそくどうろぞ
ＩＣ工場があり，
かつてはシリコン
ロードといわれ
た。東日本大震
ひがしにほんだいしん
災で生産が休止
さい　せいさん
した工場がある。

諏訪盆地では，時計・カメラ
すわぼんち　　　　　とけい
の精密工業の技術を生かし，
せいみつこうぎょう　ぎじゅつ
ＩＣを生産している。
アイシー　せいさん

空港付近にＩＣ工場があ
くうこうふきん　アイシー
り，かつては，シリコン
アイランドといわれた。

225

4 石油化学工業

● 石油化学工業は，石油を原料として，**ガソリン，灯油，プロパンガス，プラスチック，化学肥料，合成ゴム**などをつくる化学工業である。

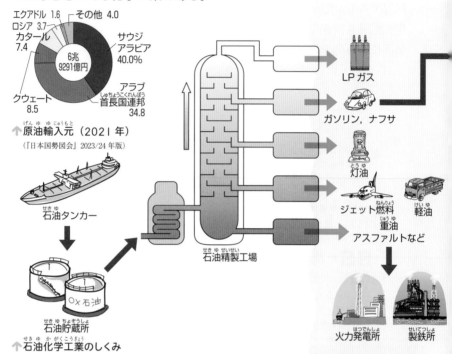

エクアドル 1.6　その他 4.0
ロシア 3.7
カタール 7.4
6兆9291億円
サウジアラビア 40.0%
クウェート 8.5
アラブ首長国連邦 34.8

↑ 原油輸入元（2021年）
（『日本国勢図会』2023/24年版）

石油タンカー

石油貯蔵所

LPガス

ガソリン，ナフサ

灯油

ジェット燃料　軽油
重油
アスファルトなど

石油精製工場

火力発電所　製鉄所

↑ 石油化学工業のしくみ

● いくつもの工場がパイプでつながり，**石油化学コンビナート**を形成している。

● 石油化学コンビナートの近くには，原油を精製する**石油精製工場**，原油から精製されたナフサを原料としてエチレンをつくる**石油化学工場**，エチレンを原料として**プラスチックなどをつくる工場**だけでなく，原油から精製された重油を燃料とする**火力発電所**や**製鉄所**などもある。

● 日本の石油化学コンビナートは，石油を海外から輸入しているため，太平洋ベルトの臨海部にある。

↑ 石油化学コンビナート

↑ 火力発電所

↑ 製鉄所

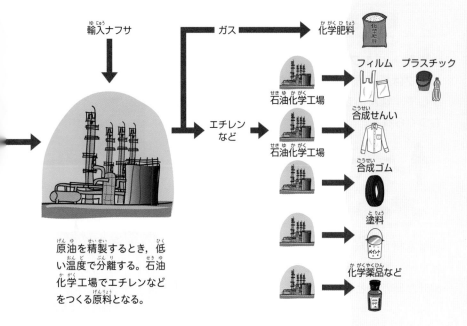

原油を精製するとき，低い温度で分離する。石油化学工場でエチレンなどをつくる原料となる。

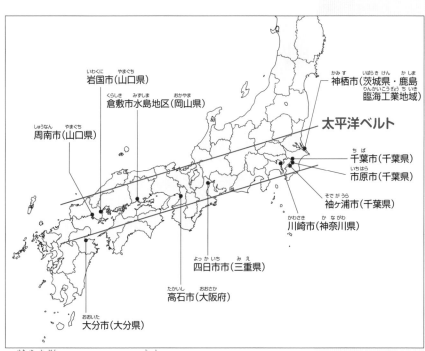

↑石油化学コンビナートのある都市 （『日本国勢図会』2023/24年版）

② 軽工業

① 製紙・パルプ工業

● パルプは紙の原料で，木材をチップにし，これをとかして，せんいを集めたものである。紙は古紙からもつくられる。

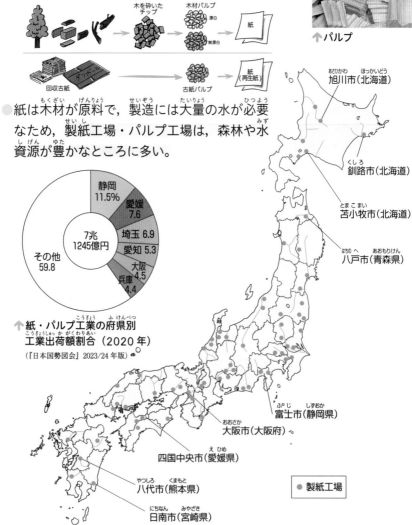

↑パルプ

● 紙は木材が原料で，製造には大量の水が必要なため，製紙工場・パルプ工場は，森林や水資源が豊かなところに多い。

旭川市（北海道）

釧路市（北海道）

苫小牧市（北海道）

八戸市（青森県）

七兆1245億円

静岡 11.5%
愛媛 7.6
埼玉 6.9
愛知 5.3
大阪 4.5
兵庫 4.4
その他 59.8

↑紙・パルプ工業の府県別工業出荷額割合（2020年）
（『日本国勢図会』2023/24年版）

富士市（静岡県）

大阪市（大阪府）

四国中央市（愛媛県）

八代市（熊本県）

日南市（宮崎県）

● 製紙工場

↑製紙工場のある都市

3 その他の工業

3年
4年
5年
6年

工業編

第1章
工業

さまざまな
工業

第2章
工業生産と
工業地域

第3章
工業生産と
貿易

② セメント工業

- セメントは，**コンクリート**や**モルタル**の材料で，土木・建築に使われる。
- セメントの原料となる石灰石は，日本で自給できる数少ない資源である。
- 石灰石は重くかさばるため，セメント工場は石灰石の産地の近くにある。分布は埼玉県，山口県，福岡県などにかたよっている。

↑石灰石

- ● セメント工場
- ▲ 石灰岩の山

八戸市(青森県)

伊吹山(滋賀県)

武甲山(埼玉県)

山陽小野田市
(山口県)

藤原岳(三重県)

田川市
(福岡県)

宇部市(山口県)

津久見市(大分県)

↑セメント工場のある都市

3 食料品工業

● 食料品工業は，農産物や水産物を原料として，パン・菓子やめん（うどん，そばなど），バター，かんづめ，酒などをつくる工業である。

肉類・乳製品 18.0%

飲料・酒類 14.0

パン・菓子類 13.7

水産加工品 8.4

その他 45.9

↑ **食料品工業の出荷額の内わけ（2020年）**
（『日本国勢図会』2023/24年版）

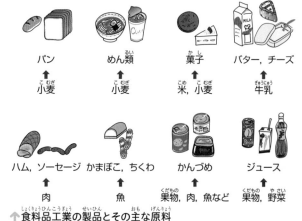

パン	めん類	菓子	バター，チーズ
↑	↑	↑	↑
小麦	小麦	米，小麦	牛乳

ハム，ソーセージ	かまぼこ，ちくわ	かんづめ	ジュース
↑	↑	↑	↑
肉	魚	果物，肉，魚など	果物，野菜

↑ **食料品工業の製品とその主な原料**

● 食料品工場は全国に散らばっている。牛乳・肉などの畜産物を加工する北海道や，大消費地の近くの東京都，大阪府，愛知県，福岡県やその周辺の県に多い。

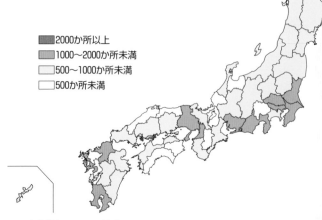

■ 2000か所以上
■ 1000〜2000か所未満
□ 500〜1000か所未満
□ 500か所未満

↑ **食料品の工場の分布（2020年）**

● 食料品工業で働く人の数は約121万人（2021年）で，金属工業で働く人，電気機械・電子部品関係で働く人，自動車工業で働く人の数より多い。

円グラフ：
食料品工業 16.0%
輸送用機械器具 13.5
13.4
電気・電子・情報通信関係
金属工業 12.7
その他 44.4
総数 約756万人

↑ 工業別従業員数（2021年）
（『日本国勢図会』2023/24年版）

工業編

第1章 さまざまな工業

第2章 工業地域と工業生産

第3章 貿易と工業生産

④ せんい工業

● せんい工業は，糸をつくるせんい生産と糸から織物をつくる織物生産の2つに大きく分けられる。

せんい生産	織物生産
天然せんい糸　綿糸，毛糸，絹糸，麻糸	天然せんい織物　綿織物，毛織物，絹・絹織物，麻織物
化学せんい糸 　再生・半合成せんい糸　レーヨン糸，キュプラ糸，アセテート糸　合成せんい糸　ナイロン糸，アクリル糸，ポリエステル糸	化学せんい織物 　再生・半合成せんい織物①　レーヨン織物，キュプラ織物，アセテート織物 　合成せんい織物①　ナイロン織物，アクリル織物，ポリエステル織物

● 綿糸とは綿花からつくった糸のこと，毛糸とは羊の毛からつくった糸のこと，絹糸とはかいこのまゆからつくった生糸のことである。綿糸をつくることを紡績，生糸をつくることを製糸といい，日本の工業の発展においてどちらも重要な産業となっていた。

● せんい工業はかつては日本の代表的な産業で，生糸・綿織物が生産と輸出の中心だった。戦後は化学せんい製品が生産の中心となり，アメリカへの大量輸出が，日米貿易摩擦（⇒P.218）を引き起こした。

もっとくわしく

①再生・半合成せんいと合成せんい
天然に存在するせんいを薬品でとかして再生したのが再生せんい。天然の材料を化学変化させたのが半合成せんい。石油から化学的に合成したのが合成せんい。

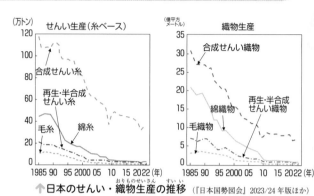

↑日本のせんい・織物生産の推移 （『日本国勢図会』2023/24年版ほか）

●その後，中国などアジア地域のせんい工業が
発展して，日本製品の需要は落ちこんでいる。
日本国内でも，中国・東南アジア製の安い衣
類の輸入が急増している。

せんい工業の出荷額
割合（2020年）
（『日本国勢図会』2023/24年版）

出荷額
3兆5353億円

愛知 9.4%
大阪 8.1
岡山 5.7
福井 5.7
5.6
5.3
4.5
滋賀
愛媛
石川
その他 55.7

↑せんい工業の出荷額
割合（2020年）
（『日本国勢図会』2023/24年版）

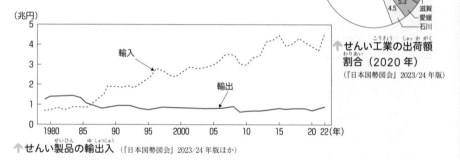

↑せんい製品の輸出入 （『日本国勢図会』2023/24年版ほか）

●近年は，日本の技術で，着るだけで温かく感
じる発熱機能や，汗などがすぐに乾く速乾機
能がついた衣服がつくられるようになり，せ
んい工業において高い品質の商品をつくる日
本の技術に注目が集まっている。

中学入試対策 ▶

第1章
さまざまな工業

入試要点チェック

解答▶P.615

つまずいたら
調べよう

☐ **1** 金属工業・機械工業・化学工業をまとめて何といいますか。

1▶P.209
❶❶❶

☐ **2** せんい工業・食料品工業・製紙・パルプ工業・印刷業などをまとめて何といいますか。

2▶P.209
❶❶❶

☐ **3** 自動車工場で，**ベルトコンベア**の上を流れる車体にシートやハンドルなどを取り付ける作業が行われる**ライン**のことを何といいますか。

3▶P.213
❷❶❷

☐ **4** 自動車の部品をつくって，自動車工場に納入している**部品工場**のことを何といいますか。

4▶P.214
❷❶❸

☐ **5** 自動車工場で完成した自動車を数台積んで日本各地の販売店に届ける専用の**トラック**を何といいますか。

5▶P.216
❷❶❺

☐ **6** **ガソリン**で動くエンジンと**電気**で動くモーターを両方備えた自動車を何といいますか。

6▶P.217
❷❶❻

☐ **7** 自動車が衝突したときに開いて，**乗員への衝撃をやわらげる**ものを何といいますか。

7▶P.217
❷❶❻

☐ **8** ある国の輸出が増えて，**輸出相手国との間で生じる問題**のことを何といいますか。

8▶P.218
❷❷❶

☐ **9** ほとんどの電気製品に組み込まれている**集積回路**のことを，アルファベット2文字で何といいますか。

9▶P.225
中学入試対策

☐ **10** 石油精製工場や石油化学工場などがいくつもの**パイプ**でつながっている**一帯**を何といいますか。

10▶P.226
❸❶❹

☐ **11** **紙の原料**となるもので，原木のチップを溶かしてせんいを集めたものを何といいますか。

11▶P.228
❸❷❶

☐ **12** アメリカやヨーロッパ，日本の**工業生産額**は2009年に落ちましたが，その原因になった**世界的な経済の動き**のことを何といいますか。

12▶P.211
❶❶❻

入試問題にチャレンジ！

解答▶P.615

1 【図】は，それぞれの工業部門（金属，機械，化学，食料品，繊維，その他）について従業者や製造額を示したものである。この【図】から読みとれることのうち正しいものを，**ア～オ**の中から1つ選び，記号で答えなさい。

（駒場東邦中・改）　　　　　　　　　　　　　　　（　　　）

【図】

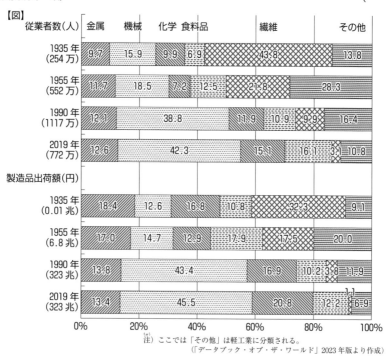

注）ここでは「その他」は軽工業に分類される。
（「データブック・オブ・ザ・ワールド」2023 年版より作成）

ア 日本の工業は，第二次世界大戦前から軽工業よりも重化学工業がさかんだった。

イ 1955年の化学工業に従事する従業者の数は，1935年から比べて減っている。

ウ 全体に占める食料品の割合は，従業者数・製造出荷額のいずれにおいてもずっと減少している。

エ 1935年において，製造品出荷額が最も多かったのは，生産に多くの人手を必要としなかった繊維である。

オ 2019年において従業者一人当たりの製造品出荷額が一番高いのは，化学である。

3年
4年
5年
6年

工業編

第1章
さまざまな
工業

第2章
工業生産と
工業地域

第3章
工業生産と
貿易

2 自動車に関する次の文章を読んで，あとの問いに答えなさい。（桜蔭中・改）

　日本の自動車会社は，1980年代以降，（ **ア** ）を避けるために，先進国に工場をつくって自動車を生産するようになり，2022年には，日本の主な自動車会社は全生産台数の5割以上を海外で生産しています。国内の生産台数は愛知県，①福岡県，埼玉県の順に多く，日本の総生産台数は（ **イ** ）・アメリカ合衆国についで世界第3位を占めています。

（1）文中の（ **ア** ）（ **イ** ）に適切な語句を答えなさい。

　　　　　　　　ア（　　　　　　　　　）イ（　　　　　　　　）

（2）下線部①について，福岡県をふくむ九州地方は，近年では自動車工業がさかんになり「カーアイランド」と呼ばれるようになりました。九州で自動車工業が急速に伸びてきた理由を外国との関係に着目して30字程度で説明しなさい。

　　（　　　　　　　　　　　　　　　　　　　　　　　　　　　　　）

3 次の**あ〜う**は，日本における主な製鉄所※1，セメント工場※2，半導体工場※3のいずれかの分布を示したものである。**あ〜う**と工場の種類の組み合わせとして正しいものを，下の**ア〜カ**から1つ選び，記号で答えなさい。

（東邦大学附属東邦中）　　　　　　　　　　　　　　　　　（　　　）

	ア	イ	ウ	エ	オ	カ
製鉄所	あ	あ	い	い	う	う
セメント工場	い	う	あ	う	あ	い
半導体工場	う	い	う	あ	い	あ

「日本国勢図会 2023/24 年版」により作成。

あ

い

う

※1　製鉄所は，鉄鋼一貫工場の所在地で，一定の大きさ以上の高炉をもつ工場のみ。
※2　セメント工場は，粉砕専用は含まない。
※3　半導体工場は，半導体に電線やカバー等をつける工場や研究開発工場は含まない。

第 2 章

工業生産と工業地域

1 日本の工業地帯・工業地域と特色

1 日本の工業地帯・工業地域

1 工業地帯と工業地域

● 工場などの工業設備が集まっている地域を**工業地帯・工業地域**という。工業地帯・工業地域は原材料が輸入しやすい臨海部に集中している。

● 関東から東海，近畿，中国・四国，北九州の各地方の太平洋岸に，帯状に連なる工業地帯・工業地域のことを**太平洋ベルト**という。

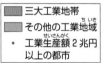

▨	三大工業地帯
▨	その他の工業地域
•	工業生産額2兆円以上の都市

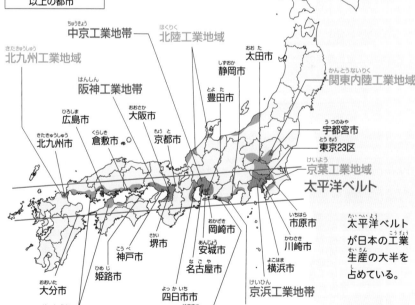

中京工業地帯　北陸工業地域
北九州工業地域
太田市
静岡市
阪神工業地帯
豊田市
広島市　大阪市
北九州市　倉敷市　京都市
関東内陸工業地域
宇都宮市
東京23区
京葉工業地域
太平洋ベルト
岡崎市
市原市
安城市
川崎市
堺市
神戸市
名古屋市　横浜市
姫路市
京浜工業地帯
大分市
四日市市
瀬戸内工業地域　浜松市　東海工業地域

太平洋ベルトが日本の工業生産の大半を占めている。

↑ **工業地帯・工業地域の位置**

237

② 工業地帯・工業地域の生産高の移り変わり

● 太平洋戦争前の生産高は，せんい工業や金属工業の工場が多い阪神工業地帯が全国第1位だったが，戦争直前に機械工業の工場が多い京浜工業地帯が全国第1位の生産高となった。このときから1980年代初めまで，生産高は，京浜，阪神，中京，北九州の順で多く，**四大工業地帯**①と呼ばれた。

● 現在は自動車生産が中心の中京工業地帯の生産高が全国第1位である。

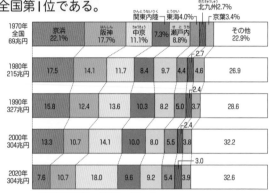

↑日本の工業生産高の割合の移り変わり

（『日本国勢図会』2023/24年版ほか）

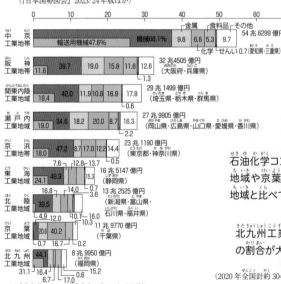

↑工業地帯・工業地域の生産高（2020年）

（『日本国勢図会』2023/24年版）

⚠️ココに注意！

①**工業地帯と工業地域**
工業地帯は，戦前から工業が発展していた京浜・阪神・中京・北九州の4つの工業地帯（『四大工業地帯』）のことで，工業地域は，1960年代の高度経済成長期以降に新しく工業が発展した地域をさす。近年は，生産高が減少した北九州をはずして，京浜・阪神・中京を「三大工業地帯」と呼ぶことが多い。

現在，京浜工業地帯の生産高は減少の傾向にある。

阪神工業地帯は他の工業地帯・地域と比べて金属工業・化学工業の割合が大きい。

石油化学コンビナートのある瀬戸内工業地域や京葉工業地域は他の工業地帯・地域と比べて化学工業の割合が大きい。

北九州工業地域は近年は食料品工業の割合が大きいという特ちょうがある。

（2020年全国計約304兆円）

② 工業地帯・工業地域の特徴

1 中京工業地帯

● 中京工業地帯は愛知県や三重県北部に広がる工業地帯で，生産高は全国第1位（2020年）である。

● 工業生産の中心は，生産額の40％以上を占める自動車などの輸送用機械の製造である。豊田市，鈴鹿市，田原市，岡崎市などに自動車工場が，その周辺に関連工場が広がっている。

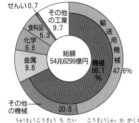

せんい0.7
その他の工業 9.7
食料品 5.3
化学 6.6
金属 9.6
その他の機械 20.5
総額 54兆6299億円
機械 68.1％
輸送用機械 47.6％

↑ 中京工業地帯の工業出荷額割合（2020年）

（『日本国勢図会』2023/24年版）

中京工業地帯

食料品，飲み物　　せんい
金属（製鉄など）　化学，製油
機械　　　　自動車　　自動車部品
航空機　　　電子部品　火力発電所
港　　　　　空港　　　その他
高速道路　　　　　新幹線

岐阜県
刃物 関市
美濃加茂市
各務原市
可児市
大垣市
一宮市
小牧市
稲沢市
春日井市
瀬戸市 ← 窯業
とう器 ニューセラミック
名古屋市
みよし市
豊田市
いなべ市
東海市
刈谷市
愛知県
三重県
桑名市
四日市市
大府市
岡崎市
プラスチック
知多市
鈴鹿市
常滑市
安城市
高浜市
新城市
半田市
幸田町
碧南市
西尾市
豊川市
田原市

豊田市周辺に自動車工場が多い。

名古屋市や東海市の埋立地には大規模な石油化学コンビナートがある。

↑ 中京工業地帯の工場の分布

239

② 阪神工業地帯

● 阪神工業地帯は，**大阪府**から**兵庫県南部**に広がる工業地帯で，生産額は，中京工業地帯に次いで全国第2位である。他の工業地帯に比べて金属工業と化学工業の割合が大きい。

● 明治時代から工業が発展し，尼崎市から神戸市にかけて建設された臨海工業地帯は日本の近代工業のさきがけとなった。現在は，他の工業地帯に比べて設備が老朽化している。

せんい1.3
輸送用機械 11.6%
その他の工業 12.6
食料品 11.6
機械 39.7%
総額 32兆4505億円
その他の機械 28.1
化学 15.8
金属 19.0

↑ **阪神工業地帯の工業出荷額割合（2020年）**
（『日本国勢図会』2023/24年版）

阪神工業地帯

兵庫県
京都市
大阪府
池田市
枚方市
伊丹市
吹田市
京都府

姫路市
高砂市
加古川市
播磨町
神戸市
造船
西宮市
尼崎市
明石市
食品
大阪市
門真市
東大阪市
医薬
堺市
八尾市
泉大津市
岸和田市
泉佐野市

東大阪市周辺には機械工業の中小工場が多く，協力して人工衛星を完成できるほどの高い技術をもっている。

堺などの臨海埋立地では，石油化学工業のほか，鉄鋼業や機械工業が発達。

南部では，綿織物などのせんい工業がさかん。

関西国際空港

凡例：
🔨 金属　⚡ 電機・電子部品
○ 機械　▲ 化学　🧵 せんい
△ その他
━━ 高速道路　━━ 新幹線

↑ **阪神工業地帯の工場の分布**

③ 京浜工業地帯

● 京浜工業地帯は**東京都**から**神奈川県**に広がる工業地帯で，日野市（東京都）や相模原市（神奈川県）などの内陸部や南足柄市などの神奈川県西部にも広がっている。①

● 戦前，阪神工業地帯に続いて工業化された。首都という巨大な消費市場をひかえ，また東京港・川崎港・横浜港という輸出入に便利な貿易港をもっていたために，長く全国第1位の工業地帯だった。

● 現在の生産額は関東内陸工業地域や瀬戸内工業地域よりも低く，第5位である。

↑ 京浜工業地帯の工業
出荷額割合（2020 年）
（『日本国勢図会』2023/24 年版）

その他 10.6
印刷業 3.8
その他の工業 14.4
食料品 12.2
化学 17.0
せんい 0.5
金属 8.7
総額 23兆 1190億円
機械 47.2％
輸送用機械 18.0%
その他の機械 29.2

⚠ ココに注意！

①**京葉工業地域と関東内陸工業地域**

京浜工業地帯は東京湾の西側から東側の千葉県方面にも広がったが，それは京葉工業地域として，また埼玉県から栃木県・群馬県方面に広がった工業地域は関東内陸工業地域として区別されている。

関東内陸工業地域
京葉工業地域
京浜工業地帯

京浜工業地帯

食料品, 飲み物
金属
化学
自動車
機械
せんい
その他
空港
高速道路
新幹線

東京都内では印刷業や出版業，雑貨工業が発達している。

内陸部では機械工業が発達している。

東京湾臨海部では鉄鋼業や化学工業，自動車工業，造船業が発達している。

昭島市
八王子市
日野市
府中市
三鷹市
中央区
江東区
港区
品川区
出版・印刷
東京都
東京港
相模原市
町田市
大田区
東京国際空港
川崎市
大和市
厚木市
横浜市
神奈川県
東京湾
秦野市
南足柄市
フィルム
藤沢市
茅ヶ崎市
横須賀市
相模湾

↑ 京浜工業地帯の工場の分布

④ 北九州工業地域

● 北九州工業地域は，**福岡県北九州市**に位置する工業地域である。

● かつては，京浜・阪神・中京の各工業地帯とならんで，四大工業地帯のひとつといわれたが，近年は生産高が低下している。

● 北九州工業地域は，1901年に官営の**八幡製鉄所**（現在の日本製鉄八幡製鉄所）が操業を開始したことに始まる。太平洋戦争までは，中国大陸の鉄鉱石と筑豊炭田の石炭を利用して，日本の鉄鋼生産の中心であった。

● 鉄鉱石の輸入先が中国からオーストラリアに変わったことや，「石炭から石油へ」のエネルギー革命で筑豊炭田が衰退したことで，北九州工業地域の重要性も低下した。

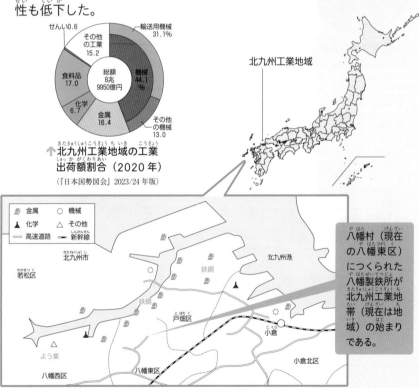

せんい0.6
その他の工業 15.2
食料品 17.0
化学 6.7
金属 16.4
総額 8兆9950億円
機械 44.1%
輸送用機械 31.1%
その他の機械 13.0

↑ **北九州工業地域の工業出荷額割合（2020年）**
（『日本国勢図会』2023/24年版）

北九州工業地域

凡例
🮲 金属　◇ 機械
▲ 化学　△ その他
━━ 高速道路　──── 新幹線

北九州市
若松区
北九州港
鉄鋼
鉄鋼
戸畑区
小倉
よう業
八幡西区
八幡東区
小倉北区

↑ **北九州工業地域の工場の分布**

もっとくわしく

シリコンアイランド
九州各地の高速道路沿いには1970年代から，ICなどの電子機器をつくる工場が進出し，九州は「**シリコンアイランド**」と呼ばれた。つくられたICは高速道路で福岡空港まで運ばれ，アジア各地へ空輸され，そこで電気製品に組み込まれて世界で販売される。

八幡村（現在の八幡東区）につくられた八幡製鉄所が北九州工業地帯（現在は地域）の始まりである。

3年 4年 **5年** 6年

工業編

第1章 工業 さまざまな

第2章 工業地域と工業生産と

第3章 工業生産と 貿易

5 瀬戸内工業地域

● 瀬戸内工業地域は瀬戸内海沿岸に広がる工業地域で，戦後の高度経済成長期に発展した。

● 生産高は，中京工業地帯，阪神工業地帯に続き，関東内陸工業地域と3位・4位を争っている。他の工業地帯・地域と比べると，化学工業の割合が大きい。

● 瀬戸内海は，波のおだやかな内海で，水運にめぐまれている。沿岸にあった江戸時代からの塩田や干拓地のあとを埋め立てて工場用地にし，**石油化学コンビナート**を建設した。

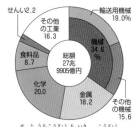

せんい2.2
その他の工業 16.3
輸送用機械 19.0%
食料品 8.7
機械 34.6%
総額 27兆9905億円
化学 20.0
金属 18.2
その他の機械 15.6

↑瀬戸内工業地域の工業出荷額割合（2020年）

（『日本国勢図会』2023/24年版）

瀬戸内工業地域

水島地区や岩国市など臨海部には石油化学コンビナートがある。

石油化学コンビナート

金属
せんい
自動車
化学
機械
―― 高速道路
―― 新幹線

岡山県
倉敷市
岡山市
広島県
広島市
三原市
尾道市
（水島）
福山市
香川県
坂出市
高松市
呉市
山口県
山陽小野田市
周南市
岩国市
光市
今治市
新居浜市
西条市
徳島県
鳴門市
徳島市
宇部市
瀬戸内海
松山市

↑瀬戸内工業地域の工場の分布

243

6 関東内陸工業地域

- 関東内陸工業地域は**埼玉県・栃木県・群馬県**に広がる工業地域で，日本の主な工業地帯・地域のなかでは，海に面していない内陸の工業地域である。
- 生産高は，瀬戸内工業地域と3位・4位を争っている。
- 初めは京浜工業地帯の北への拡張とみられた[1]が，現在は工業地域の面積も生産高も京浜工業地帯を上回り，独立した工業地域とみなされている。
- 港をもたないため，輸入にたよる鉄鉱石・石油などを原料とする鉄鋼業や石油化学工業ではなく，電気機械や自動車などの機械工業がさかんである。

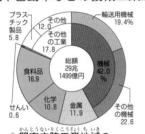

プラスチック製品 5.8
その他 12.0
その他の工業 17.8
輸送用機械 19.4%
総額 29兆1499億円
機械 42.0%
食料品 16.9
せんい 0.6
化学 10.8
金属 11.9
その他の機械 22.6

↑ 関東内陸工業地域の工業出荷額割合（2020年）
（『日本国勢図会』2023/24年版）

🔍 もっとくわしく

①関東内陸工業地域のもともとの工業

関東内陸工業地域は1970年代以降に京浜工業地帯の延長として発展した最も新しい工業地域であるが，それ以前からの工業もあった。日本最初の西洋式機械製糸工場は1872年（明治5年）に富岡市（群馬県）につくられ，群馬県・埼玉県・栃木県ではせんい工業がさかんだった。

関東内陸工業地域

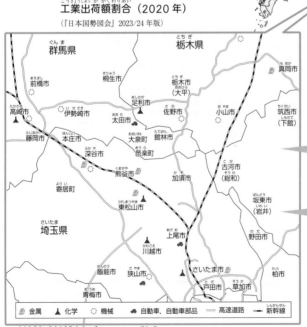

群馬県
前橋市
桐生市
高崎市
伊勢崎市
太田市
藤岡市
本庄市
深谷市
大泉町
館林市
邑楽町
熊谷市
寄居町
東松山市
埼玉県

栃木県
栃木市（大平）
足利市
佐野市
小山市
真岡市
筑西市（下館）
古河市（総和）
坂東市（岩井）
野田市
上尾市
川越市
さいたま市
狭山市
飯能市
戸田市
草加市
柏市
青梅市

凡例：金属　▲化学　◎機械　⚓自動車，自動車部品　━高速道路　━新幹線

機械類の組立工場が多い。

内陸部に発達した理由は，道路整備により原材料・製品の輸送が可能になったためである。

↑ 関東内陸工業地域の工場の分布

⑦ 東海工業地域

● 東海工業地域は京浜工業地帯と中京工業地帯の中間に位置し，**静岡県の東海道新幹線沿いに広がる**工業地域である。

● 生産高は京葉工業地域より多い。

● 紙・パルプなどの生産がさかんである。

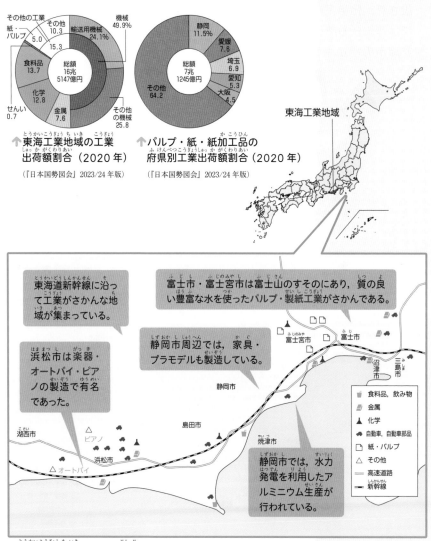

↑東海工業地域の工業出荷額割合（2020年）

（『日本国勢図会』2023/24年版）

↑パルプ・紙・紙加工品の府県別工業出荷額割合（2020年）

（『日本国勢図会』2023/24年版）

東海工業地域

東海道新幹線に沿って工業がさかんな地域が集まっている。

富士市・富士宮市は富士山のすそのにあり，質の良い豊富な水を使ったパルプ・製紙工業がさかんである。

浜松市は楽器・オートバイ・ピアノの製造で有名であった。

静岡市周辺では，家具・プラモデルも製造している。

静岡市では，水力発電を利用したアルミニウム生産が行われている。

食料品，飲み物
金属
化学
自動車，自動車部品
紙・パルプ
その他
高速道路
新幹線

↑東海工業地域の工場の分布

⑧ 京葉工業地域

● 京葉工業地域は**千葉県の東京湾側の埋立地**に広がる工業地域で，京浜工業地帯が東に拡張したものである。

● 生産高は，京浜工業地帯のほぼ半分である。

● 市原市の埋立地に大きな**石油化学コンビナート**が建設され，化学工業がさかんである。市原市の埋立地には造船所もある。

● 君津市の埋立地と千葉市の埋立地には製鉄所がある。

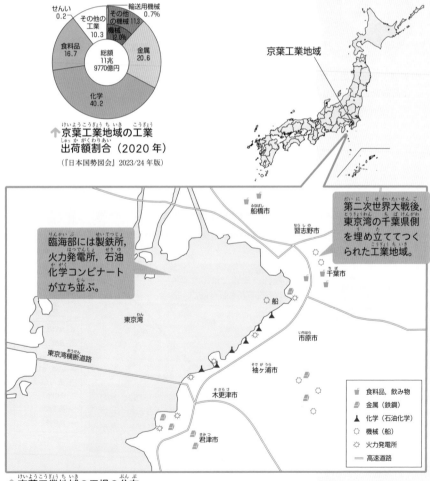

↑ 京葉工業地域の工業出荷額割合（2020年）

（『日本国勢図会』2023/24年版）

せんい 0.2
その他の工業 10.3
食料品 16.7
化学 40.2
総額 11兆9770億円
金属 20.6
機械 12.0
その他の機械 11.3
輸送用機械 0.7%

京葉工業地域

第二次世界大戦後，東京湾の千葉県側を埋め立ててつくられた工業地域。

臨海部には製鉄所，火力発電所，石油化学コンビナートが立ち並ぶ。

船橋市
習志野市
千葉市
東京湾
東京湾横断道路
船
市原市
袖ケ浦市
木更津市
君津市

食料品，飲み物
金属（鉄鋼）
化学（石油化学）
機械（船）
火力発電所
高速道路

↑ 京葉工業地域の工場の分布

⑨ 北陸工業地域

● 北陸工業地域は新潟県・富山県・石川県・福井県の日本海側に広がり，太平洋ベルトに属さない工業地域である。

● 雪で農業ができない冬の農閑期の産業として，伝統工業が発達した。富山県の薬づくり，石川県の漆器，福井県や新潟県の織物などが有名である。

輸送用機械 4.9%
その他 16.0%
その他の機械 34.6%
機械 39.5%
せんい 3.6%
食料品 10.1%
化学 14.0%
金属 16.8%
総額 13兆 2525億円

↑ 北陸工業地域の工業出荷額割合（2020年）
（『日本国勢図会』2023/24年版）

北陸工業地域

【凡例】
🏺 食料品，飲み物
▱ 金属（アルミニウムなど）
▲ 化学，製油
◯ 機械
◢ 電子部品
▤ せんい
△ その他
⚓ 港
✈ 空港
── 高速道路
▬▬ 新幹線

水量の豊かな川が多いため，水力発電の電力と工業用水にめぐまれて発達した。

日本海

新潟県
新潟市 新発田市 山形県
燕市 三条市
長岡市 精密機械 福島県
柏崎市
上越市 小千谷市
糸魚川市 プラスチック
妙高市
黒部市
高岡市 射水市 富山市 滑川市 アスナ
金沢市 砺波市 魚津市 長野県
白山市 南砺市 富山県 群馬県
小松市 能美市 栃木県
坂井市 加賀市 家具
福井市 鯖江市
越前町
福井県 岐阜県
京都府 滋賀県

富山県では金属工業や化学工業，新潟県では石油精製工業や機械工業，福井県や石川県ではせんい工業や機械工業が発達している。

↑ 北陸工業地域の工場の分布

2 日本の工場の特色

1 大工場と中小工場

1 大工場と中小工場の割合

●働く人（従業者）の数が29人以下の工場を**小工場**，30〜299人の工場を**中工場**，300人以上の工場を**大工場**と区別することが多い。

工場で働く人の数は約756万人である。その約7割は中小工場で働いている。

工場数	中小工場 98.4	
	└大工場 1.6%	
働く人の数	33.0%	67.0
出荷額	51.1%	48.9

日本には工場が約22万ある。その約98%以上は中小工場である。

全工場の生産高（製造品出荷額等）は約304兆円である。そのうち，大工場と中小工場は，ほぼ半分ずつの生産高をあげている。

↑大工場と中小工場の割合（2020年）（『日本国勢図会』2023/24年版）

2 工場の大きさ別の賃金

●工場で働く人の1年間の賃金（現金給与）は，工場の規模によって異なる。賃金の額の違いは，1人あたりの生産高（出荷額など）に影響を受ける。

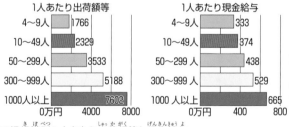

1人あたり出荷額等
4〜9人	1766
10〜49人	2329
50〜299人	3533
300〜999人	5188
1000人以上	7602

0万円　4000　8000

1人あたり現金給与
4〜9人	333
10〜49人	374
50〜299人	438
300〜999人	529
1000人以上	665

0万円　400　800

1人あたり出荷額が大きいほど，もらえる賃金も高くなる。

↑工場規模別1人あたり出荷額等と現金給与（『日本国勢図会』2023/24年版）

●中小工場は，大工場から仕事の注文を受けることが多い。このとき他の工場と値段競争になることが多く，他より安い値段で仕事を受けることもある。そのことが中小工場で働く人の賃金に影響する。

3 中小工場の役割

日本の工業全体のなかで，中小工場の果たしている役割は大きい。工業生産高の約半分を中小工場が生産しているだけでなく，業種によっては，中小工場の生産する割合がもっと大きいものがある。

食料品工業では，生産高の8割近くを中小工場が生産している（2021年）。また，食料品工業で働く人の数は120万人（2021年）をこえており，軽工業に従事する人の中では最も多い。

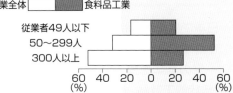

工業全体 □ 食料品工業 ■

従業者49人以下
50～299人
300人以上

60 40 20 0 20 40 60
(%) (%)

↑工業の生産額のうち，大工場・中小工場が占める割合（2021年）（経済産業省調べ）

4 地域と中小工場

地域によって，中小工場の占める割合が大きいところがある。東京都の大田区や大阪府の東大阪市は，昔から機械工業や金属工業の中小工場が密集する地域だった。

それぞれの中小工場は優れた専門技術をもち，大工場からの注文に応じて部品を製造していた。大工場が賃金の安い中国や東南アジアの工場から部品を輸入するようになり，中小工場の中にも工場を海外に移転するところが出てきて，大田区も東大阪市も工場の数が減っていった。

しかし，それでもなお，日本の中小工場の優れた技術を必要としている大工場はある。

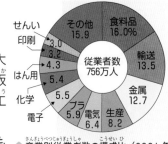

その他 15.9 / 食料品 16.0% / 輸送 13.5 / 金属 12.7 / 生産 8.2 / 電気 6.4 / 電子 5.9 / プラ 5.5 / 化学 5.4 / はん用 4.3 / 印刷 3.2 / せんい 3.0

従業者数 756万人

↑産業別従業者数の構成比（2021年）（『日本国勢図会』2023/24年版）

↑中小工場で働く人々のようす

3 日本の伝統工業

1 受け継がれる伝統工業

- 日本では，明治時代の近代化以前から工芸品をつくり続けてきた。この工業を**伝統工業**という。
- 一定の基準を満たした工芸品を，経済産業大臣が「<u>伝統的工芸品①</u>」として指定している。

🔍 もっとくわしく

①伝統的工芸品
伝統的工芸品に指定されるためには，「主要部分が手づくりであること」「日常生活で使用されている」などの基準を満たす必要がある。

2 伝統的工芸品の産地

1 焼き物の主な産地

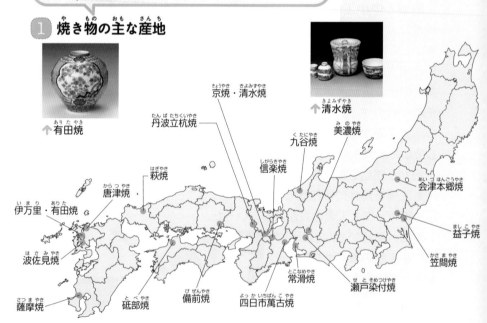

↑有田焼

↑清水焼

京焼・清水焼

丹波立杭焼

九谷焼

美濃焼

萩焼

信楽焼

会津本郷焼

唐津焼

伊万里・有田焼

益子焼

波佐見焼

笠間焼

常滑焼

瀬戸染付焼

薩摩焼

砥部焼

備前焼

四日市萬古焼

② 織物・染め物などの主な産地

↑大島つむぎ

↑西陣織

小千谷ちぢみ，小千谷つむぎ
塩沢つむぎ
十日町がすり
十日町明石ちぢみ
置賜つむぎ
西陣織
加賀友禅
桐生織
近江上布
伊勢崎がすり
博多織
結城つむぎ
多摩織
伊賀くみひも
有松・鳴海しぼり
本場大島つむぎ
久留米がすり
久米島つむぎ
琉球がすり

③ 漆器の主な産地

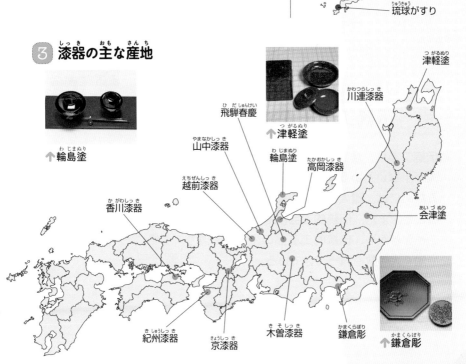

↑輪島塗

↑津軽塗

↑鎌倉彫

飛騨春慶
津軽塗
山中漆器
川連漆器
輪島塗
越前漆器
高岡漆器
会津塗
香川漆器
紀州漆器
京漆器
木曽漆器
鎌倉彫

251

④ その他の伝統的工芸品の産地

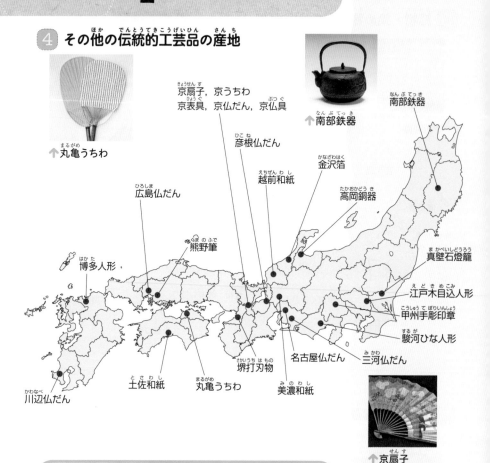

↑丸亀うちわ

京扇子，京うちわ
京表具，京仏だん，京仏具

彦根仏だん

越前和紙

金沢箔

↑南部鉄器

南部鉄器

広島仏だん

高岡銅器

熊野筆

真壁石燈籠

博多人形

江戸木目込人形

甲州手彫印章

駿河ひな人形

堺打刃物

名古屋仏だん

三河仏だん

土佐和紙

丸亀うちわ

美濃和紙

川辺仏だん

↑京扇子

③ 伝統工業がかかえる問題

●伝統工業は，農業や水産業と同じように，後を継ぐ人が少ないという問題がある。伝統的工芸品をつくるためには，職人としての長い間の修業が必要であること，また，伝統的工芸品を使う人が減っていることなどから，伝統的工芸品の生産額も減り，工場や働く人の数も減ってきている。

入試要点チェック

解答▶P.615

つずいたら
調べよう

工業編

第1章
さまざまな
工業

第2章
工業生産と
工業地域と

第3章
工業生産と
貿易と

□ **1** 関東地方南部から九州地方北部にかけて，**工業地帯・工業地域が帯のようにつながっ**ているところを何といいますか。

1▶P.237
1 1

□ **2** 日本の工業地帯・工業地域のなかで，**生産高がいちばん大きい**ところはどこですか。

2▶P.238
1 2

□ **3** かつては四大工業地帯のひとつに数えられていたが，その後新しい工業地域に生産高が追い抜かれ，**現在は四大工業地帯といわれなくなった工業地域**はどこですか。

3▶P.238
1 2

□ **4** **京浜工業地帯が北へ拡張してできた工業地域**は何といいますか。

4▶P.244
1 2 6

□ **5** 東海道新幹線に沿って発達し，パルプ・紙の生産量が日本第1位で，またアルミニウムを生産する工場がある工業地域はどこですか。

5▶P.245
1 2 7

□ **6** 九州各地の高速道路沿いにICなどの電子部品をつくる工場ができたことから，九州は何と呼ばれましたか。

6▶P.242
1 2 4

□ **7** 岡山県の倉敷市水島地区などにある，**石油化学工場**などがいくつものパイプでつながっている一帯を何といいますか。

7▶P.243
1 2 5

□ **8** **中京工業地帯**で最もさかんな工業は，何を製造する工業ですか。

8▶P.239
1 2 1

□ **9** 他の工業地帯や工業地域にはあまりみられず，**京浜工業地帯の東京都**に特に多い工業は何ですか。

9▶P.241
1 2 3

□ **10** 昔からつくられている工芸品で経済産業大臣に指定されているものを何といいますか。

10▶P.250
3 1

入試問題にチャレンジ！

解答▶P.615

1 次の文は，日本の都道府県について述べている。文章を読み，各問いに答えなさい。

(芝浦工業大学中・改)

A この県は歴史的にみると幕府がおかれた時代があり，江戸時代末期から外国との貿易によって発展してきました。①その貿易港は，現在でも外国との貿易輸出額において国内の上位を占めています。この県では，②沿岸部を中心に東京から延びる重工業地帯があり，我が国の工業を支えてきました。現在の主な産業は，自動車，石油化学，製鉄，食品などです。

B この県は，大陸との文化交流の中心地として発達してきました。また，③明治時代には製鉄のために官営模範工場が建設され，長い間，我が国の重工業を支えてきました。しかし，石炭産業が衰退したこと，生産設備が古くなったこと，（④）などの理由により，製鉄は衰退し，現在は工業地帯としての地位を低下させています。

(1) 文中の下線部①について，この港がある都市を漢字で答えなさい。

（　　　　　　　）

(2) 文中の下線部②について，この工業地帯は現在，変わりつつあります。どのように変化しているか，次の中から正しいものを1つ選び，記号で答えなさい。

（　　　）

> **ア** 工場用地がせまくなったことや環境への配慮などから移転する工場が増えており，跡地はマンションや公園として利用されることが多くなっている。
>
> **イ** 製鉄や石油化学に代わって，自動車関連の工場が集まるようになり，製造品出荷額において国内最大の工業地帯としての地位を確保している。
>
> **ウ** 交通の便が良いことや豊富な労働力を利用して，IC部品や精密機械，コンピュータの組み立て工場が急激に増加している。
>
> **エ** 石油化学工場が増加し，水質汚染や大気汚染などの環境の悪化が，今までよりも深刻になっている。

(3) 文中の下線部③について，この官営模範工場の名称を漢字で答えなさい。　（　　　　　）

(4) 文中の（④）にあてはまる文章として正しいものを，次の中から1つ選び，記号で答えなさい。　（　　　　　）

> ア　過疎や高齢化によって労働者が減少したこと
> イ　鉄鉱石の輸入先である中国の生産が減少したこと
> ウ　安い外国の製品に市場を奪われたこと
> エ　製品を海外に輸出するための港がないこと

(5) A，Bの文が説明する県の組み合わせとして正しいものを，次の中から1つ選び，記号で答えなさい。　（　　　　　）

ア　A　神奈川県　B　群馬県　　　　イ　A　兵庫県　B　群馬県
ウ　A　兵庫県　B　福岡県　　　　エ　A　神奈川県　B　福岡県

2 次の文章をよく読み，あとの問いに答えなさい。（東洋英和女学院中・改）

　日清・日露戦争を経て，産業革命の時代を迎えると，①関東平野の沿岸部にもさまざまな工業が発達し，大正から昭和にかけて，日本を代表する あ が形成されていきました。

下線部①について，右のグラフは，関東・大阪・濃尾の三大平野に位置する工業地帯の，全国に占める生産割合の変化を表したものです。文章中の あ にあたるものを選び，記号で答えなさい。

（　　　　　）

経済産業省「工業統計表」ほかより作成

3 次のア〜ウのグラフは，三大工業地帯の産業別生産額の割合を示したものである。この中から，阪神工業地帯の特徴を示しているグラフを選びなさい。（フェリス女学院中・改）　（　　　　　）

（『日本国勢図会』2023/24年版）

第3章

工業生産と貿易

工業編

第1章
さまざまな工業

第2章
工業生産と工業地域と

第3章
工業生産と貿易

1 需要と供給

●需要量とは，消費者が買おうとする量のことで，供給量とは，生産者が売ろうとする量のことである。商品の価格は，その商品の需要量が供給量より多ければ上がり，需要量が供給量より少なければ下がる。需要と供給のバランスにより，<u>価格はたえず変動している。</u>①

価格が高い（★）と，供給量は多い（■）が需要量は少なく（▲），価格は下がる（●）。

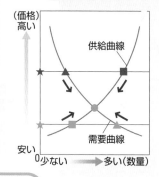

価格が安い（★）と，供給量は少ない（■）が，需要量は多く（▲），価格は上がる（●）。

2 価格と費用

●商品の価格は，その商品を生産し，消費者に届けるまでにかかる費用に，利益を加えて決まる。
費用には，**原材料費，工場・機械の設備費，人件費**（工場で働く人の給与など），**輸送費，販売費**などがある。

●需要と供給で決まる価格は，費用と利益で決まる価格に，だいたい近づく。

もっとくわしく

①インフレーションとデフレーション

インフレーションとは，物価が持続的に上昇する現象。好景気のときにおこりやすい。

デフレーションとは，物価が持続的に下落する現象。不景気のときにおこりやすい。

↑費用と価格の関係

257

2 日本の貿易の特色

1 日本の輸出入の移り変わり

1 輸出入額の移り変わり

●第二次世界大戦後，日本の輸出額は輸入額より多く，日本は貿易黒字を続けた。しかし，日本の輸出品があふれて，自国の産業が不振になった国との間で貿易摩擦が起きた。貿易摩擦を解消するために日本企業は工場を海外に移すようになり，日本国内の工場が減った。日本国内の工場が海外に移り，国内の生産・雇用がおとろえることを「産業の空洞化」という。

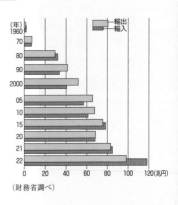

(財務省調べ)

2 輸出入品の移り変わり

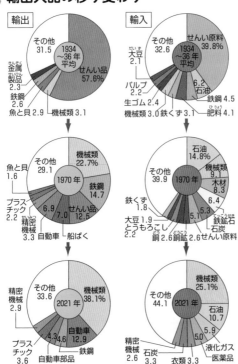

綿花・羊毛などのせんい原料を輸入し，せんい品に加工して輸出する加工貿易を行っていた。

鉄鉱石や石油・石炭などの工業原料・燃料を輸入し，機械類・鉄鋼などに加工して輸出する加工貿易を行っていた。

日本企業が海外に移した工場でつくった機械類や衣類を輸入するようになった。

(『日本国勢図会』2023/24年版ほか)

2 日本の貿易相手国

1 貿易相手国の移り変わり

● 第二次世界大戦後，日本の最大の貿易相手国はアメリカ合衆国だったが，2007年以降輸出額と輸入額の合計額で中国がアメリカを抜いて第1位となっている。

● 中国との貿易がさかんになった理由は，日本の製造業が工場を中国に移して，中国で生産した衣類や家電製品などを輸入するようになったからである。また，中国の経済が成長し，工業生産が拡大したこともある。

● 2010年，中国は日本のGDPを抜いて，アメリカに続く世界第2位の経済大国となった。中国は安い賃金で生産した製品を輸出する「世界の工場」の役割だけでなく，これからは豊かな生活を求めさまざまな商品を輸入する「世界の市場」としての役割も期待されている。

↑日中・日米貿易額の移り変わり

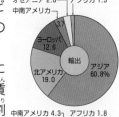
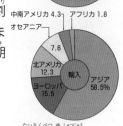

↑大陸別輸出入先（2021年）
（『日本国勢図会』2023/24年版）

2 主な貿易相手国

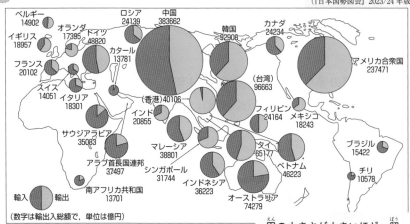

（数字は輸出入総額で，単位は億円）
日本との輸出入合計が1兆円以上の相手国。
（『日本国勢図会』2023/24年版）
↑日本の主な貿易相手国・地域（2021年）

円の大きさが大きいほど，貿易額が大きいことを表す。

259

3 輸入にほとんどたよっている原料・燃料

● 日本は自国の資源がとぼしいため，原料・燃料のほとんどを海外からの輸入にたよっている。

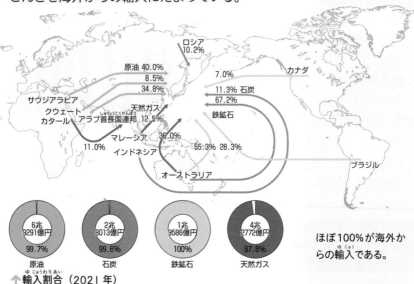

ほぼ100％が海外からの輸入である。

↑ 輸入割合（2021年）

4 輸入額の多い主要輸入品（2021年）

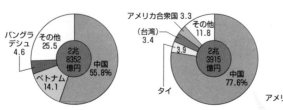

〔衣類〕

バングラデシュ 4.6
その他 25.5
2兆8352億円
中国 55.8%
ベトナム 14.1

〔コンピューター〕

アメリカ合衆国 3.3
（台湾）3.4
その他 11.8
3.9
2兆3915億円
中国 77.6%
タイ

〔集積回路〕

その他 16.8
韓国 7.7
9.5
2兆7452億円
（台湾）56.3%
中国 9.7
アメリカ合衆国

輸出入ともに，日本は中国との貿易額が大きい。

5 輸出額の多い主要輸出品（2021年）

〔自動車〕

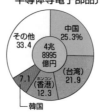

アメリカ合衆国 33.4%
その他 41.9
10兆7222億円
オーストラリア
中国 8.8
9.2
ロシア 3.3
カナダ 3.4

〔集積回路など
半導体等電子部品〕

その他 33.4
中国 25.3%
4兆8995億円
（台湾）21.9
7.1
（香港）12.3
韓国

〔鉄鋼〕

中国 16.5%
その他 43.3
3兆8143億円
タイ 14.9
韓国 13.2
メキシコ 5.8
6.3
（台湾）

（『日本国勢図会』2023/24年版）

③ 日本の貿易港

● 自動車工場が近くにある**名古屋港**と**横浜港**では自動車の輸出が多い。

● 成田国際空港と関西国際空港では，価格は高いが小型で重量が軽い集積回路や精密機械の輸出入が多い。

● 大消費地に近い**東京港，大阪港，名古屋港，神戸港，博多港**などでは日常生活に必要な衣類や食料品の輸入が多い。

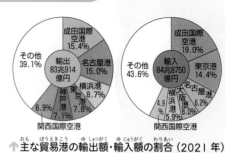

↑ **主な貿易港の輸出額・輸入額の割合（2021 年）**

『日本国勢図会』2023/24 年版）

清水港
[輸出] 内燃機関，自動車部品
[輸入] 魚介類，液化ガス

名古屋港
[輸出] 自動車，自動車部品
[輸入] 液化ガス，石油，衣類

大阪港
[輸出] 集積回路，コンデンサー
[輸入] 衣類，肉類

神戸港
[輸出] プラスチック，建設・鉱山用機械
[輸入] たばこ，衣類

東京港
[輸出] 半導体等製造装置，プラスチック，自動車部品
[輸入] 衣類，コンピューター，集積回路

成田国際空港
[輸出] 半導体等製造装置，科学光学機器，金（非貨幣用）
[輸入] 医薬品，通信機，集積回路

貿易額は
日本最大。

博多港
[輸出] 自動車，集積回路
[輸入] 魚介類，家具

千葉港
[輸出] 石油製品，鉄鋼
[輸入] 石油，液化ガス

川崎港
[輸出] 自動車，有機化合物，鉄鋼
[輸入] 石油，液化ガス

三河港
[輸出] 自動車，鉄鋼，船舶
[輸入] 自動車，鉄鋼

横浜港
[輸出] 自動車，自動車部品
[輸入] 石油，アルミニウム

関西国際空港
[輸出] 集積回路，電気回路用品
[輸入] 医薬品，通信機，集積回路

↑ **日本の主な貿易港（2021 年）**（『日本国勢図会』2023/24 年版）

④ エネルギー資源と発電

1 エネルギー資源とは

━エネルギー資源とは，他に働きかけてものを動かす力の源のことである。たとえば，石炭や石油，天然ガスなどがあげられる。これらは自動車を動かしたり，電気をつくるもとになったりする。

2 エネルギー革命

●エネルギー資源の中心が急激に変化し，経済や社会生活に大きな影響をあたえることがある。これを「エネルギー革命①」という。

●日本は山地が多く，流れ出る川の水を使った水力発電が発達してきた。1960年代に入り，工業が発展する中で，工業地帯・地域に近いところに火力発電所が多く建てられた。

●1970年ごろからは原子力発電が増え，一時は約30%をしめていたこともあったが，2011年に起きた福島第一原子力発電所の事故の影響を受け，現在はその割合は低くなっている。

3 再生可能エネルギー

●石油は，燃やされるときに地球温暖化の原因といわれる二酸化炭素を排出するうえに，採りつくせば無くなる。そのため，石油にかわる新しいエネルギーである再生可能エネルギーとして，地熱，風力，太陽光などの開発が進んでいる。

●再生可能エネルギーは，無くなることはないが，出力が不安定であったり，費用が高額であったりするという問題点をかかえている。

🔍 もっとくわしく

①エネルギー革命
日本では，かつては石炭がエネルギー源の中心であったが，1960年ごろから，輸送などの取りあつかいに便利で効率のよい石油へと転換した。

↑地熱発電

↑太陽光発電

	水力	火力	
1950年	81.7%	18.3%	
60年	50.6%	49.4	
70年	22.3%	76.4	1.3
80年	15.9%	69.6	14.3　0.2
90年	11.2%	65.0	23.6　0.2
2000年	8.9%	61.3	29.5　0.3
10年	7.8%	66.7	24.9　0.6
20年	9.1%	83.2	3.9　その他 3.8
21年	9.0%	80.0	7.0　その他 4.0

※10年の「原子力」は24.9、2000年の原子力欄など該当

↑日本の発電エネルギー源の変化

（『日本国勢図会』2023/24年版ほか）

3年
4年
5年
6年

工業編

第1章
工業

第2章
工業地帯と
工業地域と

第3章
貿易
工業生産と

④ さまざまな発電方法

水力発電は，ダムにたくわえられた水を落下させ，水の落ちる力で水車を回して発電する。再生可能エネルギーの一種である。建設する場所が山間部など限られており，建設費用が高い。

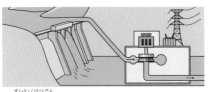
↑水力発電のしくみ

火力発電は，石炭や天然ガス，石油などを燃料として燃やし，蒸気でタービンを回して発電①する。消費地の近くなど，比較的どこにでも建設しやすいが，二酸化炭素の排出量が多いなど，環境への負担が大きい。

原子力発電は，ウランの核分裂で発生する熱を利用して発電する。二酸化炭素を排出せず，少ない燃料で多くの発電を行うことができるが，放射性物質の管理や，放射性廃棄物の処分先が決まっていないといった問題がある。

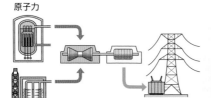

燃料を燃やすか，ウランの核分裂で発生する熱を利用するかが違う。

↑火力・原子力発電のしくみ

太陽光発電は，太陽の光をエネルギーとして発電するが，夜間には発電できない。地熱発電は，火山のエネルギーで温まった蒸気などの力で発電するが，立地が選べない。風力発電は風の力で発電するが，風車の音がうるさいといったことが問題になっている。

↑水力発電所

🔍 もっとくわしく

①タービンの発電

水力，火力，原子力による発電は，いずれもタービンと呼ばれる羽根を回転させて電力を発生させるしくみ。回転エネルギーを得る方法が違うのである。

↑風力発電

263

中学入試対策！

発電所のある地域

入試でる度 ★★★☆☆

ここが問われる！

発電所の分布は地図といっしょに出題されるので，必ずおさえよう。
それぞれの分布にどういった特ちょうがあるかを整理しておくとよい。

水力発電所
水力発電所は水の落下を利用するため，山間部のダムに設置されている。

火力発電所
火力発電所は重油などを燃料とするため，臨海部の石油化学コンビナートに併設されていることが多い。

原子力発電所①
原子力発電所は大量の水を冷却水として利用するため，大都市から離れた臨海部に設置されている。

地熱発電所
地熱発電所は火山活動の地熱を利用するため，火山の多い東北地方や九州地方に設置されている。

もっとくわしく

①放射線の影響

原子力発電は，発電するときに二酸化炭素などの温室効果ガスの発生が少ないという利点があるが，ウランが核分裂をするときに放射線を発生させるという問題がある。人体が大量の放射線を浴びるとがんなどの病気を引き起こす可能性があるため，原子力発電所などでは外部に放射線が漏れないように十分に注意をする必要がある。

3 物流と運輸

1 国内輸送の移り変わり

1 国内輸送の割合の変化

● 輸送には，人を運ぶ**旅客輸送**と，物を運ぶ**貨物輸送**がある。貨物輸送で，生産された商品を生産者から消費者まで届ける流れを**物流**という。

● かつては旅客輸送の中心は鉄道であり，貨物輸送の中心は海運（船舶）だった。現在でも旅客輸送の中心は鉄道だが，貨物輸送では自動車が中心になっている。

● 自動車（トラック）が物流の中心になった理由は，発送元の工場・倉庫で積んだ荷物をそのまま発送先の工場・倉庫や個人の自宅まで届けられるという便利さと，高速道路などの道路網が整備されたことである。しかし，最近では自動車から他の輸送手段への転換をはかる**モーダルシフト**①も注目されている。

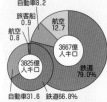

旅客輸送

自動車8.2
旅客船0.9
航空0.8
航空12.7

3825億人キロ
3667億人キロ
鉄道79.0%

自動車31.6 鉄道66.8%
1965年度　2021年度

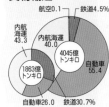

貨物輸送

航空0.1　鉄道4.5%
内航海運43.3
内航海運40.0

1863億トンキロ
4045億トンキロ
自動車55.4

自動車26.0 鉄道30.7%
1965年度　2021年度

↑ **国内輸送の割合の変化**
（『日本国勢図会』2023/24年版ほか）

直接倉庫まで届けられる！

CO₂削減

↑ モーダルシフトのしくみ

🔍 もっとくわしく

①モーダルシフト
自動車や飛行機による輸送を鉄道や船舶に変えることをモーダルシフトという。
自動車や飛行機の排出する排ガスには有害物質がふくまれており，二酸化炭素の排出量も多い。また自動車は交通事故や交通渋滞を引き起こしている。自動車や飛行機にくらべ，**鉄道や船であれば，一度に多くの人や物を運ぶことができ，省エネ効果が大きいこと**が期待されている。

② いろいろな輸送方法

① 鉄道

● 鉄道は，貨物輸送では全体の約5%にとどまる。これは，貨物輸送では，工場・倉庫から直接顧客まで輸送できる自動車の便利さにかなわないからである。しかし，旅客輸送では全体の約80%を占め，全国にはりめぐらされた鉄道網で人々をさまざまな場所へ運んでいる。

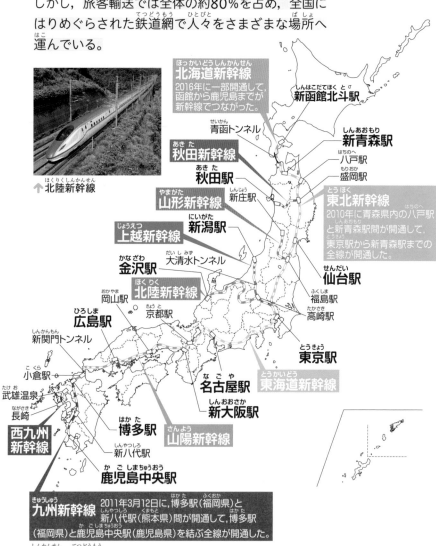

↑北陸新幹線

北海道新幹線
2016年に一部開通して，函館から鹿児島までが新幹線でつながった。

新函館北斗駅

青函トンネル

新青森駅

秋田新幹線

八戸駅

盛岡駅

秋田駅

山形新幹線　新庄駅

東北新幹線
2010年に青森県内の八戸駅と新青森駅間が開通して，東京駅から新青森駅までの全線が開通した。

上越新幹線

新潟駅

金沢駅　大清水トンネル

仙台駅

北陸新幹線

福島駅

岡山駅

京都駅

高崎駅

広島駅

新関門トンネル

東京駅

小倉駅

名古屋駅

東海道新幹線

武雄温泉

新大阪駅

長崎

博多駅

山陽新幹線

西九州新幹線

新八代駅

鹿児島中央駅

九州新幹線　2011年3月12日に，博多駅(福岡県)と新八代駅(熊本県)間が開通して，博多駅(福岡県)と鹿児島中央駅(鹿児島県)を結ぶ全線が開通した。

↑新幹線の鉄道網

3年
4年
5年
6年

工業編

第1章
さまざまな
工業

第2章
工業生産と
工業地域

第3章
工業生産と
貿易

② 道路

● 貨物輸送では，自動車による輸送が50%以上を占めている（⇒P.265）。これは，高速道路が全国にはりめぐらされているからである。

● 貨物輸送では，自動車による輸送であれば工場の倉庫まで直接荷物を届けることができるという利点がある。

↑東名高速道路

日本で初めてできた高速道路は，1963年に開通した名神高速道路の栗東IC（滋賀県）と尼崎IC（兵庫県）間である。

道央自動車道
道東自動車道
秋田自動車道
山形自動車道
関越自動車道
（練馬〜長岡）
東北自動車道（川口〜青森）
北陸自動車道
（米原〜新潟中央）
上信越自動車道
磐越自動車道
中国自動車道
（吹田〜下関）
常磐自動車道
瀬戸大橋
（児島〜坂出ルート）
東京湾横断道路
山陽自動車道
長崎自動車道
関門橋
東名高速道路（東京〜小牧）
中央自動車道（高井戸〜小牧）
名神高速道路（小牧〜西宮）
明石海峡大橋（神戸〜鳴門ルート）
高松自動車道
徳島自動車道
高知自動車道
沖縄自動車道
大分自動車道
九州自動車道
（門司〜鹿児島）
松山自動車道
瀬戸内しまなみ海道（尾道〜今治ルート）

↑日本の主な高速道路

3 海運

● 海運には，国内に荷物を運ぶ**内航海運**と海外に荷物を運ぶ**外航海運**とがある。

● 船は重い物を大量に運ぶのに適しているので，1980年代中ごろまでは国内貨物輸送において，船の輸送量が第1位だった。

● 移動に時間がかかるため，国内の旅行に船を使う人は少なくなっている。

🔍 もっとくわしく

コンテナ船

コンテナ船は，主に国際貨物輸送で活躍する。国際的に大きさの決まった鋼鉄の箱（コンテナ）の中に荷物を積んで，コンテナのまま海上輸送し，そのまま船からトレーラーや列車に積みかえて，陸上輸送する。

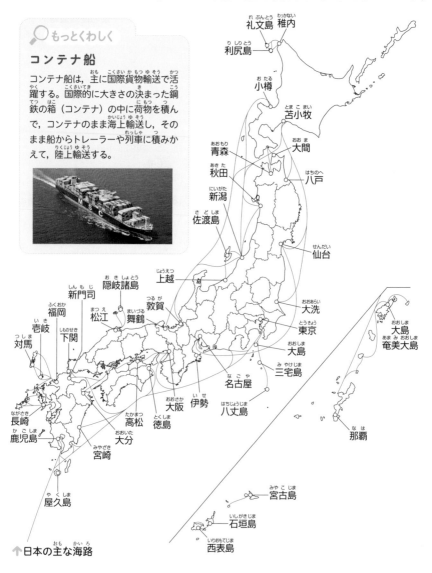

↑日本の主な海路

4 航空

● 貨物輸送において，飛行機は小型・軽量で高価なものを運ぶのに適しているので半導体などの電子部品やカメラ，テレビ，医薬品などを輸送する。

● 旅客輸送において，飛行機は短時間で遠方に行くことができる。2019年まで増加傾向であったが，2020年は新型コロナウイルス感染症対策を受け，大きく減少した。2021年以降は規制対策が緩和され，再び増加に転じている。

もっとくわしく

ハブ空港

航空では，ターミナル（路線が集中するところ）にあたる空港をハブ（拠点）空港という。自転車の車輪のハブから何本もスポークが出ているように，ハブ空港からは何本も航空路線が出ている。東アジアでは，仁川，香港，成田国際空港などがハブ空港である。

稚内空港
新千歳空港
旭川空港
釧路空港
帯広空港
函館空港
青森空港
東京～札幌間（665万人）
秋田空港
新潟空港
山形空港
仙台空港
富山空港
福島空港
岡山空港
神戸空港
広島空港
小松空港
山口宇部空港
高松空港
米子空港
松山空港
福岡空港
成田国際空港
熊本空港
東京国際空港（羽田空港）
中部国際空港
長崎空港
大阪国際空港（伊丹空港）
関西国際空港
宮崎空港
那覇空港
東京～福岡間（661万人）
東京～沖縄間（501万人）
鹿児島空港

↑国内路線の日本の空港
（旅客数が多い路線（2022年））（国土交通省調べ）

第3章
工業生産と貿易

入試要点チェック

解答▶P.615

つまずいたら
調べよう

□ **1** 日本からの輸出が増えたために，**相手国との間で問題が起きること**を何といいますか。

1▶P.258
2①①

□ **2** 日本が海外に工場をつくり，日本国内の工場が減ったり，工業が衰退したりすることを何といいますか。

2▶P.258
2①①

□ **3** 日本が**原油をもっとも多く輸入している国**はどこですか。

3▶P.260
2②⑤

□ **4** 自動車や飛行機による輸送を鉄道や船舶による輸送に変えることを何といいますか。

4▶P.265
3①①

□ **5** 航空で**ターミナルにあたる空港**のことを何といいますか。

5▶P.269
3②④

□ **6** 2010年に**八戸駅から先が開通**して，全線が開通した新幹線は何といいますか。

6▶P.266
3②①

□ **7** 東京都の**東京IC**と愛知県の**小牧IC**を結ぶ高速道路は何といいますか。

7▶P.267
3②②

□ **8** 国際貨物輸送で活躍する**貨物船**のことを何といいますか。

8▶P.268
3②③

□ **9** 日本が**自動車をもっとも多く輸出している国**はどこですか。

9▶P.260
2②⑤

□ **10** 物の値段は，その物の需要量と何の量で決まりますか。

10▶P.257
1①

□ **11** 現在，**日本の発電の約80%を占めている発電方法**は何ですか。

11▶P.262
2④②

□ **12** 日本からの**輸出**も，日本への**輸入**も最大の**相手国**はどこですか。

12▶P.259
2②①

□ **13** 日本で貿易総額がもっとも大きい**貿易港**はどこですか。

13▶P.261
2③

3年
4年
5年
6年

工業編

第1章
工業
さまざまな

第2章
工業地域と
工業生産と

第3章
貿易
工業生産と

第1章 農業と人々のくらし

入試問題にチャレンジ！

解答▶P.616

1 次のグラフは日本の輸出品の移り変わりを示したものである。**A〜C**に
あてはまる輸出品の組み合わせを，表中の**ア〜カ**から1つ選び，記号で答え
なさい。（開成中・改）　　　　　　　　　　　　　　　　　　　　（　　　）

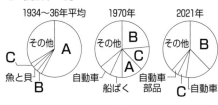

1934〜36年平均　　1970年　　2021年

（「2023　日本のすがた」による）

	A	B	C
ア	機械類	せんい類	鉄鋼
イ	機械類	鉄鋼	せんい類
ウ	せんい類	機械類	鉄鋼
エ	せんい類	鉄鋼	機械類
オ	鉄鋼	機械類	せんい類
カ	鉄鋼	せんい類	機械類

2 次の表はそれぞれ成田空港，大阪港，東京港，名古屋港のいずれかの貿
易額と輸出入上位4品目の金額・割合を示したものである。このうち東京港
の表として正しいものを次の**ア〜エ**から一つ選び，記号で答えなさい。

（吉祥女子中・改）　　　　　　　　　　　　　　　　　　　　　　（　　　）

ア（輸出金額合計　約12.5兆円，輸入金額合計　約5.3兆円）

輸出品目	金額（百万円）	割合（%）	輸入品目	金額（百万円）	割合（%）
自動車	2,881,380	23.1	液化ガス	408,444	7.7
自動車部品	2,100,565	16.8	石油	363,930	6.9
内燃機関	517,217	4.1	衣類	305,329	5.8
電気計測機器	429,213	3.4	アルミニウム	291,300	5.5

イ（輸出金額合計　約4.7兆円，輸入金額合計　約5.1兆円）

輸出品目	金額（百万円）	割合（%）	輸入品目	金額（百万円）	割合（%）
集積回路	521,110	11.1	衣類	634,037	12.4
コンデンサー	395,736	8.4	肉類	320,653	6.3
プラスチック	255,065	5.4	織物類	216,991	4.3
個別半導体	180,783	3.8	音響・映像機器	179,744	3.5

ウ（輸出金額合計　約12.8兆円，輸入金額合計　約16.1兆円）

輸出品目	金額（百万円）	割合（%）	輸入品目	金額（百万円）	割合（%）
半導体等製造装置	1,170,975	9.1	医薬品	2,560,551	15.9
科学光学機器	738,629	5.8	通信機	2,219,587	13.8
金（非貨幣用）	714,850	5.6	集積回路	1,456,085	9.0
集積回路	502,542	3.9	コンピュータ	1,294,736	8.0

エ（輸出金額合計　約6.5兆円，輸入金額合計　約12.2兆円）

輸出品目	金額（百万円）	割合（%）	輸入品目	金額（百万円）	割合（%）
半導体等製造装置	493,601	7.6	衣類	914,041	7.5
プラスチック	309,383	4.8	コンピュータ	645,234	5.3
自動車部品	308,143	4.7	集積回路	561,575	4.6
コンピュータ部品	290,199	4.5	肉類	529,200	4.3

（数値は2021年のもの。「日本国勢図会 2023/24」より作成）

3 戦後の交通に関する出来事を述べた次の文**ア～エ**を，年代の古いものから順に並べて記号で答えなさい。(開成中)　（　　→　　→　　→　　）

ア　東京・名古屋・大阪の三大都市圏が高速道路で結ばれた。
イ　青函トンネルによって，本州と北海道が結ばれた。
ウ　東京・名古屋・大阪の三大都市圏が新幹線で結ばれた。
エ　明石海峡大橋によって，本州と淡路島が結ばれた。

4 各地の空港・港に関して，次の問いに答えなさい。(女子学院中・改)

(1) 次の地図から，羽田空港を含む3つの空港の位置を正しく示しているものを，**ア～エ**から1つ選び，記号で答えなさい。　（　　）

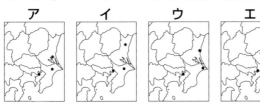

(2) 次のグラフは川崎港，東京港，成田空港いずれかの輸入品の種類別内訳（金額の割合）を表したものです。それぞれどこの港のものか，**ア～ウ**から1つずつ選び，記号で答えなさい。
川崎港（　　）　東京港（　　）　成田空港（　　）

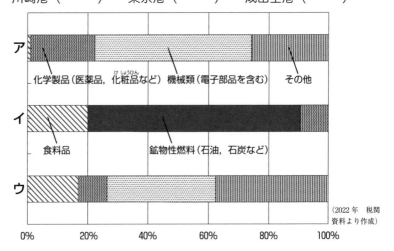

情報 編

情報産業と
わたしたちのくらし

1 情報産業のはたらき

1 情報とわたしたちのくらし

1 情報に囲まれた生活

● ものごとやできごとのようすについての知らせ，または，どのように行動するかを決めるのに役立つ資料や知識のことを情報①という。ニュースや天気予報など，情報はわたしたちの日々のくらしには欠かせないものとなっている。

2 情報と通信

● 情報を伝えたり，受け取ったりすることを通信という。人類の歴史の中で，通信手段はより多くの情報をより速く伝えることができるように発達してきている。

● 現在，わたしたちは，IT革命②により大量の情報が発信・利用・蓄積され，情報のもつ価値がより高まった，情報社会に生きている。

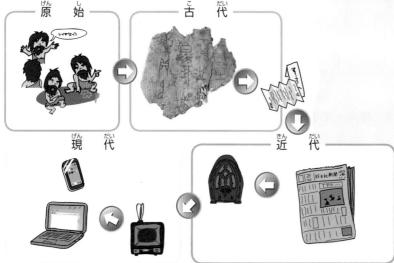

↑通信手段の発達

🔍 もっとくわしく

①情報の種類
言葉・文字・音声・映像などさまざまな形で伝えられる。

用語

②IT革命
ITとは，Information Technology（＝情報技術）の略。IT革命は，コンピューターやソフトウェア，通信網などの情報技術が急速に高性能化して人々に広く利用されるようになること。1990年代に進んだ。

---

② 日本の情報通信産業

① 情報通信産業とは

● 通信や放送，情報サービス，出版など，わたしたちに情報を伝達することを仕事としている産業を，**情報通信産業**という。情報社会となった現在，情報通信産業の果たす役割は大きくなっている。

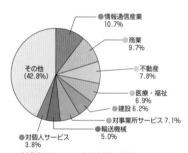

↑ 産業別の国内生産額の割合（2021年）(総務省調べ)

② 情報通信産業の主な種類

● **通信業**…郵便，固定電話・携帯電話事業など。

● **放送業**…公共放送①，民間放送②，有線放送。

● **映像・音声・文字情報制作業**…映画やビデオの制作と配給，新聞，出版など。

● **情報通信関連の工業**…通信ケーブルや電話機，ラジオ，テレビ，パソコンなどの製造。

⚠ **ココに注意！**

①**公共放送**…視聴者から徴収する受信料で運営されている日本放送協会（NHK）のこと。
②**民間放送**…広告（コマーシャル）料などをもとに経営される民間放送局。

③ 郵便サービス

1 日本の郵便制度の移り変わり

● 郵便は、ハガキや手紙などの郵便物を集配する大切な仕事である。切手をはってポストに投かんすれば、全国どこでも同じ料金で、確実に相手に届くという近代の郵便制度は、1840年にイギリスで始まり、全世界の郵便制度の手本になった。

● 日本では、明治時代の1871年、**前島密**①の提案で、東京・大阪間で郵便事業が始まった。郵便切手や郵便はがきの発行、郵便為替や郵便貯金などの事業も次々に始まった。

● 郵便事業は、長い間政府（郵政省など）が行ってきたが、より自由で効率的な経営を行い、利用者にとって便利なサービスを提供するために、2007年に**郵政民営化**②が行われた。その結果、日本郵政株式会社と3つの事業会社からなる日本郵政グループが郵便事業をになうことになった。

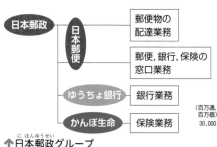

↑日本郵政グループ

2 郵便物数の移り変わり

● 郵便物数は、第二次世界大戦後は増え続けてきたが、ファクシミリ、インターネットや携帯電話によるメールの普及などで、2000年ごろから減り始めている。

人物 ①前島密
（1835〜1919年）
越後国（現在の新潟県）生まれ。「日本近代郵便の父」と呼ばれる。郵便事業だけでなく、新聞事業、鉄道事業、陸上・海上輸送事業、電話事業などの創始にも力をつくした。

用語 ②民営化
国や地方公共団体が行う事業を民間による経営にゆだねること。民間が経営することによって、自由で多面的なサービス提供が可能になることの他に、政府の財政負担を減らすというメリットがある。

3つのグループに分かれたことで、より行き届いたサービスを提供することをめざす。

2000年以降郵便物は減り続けている。

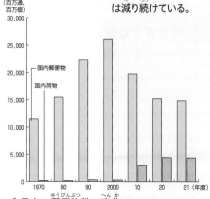

↑日本の郵便物数の変化

（『日本国勢図会』2023/24年版ほか）

④ 電気通信サービス

1 日本の電話事業の移り変わり

● 1890年，東京・横浜間で電話交換業務が始まった。遠くにいる人と会話ができるので，電話は通信手段の主力として人々に広く利用されるようになった。

● 1990年代なかばから携帯電話などの移動通信（モバイル通信①）機器が広まり，その加入契約数が，加入電話（固定電話）を上回るようになった。

● 近年では，インターネットの発達により，IP電話②の加入契約数も増えている。

用語
①モバイル通信
「モバイル」とは動かすことができるという意味。持ち運ぶことができる携帯電話やPHSなどによる通信をモバイル通信という。

用語
②IP電話
インターネットを利用した音声電話サービス。料金が安く，インターネットの大容量化・高速化が進むとともに利用者が増えている。

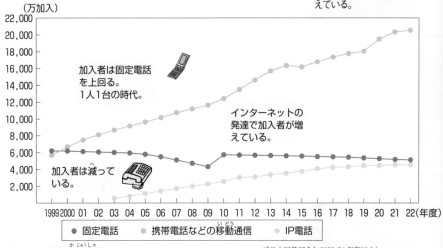

加入者は固定電話を上回る。
1人1台の時代。

インターネットの発達で加入者が増えている。

加入者は減っている。

↑日本の電話加入者数

（『日本国勢図会』2023/24年版ほか）

● 固定電話　● 携帯電話などの移動通信　● IP電話

2 さまざまな通信機器

● **モバイル通信機器**…携帯電話などは，電波の届く範囲でなら話すことができ，また，インターネットにも接続できる便利さから，1人1台に近い割合で普及するようになった。近年ではインターネットにより接続しやすくパソコンに近い機能をもった**スマートフォン**や**タブレット**端末が一般的になっている。

● **ファクシミリ**…電話回線を通して，文字や図，絵などを送ることができる。

↑スマートフォン

⑤ 新聞

① 新聞の特色

● 日本では，明治時代の1870年に最初の日刊紙①が創刊され，以後，多くの新聞が創刊された。

● 新聞は，情報を文字や写真，図などで伝える。テレビやラジオのように起きたできごとをすぐに伝えることはできないが，内容をくわしく，わかりやすく伝えることができる。また，持ち運んだり，資料として保存することもできる。

● 近年では，紙のほかに電子版をつくってインターネットで配信し，購読者を増やそうとしている。

用語

①日刊紙
毎日発行する新聞のこと。それまでは，何か大きなできごとが起こったときに刷られる「かわらばん」とよばれるものが新聞の役目を果たしていた。

日本の成人千人当たりの新聞発行部数は世界の中でも上位である。

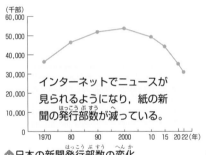

↑日本の新聞発行部数の変化
（『日本国勢図会』2023/24年版ほか）

インターネットでニュースが見られるようになり，紙の新聞の発行部数が減っている。

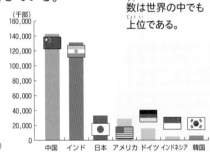

↑主な国の日刊新聞の発行部数
（『日本国勢図会』2023/24年版）

② 新聞ができるまで

情報収集 ——————→ **編集**

新聞記者が取材で得たり，他の通信社から届いた記事を集めたりする。

集まった記事が正しく書かれているかをチェックしたり，記事に見出しをつけたりして，コンピューターで紙面のレイアウトを組んでいく。

配達 ← **輸送** ←————————— **印刷** ↓

刷り上がった新聞をトラックで販売店に届ける。

組み上がった紙面と広告を合体させ，高速のりんてん機で印刷する。

6 放送（ラジオ・テレビ）

1 放送の特色

- 日本では，ラジオ放送は大正時代の1925年，テレビ放送は第二次世界大戦後の1953年に始まった。
- 放送局は，受信料で運営される日本放送協会（NHK）と，広告収入などをもとに経営される民間放送局とがある。
- ラジオは音声で，テレビは映像と音声で情報を伝え，いずれもすぐに情報を伝えることができる。
- テレビ放送では，地上波①による放送が**デジタル放送**②で行われている。
- デジタル放送では双方向機能があるため，リモコンのボタンなどで番組のクイズに参加できたり，ふつうのテレビ番組の画面とは別に，ニュースや天気予報などの情報をいつでも呼び出すことができたりする。さらに，携帯電話などの小さな画面でも視聴できる**ワンセグ放送**も行われるようになった。

もっとくわしく

①電波の種類
放送で使われる無線電波には，地上波のほか，BS（放送衛星）とCS（通信衛星）による衛星波がある。また，有線放送であるケーブルテレビもある。

用語

②デジタル放送
音声や映像などを，0と1の信号の組み合わせで表して行う放送。字幕を出したり主音声と別の副音声で番組の解説を流したりといったことも可能。

2 テレビのニュース番組ができるまで

取材 ──────────→ **編集**

事件や事故が発生した場所で，記者がニュース原稿の元になる情報を集め，カメラマンが映像をとる。

記者が書いたニュース原稿をもとに，映像を順番どおりにつなげたり，画面に映す文字を準備したりして，ニュース映像をつくる。

放送 ←────────── **放送前**

アナウンサーがニュースを読み上げる。

番組のスタッフがその日の放送内容などの打ち合わせをする。

7 出版

1 出版産業のようす

●本や雑誌などを制作・販売する出版産業は近年，本を読まない人が増えていることや，長引く不況などの影響もあってふるわず，発行部数はのび悩んでいる。

●インターネットを通じて本が買えるサービスや，電子書籍①を配信するサービスなど，情報社会に対応した動きも活発になっている。

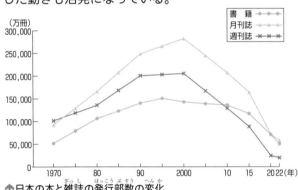

日本の本と雑誌の発行部数の変化

（『日本国勢図会』2023/24 年版ほか）

（凡例）
書籍
月刊誌
週刊誌

縦軸：（万冊）300,000 / 250,000 / 200,000 / 150,000 / 100,000 / 50,000
横軸：1970 80 90 2000 10 15 2022（年）

8 マスメディア

1 マスメディアとマスコミュニケーション

●新聞やテレビ，ラジオ，雑誌など，一度に多くの人々に大量の情報を伝える媒体のことを，**マスメディア**という。また，情報を大量に伝達することを，**マスコミュニケーション〔マスコミ〕**という。マスメディアのことをマスコミという場合も多い。

2 マスメディアと世論

●政治や経済，社会のさまざまな問題について，多くの国民がもっている意見のことを，世論②という。世論の形成は，マスメディアの報道に左右されることが多いので，マスメディアには正確な情報を届けることが求められている。

用語

①電子書籍
文字や画像などを電子情報化した書籍。パソコンや携帯電話などの携帯端末の画面で読む。動画や音声を加えるなど，紙の本ではできない機能をもたせたものもある。本の他に雑誌や新聞にまでサービスが広がってきている。

電子書籍

もっとくわしく

②世論調査
内閣を支持するかどうかなど，その時々の重要な問題について国民の意見を調べること。マスメディアや政府が行っている。調査の結果は，「内閣支持率20％」などのように数値で表現される。

2 情報ネットワークとくらし

1 役に立つ情報ネットワーク

1 医療
●医療ネットワークをつくって，はなれた病院からでも電子カルテ（診療記録）にアクセスできるようにするしくみがある。離島などに住む患者に対する遠隔治療も行われている。

2 電子政府
●さまざまな行政手続きをインターネットから行えるようにしている。
●マイナンバー制度①が導入され，転入転出などの手続きが簡単になった。

3 防災・防犯
●気象庁が出す緊急地震速報を携帯電話に電子メールで配信するサービスが行われている。
●携帯電話のGPS②機能を利用し，子どもの現在地を保護者に通知し，子どもを危険から守るサービスも行われている。

↑情報通信網の発達

用語

①マイナンバー制度
マイナンバー制度とは，住民票を持つすべての人に12桁の番号（マイナンバー）を与えることによって，国や自治体など複数の機関に登録されている情報を効率的に連携させるための制度。

用語

②GPS
Global Positioning System（全地球測位システム）の略称。複数の衛星からの電波を利用して，地球上のどの位置にいるかを計測するシステム。

4 買い物

●実際に店を開いたり，店に買い物に出かけたりすることなく，インターネット上の店で商品を売り買いできる**ネットショッピング**が普及している。また，インターネット上で預金や振り込みができる**ネットバンキング**も広く行われている。

●現金や預金を電子的価値に変換した**電子マネー**で支払うキャッシュレス決済が広まっている。電子タグ①が使われたＩＣカードや，携帯電話などで利用され，買い物のとき，レジで現金をあつかわない支払い方法である。

5 生活や産業に役立つネットワーク

●近年，家電製品に人工知能（AI）の仕組みが使われ，スタートボタンを押すだけで，自動的に洗剤の量や洗たくにかかる時間が決まる洗たく機や，メニューの相談ができる冷蔵庫が開発されている。

●話しかけるだけで家電製品のスイッチをつけたり消したりできる，スマートスピーカーなども広まり始めている。

●バスにGPSをつけて現在位置を検索できるシステムができる，インターネットで検索されることが多い用語から観光地がキャンペーンを行うようになるといった，ネットワークを産業に生かす取り組みがあちこちで行われている。

情報編

第1章 情報産業とわたしたちのくらし

用語

①電子タグ
「タグ」とは荷札のこと。電子タグは，大きさ数ミリ程度のICチップで，ICカードに入っているほか，食品の包装などにうめこんで情報を発信することもできる。

↑電子タグのついた商品

↑生活や産業に役立つネットワーク

② 情報ネットワークで変わる世の中

1 生活への影響

●外出するとき，気象情報で，外出先の天気だけでなく，雨雲を示した予想図などでいつごろ傘が必要になりそうかなどを調べることができる。

●バスやタクシーにGPSをつけておき，スマートフォンなどで実際の到着予定時刻などを調べることができる。車のカーナビゲーション①も，GPSにより，地図上でどこにいるかをデータで示して，目的地までの行き方を表示している。

↑カーナビゲーションシステム

2 活用される情報

●コンビニエンスストアでは，いつどこで何が売れたのかといったデータをPOSシステム②を通じて集めている。集まったデータを参考にして，新しい商品をつくったり，よく売れる商品をならべたりできる。

●旅行や観光に行くときも，インターネットで情報を調べたり，申し込んだりできる。多くの人がデータを調べたところは人気のある場所と分かるので，観光地として情報の発信を多くすることが可能となる。

●ポイントカードやICカードなども，いつどこで何を買ったのかというデータが集められている。カードをつくるときに個人情報がどのように使われるのか，注意する必要がある。

用語

②POSシステム
コンビニエンスストアなどで使われている，商品の売れた日時や数量，値段などを管理するしくみ。

3 労働への影響

●介護や，自動運転に人工知能（AI）③の技術が使われるようになってきた。

●スーパーマーケットなどのレジでは，作業を全部機械が行うところなども出てきた。これからの人々の労働のしかたが，AIによって大きく変わっていくと考えられている。

用語

③人工知能（AI）
知的な活動をコンピューターに行わせるプログラムである。

インターネット

(入試でる度)
★ ★ ★ ☆ ☆

インターネットとは？

インターネットは世界中のネットワークが結びついてつくられた巨大なコンピューターネットワークのことで，**プロバイダ**という接続業者を介して，パソコンや携帯電話などの情報端末からネットワークに接続し，世界を相手に情報のやり取りを行うことができる。

プロバイダ
プロバイダ
プロバイダ
プロバイダ
プロバイダ

↑インターネットのしくみ

インターネットでできること

- **情報の収集・発信**…調べたいことを**サーチエンジン**で検索し，ウェブサイトを見る。

- **コミュニケーション**…電子メールは，すぐに相手に届き，文章だけでなく写真などさまざまなデータをいっしょに送ることができる。会員制の**SNS**〔ソーシャル・ネットワーキング・サービス〕での情報交換や情報発信もさかんになっている。

- **音楽・映画など**…光ファイバーなどに支えられた，大容量の回線であるブロードバンドが普及し，音楽や映画を楽しめるようになった。

ここが問われる！

インターネット社会で気をつけるべきこと・問題点

- **心当たりのないメールやファイルに気をつける**…コンピューターをこわしたり，個人情報を盗んだりするコンピューターウイルスがあるので，心当たりのないファイルを開いたりしないことが大切である。

- **メディア・リテラシーを高める**…メディア・リテラシーとは，あたえられた情報について正しく判断すること。すべての情報をそのまま信用すると，正しい情報が得られなかったり，事件にまきこまれたりするおそれがある。

- インターネットの環境によって手に入る情報量に差が出るデジタルデバイド（情報格差）が生じることがある。

第1章
情報産業とわたしたちの
くらし

入試要点チェック

解答▶P.616

つまずいたら
調べよう

☐ **1** 1990年代から進んだ，**コンピューターやソフトウェア**などの情報技術の急速な発展のことを何といいますか。

1▶P.275
❶ ➀ ➁

☐ **2** 明治時代に近代的な日本の**郵便制度**を整えたのはだれですか。

2▶P.277
❶ ➂ ➀

☐ **3** 双方向機能などがあるテレビの**地上波**は，何の方式で放送されていますか。

3▶P.280
❶ ➅ ➀

☐ **4** 文字や情報などを電子データ化し，パソコンや，携帯電話などの**端末で読む書籍**のことを何といいますか。

4▶P.281
❶ ➆ ➀

☐ **5** 新聞やテレビ，ラジオなど，一度に多くの人々に**情報を伝える媒体**を何といいますか。

5▶P.281
❶ ➇ ➀

☐ **6** **5**による**情報の大量伝達**のことを何といいますか。

6▶P.281
❶ ➇ ➀

☐ **7** **5**の影響を受けながら形成される，政治や経済，社会のさまざまな問題について，多くの**国民がいだく意見**のことを何といいますか。

7▶P.281
❶ ➇ ➁

☐ **8** 知的な活動をコンピューターに行わせるプログラムのことを何といいますか。

8▶P.284
❶ ➁ ➂

☐ **9** わたしたちのパソコンなどの情報端末とインターネットをつないでいる**接続業者**を何といいますか。

9▶P.285
中学入試対策

☐ **10** 電子メールやデータファイルなどを通じてコンピューターシステムに入り込み，コンピューターをこわしたり，個人情報を盗んだりするものを何といいますか。

10▶P.285
中学入試対策

☐ **11** **情報の真偽**を見きわめたり，**正しい情報を発信**したりすることを何といいますか。

11▶P.285
中学入試対策

第1章 情報産業とわたしたちのくらし

入試問題にチャレンジ！

解答▶P.616

1 報道の手段に関する文として正しいものを，次の**ア〜エ**から1つ選びなさい。

(海城中学)

（　　　）

ア ＮＨＫ（日本放送協会）は，国民の税金だけで運営されている。
イ ニュース番組は，事実だけでなく番組の作り手の意見や見方も入ることがある。
ウ 国民1人当たりの新聞発行部数が，いちばん多いのはアメリカである。
エ 新聞や放送局は東京と大阪にしかないので，地方の情報はどうしても少なくなる。

2 インターネットが発達し，私たちの生活は便利になった一方で，新たな問題も出てきました。その問題の1つに「デジタルデバイド」があります。この言葉の意味として正しいものを，次の**ア〜エ**から1つ選びなさい。

(フェリス女学院中)

（　　　）

ア 誤った情報が簡単に拡散してしまうこと
イ 個人情報が流出してしまうこと
ウ 情報を得やすい人とそうでない人との間に格差が生じること
エ インターネットに夢中になる若者が，実際の社会との関わりを絶ってしまうこと

3 最近では「金銭的な価値がある電子的なデータ」，すなわち「電子マネー」が広く使われるようになっています。「電子マネー」が広く使われるようになった理由を1つ答えなさい。

(光塩女子学院中)

（　　　　　　　　　　　　　　　）

287

4 次の文を読み，あとの問いに答えなさい。

（明治大学付属明治中・改）

A （　1　）とは，2008年から日本語版がスタートした，140文字以内の短い発言を入力して，友人や不特定多数の人とその発言を共有するサービスのことです。携帯電話からもアクセスでき，ブログほど長い文章にならず，手軽に更新もできるため，利用者が急増しています。消防庁はこのサービスを利用し，①大規模災害の被害情報をリアルタイムで発信する「災害情報タイムライン」の運営を開始しました。

B 携帯電話の機能はこの10年ぐらいの間に多様化してきました。デジタルカメラが内蔵されているのはもちろん，携帯電話向け地上波デジタル放送「（　2　）」を見ることができるものも当たり前になってきました。

C IT革命という言葉が広く知られるようになってから，生活や社会のいたるところにインターネットに接続できる電子機器が存在するようになりました。②「いつでも，どこでも，誰でも」コンピュータやネットワークにアクセスすることのできる社会が現実のものになる日も，近いかもしれません。一方で，この社会では，手に入る情報について正しく判断できる（　3　）を高めていく必要があります。

(1)（　1　）～（　3　）に当てはまる語句をすべてカタカナで答えなさい。

1（　　　　　　　）2（　　　　　　　）3（　　　　　　　）

よくでる (2) 下線部①について，大地震の発生直後に，気象庁が各地の震度や到達時刻を予測し，ラジオやテレビでその警報が届けられるようになりました。このシステムを何というか答えなさい。

（　　　　　　　　）

ハイレベル (3) 下線部②について，このような社会の実現のためには，どのような課題を解決する必要がありますか。右のグラフも参考にしながら，1つ例を挙げなさい。

（

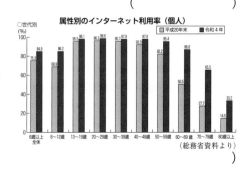

属性別のインターネット利用率（個人）

（総務省資料より）

）

環境 編

わたしたちを
とりまく自然環境

1 日本の森林と林業

3年
4年
5年
6年

環境編

第1章
わたしたちを
とりまく
自然環境

1 日本の森林と林業

1 日本の森林

1 日本の森林

●日本の国土面積の約3分の2は森林が占めている。これは、雨が適度に降り、養分に富んだ土壌にめぐまれているなど、日本の自然が森林の生育に適しているためである。また、国土が南北に長く、気温差が大きいため、森林の種類も豊富である。

↑日本の土地利用（2020年）
（『日本国勢図会』2023/24年版）

水面・河川・水路 3.6
その他 18.6
農地 11.6
森林 66.2%

もっとくわしく

①天然の三大美林
青森ひば、秋田すぎ、木曽ひのき
②人工の三大美林
天竜すぎ、尾鷲ひのき、吉野すぎ

天然林
人工林

青森県 青森ひば
秋田県 秋田すぎ
長野県 木曽ひのき
静岡県 天竜すぎ
三重県 尾鷲ひのき
奈良県 吉野すぎ

2 日本の森林の種類

●日本の森林のうち、国によって管理されている国有林は約30%で残りは民間によって管理されている民有林である。また、人の手が加わっていない天然林①と、植林によってつくられた人工林②は半々になっている。

	天然林	人工林	その他	計
国有林	473	229	64	766（30.6%）
民有林	875	792	73	1739（69.4%）
※うち公有林	153	133	13	300（12.0%）
計	1348	1020	136	2505（100.0%）

※公有林…地方公共団体が保有する森林
（万ha）　　　　　　　　　　　　　　　（林野庁調べ）

●森林蓄積量（たくわえられた木の量）では、針葉樹③が約3分の2、広葉樹④が約3分の1を占めている。針葉樹が多いのは、建築材などに適した針葉樹の植林がさかんに行われてきたからである。

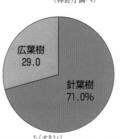

広葉樹 29.0
針葉樹 71.0%

↑森林蓄積量（2017年）
（『日本国勢図会』2023/24年版）

用語

③針葉樹…針のように細い葉をつける樹木。比較的寒い気候の地域に多い。もみ、まつ、すぎ、ひのきなど。
④広葉樹…平たくはばの広い葉をつける樹木。けやき、ぶな、くすのき、さくらなど。針葉樹に比べ種類が多い。

291

② 日本の林業

1 林業の仕事

●森林から木材やきのこなどの林産物をとる仕事を林業という。植林をして森林を育て，木を伐採する仕事が一般的である。

●すぎの場合，植林から伐採まで，50〜60年もかかる。その間，じょうぶな木を育てるためのさまざまな仕事がある。

↑すぎの場合

2 木材の利用

●伐採された木材は，**木造住宅**や**家具**をはじめとする木工品の材料や，**紙**の原料などに利用される。

3 日本の林業の問題点

●1960〜70年代，木材自給率が大幅に低下した。これは，外国の安い木材の輸入が増えたためである。最近は，資源保護のため，輸出を制限する国が増えたので，国産材が持ち直している。

●林業は，他の産業に比べ，作業が厳しい割に収入が少なく，林業で働く人は減っており，高齢化が進んでいる。

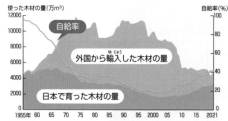

↑木材の自給率の移り変わり

（『木材需給表』）

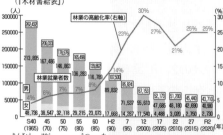

↑林業で働く人の移り変わり

（『森林・林業白書』令和4年版ほか）

1 日本の森林と林業

3年
4年
5年
6年

環境編

第1章
わたしたちを
とりまく
自然環境

③ 森林とわたしたちのくらし

1 森林の役割

土砂くずれを防ぐ

木の根が土をおさえ、大雨や地震のときの土砂くずれを防いでいる。

洪水を防ぐ

降った雨をため、少しずつ流しているので、森林は「緑のダム」ともよばれる。

風や砂を防ぐ

家を強い風から守ったり、砂が飛ぶのを防いだりしている。

水をきれいにする

土にしみこんだ雨を、きれいでおいしい水にする水源林としての役割を果たしている。

空気をきれいにする

フィトンチッドという体によい物質を出し、「森林浴」の場を提供している。

生き物をはぐくむ

さまざまな動植物のすみかになっている。

2 森林と地球温暖化

● 大気中の二酸化炭素などの温室効果ガスの濃度が高まり、地球の気温が上昇する地球温暖化が進んでいる。二酸化炭素を吸収し、酸素を排出する森林には、地球温暖化の進行をおさえる働きがある。

↑二酸化炭素を減らすしくみ

社会の宝箱

漁師さんの仕事場は森林？

森林は、水産業にとっても重要な役割を果たしています。森の中で魚がとれるわけではありません。ただし、水面に森林の影が映ると魚が集まってくる効果があるといわれています。また、川の上流の森林は、土砂の流出を防ぎ、海に流れ込む川の水をきれいに保っています。さらには、森林の栄養物質が川を通じて海に注ぎ、海の生物のえさになっていると考えられています。このように、海産物に良い影響をもたらす森林を、魚付き林といいます。宮城県では「森は海の恋人」を合言葉に漁師の人たちが中心になって川の上流で植林をするなどの活動が行われています。

2 自然災害から身を守る

1 自然災害と日本

1 自然災害
● 自然災害とは，自然の作用により生命や財産が影響を受けることである。日本は，自然災害の多い国といわれている。自然災害に，人間の活動を原因とする人災が重なると，被害が大きくなる。①

2 自然災害の種類
● 地震，火山の噴火，梅雨や秋雨の集中豪雨や台風による風水害，雪害，冷害，干害などがある。

2 地震・津波

1 地震が起こるしくみ
● 地球の表面は，**プレート**（⇒P.110）という厚い岩盤でおおわれており，このプレートが押し合ったり離れたりすることでひずみがたまり，地震を発生させている。日本列島付近にはプレートの境界があり，日本は世界有数の地震国になっている。
● 日本各地には断層があることも地震の原因になっている。断層は浅いところでおきた地震のあとの地面のずれのことである。

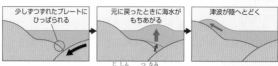
↑プレートのずれによる地震と津波のしくみ

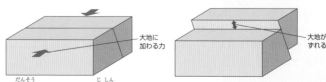
↑断層のずれによる地震のしくみ

もっとくわしく

①人災で拡大する自然災害の被害の例
山林の樹木を切りすぎると，大雨のときに土砂くずれが起き，川の下流では洪水が起こりやすくなる。また，建築物に不備があると，地震の被害が大きくなる。

●2011年3月11日に東北地方の太平洋沖で発生した**東北地方太平洋沖地震（東日本大震災）**は，<u>マグニチュード</u>①9.0と明治以来国内史上最大規模の巨大地震となった。東北・関東地方の太平洋岸には巨大津波がおそい，多くの人命が失われたほか，漁業をはじめ産業にも大きな打撃をあたえた。

↑**東日本大震災の被害**　（気象庁資料ほか）

太 平 洋

東日本大震災

● 東日本大震災とその余震の震源地（マグニチュード7.0以上）
▬ 津波による被害が大きかった地域

●大地震は，建物や町全体を破壊し，山くずれや地割れを起こす。<u>津波</u>②をともなう場合もある。

⚠️ココに注意！

①**マグニチュードと震度**
マグニチュードは地震の規模を表す尺度。マグニチュードが1大きくなると地震のエネルギーは約32倍になるとされる。震度はある地点でのゆれの強さを表す尺度。気象庁が観測し，10階級に分けて発表される。

用語

②**津波**
地震や海底火山の噴火などにともなって引き起こされる大きな波のこと。波は海岸に近づくにつれて高くなる。20〜30mに達することもあり，何回も続くことがある。1960年のチリ地震による津波は，太平洋を横断し，約22時間半後に日本に到達し，被害をもたらした。

2 日本をおそった大地震

年	地震・震災名	マグニチュード	最大震度	死者・行方不明者（人）
1923	関東大震災	7.9	6	10万5千余
1944	東南海地震	7.9	6	1,183
1946	南海地震	8.0	5	1,443
1948	福井地震	7.1	6	死 3769
1983	日本海中部地震	7.7	5	死 104
1993	北海道南西沖地震	7.8	5	死 202・不明 28
1995	阪神・淡路大震災	7.3	7	死 6434・不明 3
2003	十勝沖地震	8.0	6弱	死 1・不明 1
2004	新潟県中越地震	6.8	7	死 68
2007	新潟県中越沖地震	6.8	6強	死 15
2011	東日本大震災	9.0	7	※死 19,729・不明 2,559
2016	熊本地震	7.3	7	死 273
2018	北海道胆振東部地震	6.7	7	死 43
2022	福島県沖地震	7.4	6強	死 4

※ 2023 年 5 月 31 日現在　　　　　　　　（気象庁資料）

③ 火山の噴火

1 火山列島，日本

● プレートの境界がある日本列島は，地震とともに火山活動も活発で，多くの活火山①がある。

● 気象庁は全国111の活火山の活動状況を監視し，そのうち，**常時観測火山**として50火山について，24時間体制の監視を行っている。

①活火山
過去1万年以内に噴火した火山，または現在活発な活動をしている火山のこと。

2 火山のもたらす被害

● 噴火によって吹き上げられた**火山灰**は広範囲に降り，農業や交通，人々の健康に被害をもたらす。また，**火砕流**②は最も危険な火山被害の1つで，1991年の**雲仙岳**の噴火では火砕流により，死者40人，行方不明者3人となった。

用語

②火砕流
火山灰や溶岩片，ガスなどが混じり，高温・高速で山の斜面を流れ下る現象。

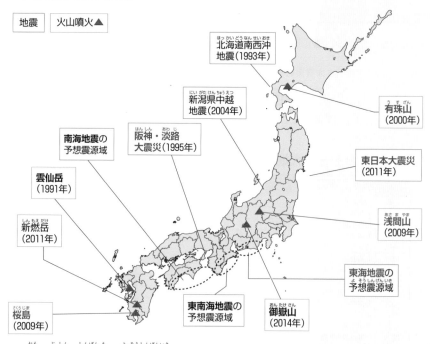

| 地震 | 火山噴火▲ |

北海道南西沖
地震(1993年)

新潟県中越
地震(2004年)

阪神・淡路
大震災(1995年)

南海地震の
予想震源域

雲仙岳
(1991年)

新燃岳
(2011年)

有珠山
(2000年)

東日本大震災
(2011年)

浅間山
(2009年)

東海地震の
予想震源域

桜島
(2009年)

東南海地震の
予想震源域

御嶽山
(2014年)

↑主な地震の震源地・予想震源域，火山

④ 風水害

① 台風

● 日本列島の南方の太平洋上で発生する**熱帯低気圧**のうち，特に風の強いものを**台風**といい，8〜9月に日本列島に接近したり，通過したりする。

● 台風は暴風や大雨，<u>高潮</u>①による災害をもたらす。

② 竜巻

● 竜巻は強い上昇気流によって発生する，建物を壊すくらい激しいうず巻き状の突風で，夏から秋にかけて，海岸部で発生しやすい。気象庁は，2010年から**竜巻発生確度ナウキャスト**②を出している。

③ 大雨

● 梅雨前線や台風によって激しい雨が広範囲に降り，洪水や土砂災害などを引き起こす。九州や西日本の太平洋側で起こりやすい。せまい範囲に夕立のような激しい雨が長時間降り続く現象は**集中豪雨**という。近年では，<u>ゲリラ豪雨</u>③と呼ばれる現象もある。

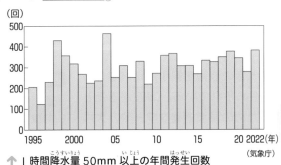

(回)

↑ 1時間降水量50mm以上の年間発生回数

(気象庁)

④ 雪害

● 大雪は，家屋をおしつぶしたり，交通機関をまひさせるとともに，雪下ろし中の事故やつぶれた家屋の下敷きになるなど，人的被害も大きい。豪雪地帯である北陸地方などでおこりやすい。

⚠️ **ココに注意!**

①高潮と津波の違い
高潮は，台風の強い風で海面が吹き寄せられたり，台風による低気圧で海面が吸い上げられたりして，海面が上昇する現象。津波は，地震などによる海底地形の変化によって生じる大きな波のこと。

用語

②竜巻発生確度ナウキャスト
気象庁のレーダーなどから「竜巻が今にも発生する（または発生している）可能性の程度」を確定し，これを発生確度という用語で表すこと。発生確度1（予想の適中率は1〜7%），発生確度2（7〜14%）というように表す。

🔍 **もっとくわしく**

③ゲリラ豪雨
ごくせまい範囲に突然激しい雨が短時間降ること。東京などの都市部で目立ち，下水があふれるなどの被害をもたらす。正式な用語ではないが，マスコミなどでこのように呼ばれている。

⑤ 冷害, 干害

① 冷害

● 春から夏にかけて例年よりも低い気温が続き, 農作物の実りが悪くなることを冷害という。東北地方から北海道にかけて発生しやすく, 東北地方の太平洋側では, <u>やませ</u>① の影響で稲の生長が悪くなるなどの被害を受けやすい。

② 干害

● 雨が少なかったり, 川の水量が減るなどして水不足になり, 農作物がかれたりする災害を干害といい, 瀬戸内地方など被害を受けやすい地域では, 昔からため池をつくって水不足に備えてきた。

用語

① やませ
初夏のころに東北地方の太平洋側に吹く, 冷たくしめった北東風。冷害の原因になる。

凡例:
- ■ 冷害
- ■ 干害
- ■ 台風による風水害
- ■ 大雪の被害

※北方領土はデータなし

やませ

台風

（『新版　日本国勢地図』ほか）

↑風水害, 冷害, 干害

⑥ 自然災害に対する備え

① 災害に備えて

● 自然災害が起こったときの被害を最小限におさえる<u>減災</u>② の取り組みが進められている。津波がきたときに緊急で避難するための津波避難タワーや, 大雨のときに川の水を取り込むための放水路が地下につくられているところがある。

用語

② 減災
自然災害を完全に防ぐことはできないことから, いかに対策をしておくかが重要である。

↑津波避難タワー

↑首都圏外郭放水路

② 国や地方公共団体の災害対策

● 地震の強いゆれに耐えられる建物の建築基準を定めたり，津波に備えて堤防や防潮林などを整備したり，大雨に備え川岸や山の斜面の改修工事などを行ったりしている。

● 市町村では自然災害で予測される被害の程度，被災時の避難場所・避難経路などを示した**ハザードマップ〔防災マップ〕**をつくっている。

● 大きな災害が発生したとき，**緊急消防援助隊**①や自衛隊が出動して救助活動を行う。

● 大きな地震があったときは，気象庁により，テレビやスマートフォンを通じて緊急地震速報を伝えるしくみがつくられている。

↑ハザードマップ

↑スマートフォンに届く緊急地震速報

用語

①緊急消防援助隊
阪神・淡路大震災をきっかけに，全国の消防組織が協力して救援活動にあたる組織として1995年に創設された。

③ わたしたちにできる災害対策

● 国などが行う公助に対して，自分の命は自分で守る自助と，近所の人たちと助け合う共助の考え方が大切である。

● ふだんから**非常持ち出し品**②を準備しておく。

● 家族で防災会議を開き，避難所を決めておく。

● 地震のゆれに備え，家具などを留め具で固定する。

● 災害時には電話がかかりにくくなるので，安否確認には災害用伝言ダイヤルなどのサービスを利用する。

● 被災者支援などの**ボランティア**に参加する。

🔍 もっとくわしく

②非常持ち出し品の例
食品（飲料水，缶詰など），医薬品（救急医薬品，常備薬など），貴重品（預金通帳，印鑑など），衣類（下着，タオルなど），日用品（懐中電灯，ラジオ，ライターなど）。

3 公害

1 公害の歴史

1 公害とは

●産業の発達により，人々の健康や生活環境が被害を受けることを公害という。日本では，高度経済成長期に工業の発展が優先されたことから環境の悪化が進み，大きな公害が発生した。

2 公害対策

●四大公害病（⇒P.301）の問題発生を受け，**公害対策基本法**①や大気汚染防止法，騒音規制法などの法律が施行され，1971年には環境問題をあつかう**環境庁**（現在の環境省）が設立された。

●1997年には，大規模な開発を行う前に環境に及ぼす影響を調査することを定めた**環境影響評価〔アセスメント〕法**が制定された。

3 公害の種類

●日本では**大気汚染・水質汚濁・土壌汚染・騒音・振動・地盤沈下・悪臭**が典型7公害とされている。規制が強化され，防止技術が進んだこともあり，発生件数は減ってきている。

●**大気汚染**…工場や自動車などから排出される窒素酸化物，硫黄酸化物，浮遊粒子状物質などで空気が汚れることである。大気中の有害物質が太陽光線（紫外線）を受けて化学反応を起こし，**光化学オキシダント〔光化学スモッグ〕**が発生し，目やのどが痛くなることもある。

●**水質汚濁**…有害物質を含む工場廃液や家庭排

年代	主なできごと
1878	足尾銅山の鉱毒で渡良瀬川流域に被害
1955	**イタイイタイ病**が病名として報じられる
1956	**水俣病**の存在が社会問題化
1961	**四日市ぜんそく**の患者が多発
1965	**新潟水俣病**が発生
1967	**公害対策基本法**①
1971	**環境庁**発足
1973	公害健康被害補償法制定
1993	**環境基本法**制定
1997	**環境影響評価（アセスメント）法**制定

↑公害に関連した主なできごと

⚠️ココに注意！

①公害対策基本法と環境基本法のちがい
公害対策基本法は公害対策について定めた法律。これに対し，環境基本法は公害だけでなく，地球温暖化やオゾン層破壊といった地球環境問題に対する方針も示している。

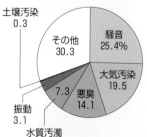

↑公害に対する苦情の内訳（2021年度）
（『日本国勢図会』2023/24年版）

騒音 25.4%
大気汚染 19.5
悪臭 14.1
水質汚濁
振動 3.1
その他 30.3
土壌汚染 0.3
7.3

3 公害

3年
4年
5年
6年

環境編

第1章
わたしたちを
とりまく
自然環境

水などで海や川，湖の水が汚れること。

●**土壌汚染**…カドミウムや銅，ヒ素，農薬，ダイオキシン①などで水田や畑の土などが汚れること。

●**騒音**…建設現場や自動車，飛行機などによるうるさい音のこと。

●**振動**…自動車や電車，建設工事などで生じる，体に感じるゆれのこと。

●**地盤沈下**…地下水のくみ上げすぎなどにより，地面が沈み込むこと。

●**悪臭**…工場や畜舎，下水，ごみの集積場などから出るいやなにおいのこと。

用語

①**ダイオキシン**
ポリ塩化ビニルなど，塩素をふくむ物質を燃やしたときに発生する，猛毒の有機塩素化合物の総称。発がん性があるとされる。

四大公害病

入試でる度
★★★☆☆

1960年代後半，広い範囲で深刻な被害をもたらした公害病の患者が，救済を求めて次々に工場や鉱山を相手取り，裁判を起こした。新潟水俣病，四日市ぜんそく，イタイイタイ病，水俣病を四大公害病という。

	水俣病 （熊本県）	新潟水俣病 （新潟県）	イタイイタイ病 （富山県）	四日市ぜんそく （三重県）
発生地域	水俣湾周辺	阿賀野川流域	神通川流域	四日市市のコンビナート周辺
症状	手足の感覚がまひする。	（水俣病と同じ。）	骨が折れやすくなり，痛みがおそう。	ぜんそくの発作がおそう。
原因物質	工場廃液中の有機水銀	工場廃液中の有機水銀	鉱山から放流されたカドミウム	コンビナートから排出される亜硫酸ガスや窒素酸化物

ここが問われる！ 水質汚濁による公害 大気汚染による公害

水俣病

イタイイタイ病

新潟水俣病

四日市ぜんそく

4 地球環境問題・環境保全

1 地球環境問題

　産業などの人間の活動が大規模かつ広範囲になるにつれ，環境が受ける影響も国境をこえて広がるようになった。これを地球環境問題という。

1 地球温暖化

●二酸化炭素などの温室効果ガス①が増えて地球全体の温度が上昇する現象を地球温暖化という（⇒P.558）。地球温暖化が進行すると，氷がとけて海面が上昇し，領土が水没の危機にさらされる，豪雨や干害などの異常気象が増える，生態系が変化し絶滅する生物が増える，農作物の生長がさまたげられ食料が不足する，マラリアやコレラなどの感染症が増える，などの問題の発生が心配されている。

用語

①温室効果ガス
地表の熱を吸収して地球上にとどめておく性質がある気体。物を燃やしたあとにできる**二酸化炭素**が代表的。適度な量の温室効果ガスは生物がくらしやすい地球環境を保つのに不可欠だが，増えすぎると地球温暖化の原因になる。

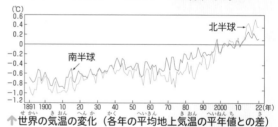
↑世界の気温の変化（各年の平均地上気温の平年値との差）
（気象庁調べ）

2 酸性雨

●工場や自動車から排出される硫黄酸化物や窒素酸化物が雨に溶けて酸性雨となって降り，森林を枯らしたり，湖沼の生物を死滅させたり，石造りの建物を溶かすなどしている。

↑酸性雨で枯れてしまった森林

3 熱帯林の減少（森林破壊）

●1年中暑くて雨が多い熱帯地方に広がる熱帯林は，動植物の宝庫となっている。木材をとったり，農地を広げたりするために伐採され，1990〜2000年にかけて日本の国土面積の3倍以上の熱帯林が失われた。

↑開発で失われた熱帯林

4 砂漠化

●焼畑農業，行き過ぎた放牧，森林伐採，降雨不足により，植物が生育しない土地（砂漠）になる現象。

5 オゾン層の破壊

●地球に熱と光を届け，多くの生物を育んでいる太陽の光の中には，生物に有害な**紫外線**が含まれている。高度約10〜50キロには**オゾン層**があり，紫外線を吸収して動植物を守っているが，**フロン**①などによってオゾン層が破壊され，地表に届く紫外線の量が増えている。1987年に締結されたモントリオール議定書②でフロンガスの使用が規制された。

●紫外線は皮ふがんや白内障などの病気を起こしやすくすると考えられている。

6 水問題

●地球上にある水のほとんどは海水で，飲料水など，生活で使うことのできる淡水③は地球上の水の0.01％しかない。人口の増加や産業の発展で水の使用量は1950〜1995年で約3倍に増えた。使える水の量が年間1700m³未満の「**水ストレス状態**」はアジアやアフリカに多く，1000m³未満の「**水不足状態**」はアフリカに多い。

用語

①フロン

エアコンや冷蔵庫の冷媒や，スプレーなどに使用されてきた化学物質。空気中に放出されると上空に達してオゾン層を破壊してしまうので，生産が規制されている。

もっとくわしく

②モントリオール議定書

日本ではこれを受けて1988年にオゾン層保護法を制定し，フロンなどの生産や輸出入の規制を行っている。

用語

③淡水

含まれる塩分の濃度が低い水のこと。真水ともいう。

環境編

第1章
わたしたちを
とりまく
自然環境

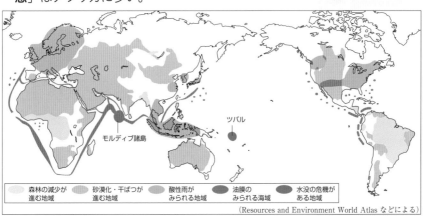

ツバル

モルディブ諸島

森林の減少が進む地域	砂漠化・干ばつが進む地域	酸性雨がみられる地域	油膜のみられる海域	水没の危機がある地域	

(Resources and Environment World Atlas などによる)

↑おもな地球環境問題

② 環境保全のための取り組み

① 環境について話し合われた会議

1972年	**国連人間環境会議①** スウェーデンのストックホルムで「**かけがえのない地球**」をテーマに，国連人間環境会議が開かれ，**人間環境宣言**が採択された。
1992年	**地球サミット〔国連環境開発会議〕** ブラジルのリオデジャネイロで約180か国が参加して地球サミットが開かれ，地球環境の保全と**持続可能な開発②**の実現のための具体策が話し合われた。また，「**環境と開発に関するリオ宣言**」や気候変動枠組条約③が採択された。日本はこれを受けて環境基本法（1993年）を制定し，時代に合った環境対策の実施にふみ出した。
1997年	**地球温暖化防止京都会議** 気候変動枠組条約を結んだ国々が京都に集まり，温室効果ガスの削減について話し合い，日本やアメリカ合衆国，ヨーロッパ連合〔EU〕などの先進国が温室効果ガスの排出量を2008〜12年で1990年に比べて約5%減らすことを定めた京都議定書を採択した。日本は6.0%の削減を義務づけられた。
2002年	**ヨハネスブルグ・サミット〔持続可能な開発に関する世界首脳会議〕** 南アフリカ共和国のヨハネスブルグに190か国以上が集まり，環境保全に関する具体策を定めた。
2015年	**パリ協定** 参加した196の国・地域が温室効果ガスの削減に取り組むことを約束した枠組みを定めた。

●パリ協定は京都議定書の後継となる温暖化対策のための取り組みで，途上国をふくむすべての参加国に排出削減の努力を求めた。

用語

①人間環境宣言
国連人間環境会議で採択された宣言。環境問題が人類に対する脅威であり，国際的に取り組むべき問題であることを明らかにした。

用語

②持続可能な開発
生態系や資源の有限性に配慮し，将来の世代が得るはずの利益を損なわない形で開発を行おうという理念。これが達成される世の中が「持続可能な社会」である。

用語

③気候変動枠組条約
地球温暖化防止条約ともいう。地球温暖化がもたらすさまざまな悪影響を防ぐための取り決めで，1992年の地球サミットで採択された。

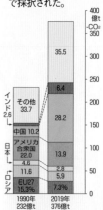

（『世界国勢図会』2022/23年版）

↑**主な国の温室効果ガス排出量割合**

② ラムサール条約

● 1971年にイランのラムサールで採択された条約で，正式には「特に水鳥の生息地として国際的に重要な湿地に関する条約」という。湿地や干潟の動植物を守るための条約で，日本は1980年に加盟し，多くの湿地が登録されている。

阿寒湖
釧路湿原
佐潟
片野鴨池
伊豆沼・内沼
琵琶湖
尾瀬
宍道湖
谷津干潟
藤前干潟
藺牟田池

↑日本の主なラムサール条約登録地

③ 生物多様性の保全

● 地球上では3000万種以上ともいわれる多様な生物が，森林や草原，砂地，川，海，湖などの環境の中で，複雑に関わり合い，バランスを保ちながら生きている。このような生物のあり方のことを**生物多様性**という。

● 人間は，生物多様性から酸素や水，食料，燃料など，さまざまなめぐみを受けている。しかし，開発などで1年間に約4万種の生物が絶滅しているといわれ，生物多様性がおびやかされている。

④ 環境保全のための身近な取り組み

● 限りある資源を大切に利用し，エネルギーの消費をおさえることは，地球温暖化の防止にも結びつく。そのためには，<u>3R</u>①の実行，消費電力の少ない**LED電球**や**ハイブリッド自動車**，**電気自動車**などの省エネ製品の利用などを進める必要がある。

● 価値のある自然環境や歴史的建築物などを，人々から集めた募金をもとに市民が買い取り，環境破壊から守る**ナショナルトラスト**が展開されている。

用語

①3R
ごみを減らす（Reduce），くり返し使う（Reuse），再利用する（Recycle）のアルファベットの頭文字をとった言葉。

世界遺産

入試でる度
★★☆☆☆

世界遺産とは，国際的な協力のもとに保全していくことが定められている，価値の高い建築物や貴重な自然環境などのことである。**国際連合のユネスコ**（⇒P.552）が，世界遺産条約に基づいて，条約締結国が推薦した候補の中から審査し，**文化遺産，自然遺産，複合遺産**を登録している。

ここが問われる！

どの県に世界遺産があるのかきちんとおさえておこう。広島県には2つの世界遺産があるので注意。

★は，明治日本の産業革命遺産
製鉄・製鋼，造船，石炭産業
（山口県，福岡県，佐賀県，長崎県，熊本県，鹿児島県，岩手県，静岡県）

●は，「長崎と天草地方の潜伏キリシタン関連遺産」（長崎県・熊本県）

◆は，北海道・北東北の縄文遺跡群（北海道，青森県，岩手県，秋田県）

▲は，「奄美大島，徳之島，沖縄島北部及び西表島」（鹿児島県・沖縄県）

白神山地

平泉－仏国土（浄土）を表す
建築・庭園及び考古学的遺跡群－

白川郷・五箇[山]
合掌造り集落

原爆ドーム

石見銀山遺跡と
その文化的景観

厳島神社

古都京都の
文化財

「神宿る島」
宗像・沖ノ島
と関連遺産群

姫路城

紀伊山地の
霊場と参詣[道]

屋久島

百舌鳥・古市古墳群
－古代日本の墳墓群－

↑日本にある世界遺産（2023年8月現在）

価値の高い芸能と伝承，儀式，祭礼，伝統工芸などは，ユネスコの**無形文化遺産**に登録されている。日本では，能楽，人形浄瑠璃文楽，歌舞伎などが登録されている。

知床

富岡製糸場と絹産業遺産群

日光の社寺

富士山－信仰の対象と芸術の源泉－

ル・コルビュジエの建築作品－近代建築運動への顕著な貢献－

小笠原諸島

古都奈良の文化財

法隆寺地域の仏教建造物

琉球王国のグスク及び関連遺産群

第1章
わたしたちをとりまく
自然環境

入試要点チェック

解答 ▶ P.617

つまずいたら
調べよう

- 1 **植林**によって造成された森林を何といいますか。

1 ▶ P.291
❶ 1 ❷

- 2 水道水を取り入れる川の上流にあり，**水をきれいにするなどの働きのある森林**を何といいますか。

2 ▶ P.293
❶ 3 ❶

- 3 2011年3月11日に発生した大地震にともなう災害のことを何といいますか。

3 ▶ P.295
❷ 2

- 4 地震の規模を表す尺度のことを何といいますか。

4 ▶ P.295
❷ 2

- 5 **台風**が接近したとき，海面が上昇する現象を何といいますか。

5 ▶ P.297
❷ 4

- 6 東北地方や北海道で，夏の低温が原因で農作物の実りが悪くなるなどの**自然災害**は何ですか。

6 ▶ P.298
❷ 5 ❶

- 7 災害が発生したときの**避難場所**や**避難経路**などを記した**地図**を何といいますか。

7 ▶ P.299
❷ 6 ❷

- 8 四大公害病の発生を受け，1967年に制定された**環境対策の法律**を何といいますか。

8 ▶ P.300
❸ 1 ❷

- 9 **典型7公害**のうち，苦情の件数が最も多いものは何ですか。

9 ▶ P.300
❸ 1 ❸

- 10 二酸化炭素などが増えて**地球全体の温度が上昇する**地球環境問題を何といいますか。

10 ▶ P.302
❹ 1 ❶

- 11 木の切り過ぎや家畜の増やし過ぎなどで，**不毛な土地**になってしまう現象は何ですか。

11 ▶ P.303
❹ 1 ❹

- 12 地球環境問題を話し合うため，1992年にリオデジャネイロで開かれた国際会議を何といいますか。

12 ▶ P.304
❹ 2 ❶

- 13 地球上では多くの生物が自然環境の中でバランスを保ちながらくらしています。そのような生物のあり方のことを何といいますか。

13 ▶ P.305
❹ 2 ❸

入試問題にチャレンジ！

解答▶P.617

1 次の文を読み，あとの問いに答えなさい。

(ノートルダム清心中・改)

日本の森林は①国土の約66％をしめ，②広葉樹林と針葉樹林などがあります。人々は古くから森林を利用し，③木材を得るなどしてきました。今，④世界の各地では，開発などによって森林が失われ，大きな問題になっています。日本でも，開発の行き過ぎから自然保護が大切であるという考えが広まり，森林のさまざまな働きを見直し，次の世代のためにも森林を守り育てる取り組みをすることが求められています。

よくでる (1) 下線部①について，日本の森林面積として最も適当なものを，次のア～エから1つ選びなさい。　　　　（　　　）

　　ア　約500万ha　　　　イ　約1500万ha
　　ウ　約2500万ha　　　エ　約3500万ha

(2) 下線部②について，広葉樹と針葉樹の説明として適当でないものを，次のア～エから1つ選びなさい。　　　　（　　　）

　　ア　ぶなやかしは広葉樹で，すぎやひのきは針葉樹である。
　　イ　人工林には針葉樹が多くあり，天然林には広葉樹が多くある。
　　ウ　広葉樹は，針葉樹より水をたくわえる力が強い。
　　エ　広葉樹は，針葉樹より生長が早く加工しやすい。

(3) 下線部③について，日本の林業のようすとして適当でないものを，次のア～エから1つ選びなさい。　　　　（　　　）

　　ア　生産する人の高齢化が進んでいる。
　　イ　自然保護のため林道をつくることが禁止されている。
　　ウ　切り出したり運び出したりするのに手間がかかる。
　　エ　安い外国の木材が入ってきている。

(4) 下線部④について，開発などによって森林が失われたためにおきた問題として適当でないものを，次のア～エから1つ選びなさい。　　　　（　　　）

　　ア　酸性雨　　　イ　二酸化炭素の増加
　　ウ　砂漠化　　　エ　野生生物の消滅

よくでる **2** 下の地図は，日本で気象災害が起こりやすい地域を示したものである。これらの気象災害の名称の組み合わせを表中の**ア〜カ**から1つ選びなさい。

（東京都市大学付属中）　　　　　　　　　　　　　（　　　　）

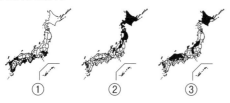

①　　　　　②　　　　　③

（「新詳地理資料　COMPLETE 2019」より）

	①	②	③
ア	干害	台風	冷害
イ	干害	冷害	台風
ウ	台風	干害	冷害
エ	台風	冷害	干害
オ	冷害	干害	台風
カ	冷害	台風	干害

よくでる **3** 近年の日本では，国の規定した典型7公害のほか，ごみ問題も多くの人々を悩ませている。右のグラフで，**A**と**B**にあてはまる公害の正しい組み合わせを，次の**ア〜ウ**から1つ選びなさい。

（聖園女学院中）

ア A：大気汚染　B：水質汚濁　（　　　　）
イ A：水質汚濁　B：大気汚染
ウ A：土壌汚染　B：水質汚濁

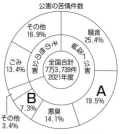

公害の苦情件数

その他 16.9%
騒音 25.4%
振動 公害
ごみ 13.4%
大気汚染 公害
全国合計
7万3,739件
2021年度
A 19.5%
B 7.3%
悪臭 14.1%
その他 3.4%

（『日本国勢図会』2023/24年版）

4 循環型社会の基本的な考え方はリデュース，リユース，リサイクルの3Rです。右の表は3Rの具体的な行動を示したものです。空らん①〜③に**A〜C**の文をあてはめた場合の正しい組み合わせを**ア〜エ**から1つ選びなさい。

（鎌倉女学院中）　　　　　（　　　　）

3R	具体的な行動
リデュース	トレイを使っていない商品を選ぶ （　①　）
リユース	牛乳びんを回収に出す （　②　）
リサイクル	古紙を利用して教科書をつくる （　③　）

A 牛乳パックを集めて回収に出す
B フリーマーケットを利用する　　**C** 買い物ぶくろを持参する

ア ①−A　②−B　③−C　　**イ** ①−A　②−C　③−B
ウ ①−B　②−A　③−C　　**エ** ①−C　②−B　③−A

政治 編

わたしたちの
くらしと
日本国憲法

1 日本国憲法の成立とその構成

3年
4年
5年
6年

政治編

第1章
わたしたちの
くらしと
日本国憲法

第2章
政治 わたしたちの
願いを実現する

1 日本国憲法の成立とその構成

1 憲法とは？

1 国の基本原理

⬤ 憲法とは国家のあり方の基本原理，原則を定める規範。日本国憲法は「国の最高法規」であり，<u>憲法に反する法律や命令や規則などはすべて無効となる。</u>①国の主権者，国民の権利や義務などを定めている。

2 日本国憲法の成立

⬤ 太平洋戦争において，日本は1945年8月にポツダム宣言を受け入れ，無条件降伏した。戦後の民主化政策を進めるGHQ（連合国軍最高司令官総司令部）は，日本の民主化の基本となる憲法の改正を日本政府に指示した。

⬤ 政府はマッカーサーの草案を修正した改正案を帝国議会に提出した。この改正案は審議を経て一部修正が加えられ，<u>1946年11月3日に日本国憲法として公布，1947年5月3日に施行されて現在に至る。</u>②

2 日本国憲法の構成と内容

1 日本国憲法の構成

⬤ 日本国憲法は前文と全11章（103条）からなる。

↓日本国憲法の構成

章	内容	章	内容
前文	憲法の理念	第6章 司法	裁判所の役割やしくみ
第1章 天皇	天皇の地位と仕事	第7章 財政	財政の制度
第2章 戦争の放棄	戦争をしない	第8章 地方自治	地方自治の原則やしくみ
第3章 国民の権利及び義務	基本的人権の尊重と国民の義務	第9章 改正	憲法改正の手続きとその公布
第4章 国会	国会の地位，役割やしくみ	第10章 最高法規	最高法規である憲法と基本的人権
第5章 内閣	内閣の役割やしくみ	第11章 補則	その他

🔍 もっとくわしく

①憲法と法関係

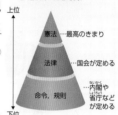

下位の法が上位の法に反するときは無効

🔍 もっとくわしく

②公布日と施行日の今
公布日の11月3日は，日本国憲法が平和と文化を大切にしていることから，「文化の日」となっている。また，施行日の5月3日は，日本国憲法が施行された日を記念して，「憲法記念日」となっている。

② 日本国憲法の内容

国民主権

国民は、参政権を行使することで、政治に参加する。

国会　　議員の選挙

地方公共団体　　首長や議員の選挙

直接請求

憲法改正　　国民投票

最高裁判所　　国民審査

平和主義

日本国憲法の前文
　日本国民は、永遠の平和を心から願い、平和を愛する世界の人々の公正と信義を信頼して、わたしたちの安全を守っていこうと決意しました。かたよった権力による支配や差別をなくそうとする国際社会で名誉ある地位を築きたいと思います。世界の人々が恐怖や欠乏することなく、平和な中で生きる権利があることを確認します。
（部分要約）

第2章第9条
①日本国民は、正義と秩序をもとにした世界の平和を心から願い、国どうしの争いを解決するためといって、武力で相手をおどしたり、武力を用いることを、永久にしません。
②この目的を果たすために、陸軍・海軍・空軍やその他の戦力をもたないこととします。また、日本国が他の国と戦争することも認めません。
（要約）

国民の権利

平等権　個人の尊重、男女の平等など

自由権　言論、学問、宗教などの自由

○×　講演会

社会権

基本的人権を守るための権利

参政権　選挙権、被選挙権

請求権　裁判を受ける権利

国民の義務

納税の義務　　納税課

勤労の義務

教育を受けさせる義務

※勤労や教育は権利でもある。

2 日本国憲法の三大原則

1 日本国憲法の精神

日本が民主的な国家として歩むために制定された日本国憲法は，大日本帝国憲法を全面改正したもので，国民主権，平和主義，基本的人権の尊重を三大原則としている。

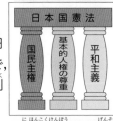

日本国憲法

| 国民主権 | 基本的人権の尊重 | 平和主義 |

↑日本国憲法の三大原則

2 国民主権

1 国民主権とは

国の政治のあり方を決める権限を主権といい，主権が国民にあることを国民主権という。前文の「…，ここに主権が国民に存することを宣言し，…」と，第1条で国民が主権者であることを宣言している。

2 国民主権と天皇

天皇は大日本帝国憲法では主権者とされたが，日本国憲法では，日本国や日本国民の統合の象徴と定められている①。

天皇は政治の実務を行わず，内閣の助言と承認のもと，憲法で定められた国事行為②を行う。

天皇の国事行為（一部）

国民に知らしめる

・憲法改正，法律，政令，および条約を公布する。
・国会を召集する。
・衆議院を解散する。
・国会議員の総選挙の施行を公示する。
・栄典を授与する。
・外国の大使および公使をもてなす。

天皇の任命権

指名するのは国会

・内閣総理大臣を任命する。

指名するのは内閣

・最高裁判所長官を任命する。

もっとくわしく

①天皇の地位

日本国憲法第1条で，「天皇は，日本国の象徴であり日本国民統合の象徴であって，この地位は，主権の存する日本国民の総意に基く。」と定めている。

用語

②国事行為

日本国憲法で天皇が行うこととして定められている仕事。天皇は政治的な権限はもたず，国事行為を行うには内閣の助言と承認を必要としており，その責任は内閣が負うことになっている。

↑国会の開会式

③ 平和主義

- 多くの犠牲を生んだ戦争の反省から，前文では国際協調による**平和主義**を宣言している。また，第**9**条では**戦争の放棄，戦力の不保持，交戦権の否認**を定めている。
- 最近では，**自衛隊**①を国際連合平和維持活動（ＰＫＯ）に派遣するなど，平和を求める国際社会への貢献も目立っている。しかし，これが憲法に則しているのか否かには，さまざまな意見がある。

④ 基本的人権の尊重

① 基本的人権とは

- 人が生まれながらにもっている権利を，**基本的人権**②といい，自由権，平等権，社会権，参政権，請求権の5つがある。第**11**条で「…基本的人権は，侵すことのできない永久の権利として，現在及び将来の国民に与へられる。」とされ，国家や法律によって制限されない永久の権利とされている。
- 基本的人権が保障されても，個人が好き勝手にふるまってよいわけではない。社会全体の幸福や利益（公共の福祉）のために制限されることもある。③

② 基本的人権の内容

- 自由権…国民が国から制約されることなく，自由に活動できる権利。

身体の自由	奴隷的拘束や苦役からの自由，不当な逮捕，拘禁をされないなど。
精神の自由	思想・良心の自由，信教の自由，表現の自由，学問の自由など。
経済活動の自由	居住・移転（引っ越し）の自由，職業選択の自由，財産権の保障。

🔍 もっとくわしく

①集団的自衛権
自国と密接な関係にある他国に対して武力攻撃が行われたとき，自国が直接攻撃されていなくても阻止することができる権利を集団的自衛権という。これまで日本政府はこの権利を憲法上行使できないとしていたが，憲法の解釈を変えたことにより，憲法で認められるとの立場をとるようになった。この権利に対し，憲法第**9**条に反しているなどのさまざまな意見が出ている。

🔍 もっとくわしく

②基本的人権の内容
平等権や自由権は早くから主張され，**19**世紀ごろには広く世界に認められるようになった。一方，社会権は資本主義が発達して生じた，貧富の差や労働問題などを解決するため，**20**世紀になって認められるようになった。

🔍 もっとくわしく

③公共の福祉によって基本的人権が制限される例

表現の自由	個人の名誉を傷つける
集会・結社の自由	デモの規制
財産不可侵	不備な建築の禁止
経済活動の自由	市場の独占の禁止
労働基本権	公務員のストライキ
居住・移転の自由	感染症によるかくり

2 日本国憲法の三大原則

3年
4年
5年
6年

政治編

第1章
わたしたちのくらしと日本国憲法

第2章
わたしたちの願いを実現する政治

● 平等権…だれもが差別を受けることなく平等である権利。

個人の尊重	個人として等しく尊重される。
法の下の平等	人種や信条，性別，社会的身分などによる差別を受けない。
両性の本質的平等	男女のちがいによる差別を受けない。①

もっとくわしく

①男女のちがいによる差別を受けない権利
1986年に施行された男女雇用機会均等法は，賃金や採用，昇進などにおいて男女を平等にあつかい，性別による差別の禁止を定めている。

バリアフリー…障がい者や高齢者などが安全・快適にくらせるように，障壁となるものを取りのぞこうとする考え。

ユニバーサルデザイン…年齢や障がいに関係なくすべての人が使いやすいように工夫をしたデザインのこと。

▼ユニバーサルデザインの例

車いすを利用した人が使いやすいよう，エレベーターが設置されている。

きき手ごとにすくいやすいようにつくられている。

↑平等権を尊重した考え

● 社会権…国民が人間らしい生活をする権利。②

生存権		健康で文化的な最低限度の生活を営む権利
教育を受ける権利		国民が等しく教育を受ける権利
労働者の権利	団結権	労働者が，団結して労働組合をつくる権利
	団体交渉権	使用者（会社の経営者など）と労働組合を通して交渉する権利
	団体行動権	ストライキ（仕事をしないで抗議すること）などをする権利

労働基本権（労働三権）

もっとくわしく

②社会権の誕生
「経済生活の安定は，すべての人に人間たるに値する生活を保障する目的をもつ正義の原則に適合しなければならない。」という条文は，1919年に制定されたワイマール憲法（ドイツ）の一節。史上はじめて社会権を認めた憲法である。

● 参政権…国民が代表者を通して間接的に政治に参加する権利。**選挙権**，**被選挙権**，最高裁判所裁判官の**国民審査権**，憲法改正の**国民投票権**，政治に対する要望を提出できる**請願権**などがある。選挙権は，2015年に公職選挙法が改正され，選挙権があたえられる年齢が18才以上に引き下げられた。若い世代の意見を政治に取り入れることが期待されている。

● 請求権…基本的人権が侵されたとき，国などに救済を求める権利。**裁判を受ける権利**や**国家賠償請求権**，**刑事補償請求権**①がある。

3 新しい人権

● 産業や技術の発展，情報化といった現代社会の変化に応じて，認められるべき新たな人権もある。憲法には規定されていない，**新しい人権**を守るための法律が成立している。

🔍 もっとくわしく

①国家賠償請求権と刑事補償請求権
国家賠償請求権は，公務員の不法行為などによって受けた損害の賠償を求める権利。刑事賠償請求権は，刑事裁判で無罪が確定した場合に，つかまっていたことに対して国にお金による補償を求めることができる権利である。

環境権…人間らしい生活環境を求める権利。

太陽の光を一定時間住宅に確保する日照権などがある。

プライバシーの権利…個人の私的な情報を守る権利。知る権利や表現の自由と対立することがある。

この権利にもとづき，国や地方公共団体の個人情報の扱いについて定めた個人情報保護法が定められた。

知る権利…政治についての正しい判断のために情報を国や地方公共団体に求める権利。

この権利を確立するために，省庁などがもっている行政文書を請求に応じて公開することを義務づけた情報公開法が定められた。

自己決定権…自分の生き方を自由に決定できる権利。

医療現場において，患者が治療方法などを自己決定するために，十分な説明を受けた上で同意するインフォームド・コンセントの考えが広まっている。

政治編

第1章
わたしたちの
くらしと
日本国憲法

第2章
わたしたちの
願いを
実現する
政治

5 国民の義務

●日本国憲法では，国民が果たすべき3つの義務を定めている。

①子どもに普通教育を受けさせる義務

②勤労の義務

③納税の義務

教育を受けることと
働くことは，権利でもあり，義務でもある。

6 憲法の改正

●憲法の改正には厳しい条件がある。衆議院，参議院それぞれの総議員数の**3分の2以上**の賛成を得て，国会が国民に憲法改正案を発議し，**国民投票**で過半数の賛成により承認①される。

🔍 もっとくわしく

①国民投票法
日本国憲法の改正における国民投票について定めた法律。2007年5月14日に成立し，2010年5月18日から施行。満18才以上の日本国民が投票権をもつとされている。

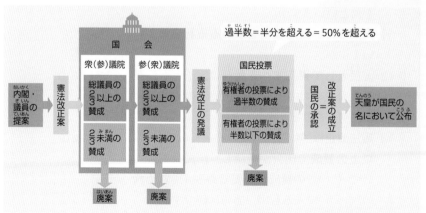

過半数＝半分を超える＝50％を超える

入試要点チェック

解答 ▶ P.617

つまずいたら
調べよう

☐ **1** 日本国憲法が**公布された**のは，何年何月何日ですか。

1 ▶ P.313
❶ 1 ❷

☐ **2** 日本国憲法の**三大原則**は国民主権，平和主義，あと1つは何ですか。

2 ▶ P.315
❷ 1

☐ **3** 日本国憲法で，天皇は**日本国および日本国民統合の何**と定められていますか。

3 ▶ P.315
❷ 2 ❷

☐ **4** 内閣の助言と承認のもと，**天皇が行う仕事**を何といいますか。

4 ▶ P.315
❷ 2 ❷

☐ **5** 日本国憲法の**平和主義**は，前文のほか**第何条**に定められていますか。

5 ▶ P.316
❷ 3

☐ **6** 国家から制約されることなく，**自由に活動できる権利**を何といいますか。

6 ▶ P.316
❷ 4 ❷

☐ **7** 社会権の1つで，**健康で文化的な最低限度の生活を営む権利**を何といいますか。

7 ▶ P.317
❷ 4 ❷

☐ **8** **労働三権**には，団体行動権，団体交渉権のほか，何がありますか。

8 ▶ P.317
❷ 4 ❷

☐ **9** 国民が**政治に参加する権利**を何といいますか。

9 ▶ P.318
❷ 4 ❷

☐ **10** **個人の私的な情報を守る権利**だが，知る権利や表現の自由と対立することがある権利を何といいますか。

10 ▶ P.318
❷ 4 ❸

☐ **11** **人間らしい生活環境を求める権利**を何といいますか。

11 ▶ P.318
❷ 4 ❸

☐ **12** **国民として果たすべき義務**は，子どもに普通教育を受けさせる義務，勤労の義務のほか，何がありますか。

12 ▶ P.319
❷ 5

☐ **13** **憲法改正**は，衆・参両議院の総議員数の（　）**以上の賛成**で国会が発議し，国民投票において（　）の賛成が必要である。それぞれの（　）に入る数字，語句は何ですか。

13 ▶ P.319
❷ 6

3年
4年
5年
6年

政治編

第1章
わたしたちの
くらしと
日本国憲法

第2章
わたしたちの
願いを実現する
政治

第1章 わたしたちのくらしと日本国憲法

入試問題にチャレンジ！

解答▶P.617

1 次の文章を読んで，あとの問いに答えなさい。

(東京都市大付属中)

　現在の国の政治の基本的なあり方を定めた①日本国憲法は，三つの柱（原則）から成り立っています。それは，まず一つは，第9条に定められている戦争の放棄によって代表される（　②　）主義があげられます。次に，（　③　）という原則で，これは，国の政治の内容やすすむべき道を最終的に決めるのは国民一人ひとりだとしています。この代表的な例として，憲法では国民が政治に対する意見を示すために18才以上のすべての国民に選挙権を与えています。そして，三つ目の原則としての（　④　）の尊重は，個人の尊重・男女の平等，思想や学問の自由，健康で文化的な最低限度の生活を営む権利などを定めて国民としての権利を保障しています。また，戦前の憲法で主権者であった天皇は，日本国憲法では日本の国や国民のまとまりの（　⑤　）であり政治については権限を持たないとされました。⑥天皇は憲法で定められている仕事である国事行為を，内閣の助言と承認にもとづいて行うと定められています。

よくでる（1）空らんにあてはまる語句をそれぞれ漢字で答えなさい。

②（　　　　　）③（　　　　　）
④（　　　　　）⑤（　　　　　）

（2）下線部①に関連して，日本国憲法における国会について説明した文として正しいものを次のア〜エからすべて選び，記号で答えなさい。（　　　　　）

ア 国会は，衆議院と貴族院からなっている。
イ 国権の最高機関で，国でただ一つの行政機関とされている。
ウ 条約を承認するかどうか決める。
エ 憲法改正を国民に提案する。

（3）下線部⑥について正しいものを次のア〜エからすべて選び，記号で答えなさい。（　　　　　）

ア 内閣総理大臣・最高裁判所長官を指名すること。
イ 外国の大使などをもてなすこと。
ウ 参議院を解散すること。
エ 国会議員の選挙を公示すること。

321

② 次の日本国憲法の前文の一部を読んで，あとの問いに答えなさい。

（日本大学第一中）

　日本国民は，正当に選挙された（　①　）における代表者を通じて行動し，われらとわれらの子孫のために，諸国民との協和による成果と，わが国全土にわたって自由のもたらす恵沢を確保し，政府の行為によって再び（　②　）の惨禍が起ることのないようにすることを決意し，ここに（　③　）が国民に存することを宣言し，この憲法を確定する。

（1）文中の（　①　）～（　③　）にあてはまる語句を，次の**ア**～**キ**から選び記号で答えなさい。

　　　　　　　　　　　　①（　　　　）②（　　　　）③（　　　　）

　　ア　衆議院　　**イ**　内閣　　**ウ**　戦争　　**エ**　国会　　**オ**　人権
　　カ　革命　　**キ**　主権

（2）上に掲げた文の中には，日本国憲法の三原則のうちの2つが述べられています。この部分に述べられていない，残りの1つを答えなさい。
　　　　　　　　　　　　　　　　　　　　　　（　　　　　　　　　　　）

（3）日本国憲法は，国民の権利とともに，国民が果たさなければならない義務も定めています。その義務とは，普通教育を受けさせる義務，税金を納める義務とあと1つは何ですか。漢字2字で答えなさい。
　　　　　　　　　　　　　　　　　　　　（　　　　　）の義務

③ 次の文を読み，あとの問いに答えなさい。

（明大中野八王子中）

　日本国憲法は施行されてから70年余りが経過していますが，①一度も改正されずに現在まで続いています。今から70年前というのは，戦後日本を支配したGHQの占領統治下の時代にあたります。戦後の日本は奇跡的な経済成長をとげましたが，社会が大きく変わっていく中で，憲法に定められている②基本的人権では対処しきれない問題が次々と生じてきました。そのために現代社会に生きる人間にとって当然認められる③新しい人権が主張されてきたのです。

（1）下線部①について，日本国憲法の改正手続きに必要なことを次の中から1つ選んで記号で答えなさい。　　　　　　　　　（　　　）
　　ア　すべての国会議員の賛成　　　**イ**　国会の発議
　　ウ　内閣総理大臣の公布　　　　　**エ**　最高裁判所の審査

3年
4年
5年
6年

政治編

第1章
わたしたちの
くらしと
日本国憲法

第2章
わたしたちの
願いを実現する
政治

(2) 下線部②について，このなかの生存権について述べている文章を次の中から1つ選んで記号で答えなさい。　　　（　　）

ア　財産活用や職業選択，居住，移転などを自由に行える権利。

イ　国民の代表を選ぶ権利，また代表者に立候補する権利。

ウ　一人ひとりの個性を尊重し，誰もが平等にあつかわれる権利。

エ　健康で文化的な最低限度の生活を営む権利。

(3) 下線部③について述べた次の文章のうち，誤っているものを1つ選んで記号で答えなさい。　　　（　　）

ア　人間らしい生活ができる良好な環境を求める権利。

イ　国民が主権者として政治に参加するために，国や地方公共団体に情報の公開を求める権利。

ウ　代表者の政治を見守り，自分たちの要求を政治機関にうったえる権利。

エ　個人の私生活をみだりに公開されない権利。

---

4 基本的人権について述べた次の文章を読んで，①～⑤にあてはまる語句を，ア～コから1つずつ選び，記号で答えなさい。
（関東学院中）

日本国憲法では基本的人権を「侵すことのできない（　①　）の権利」として国民に保障しています。（　②　）の福祉に反しない限り，このことは尊重されています。すべての国民は，人種や性別・社会的身分・家柄などによって差別されません。これらを（　③　）権といいます。また，すべての人間が人間らしく生活を送る権利を（　④　）権といい，これも日本国憲法で認められている重要な権利です。また，基本的人権を守るための権利として，（　⑤　）権が認められています。この権利は，裁判を受ける権利などを指しています。

①（　　　）　②（　　　）　③（　　　）　④（　　　）　⑤（　　　）

ア　国民　　イ　公共　　ウ　自由　　エ　永久　　オ　請求

カ　不滅　　キ　社会　　ク　平等　　ケ　参政　　コ　博愛

わたしたちの願いを実現する政治

1 わたしたちのくらしと政治

3年
4年
5年
6年

政治編

第1章
わたしたちの
くらしと
日本国憲法

第2章
わたしたちの
願いを実現する
政治

1 わたしたちのくらしと政治

1 住民の願いを実現する政治

わたしたちのくらしと政治のかかわり

○ わたしたちのまちには乳幼児からお年寄りまで，たくさんの人々がくらしている。児童，会社員，外国人，自営業者，公務員など，さまざまな人が同じ地域に住み，そこで安全で豊かな，健康で文化的な生活を送ることを願っている。

車いすのまま自由に移動したい。

日本語の表記だとわかりづらい。

まちの商店街をもっと活気あるものにしたい。

もっと自分の趣味を増やしたい。

公園や図書館を増やしてほしい。

思いきり体を動かせる施設がほしい。

育児について相談できる施設がほしい。

↑さまざまな願い

○ さまざまな人の願いや思いを実現させていくのが，国，都道府県，市（区）町村の政治の大切な役割となっている。右の図は，わたしたち住民の願いをどのようにして実現していくのか，その道すじを示している。

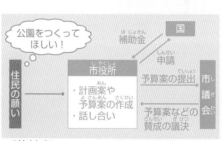

公園をつくってほしい！

住民の願い → 市役所
・計画案や予算案の作成
・話し合い

国
補助金
申請

予算案の提出

市議会
予算案などの賛成の議決

↑公共施設ができるまで

京都府城陽市では，文化・芸術に気軽に親しみたいという住民の願いから，複合文化施設がつくられた。

文化パルク城陽とホール↓

② 住民の願いにこたえるしくみ

1 地方自治とは

●わたしたちの住む地域で，住民が自分たちの意思で自分たちの願いを実現していく政治のあり方を**地方自治**という。地方自治を行う単位となるのは**地方公共団体**〔地方自治体〕で，**都道府県と市（区）町村**がある。

2 地方公共団体の仕事

●地方公共団体は，地域の住民の生活にかかわりが深い，さまざまな仕事を行っている。たとえばごみの処理や，上下水道，道路の整備などである。

3 地方公共団体のしくみ

●地方公共団体の政治は，住民が直接選挙で選んだ議会の議員と，**首長**により進められる。

↑学校　↑警察

↑消防　↑上下水道の整備

↑ごみ収集　↑道路の整備

↑地方公共団体の仕事

地方公共団体における政治の最高責任者。条例や予算にもとづいて地域の政治を行う。

住民の選挙によって選ばれた議員からなる機関。条例①の制定や予算の決定などを行う。

↓地方公共団体のしくみ

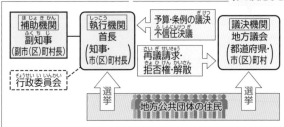

補助機関
副知事
（副市（区）町村長）

行政委員会

執行機関
首長
（知事・市（区）町村長）

予算・条例の議決
不信任決議

再議請求・拒否権・解散

議決機関
地方議会
（都道府県・市（区）町村）

選挙　選挙

地方公共団体の住民

もっとくわしく

①条例

地方議会が制定し，その地方公共団体にのみ適用される法令。法律の範囲で定められる。ユニークな条例もつくられている。

新潟県妙高市
雪国の生活を明るくする条例

滋賀県
滋賀県琵琶湖の富栄養化の防止に関する条例

神奈川県横浜市
ポイ捨て・喫煙禁止条例

青森県板柳町
りんごまるかじり条例

↑全国の特色のある条例

3年
4年
5年
6年

4 地方公共団体に認められた自主投票

地方公共団体の住民にかかわる重要な政策を決定するとき，特に住民の意見を直接問うために**住民投票**が行われることがある。

年	主な住民投票
1997	沖縄県名護市／アメリカ軍ヘリポート基地建設
2000	徳島県徳島市／吉野川可動ぜきの建設
2013	山口県山陽小野田市／市議会議員の定数削減
2020	東京都品川区／羽田空港新飛行ルートの運用

↑主な住民投票

政治編

第1章 わたしたちのくらしと日本国憲法

第2章 政治 わたしたちの 願いを実現する

直接請求権

入試でる度 ★★★☆☆

(・_・)「公約（⇒P.337）を実現しない首長をやめさせたいのですが…」

(^_^)「それなら，直接請求という方法がありますよ」

地方自治では，住民は，一定の署名を集めれば，条例の制定・改廃，監査（地方公共団体の事務が正しく行われているか監督し検査すること），議会の解散，首長・議員の解職（リコール）を求める権利が認められている。この権利のことを**直接請求権**という。

請求の種類	必要な署名数	請求先	請求後の取りあつかい
条例の制定・改廃の請求	有権者の50分の1以上	首長	議会にかけて話し合い，決定する。
監査請求		監査委員	監査を実施して，結果を公表する。
議会の解散請求	※有権者の3分の1以上	選挙管理委員会	解散について有権者の投票を行い，過半数の賛成があれば解散する。
首長・議員の解職請求		選挙管理委員会	解職について有権者の投票を行い，過半数の賛成があれば職を失う。

※有権者が40万人以下の場合。

ここが問われる！
議会の解散請求や，首長・議員の解職請求といった，重要な案件のほうが，たくさんの署名数が必要となる。

327

③ 住民の願いにこたえるための費用

地方公共団体が仕事をするための費用と使い道

- 住民が地方公共団体や国に納めるお金を税金という。地方公共団体や国が行う仕事の多くは税金でまかなわれ，住民（国民）には納税の義務（⇒P.319）が憲法に定められている。①

- 地方公共団体は，住民が納めた税金や，国や都道府県からの補助金などの**収入〔歳入〕**を使って，住民の願いを実現する仕事を行っている。このときの**支出**を歳出という。税金の使い道は，地方公共団体では地方議会の話し合いで決められる。

🔍 もっとくわしく

①納税の義務
日本国憲法第30条において，「国民は，法律の定めるところにより，納税の義務を負う。」と定められている。

地方財政の収入（歳入）

地方債
債券を発行して，集めたお金。利子を付けて返す借金である。

国庫支出金
国から交付される補助金で，義務教育，道路の整備など，使い道は国が決める。

その他 21.7%
地方税 33.2%
地方債 10.8%
2020年度 61兆8941億円
国庫支出金 20.0%
地方公付税交付金 14.3%

（総務省資料）

地方税
住民税，固定資産税など，住民が納めた税金。

地方交付税交付金
国から交付されるお金で，使い道は自由。地方公共団体間の財政の格差を調整するための措置。

地方財政の支出（歳出）

民生費
福祉施設の整備や生活保護などに使われる費用。

公債費
借り入れたお金の元金や利子の支払いに使われる費用。

その他 45.0%
民生費 16.3%
2020年度 59兆7063億円
教育費 17.1%
土木費 10.5%
公債費 11.1%

（総務省資料）

教育費
学校教育や社会教育に使われる費用。

土木費
道路や河川の整備などに使われる費用。

1 わたしたちのくらしと政治

3年
4年
5年
6年

政治編

第1章
わたしたちの
くらしと
日本国憲法

第2章
わたしたちの
政治を実現する
願いを実現する

④ 地方公共団体の役割

災害が発生したときのはたらき

●災害が発生したときに最初に行動を起こすのは，地方公共団体の重要な役割の1つである。被害が大きく，被災した地方公共団体だけでは対応しきれない場合は，都道府県や国の協力を求め，復旧支援の窓口となる。

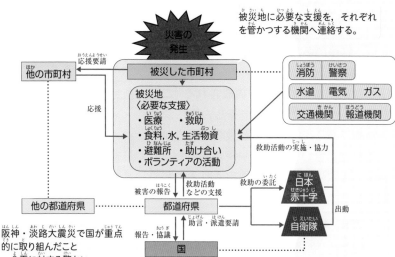

被災地に必要な支援を，それぞれを管かつする機関へ連絡する。

阪神・淡路大震災で国が重点的に取り組んだこと
・余震に対する警かい
・被害の状況のはあく
・行方不明の人のそうさく，救出活動
・火災地域の消火活動
・道路，鉄道，ライフライン①の復旧

↑災害から人々の生活を守る政治のはたらき

🔍 もっとくわしく

①ライフライン
生命線や命づなという意味。生活に欠かせない水道，電気，ガス，輸送（バス，電車など）などを表す。

↑被災地のボランティア

●被災した地域では，そこに住む人々が生活を立て直すための費用や，こわれた建物を直すための資金などが必要になる。こういった復興に向けた費用の一部には，地方公共団体や国が資金を出し，集められた義援金も使われる。一般の人々の可能な範囲内での支援活動（ボランティア）も大切になっている。

2 国民のくらしと政治

1 国会の役割

1 国会とは

● 国会は国の政治の方向を決める機関で，法律を定めることができる**唯一の立法機関**である。選挙で選ばれた国民の代表者（国会議員）で構成されるため，「国権の最高機関」と定められている。国会での決定は，議員の多数決により決められる。

↑国会での採決の様子

2 国会のしくみ

● 国会は**衆議院**と**参議院**で構成される（**二院制**）。これは，政治の方向をしん重に決めるためであり，衆議院と参議院の両方がそれぞれ話し合いを行い，両院が賛成したときに，法律や予算などが決定されるのが原則である。

↑国会のしくみ

衆議院（465名）		参議院（248名）
小選挙区　289名 比例代表　176名	議員定数	選挙区　148名 比例代表　100名
4年	任期	6年
25才以上	被選挙権	30才以上
ある	解散	ない

↑衆議院と参議院の比かく
（2023年8月現在）

ただし，参議院は，3年ごとに半数が改選される（半数＝選挙区の半数74名＋比例代表の半数50名＝124名）

3 国会の種類①

常　会 （通常国会）	毎年1回，1月中に開かれる。 主に，次年度の**予算**について話し合う。	会期は150日間。 延長は1回まで。
臨時会 （臨時国会）	内閣が必要と認めたとき，または衆・参どちらかの議院の総議員の4分の1以上の要求があったときに開かれる。	会期は衆・参両議院の議決で決められる。 延長は2回まで。
特別会 （特別国会）	衆議院解散後の総選挙の日から30日以内に開かれる。 **内閣総理大臣の指名**が行われる。	

🔍 もっとくわしく

①参議院の緊急集会
参議院のみの特別な国会。衆議院の解散中，特別に国会での話し合いが必要なときに，参議院議員だけが集まって話し合う。

政治編

第1章
わたしたちの
くらしと
日本国憲法

第2章
わたしたちの
願いを実現する
政治を実現する

4 国会の主な仕事

・国の**法律**を定める。

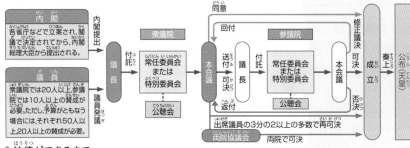

↑法律ができるまで

・国の**予算**を決める。
・国会議員の中から国の政治の最高責任者である**内閣総理大臣〔首相〕**を指名する。
・内閣が外国と結んだ条約を承認するかを決める。
・不適任だと訴えられた裁判官の裁判を行う（**弾劾裁判権**）。①
・国の政治の進めかたを調査する（国政調査権）。②

5 衆議院の優越

🌑衆議院には参議院よりも強い権限があたえられている（**衆議院の優越**）。これは，衆議院は参議院にくらべて議員の任期が短く，任期が途中でも国会議員の資格を失い，選挙をやり直す解散があるため，国民の意見を取り入れやすくなっていると考えられているからである。

用語

①**弾劾裁判権**
裁判官に職務上の義務違反などがあった場合，辞職させるかどうかを決める国会の権利。弾劾とは，不正や罪を明らかにし，責任をとるように要求し，または処罰すること。

用語

②**国政調査権**
政治が正しく行われているかどうかを調査するために，衆議院，参議院それぞれにあたえられている権利。証人をよんで質問したり，記録の提出を求めたりすることができる。

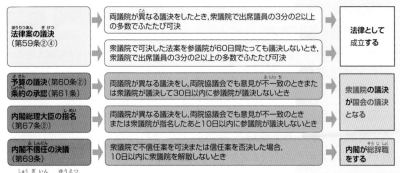

↑衆議院の優越

② 内閣の役割

1 内閣とは

内閣は国会で決められた予算（国家予算）①や法律にもとづき，実際に政治を行う（行政）機関である。内閣のもとには省や庁（1府12省庁）が置かれ，政治の実務を分担して行っている。

用語

①国家予算
国の収入，支出（⇒P.339）についての計画。内閣が収入の見積もりを立て，何に支出するかを決め，国会の議決で成立する。

※東日本大震災をうけて，期限つきの特例として復興庁が設置されている。

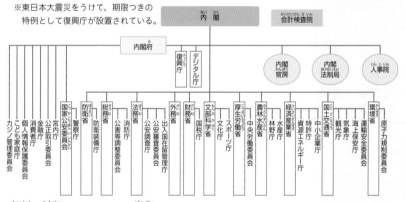

↑内閣の構成（2023年8月現在）　（首相官邸ホームページのリンク集「官公庁」より作成）

2 内閣のしくみ

内閣は**内閣総理大臣**と**国務大臣**で構成され，この全員が参加する**閣議**②で政治の進め方を決定する。

内閣総理大臣（首相）は内閣の最高責任者で，国会議員の中から指名される。国会で投票による多数決で選ばれ，この結果にもとづいて天皇により任命される。ふつう，衆議院で多数をしめる政党の党首が選ばれる。

国務大臣は省や庁の長（大臣）として，分担された特定の行政に責任を負う。また，内閣の一員として，内政，外交全体の評議に加わり議決する。内閣総理大臣によって任命され，天皇から認証される（**組閣**）。その過半数は国会議員でなければならない。国務大臣の数は14名以内と決められているが，3名まで増やすことができる。

↑内閣総理大臣と国務大臣

↑内閣総理大臣の仕事

用語

②閣議
内閣における話し合いの場。内閣総理大臣が議長となり，決定は国務大臣の全会一致（全員が賛成すること）で行われる。

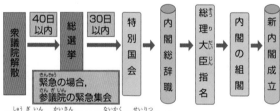
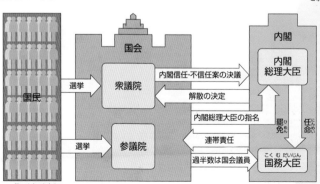

2 国民のくらしと政治

3年
4年
5年
6年

政治編

第1章
わたしたちの
くらしと
日本国憲法

第2章
わたしたちの
政願いを実現する
治

③ 内閣の仕事

・行政の実務（実際の政治）を行う。
・**予算案**や**法律案**をつくって国会に提出する。①
・外国と**条約**を結ぶ。
・政令（法律を実施するためのきまり）を定める。
・天皇の仕事（国事行為）について助言と承認を行う。
・最高裁判所の長官を指名する。
・最高裁判所長官以外の裁判官を任命する。

④ 内閣と国会の関係

内閣が成立するには，国会の信任が必要である。②そのため，内閣が衆議院で不信任決議を可決（賛成）されるか，信任決議を否決（反対）された場合，内閣は総辞職③するか，10日以内に衆議院を解散④して，議員を選び直す選挙を行わなければならない。

↑衆議院の解散から新内閣の成立まで

内閣が国会の信任によって成立し，一方，国会に対して内閣が連帯して責任を負うことで，行政機関と立法機関の力のバランスをとるしくみを，**議院内閣制**という。

↑議院内閣制のしくみ

⚠ ココに注意！

①予算を作成するのは内閣で，それを議決により決定するのが国会という関係である。また，外国と条約を結ぶのは内閣で，その条約を承認するのが国会という関係である。

⚠ ココに注意！

②内閣の成立が国会の信任を必要とする理由
内閣総理大臣は，国会議員の投票により国会議員の中から指名される。また，国務大臣の過半数は，国会議員の中から選ばれる。このことから，内閣は国会に認めてもらわないと成立できないことがわかる。

🔍 もっとくわしく

③，④総辞職と解散
総辞職は内閣総理大臣と国務大臣の全員が辞職すること。解散は内閣が4年の任期の途中で衆議院議員全員の資格を終わらせること。

③ 裁判所の役割

1 裁判所とは

●わたしたちがくらす社会において，人と人との対立，事故や犯罪といった問題が起こったとき，法律によって公正に解決するしくみを裁判という。この裁判を行うことができる権限（司法権）は，裁判所しかもつことができないと定められている。

●裁判所は，最高裁判所を上級として，その下に高等裁判所，地方裁判所，簡易裁判所，家庭裁判所という下級裁判所が設けられている。

2 裁判の種類

●裁判には2種類あり，裁判のしくみや進められかたにちがいがある。

●民事裁判はお金の貸し借りや土地のもめごとなど，人と人の間の争いごとを裁く裁判である。

↑民事裁判の様子

●刑事裁判は人を傷つけたり，物を盗んだりするなど，罪を犯した疑いのある人を裁く裁判である。

裁判所	所在地
最高裁判所	東京1か所
高等裁判所	札幌・仙台 東京・名古屋 大阪・高松 広島・福岡 8か所
地方裁判所	各都府県に1か所，北海道4か所 計50か所
家庭裁判所	同上 50か所
簡易裁判所	438か所

↑裁判所の数

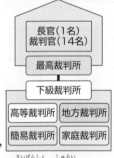

↑裁判所の種類

裁判長　裁判官

証言台

検察官…被告人をうったえる人。警察官とともに犯罪の捜査を行い，犯人と思われる人を刑事裁判にかける。

弁護人…被疑者や被告人の権利を守る人。

傍聴人…裁判を見学する人々。

↑刑事裁判の様子

2 国民のくらしと政治

3年
4年
5年
6年

政治編

第1章
わたしたちのくらしと日本国憲法

第2章
わたしたちの願いを実現する政治

3 三審制のしくみ

裁判の結果に納得できない場合，上級の裁判所に裁判のやり直しをうったえることができる。1つの事件について，原則として3回まで裁判を受けることができる。このしくみを三審制という。これは，裁判をしん重に行ってまちがいを防ぎ，国民の権利を守ることを目的としている。

↑三審制のしくみ

1度目の裁判の結果に不満な場合，その上級の裁判所に裁判するよう求めること。

2度目の裁判の結果にも納得できない場合，その上級の裁判所に裁判するよう求めること。

4 司法権の独立と裁判官の独立

裁判所や裁判官は，憲法により国会（立法権）や内閣（行政権）から独立し，だれからのえいきょうも受けず，良心に従い，憲法と法律にもとづいて公正・中立な裁判を行うことが保障されている。

5 違憲審査権

裁判所は，国会が定めた法律や内閣の行う政治が憲法に違反していないかどうかを審査する権限をもっている。①この違憲審査権（違憲立法審査権）は，最高裁判所が最終的な決定権をもっている。

6 裁判員制度（2009年5月〜）

18才以上（2022年4月1日〜）の国民の中から案件ごとに抽選された6名の裁判員が，3名の裁判官とともに裁判に参加する制度②を裁判員制度という。

裁判員は，殺人や放火などの重い犯罪について裁く刑事裁判の第一審（地方裁判所）に参加する。裁判官とともに，うったえられた人（被告人※）が有罪か無罪か，有罪の場合はどのくらいの刑罰にするかを判断する。

裁判員には，評議における秘密や裁判員として知った秘密をもらしてはいけない守秘義務がある。

※被告人がうったえられるまでは被疑者とよばれる。

もっとくわしく

①「憲法の番人」
違憲審査権はすべての裁判所がもつが，最高裁判所はその最終的な決定権をもっている。このことから，最高裁判所は「憲法の番人」とよばれる。

もっとくわしく

②裁判員制度における裁判員の仕事
1. 裁判に立ち会って，被告人や弁護人，検察官の話を聞いたり，証拠を調べたりする。
2. 検察官の話や提出された証拠について，裁判員（6人）と裁判官（3人）で話し合う。
3. 被告人が，有罪か無罪か，有罪の場合にはどのような罰にするかを計9名の多数決で決める。ただし有罪とするには裁判官1名以上が多数意見に賛成していなければならない。

この制度は，裁判が国民にとって身近になり，裁判に対する国民の意識が高まること，裁判の内容に国民の感覚を反映させることを目的に導入された。

人物

モンテスキュー
（1689 ～ 1755 年）

4 国会・内閣・裁判所の関係

三権分立という考え方

日本では，国の権力が1か所に集中しないしくみがとられている。**国会**のもつ法律を定める**立法権**，**内閣**がもつ法律などにもとづいて政治を行う**行政権**，**裁判所**がもつ法律によって裁判を行う**司法権**の3つが，おたがいの権力をおさえあい，つりあいを保つはたらきをしている。このしくみを**三権分立**という。

このしくみは，法律をつくり，法律に従って政治を行い，法律をもとに裁く，という権限が1か所に集中して，何でもできてしまう危険性を排除するためである。

フランスの思想家。著書『法の精神』の中で，権力が1か所に集中するのを防ぐ，三権分立の考え方を示した。

国民は選挙で国会議員を選ぶことで自分たちの意思を政治に反映させる。世論（政治に対して多くの人がもつ意見）の動向も政治に影響をあたえている。

最高裁判所の裁判官がふさわしいかどうか，投票によって審査することができる。この投票で，ふさわしくないとした人が過半数をこえたとき，その裁判官はやめさせられる。

国会
立法権

選挙

内閣不信任の決議
内閣総理大臣の指名
衆議院の解散

違憲立法の審査
弾劾裁判の実施

国民（主権者）

世論
国民審査

行政処分の違憲・違法審査

内閣
行政権

最高裁判所長官の指名
その他の裁判官の任命

裁判所
司法権

↑最高裁判所の裁判官 国民審査用紙

社会や政治の問題について，多くの国民がもっている共通，類似する意見。内閣を支持するか，しないかなどといった考えが世論として形づくられる。

3 選挙のしくみと財政

1 選挙と政党

1 選挙とは

●選挙とは，首長や国会，地方公共団体の議員などを投票により選ぶことである。立候補者の中から，自分たちに代わって願いを実現してくれる人を選ぶことから，選挙での投票により，政治に参加することになる。選挙では，立候補者の意見や公約①などをよく知った上で，投票することが大切である。

2 選挙の原則

●現在の選挙は，次の原則にもとづいて行われる。

普通選挙	一定の年齢（18才）以上のすべての国民に選挙権が認められている。
直接選挙	有権者が立候補者に対して直接投票する。
平等選挙	だれもが平等に1人1票の選挙権をもつ。
秘密選挙	だれがどの立候補者に投票したか，わからないようにする。

3 選挙権と被選挙権

・選挙権…選挙で代表者を選ぶことができる権利。18才以上のすべての国民に認められている。選挙権のある人を**有権者**という。

・被選挙権…選挙に立候補することができる権利。定められた年齢になると認められる。国会議員，地方公共団体の首長，地方議会の議員に立候補することができる。

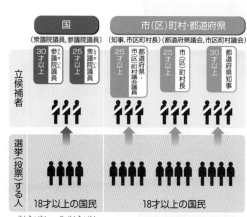

↑選挙権と被選挙権

用語

①公約
立候補者が「当選したら～を行う。」と，国民や住民に対して政策などの実行を約束すること，および，その内容。新聞や選挙公報，テレビや政見放送などで示されるのが一般的。また，最近ではマニフェストとして，政策に期日や数値目標を明示することも行われている。

337

4 選挙のしくみ

小選挙区制	1つの選挙区から1名の代表者を選ぶ方式。
大選挙区制	1つの選挙区から2名以上の代表者を選ぶ方式。
比例代表制	政党ごとの得票数に比例して議席を配分する方式。

5 国会議員の選挙

●衆議院と参議院では選挙のしくみが異なる。

・衆議院議員の選挙…全国を11ブロックに分けた比例代表選挙と，289に分けた小選挙区選挙を組み合わせた，**小選挙区比例代表並立制**が採用されている。有権者は1人2票をもち，比例代表選挙では特定の政党に1票を投票し，小選挙区選挙では特定の候補者に1票を投票する。

衆議院選挙の種類	定数	投票用紙への記入
小選挙区選挙	289人	候補者の名前
比例代表選挙	176人	政党名

2023 年 8 月現在

・参議院議員の選挙…全国を1単位とする**比例代表選挙**と，都道府県単位で行われる**選挙区選挙**からなっている。有権者は1人2票をもち，比例代表選挙では特定の候補者名か政党名を記入して1票を投票し，選挙区選挙では特定の候補者に1票を投票する。

参議院選挙の種類	定数	投票用紙への記入
選挙区選挙	148人	候補者の名前
比例代表選挙	100人	候補者名か政党名

2023 年 8 月現在

6 選挙の問題点

投票率の低下…有権者が選挙に行かず，投票しなくなっている。これは多くの国民の意見が十分政治に反映されなくなることを意味する。投票率を上げるため，**期日前投票**も行われるようになった。

一票の格差…選挙区によって有権者の数に大きな差があり，1人を当選させるのに必要な票数に差が出ている。有権者の多い選挙区では有権者の少ない選挙区に比べて1票の価値が小さくなるという格差が生じている。

議員1人当選するのに宮城県では福井県の3倍の有権者数が必要だということ。

参議院議員1人あたりの有権者数の差

みやぎ宮城県		3.0
ふくい福井県		1.0

↑一票の格差の問題

7 政党による政治

● 政治について共通する主張や政策をもち，それを実現しようとする人の集まりを**政党**という。日本では政党による政治（**政党政治**）が行われている。

● 内閣を組織して政権を担当する政党を**与党**といい，一般的に議席の過半数をもつ政党が与党となる。複数の政党が連立政権を組み，与党を構成する場合①もある。政権を担当しない政党を**野党**といい，与党の政治運営を監視する役割をもつ。

🔍 もっとくわしく
①連立政権（連立内閣）
議会において，単独で議席の過半数を確保できないとき，複数の政党が組んで政権を担当すること。1993年に成立した細川政権では8党派が連立を組んだ。

2 日本の財政と税

1 財政とは

● 国や地方公共団体が税金を集め，公共事業やサービスを行うことを**財政**という。1年間の収入は歳入，1年間の支出は歳出である。1年間の歳入と歳出の計画が予算である。

2 日本の財政がかかえる問題

● 日本の歳出は，**社会保障関係費**の割合が高まっている。また，国の借金である国債の返済にかかる費用（**国債費**）が財政を圧迫している。国債の残高（借金の総額）は，2023年で約1068兆円になる見込み。

公債金…
国債を発行し，国民から借り入れるお金。歳入の不足を補っている。

国債費…
国債の返済や利子の支払いのための費用。

社会保障関係費…
生活保護，社会福祉などに使われる費用。

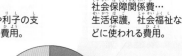

歳入
2023年度
114兆3812億円
公債金 31.1%
租税および印紙収入 60.7%
その他 8.2%

歳出
2023年度
114兆3812億円
国債費 22.1%
社会保障関係費 32.3%
その他 12.4%
地方交付税交付金 14.3%
防衛関係費 8.9%
公共事業関係費 5.3%
文教・科学振興費 4.7%

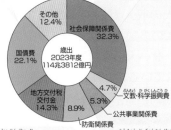

租税および印紙収入…
税による収入と印紙にかかる税。

防衛関係費…
自衛隊など国の防衛のための費用。

公共事業関係費…
道路や港の整備などのための費用。

↑国の歳入と歳出（財務省ホームページ）

3 税金の種類

● 税金は，国に納めるか，地方公共団体に納めるかによって，**国税**と**地方税**（都道府県税など）に分けられる。

● 税金を納める義務を負った人が，実際に税金を負担するとは限らない。税金を納める人と実際に税金を負担する人が同じ税金を**直接税**，異なる税金を**間接税**という。間接税は，**消費税**①のように，ものを購入したときの価格にふくまれており，購入者ではなく，お店などが税金を納めることになる。

	直接税	間接税
国税	・所得税 ・法人税 ・相続税　など	・消費税 ・酒税 ・関税 ・たばこ税　など
地方税	・都道府県民税 ・市(区)町村民税 ・固定資産税　など	・地方消費税 ・ゴルフ場利用税 ・たばこ税　など

たばこは国税，都道府県税，市（区）町村税，消費税などがふくまれた値段となっている。

・ものを買ったとき
…消費税

・会社が収入を得たとき
…法人税

・土地や建物を持っている人
…固定資産税

・会社に勤めている人や商売をしている人が収入を得たとき…所得税

・都道府県や市（区）町村に住んでいる人
…住民税

4 累進課税

● 個人の収入（所得）に対してかけられる所得税は，収入の多い人には税率（税金の割合）を高く，収入の少ない人には税率を低くして徴収するしくみがとられている。これを**累進課税**という。

累進課税は，それぞれの支払い能力に応じて負担すべきだ，という考えに立っている。

例　・年収が 2,000 万円の人は税率 40%
　　　　→ 2,000 万円× 40%＝ 800 万円
　　・年収が 300 万円の人は税率 10%
　　　　→ 300 万円× 10%＝ 30 万円

🔍もっとくわしく

①消費税の税金のかけ方
ものを購入したときにかかる消費税は，収入の多い少ないにかかわりなく，同じ額の税金を負担しなければならない。そのため，収入の少ない人ほど，税負担が重くなる。つまり，消費税は収入に関係なく，税金は公平に負担すべきだという考えに立っている。

3年
4年
5年
6年

政治編

第1章
わたしたちの
くらしと
日本国憲法

第2章
わたしたちの
政治
政願いを実現する

日本の社会保障制度

入試でる度
★★★☆☆

社会保障とは

●病気やけが，障がい，失業などで生活に困っている人や，貧困者，高齢者などの生活を守り，安定させるため，国や地方公共団体が収入を保障し，医療や介護などの社会サービス①を提供する制度を社会保障という。歳出の社会保障関係費にあたる。

日本の社会保障制度

●4つの柱をおさえておこう。

社会保障の種類

社会保険…個人や企業があらかじめ保険料を支払い，病気やけがをしたとき，失業したとき，また高齢者の生活を支えるために，お金を支給するしくみ。主な社会保険は次の5つ。

医療保険	病気やけがで治療を受けたときに支給される。
年金保険	高齢になったときや，障がいのある人に支給される。
雇用保険	失業したときに支給される。
労働者災害補償保険	働いている人が仕事や通勤のためにけがをしたり，病気になったりしたときに支給される。
介護保険	介護が必要な人が，ホームヘルパーやデイサービスなど，自宅や施設で介護サービスを受けられる制度。満40才以上が被保険者（保険料を納める人）である。

公的扶助（生活保護）…生活に困っている人々に，国が最低限の生活費や教育費などを援助し，自立をうながすしくみ。

社会福祉…児童や母子世帯，高齢者，障がいのある人などを保護，援助するしくみ。

公衆衛生…感染症の予防や予防接種，生活習慣病の予防，下水道の整備などのサービスの提供。

中学入試対策

第2章
わたしたちの願いを
実現する政治

入試要点チェック

解答▶P.618

つまずいたら
調べよう

□ **1** 住民が自分たちの意思で自分たちの願いを実現していく政治のあり方を何といいますか。

1▶P.326
①②①

□ **2** 地方自治を行う単位となる都道府県や市（区）町村を何といいますか。

2▶P.326
①②①

□ **3** 都道府県の首長を何といいますか。

3▶P.326
①②③

□ **4** 地方公共団体間の**財源の不均衡を調整**するための，国からの交付金を何といいますか。

4▶P.328
①③

□ **5** 国から交付され，義務教育の実施など**使い道が決まっている補助金**は何ですか。

5▶P.328
①③

□ **6** 国会は日本国憲法で国権の何と定められていますか。

6▶P.330
②①①

□ **7** 国会を構成しているのは**何院と何院**ですか。

7▶P.330
②①②

□ **8** 内閣総理大臣と国務大臣で構成されていて，**政治の進め方を決定する会議**を何といいますか。

8▶P.332
②②②

□ **9** 内閣は**国会の信任**にもとづいて成立し，**国会に対して連帯して責任を負う**しくみを何といいますか。

9▶P.333
②②④

□ **10** **1つの事件**について，原則として**3回まで裁判**を受けることができる制度を何といいますか。

10▶P.335
②③③

□ **11** 裁判所は，国会が定めた法律や内閣が行う政治が**憲法に違反**していないかどうかを審査する権利をもっている。この権利を何といいますか。

11▶P.335
②③⑤

□ **12** 2009年から始められた，18才以上の国民から選ばれた**裁判員が重大な刑事裁判に参加する制度**を何といいますか。

12▶P.335
②③⑥

□ **13** 国会，内閣，裁判所は**おたがいの権利**をおさえあい，つりあいをとっている。このしくみを何といいますか。

13▶P.336
②④

3年
4年
5年
6年

政治編

第1章
わたしたちの
くらしと
日本国憲法

第2章
わたしたちの
願いを実現する
政治

入試問題にチャレンジ！

解答▶P.618

1 下のA～Gは国会の仕事をいくつか示したものである。あとの問いに答えなさい。

(相模女子大学中学部改)

> A．法律の制定
> B．予算の（　①　）
> C．決算の承認
> D．条約の（　②　）
>
> E．国政の（　③　）
> F．内閣不信任決議
> G．裁判官への（　④　）

(1)（　①　）～（　④　）に当てはまる語句を次のア～ケより選んで記号で答えなさい。

ア　提案　　イ　審査　　ウ　調査　　エ　議決　　オ　公布
カ　締結　　キ　承認　　ク　執行　　ケ　弾劾

①（　　　）②（　　　）③（　　　）④（　　　）

よくでる (2) 下のア～エの文は上の　　　　のA～Gのどれに関してのものであるかA～Gの記号で答えなさい。答えは複数のこともある。

ア　衆議院のみが行うことができる。

イ　必ず衆議院で先に話し合う。→衆議院に先議権がある。

ウ　衆議院で可決した後，参議院が否決した場合，衆議院が $\frac{2}{3}$ 以上の多数で再可決すれば国会の議決として，成立する。

エ　衆議院で可決し，その後参議院が案を受け取っても30日以内に議決しない場合は衆議院の議決が国会の議決となる。

ア（　　　）イ（　　　）ウ（　　　）エ（　　　）

よくでる (3)（2）のア～エの文に書かれているように「衆議院の権限は参議院よりも強いものになっている」がこのことを何といいますか。

（　　　　　　　　　　　）

よくでる (4) 国会は開会の時期や内容によって3種類あるが次の国会はそれぞれ何というか。

a．毎年1月に召集され，150日間の会期で開かれる。

b．総選挙の後，30日以内に召集され，内閣総理大臣を指名する。

a（　　　　　　）b（　　　　　　）

2 裁判所に関して次の問いに答えなさい。

（相模女子大学中学部）

（1）右の図は裁判について表した図である。
AとBに当てはまる裁判所の名称を書き
なさい。なお、Bは少年事件や離婚・相
続などに関する争いを解決します。

A（　　　　　　　）B（　　　　　　　）

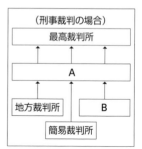

（刑事裁判の場合）
最高裁判所
A
地方裁判所　　B
簡易裁判所

よくでる（2）裁判所の判決に不服な場合、上級裁判所
に申し立て、3回まで裁判を求めることが
できるが、このような裁判の制度をなん
というか答えなさい。（　　　　　　　）

3 次の文を読んで、あとの問いに答えなさい。

（日本大学第一中）

国や地方公共団体は、公共の仕事のため多大な支出をし、また、その費用
をまかなうために租税を中心に収入をはかっている。このような国や地方公
共団体の収入と支出のことを（　①　）といい、1年間の収入を歳入、支出
を歳出という。国の歳出の主なものには、社会保険や生活保護、社会福祉や
衛生対策などに使われる（　②　）や、（　③　）を発行して借りたお金や
利子を返済する（　③　）費、収入の少ない地方公共団体の財政の不足分を
おぎなうことを目的に支出される（　④　）がある。

よくでる（1）空欄（　①　）〜（　④　）に当てはまる語句を、**ア〜キ**から選び、
記号で答えなさい。

①（　　　）②（　　　）③（　　　）④（　　　）

ア 国債　　**イ** 株券　　**ウ** 社会保障関係費　　**エ** 国庫支出金
オ 財政　　**カ** 地方交付税交付金　　**キ** 公共事業費

（2）下線部の租税に関する文として、あやまっているものを1つ選び、
記号で答えなさい。（　　　　　　　）

ア 所得税は、収入が多くなるほど税率が高くなる方式がとられて
いる。

イ 税金には直接税と間接税があり、消費税は間接税である。

ウ 法人税は会社が行う事業の収益に課せられる税金である。

エ 消費税は収入の多い人にも少ない人にも同様にかかるため、収
入の少ない人ほど負担が少ない。

日本の歴史 編

日本の
あけぼの

時代	年代	日本のできごと	中国	朝鮮
旧石器		打製石器がつくられる ・岩宿遺跡（群馬県） 打製石器		
縄文	1万年 以上前	日本列島ができる 磨製石器がつくられる 縄文土器がつくられる 狩りや採集の生活をする 縄文時代のくらしの様子	殷 周	三韓
弥生		稲作・金属器が伝わる 弥生土器がつくられる 農耕生活をする，集団間で争う	春秋・戦国 秦 新	
	57年	倭の奴の国王が漢（後漢）に使いを送る ・吉野ヶ里遺跡（佐賀県） 吉野ヶ里遺跡（佐賀県）	漢（前漢） 漢（後漢）	高句麗
	239年	邪馬台国の卑弥呼が魏に使いを送る	三国 魏呉蜀	
古墳		大和政権による統一が進む 須恵器をつくるのぼりがま	晋 五胡十六国	三国 百済 新羅 高句麗
	478年	倭の武王が中国の南朝に使いを送る 漢字，儒学，仏教が日本に伝わる	南北朝	

1 日本の始まり

1 大むかしの日本列島のすがた

1 氷河時代の日本列島

地球は暖かい期間と寒い期間を順にくり返している。今から1万年以上前は寒い氷河時代①で，そのころの日本列島は，ユーラシア大陸と陸続きであった。日本列島も1つにつながっていたため，現在の日本海は大きな湖となっていた。

マンモス

オオツノジカ

ナウマンゾウ

マンモスがやってきたルート

| | 現在の陸地 |
| | 2万年前の陸地 |

0　　　　500km

今の日本海

岩宿

野尻湖

海面が100m以上低いため陸地部分が多い

ナウマンゾウ，オオツノジカがやってきたルート

現在の海岸線

↑大むかしの日本列島

2 大陸からわたってきた動物

日本列島が大陸と陸続きであったことは，大陸にすんでいたマンモスやナウマンゾウ，オオツノジカ②などの化石が日本列島でも見つかっていることからわかる。次のページの写真は，長野県の野尻湖から見つかった，オオツノジカの角とナウマンゾウのキバの化石である。これらの化石が発見されたときの形から，「月と星」とよばれている。

もっとくわしく

①氷河時代（氷河期）
地球の気候が長い間，寒冷である期間。今からおよそ1万年以上前は，寒冷な気候のため，地球は広く氷河におおわれていた。

↑ペリトモレノ氷河
（アルゼンチン）

もっとくわしく

②大陸からやってきた動物の大きさ（推定）

約5m

約3m（肩）　　1.5m　ヒト

マンモス　（6000kg）

約5m

約2.4m（肩）　1.5m

ナウマンゾウ　（5000kg）

約3.1m

約2.3m（肩）　1.5m

オオツノジカ　（800kg）

348

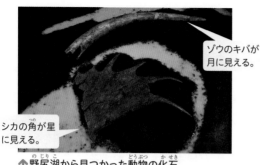

ゾウのキバが月に見える。

シカの角が星に見える。

↑野尻湖から見つかった動物の化石

1 日本の始まり

3年
4年
5年
6年

日本の歴史編

第1章 日本のあけぼの

第2章 天皇と貴族の政治

第3章 武士の政治

第4章 江戸幕府の政治

第5章 明治からの世の中と日本

第6章 現代の日本

③ このころの人々のくらし

● 1946年，群馬県新田郡笠懸町（現在のみどり市）の岩宿で，1万年以上前の石を打ち欠いてつくられた石器（打製石器）が発見①され，日本列島にはすでに人が住んでいたことが確認された。②その後，静岡県や沖縄県で，さらに古い時代の人骨が発見されている。

● 打製石器や人骨が発見された場所（遺跡）の様子から，人々は道具を用い，火を使った生活をしていたことがわかる。狩りや漁のえものを焼いたり，木の実を集めて食べ，ほかの動物から身を守り，体を温め，火を夜の明かりにしたのだろう。このように人々が狩りや漁を行い，自然にあるものを集めて食べ，打製石器を使って生活していた時代を，**旧石器時代**という。

② 日本列島の誕生と縄文時代

① 日本列島の誕生

● およそ1万年前，地球の気温が上昇して氷河がとけたことから，海水面がおよそ100m以上も高くなった。そのため低地は海水面下にしずみ，やや高い陸地が島として残った。その結果，現在のような4つの島（北海道，本州，四国，九州）を中心とする日本列島が誕生した。

🔍 **もっとくわしく**

①岩宿遺跡

1946年，相沢忠洋が，群馬県新田郡笠懸町（現在のみどり市）岩宿の関東ローム層から，石器のかけらのようなものを発見した。これが1万年以上前の石器だとわかり，日本にも旧石器時代があったことを証明する大発見となった。

石を打ち欠いただけなのでギザギザで立体的なおうとつがあるのが特ちょう。

↑打製石器

🔍 **もっとくわしく**

②日本列島に人が住み始めた時期

今から3〜4万年前の日本列島には人が住んでいたことがわかっている。

これは，1960〜62年に静岡県浜北市（現在の浜松市）で1万4000年前の人骨が，1968年に沖縄県で1万8000年前の人骨が見つかったことで明らかになった。

浜北人（静岡県）

港川人（沖縄県）

2 縄文時代

●約1万3000年くらい前になると，石器のほかに土器がつくられるようになった。この土器の表面には，縄目のような文様がつけられているため，**縄文土器**①とよばれている。このような土器が使われていた時代を縄文時代という。

●縄文時代は弥生時代 (⇒P.354) が始まるまで，およそ10000年間続いた。

もっとくわしく

①**縄文土器**
縄文時代はおよそ1万年間も続いたため，土器のつくられた時期や地域によって，形や細かな文様が異なる。いろいろな種類の土器が見つかっている。

3 縄文土器

●ねん土を材料につくられ，低い温度で焼かれた土器で，厚くてどっしりしているがもろい。食べ物をにたり，たくわえたりする道具として使われた。

複雑な形のものもある

↑縄文土器

縄の目のような文様

4 石器や骨角器の使用

●石でつくられた道具 (石器) のほか，動物の骨や角などをけずった道具 (**骨角器**) もつくられた。縄文時代の人々はこれらの道具を用いて狩りや漁などを行った。狩りに犬や弓を使い，漁につり針を使うようになったのもこのころである。

骨や角でつくられた道具 (骨角器)

つり針…漁に使う。

矢じり…矢の先にひもでくくりつけて使う。

石でつくられた道具 (石器)

石ひ…肉や皮などを切るとき，ナイフのように使う。

石皿とすり石…ドングリなどの木の実をすりつぶす。

↑縄文時代につくられたさまざまな道具

1 日本の始まり

3年
4年
5年
6年

日本の歴史編

第1章
日本のあけぼの

第2章
天皇と貴族の政治

第3章
武士の政治

第4章
江戸幕府の政治

第5章
明治からの世の中と日本

第6章
現代の日本

③ 縄文時代の人々のくらし

たて穴住居

ごみ捨て場（貝塚）

狩りや漁の生活

土器を焼いている

採集の生活
（クリ拾い）

犬

↑縄文時代のくらしの様子

1 縄文時代の食べ物

食べ物の調理，保存には土器を使用

イノシシやシカなどのけもののほか，魚や貝も食べた。また，ドングリやクリなど，保存が可能な食料も大量に採集されるようになり，食料を求めて移動する必要がなくなっていった。

冬
漁労
狩猟
イノシシ　シカ　ウサギ
クルミ
クジラ　ドングリ　クリ
春　若草　アサリ　家づくり　サケ・マス　秋
木の芽　土器づくり　石器づくり　ブドウ
ハマグリ　ハマグリ　マグロ
採集　アザラシ
夏　カツオ　採集

↑縄文時代の1年のくらしと食べ物

2 縄文時代の住まいや衣服

人々は海や川の近くの高台に建てた**たて穴住居**①に，家族で住んでいた。また，動物の毛皮や植物でつくった服を身にまとっていた。

もっとくわしく

①たて穴住居
地面を数10cmほりこんで数本の柱を立て，草や木の皮を屋根にした家。高台になったところに建てられた。入口はせまいが，家の中は広くできていた。

↑復元されたたて穴住居

3 縄文時代のくらしの様子

◉縄文時代の人々は，集団をつくってくらしていた。狩りや漁を協力して行い，貧富の差はなく平等だったと考えられる。また，この時代は，食べ物が豊富にとれるように願ったり，病気やけがをしないためのまよけの目的で，土でできた人形（**土ぐう**）をつくっていた。女性をかたどったものが多い。

↑土ぐう

大きな目，おしり，太もも

4 貝塚からわかること

◉食べたあとの貝がらや魚，動物の骨などを捨てた場所を貝塚という。各地の貝塚から石器や土器，骨角器など，さまざまなものが発見されている。

◉貝塚を調べることによって，人々がどのようなものを食べ，どのような道具を使っていたかといった生活の様子がわかる。たとえば，捨てられていた土器を調べることで，食べ物をにたきしていたことや，食べ物を土器に保存していたこと，その保存の方法などがわかる。

捨てられて積み重なった貝がら

アメリカ人のモースによって1877年に発掘調査された。東京都の品川区と大田区にまたがっている。

↑大森貝塚

🔍 もっとくわしく

①**三内丸山遺跡の出土品**
石器と土器に加え，刃物に加工しやすい黒曜石，かざりに使うこはく，ヒスイの出土もある。ヒスイは当時は新潟県の糸魚川でしかとれなかったため，交易があったことがわかる。ノウサギとムササビの骨がとても多く，植物ではクリ，クルミ，トチ，エゴマ，ヒョウタン，ゴボウ，マメを好んで，よく食べたようだ。

5 縄文時代を代表する遺跡

◉青森県青森市にある三内丸山遺跡は，およそ5500年前から4000年ほど前まで1500年くらい続いた縄文時代を代表する大規模な集落の跡である。

◉掘立て柱，住居，墓，貝塚や，クリなどをさいばいした跡が発見され，縄

使い道は不明

↑掘立て柱（復元）

文時代の人々のくらしの様子を知ることができる。①多いときには，500人ほどが定住していたと推定される。

三内丸山遺跡
（青森県青森市）

↑三内丸山遺跡の位置

3年
4年
5年
6年

日本の歴史編

第1章 日本のあけぼの

第2章 天皇と貴族の政治

第3章 武士の政治

第4章 江戸幕府の政治

第5章 明治からの世の中と日本

第6章 現代の日本

遺跡の分布

入試でる度 ★★★★★

むかしの人々のくらしの跡が残されているところを遺跡という。貝塚や住居の跡，墓などが遺跡にあたる。日本の各地には，次の地図に示したような遺跡が分布している。

ここが問われる！

遺跡の所在地
三内丸山遺跡と吉野ヶ里遺跡の位置と所在県を覚えておこう！

三内丸山遺跡（青森県）
大規模集落の跡

鳥浜貝塚（福井県）

板付遺跡（福岡県）
米づくりの水田の跡

岩宿遺跡（群馬県）
打製石器の発見

加曽利貝塚（千葉県）
国内最大の貝塚

大森貝塚（東京都）
モースによって調査された貝塚

浜北人（静岡県）

登呂遺跡（静岡県）
弥生後期の水田の跡

吉野ヶ里遺跡（佐賀県）
最大級の集落の跡

唐古・鍵遺跡（奈良県）
木製農具や土器が多数出土

港川人（沖縄県）

● 化石人骨の発見場所　■ 縄文時代の遺跡
● 旧石器時代の遺跡　▲ 弥生時代の遺跡

2 米づくりの始まりと弥生時代

1 縄文時代から弥生時代へ

1 弥生土器と弥生時代

● 今からおよそ2400年前（紀元前4世紀①）ごろ，縄文土器に代わって，**弥生土器**という新しい土器が使われ始めた。弥生土器は縄文土器に比べて，うすくてかたく，文様が少ない。

● 1884年，現在の東京都文京区弥生で発見されたため，弥生土器とよばれる。弥生土器が使われた時代を**弥生時代**といい，西暦250年ごろ（紀元3世紀）までおよそ700年ほど続いた。

2 米づくりの始まり

● 今からおよそ2400年前（紀元前4世紀）ごろに，中国や朝鮮半島から北九州に**米づくり**が伝わった。

稲作とともに金属器が伝わる

黄河
中国
朝鮮半島
日本
長江
板付遺跡②

0　　500　　1000km

↑米づくりが伝わった経路

🔍 もっとくわしく

①紀元や世紀とは？
キリストが誕生したとされる年を1年として，その前を紀元前，その年以後を紀元後または紀元という。また，世紀とは百年を区切りとして年代をあらわす方法である。たとえば，紀元1年〜100年は紀元後1世紀，紀元前100年〜1年は紀元前1世紀という。21世紀は2001年〜2100年までである（⇒ P.590）。

↑弥生土器　　うすくてかたい

用語

②板付遺跡（⇒ P.353）
現在の福岡県福岡市にある遺跡。石包丁や炭化した米，水田の跡などが見つかっている。

3年
4年
5年
6年

日本の歴史編

第1章
日本のあけぼの

第2章
天皇と貴族の

第3章
武士の政治

第4章
江戸幕府の

第5章
明治からの世の中と日本

第6章
現代の日本

3 弥生時代の稲作と道具

最初，もみを田に直接まいてつくられたが，やがて水田耕作が広がり，耕作には木のくわやすきが使われた。やがて田植えが始まり，ぬかるんだ水田に入るときは田げたが使われた。収穫では，**石包丁**を使って稲の穂がかり取られた。

田げた

すき…
耕作

くわ…
耕作

石包丁…収穫。石をみがき，形を整えてつくられた。

きね
…脱穀

うす

↑稲作に使われたさまざまな道具

2 金属器（青銅器・鉄器）の伝来

弥生時代には，中国や朝鮮半島から**青銅器**や**鉄器**が伝えられた。青銅器には**銅鐸**①や銅矛，銅剣，銅鏡などがあり，祭りの道具として使われた。一方，鉄器は木製の農具や舟をつくる道具，武器として使われた。青銅器や鉄器は，ほぼ同じころに伝えられ，のちには日本でもつくられるようになった。

青銅…銅に錫をまぜてつくる。現在の十円玉も青銅でつくられている。

↑銅矛・銅鐸

↑鉄器

もっとくわしく

①銅鐸
脱穀を行っている様子がえがかれている。

355

③ 弥生時代の人々のくらし

たて穴住居

さくやほりがある

高床の倉庫…
貯蔵庫

↑弥生時代のくらしの様子　　　　　米づくり

くらしの変化

● 米づくりが始まると，食べ物を求め歩くくらしから，平地に定住するくらしになっていった。米は肉や魚に比べて，長く保存できるため，食べ物の心配がなくなり，くらしが安定するようになったためである。最も重要な食べ物である米を保存するために，高床の倉庫がつくられた。①

↑高床の倉庫

④ 「むら」から「くに」へ

1 むらの誕生

● 米づくりが始まると，田を耕し，田に水を引き入れるために用水を整備するなど，多くの人々が協力して仕事をする必要がでてきた。

● 米をつくることで食料生産が安定すると，人口が増え始めた。人々はしだいにより集まって，田の近くに住むようになり，**むら**が誕生した。同時に，共同で仕事をする中で，むらには指導者が生まれた。

もっとくわしく

①高床の倉庫の工夫
湿気を防ぐために，床を高くしている。また，ネズミの害を防ぐために，ネズミ返しというしかけもついている。静岡県の登呂遺跡では，高床にのぼるためのはしごが見つかっている。

↑弥生時代の食事（復元）

2 米づくりの始まりと弥生時代

3年
4年
5年
6年

日本の歴史編

第1章
日本のあけぼの

第2章
天皇と貴族の政治

第3章
武士の政治

第4章
江戸幕府の政治

第5章
明治からの世の中と日本

第6章
現代の日本

2 むらを治めるようになった豪族

米づくりが進み人口が増えると，自分のむらの田だけでは米が足りなくなった。大きくなったむらは近くのむらと田や水をめぐって争い，勝ったむらは力をつけ，指導者は豪族となっていった。人々の間には身分の差や貧富の差がでてきたと考えられる。

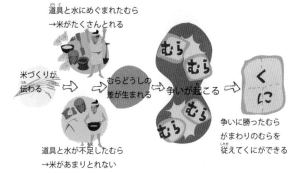

道具と水にめぐまれたむら
→米がたくさんとれる

米づくりが伝わる

むらどうしの差が生まれる 争いが起こる

く に

道具と水が不足したむら
→米があまりとれない

争いに勝ったむらがまわりのむらを従えてくにができる

3 くにの誕生

むらとむらの争いがくり返されるうちに，勢力のあるむらの豪族の中には，ほかのむらを従えて，より規模の大きなくにをつくり，王となる者も現れた。

4 外国の文けんに登場した「くに」

中国の漢（前漢）の歴史書（『漢書』地理志）に，紀元前1世紀ごろの倭（古い日本のよび名）には，およそ100のくにがあったと記されている。また，中国の漢（後漢）の歴史書（『後漢書』東夷伝）によれば，倭の奴国①の王が1世紀中ごろ（57年），漢（後漢）に使いを送り，皇帝から金印②を授けられたという。

このころの日本は，中国や朝鮮と交流があり，海の向こうにある国の存在を知る情報力と，そこへ使者を送る経済力があったことがわかる。

用語

①奴国
現在の福岡県にあったとされるくに。このくにの王が 57年，漢に使者を送り，当時の皇帝から金印を授けられたといわれている。

もっとくわしく

②金印
1784年，現在の福岡市東区志賀島で発見された。奴国の王が，中国の漢の光武帝からおくられたものと考えられている純金製の印で，表面に「漢委奴国王」と刻まれている。国宝。

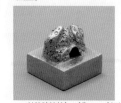

↑「漢委奴国王」と刻まれた金印

⑤ 弥生時代を代表する吉野ヶ里遺跡

物見やぐら

内ぼり

高床の倉庫

外ぼり

↑復元された吉野ヶ里遺跡　やぐら門　　　さく

● 吉野ヶ里遺跡は，紀元前5世紀から3世紀まで続いた，弥生時代における最大級の遺跡である。まわりをさくや2重のほりで囲った**環濠集落**であること，矢，やじりがささったままの人骨がかめ棺から発見されていることなどから，集落の間で争いがあったことがわかる。

● 王の墓からは管玉①や銅剣が発見されている。

吉野ヶ里遺跡（佐賀県）

↑吉野ヶ里遺跡の位置

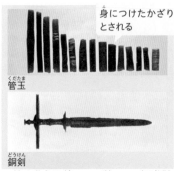

身につけたかざりとされる

管玉

銅剣

↑吉野ヶ里遺跡の王の墓からの出土品

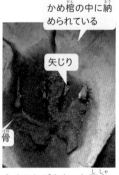

かめ棺の中に納められている

矢じり

骨

↑やじりがささった死者

🔍 もっとくわしく

①管玉とかめ棺
管玉はガラス製の装身具。うでや首にかざったとされる。かめ棺は亡くなった人を入れるひつぎで，九州北部に特有のもの。吉野ヶ里遺跡では2000以上のかめ棺が長さ600mにわたってならべられているのが発見されている。

3年
4年
5年
6年

日本の歴史編

第1章 日本のあけぼの

第2章 政治と貴族の

第3章 武士の政治

第4章 江戸幕府の政治

第5章 明治の中からと日本

第6章 現代の日本

中学入試対策

縄文と弥生を比べる

入試でる度 ★★☆☆☆

縄文時代と弥生時代のちがいについて, いろいろな角度からまとめると, 次のようになる。

ここが問われる!

時代	縄文時代	弥生時代
時期	およそ1万3000年前〜紀元前4世紀ごろ (今から約1万3000〜2400年前)	紀元前5〜3世紀ごろ (今から約2400〜1700年前)
住居・建物	たて穴住居	たて穴住居 高床の倉庫
道具	石器(打製)　縄文土器 骨角器(つり針)　土ぐう	石器(磨製)・石包丁　弥生土器 金属器(青銅器・鉄器)　田げた ↑銅鐸
くらし・社会	・狩りや漁をする。 ・海や川に近い, 日当たりのよい高台で集団生活。 ・貝塚ができる。 ・身分の差や貧富の差はなかったと考えられる。	・米づくりが始まる。 ・用水が得やすい, 平地に集団生活。集団で定住し, むらからくにが誕生。 ・指導者が現れ, 身分の差や貧富の差ができたと考えられる。
主な遺跡 (⇒P.353)	・三内丸山遺跡(青森県) ・大森貝塚(東京都) ・加曽利貝塚(千葉県) ・鳥浜貝塚(福井県)	・登呂遺跡(静岡県) ・唐古・鍵遺跡(奈良県) ・板付遺跡(福岡県) ・吉野ヶ里遺跡(佐賀県)

3 統一国家の誕生

1 邪馬台国と卑弥呼

1 邪馬台国と当時の中国の様子

●3世紀になると，倭（日本）では100あまりあったくにが統合をくり返し，30ほどになっていた。これらのくにをまとめていたのが，卑弥呼を女王とする邪馬台国であった。当時の邪馬台国の様子や，卑弥呼のことは，中国の歴史書『魏志』倭人伝に述べられている。①

●当時の中国は，後漢がほろび，魏，呉，蜀が分立して争う三国時代となっていた。この中でも魏の勢力が強かった。

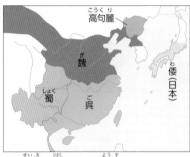
↑3世紀の東アジアの様子

2 邪馬台国の女王卑弥呼

●魏の歴史書によれば，卑弥呼はまじないや予言をする，宗教的な力をもった巫女（神に仕える女性）だった。宮殿にこもりきりで，政治の実務は宮殿に出入りできた弟が行っていた。宮殿はさくで囲まれ，物見やぐらがあり，武器を手にした兵士によって常に守られていた。

●卑弥呼は239年以後，数回にわたり魏にどれいや布などのおくり物をもたせた使者を送り，魏の皇帝から親魏倭王という王の称号や金印，100枚の銅鏡などをおくられたという。こういった魏との関係で，卑弥呼は力を示したとされている。

📖 史料

①卑弥呼を説明した史料

「倭の国の王は，もとは男が務めた。くにぐにが争いを起こし，戦いが続いたので，卑弥呼という女を王に立てた。

卑弥呼はうらないをして，人々をひきつけるふしぎな力をもっていた。未婚で，弟が政治を補佐した。女王になってからは，ほとんど人に会わず，女の召使い1000人に，身のまわりの世話をさせた。男が一人給仕をし，卑弥呼の元に出入りした。厳かな宮殿が設けられ，さくのまわりには，いつも兵士が守っていた。卑弥呼は，中国に使いを送り，おくり物をしていたので，中国の皇帝は，そのお返しに，織物や銅の鏡などを授けた。」

（『魏志』倭人伝から部分要約）

↑卑弥呼のやかた（復元模型）

↑銅鏡

卑弥呼の死後，邪馬台国は男の王を立てた。しかし，国内はまとまらず，争いが続いたため，卑弥呼の同族の巫女，壱与を女王に立てると，国はふたたび治まったという。

↑卑弥呼の墓とも考えられている箸墓古墳（奈良県）①

もっとくわしく

①箸墓古墳

『魏志』倭人伝には，卑弥呼の墓は直径が百余歩（約150m。一歩＝150cm）で，どれい100人あまりがいっしょに埋められた，とある。墓所とも考えられている箸墓古墳は，のちの大規模な墳墓である前方後円墳（⇒ P.362）の初期のもので，この古墳がつくられたことで，日本は古墳時代に入っていくとする考えもある。

3 『魏志』倭人伝からわかる邪馬台国の様子

邪馬台国では，男は顔や体にいれずみを入れ，頭に布をまきつけていた。女は布のまん中にあなをあけ，そこから頭を出す服（貫頭衣）を着ていたという。

身分には差があり，身分の低い者は身分の高い者に出会うと，草むらに身をよけ，道をゆずったとある。

市が開かれ，税を納める制度があった。

所在地については，朝鮮半島からの行き方ときょりにふれられているが，どこにあったかは，はっきりしない。現在も研究が行われ，九州北部説と，大和（奈良県）説が有力である。

↑貫頭衣

 社会の宝箱　邪馬台国はどこにあった？

邪馬台国の所在地には多くの説があり，その中で九州北部説と大和説が有力とされている。九州北部説をとると，邪馬台国は九州の北部を治めた小さいくにとなるが，大和説をとれば西日本一帯を治めた大きなくにで，のちの大和朝廷につながると考えることができる。

九州北部説　大和説

●邪馬台国があったとされる場所

3年 4年 5年 6年

日本の歴史編

第1章 日本のあけぼの

第2章 天皇と貴族の

第3章 武士の政治

第4章 江戸幕府の政治

第5章 明治からの世の中と日本

第6章 現代の日本

② 古墳づくりと大和朝廷

1 古墳とは

●古い時代につくられた，王や豪族の墓を古墳①という。弥生時代の終わり，3世紀後半から7世紀にかけて，西日本でつくられ始め，しだいに各地に広まったとされている。大きな墓がつくられたこの時代を**古墳時代**という。

●**大仙古墳**②のような巨大な**前方後円墳**は，多くの人々が働かないとつくれないため，王や豪族には人々を従える大きな力があったと考えられている。古墳内部の石室からは銅鏡（⇒P.360）や装

↑装飾品

飾品，鉄製の剣などが，古墳のまわりからは，ねん土を焼いてつくられた人や動物，家や舟，筒型などの，さまざまな形の**はにわ**が発見されている。

↓家　　↓人

↑馬

↑さまざまな形のはにわ

2 大和朝廷〔大和政権〕の成立

●古墳時代初期の巨大な古墳が大和地方に集中していることから，ここに強い勢力があったことがわかる。3世紀後半には大和（奈良県）を中心に，有力な豪族たちが連合して，王を中心に強力な国がつくられた。

●この国の政治を行ったのが**大和朝廷**③で，中心となった王は**大王**（のちの天皇）とよばれるようになった。

🔍 もっとくわしく

①古墳の形

前方後円墳

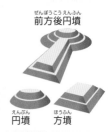

円墳　　方墳

用語

②**大仙古墳**
（仁徳陵古墳）
大阪府堺市にある前方後円墳。全長486m，前方部の幅307m，高さ34m。5世紀ころ，のべ680万人が1日2000人働いて約15年をかけてつくったとされる。

↑大仙古墳

用語

③**朝廷**
天皇を中心に国の政治を行う機関。大和朝廷では，大王が中心となって政治が行われた。

3 統一国家の誕生

3 年
4 年
5 年
6 年

日本の歴史編

第1章 日本のあけぼの

第2章 天皇と貴族の政治

第3章 武士の政治

第4章 江戸幕府の政治

第5章 明治からの世の中と日本

第6章 現代の日本

3 大和朝廷の諸国（地方）統一

● 大和朝廷は，5世紀ごろには大きな勢力をもち，九州地方，東北地方南部にいたる豪族を従えるようになった。

● 熊本県の江田船山古墳や埼玉県の稲荷山古墳から，5世紀中ごろの大和朝廷の大王だったと思われる**ワカタケル大王**の名前を刻んだ鉄刀や鉄剣が発見された。熊本，埼玉というはなれた地方から，同じ名前を刻んだ鉄刀や鉄剣が出土したことは，大和朝廷の勢力が広い範囲におよんでいたことを示している。

↑ 稲荷山古墳と江田船山古墳の位置

「ワ□□□ル大王」

「ワカタケル大王」

4 大和朝廷の外交と政治

● 大和朝廷は国内の統一を進める一方，朝鮮半島のすぐれた技術や鉄を求めて，朝鮮半島南部の伽耶地域（任那）に進出したといわれる。この進出にともない4世紀末には，百済とともに高句麗や新羅と戦ったことが**好太王の碑文**に示されている。

● 5世紀になると，朝鮮半島で優位に立つため，<u>中国の宋に讃，珍，済，興，武（**倭の五王**）が使いを送った</u>①ことが，宋の歴史書，『宋書』倭国伝に記されている。

● 国内を統一した大和朝廷では，氏姓制度のしくみがつくられた。豪族は**氏**という血縁関係でまとまり，氏には大和朝廷から**姓**という地位を示す称号があたえられた。豪族は氏と姓により，朝廷での地位と仕事を割り当てられていた。

↑ 好太王の碑文（部分）

📖 **史料**

①**ワカタケルが宋に送った手紙**

「わたしの祖先は，みずからよろい，かぶとを身につけ，山や川をかけめぐり，東は55国，西は66国，さらに海をわたって95国を平定しました。しかしわたしの使者がみつぎ物を陛下のところにもっていくのを，高句麗がじゃまをしています。今度こそ高句麗をたおそうと思いますので，わたしに高い官位をあたえて，はげましてください。」

（『宋書』倭国伝部分要約）

↑ 4世紀の朝鮮半島

高句麗
好太王碑
新羅
百済
伽耶地域（任那）

③ 大陸文化の伝来

1 大陸からやってきた人々

● 5世紀から6世紀ごろになると，朝鮮半島や中国から，たくさんの人々が日本にわたってきて日本に住み着いた。これらの人々を渡来人という。

2 渡来人が伝えた大陸の文化

● 渡来人は当時の大陸の進んだ技術や文化を日本にもたらした。用水路をつくる土木技術，日常に役立つ鉄製の農具，養蚕，はた織り，うすくてかたい土器（須恵器）のつくり方などを伝えた。これらの技術の伝来は，くらしを豊かにする上で大きな役目を果たした。

↑須恵器をつくるのぼりがま①

↑須恵器

3 漢字と儒教，仏教の伝来

● 漢字と儒教②は5世紀に朝鮮半島の百済から伝わった。渡来人は漢字を使いこなせたため，国内の政治の記録や，朝鮮，中国への通信文書の作成などにたずさわる者もいた。

● 538年（552年とする説もある）に百済の王から仏像や経典がおくられ，日本に仏教③が伝えられた。

● 仏教の受け入れをめぐっては，賛成の蘇我氏と，反対の物部氏との間で争いが起こった。しかし，蘇我氏が物部氏をたおして，仏教は急速に広まった。

もっとくわしく

①のぼりがま

古墳時代初期までの土器は，ろてん焼きでつくられた。たき火の上に直接土器を置いて焼く方法である。

しかし，この方法では火力が上がらず，ひび割れがおこってうまく焼けないこともあった。のぼりがまを使うと熱がにげず，高温の熱風で土器を焼くことができるため，うすくてもかたく，がんじょうな土器をつくることができるようになった。

用語

②儒教

紀元前6世紀に生まれた中国の孔子が説いた教え。親子，君臣，兄弟間のあり方などを説き，日本人の思想にえいきょうをあたえた。

用語

③仏教

紀元前5世紀ごろに生まれたインドのシャカが開いた宗教。キリスト教，イスラム教とともに世界3大宗教の1つ。

| 3年 |
| 4年 |
| 5年 |
| **6年** |

日本の歴史編

第1章 日本のあけぼの

第2章 天皇と貴族の政治

第3章 武士の政治

第4章 江戸幕府の政治

第5章 明治からの世の中と日本

第6章 現代の日本

つまずいたら
調べよう

☐ **1** 石を打ち欠いてつくられた石器を何といいますか。

1▶P.349 ❶❶❸

☐ **2** 1を使って，狩りや採集をしていた時代を何といいますか。

2▶P.349 ❶❶❸

☐ **3** 関東ローム層から1が発見され，日本に2があることが証明された遺跡を何といいますか。

3▶P.349 ❶❶❸

☐ **4** 縄目のような文様がつけられた土器を使用していたのは，何時代ですか。

4▶P.350 ❶❷❷

☐ **5** 4に食べ物の残りかすや貝がらなどを捨てた場所の遺跡を何といいますか。

5▶P.352 ❶❸❹

☐ **6** 大規模な集落や掘立て柱の跡が発見された青森県の4の遺跡を何といいますか。

6▶P.352 ❶❸❺

☐ **7** 弥生時代につくられたうすく，文様が少ない土器を何といいますか。

7▶P.354 ❷❶❶

☐ **8** 稲作とともに伝わった，銅鏡や銅剣，銅鐸などの金属器を何といいますか。

8▶P.355 ❷❷

☐ **9** 佐賀県にある弥生時代の環濠集落がみられる遺跡を何といいますか。

9▶P.358 ❷❹❺

☐ **10** 239年に魏に使いを送った邪馬台国の女王はだれですか。

10▶P.360 ❸❶❶❷

☐ **11** 大阪府堺市にある大仙古墳のような形をした古墳を何といいますか。

11▶P.362 ❸❷❶

☐ **12** 人や動物などの形にねん土を焼いてつくり，古墳のまわりに置かれたものを何といいますか。

12▶P.362 ❸❷❶

☐ **13** 大和朝廷〔大和政権〕で中心となった王は何とよばれるようになりますか。

13▶P.362 ❸❷❷

☐ **14** 中国や朝鮮半島から移り住み，大陸の進んだ技術や文化を伝えた人々を何といいますか。

14▶P.364 ❸❸❶

入試問題にチャレンジ！

（解答▶P.619）

1　次の文章を読んで，あとの問いに答えなさい。

（吉祥女子中改）

　日本で音楽がいつ始まったかをはっきりさせることは，とてもむずかしいことですが，いくつかの縄文時代の遺跡から，石の笛ではないかと考えられている人工的に穴をあけた石器が見つかっています。弥生時代の青銅器のうち，　①　は祭祀の際に鐘として用いられたという説が有力です。②3世紀の日本の様子を記した中国の歴史書には，「葬儀に際して，集まった人びとが歌って踊って，飲酒する」という記述もあります。また，712年に成立した『古事記』には，14代仲哀天皇が琴を弾くという場面があります。実際に，琴を弾く男性の埴輪が各地の古墳から発見されています。朝鮮半島や中国からもさまざまな先進文化の1つとして，音楽がもたらされました。5世紀の允恭天皇の葬儀では，③新羅から参列した人びとが新羅の音楽を演奏した，という記録もあります。

(1)　　①　にあてはまる語句を漢字で答えなさい。　　（　　　　　）

ハイレベル (2)　下線部②に記された内容として正しいものを次のア〜エから1つ選び，記号で答えなさい。　　　　　　　　　　　　（　　　　　）

　　ア　「倭の奴国の使者が貢ぎものを持って，あいさつにやってきた。皇帝は金印を与えた。」

　　イ　「わたしの祖先は，東は55国，西は66国，さらに海をわたって95の国を従えてきました。」

　　ウ　「かつて倭は100あまりの国ぐにに分かれていたが，今は30ほどの国にまとまっている。」

　　エ　「倭が海をわたってやってきて，百済・新羅を打ち破った。そこで王が兵をひきいてこれを撃退した。」

ハイレベル (3)　下線部③について述べた文として誤りを含むものを次のア〜エから1つ選び，記号で答えなさい。　　　　　　　　（　　　　　）

　　ア　この国は，4世紀に朝鮮半島の南西部に建国された。

　　イ　この国は，7世紀に周辺の国ぐにを滅ぼして，朝鮮半島を統一した。

　　ウ　この国は，10世紀前半に高麗によって滅ぼされた。

　　エ　この国との関係が悪化したことにより，遣唐使の航路が変更された。

3年
4年
5年
6年

日本の歴史編

第1章
日本のあけぼの

第2章
天皇と貴族の政治

第3章
武士の政治

第4章
江戸幕府の政治

第5章
明治からの世の中と日本

第6章
現代の日本

2 次の文章を読んで，あとの問いに答えなさい。
(愛光中)

　①縄文時代には人々は狩りや漁の生活をしていましたが，2500年ほど前になると，中国や朝鮮半島から米づくりが伝えられ，その時，収かくに使う（　②　）などの道具も一緒に伝えられました。米づくりが始まると，米づくりに適した場所にむらができ，農作業や豊作の祭りを指導する首長があらわれました。また，③土地や水をめぐってむらどうしの争いが起こると，首長はむらをまとめて戦いの指揮をしました。やがて，力の強いむらの首長はまわりのむらを従えて，その地域をおさめる王となっていきました。

(1) 下線部①について，この時代の遺跡の説明として，正しいものを次から1つ選びなさい。　　　　　　　　　　　　　（　　　）

ア 静岡県の登呂遺跡から，高床の倉庫の跡が見つかった。

イ 長野県の野尻湖の湖底から，ナウマンゾウの骨や石器が見つかった。

ウ 青森県の三内丸山遺跡から，大規模な集落の跡が見つかった。

エ 群馬県の岩宿遺跡から，日本ではじめて縄文土器が見つかった。

よくでる (2) （　②　）にあてはまる語句を記入しなさい。　　　（　　　　）

(3) 下線部③について，こうしたむらどうしの争いがあったことは，当時の集落のようすからも分かります。佐賀県の遺跡で，集落のまわりが二重のほりやさくで囲まれ，物見やぐらが建てられていたことで有名な遺跡はどこですか。　　　（　　　　　　　）

3 次の文章の（　①　）（　②　）にあてはまるものを**ア〜ク**から1つずつ選び，記号で答えなさい。
(西南学院中)

・「倭では，一番勢いの強い邪馬台国が（　①　）ほどの国を従えている」と中国の古い歴史の本に書かれています。

・岩宿遺跡を発見したのは，考古学を学んでいた（　②　）という人です。

　　　　　　　　　　　　　　　①（　　　）②（　　　）

| **ア** 30 | **イ** 60 | **ウ** 100 | **エ** 150 |
| **オ** 相沢忠洋 | **カ** 雨森芳洲 | **キ** 湯川秀樹 | **ク** 田中耕一 |

天皇と貴族の政治

3年
4年
5年
6年

日本の歴史編

第1章
日本のあけぼの

第2章
天皇と貴族の政治

第3章
武士の政治

第4章
江戸幕府の政治

第5章
明治からの世の中と日本

第6章
現代の日本

第2章 この章の流れ

時代	年代	日本のできごと	中国	朝鮮
飛鳥	593年	聖徳太子が推古天皇の摂政になる	隋	三国 百済 新羅 高句麗
	603年	冠位十二階が定められる		
	604年	十七条の憲法が制定される・飛鳥文化が栄える		
	607年	遣隋使の派遣（小野妹子）		
	645年	大化の改新➡中大兄皇子と中臣鎌足らが蘇我氏をたおす		
	663年	白村江の戦い➡百済の救援で軍を送るが唐，新羅軍に敗れる		
	672年	壬申の乱➡天武天皇が天皇中心の国家建設を進める		
	701年	大宝律令が制定される		
奈良	710年	都が平城京に移される・天平文化が栄える	唐	新羅
		正倉院（奈良県）		
	743年	墾田永年私財法が定められる		
平安	794年	都が平安京に移される		
	894年	遣唐使の停止・国風文化が栄える		
		平等院鳳凰堂（京都府）	五代	
	1016年	藤原道長が摂政になる➡藤原氏による摂関政治の全盛	宋	
	1086年	白河上皇の院政が始まる		高麗
	1156年	保元の乱		
	1159年	平治の乱➡武士の力が台頭		金
	1167年	平清盛が太政大臣になる・日宋貿易が行われる		

聖徳太子

十二単

1 聖徳太子の政治と飛鳥時代の始まり

1 聖徳太子の生きた時代と，その功績

1 聖徳太子が活やくしたころの東アジアと日本

● 中国では，589年に隋が全土を統一した。皇帝を頂点に，中央政府が地方を治める強力な国家体制で，周囲の国々にも勢力をのばそうとした。朝鮮半島では百済や**新羅**が力を強め，半島南部に勢力をのばし，日本の半島南部における地位は低下した。

● 日本では蘇我氏と物部氏が争うなど，豪族間の対立がはげしくなり，政治が不安定になっていた。

2 聖徳太子の登場

● 592年，推古天皇が女性としてはじめて天皇の位についた。天皇は593年においの**聖徳太子**①を**摂政**②にたて，国内外の不安に対処する新しい政治のしくみをつくらせた。

↑聖徳太子

● 聖徳太子は蘇我馬子と協力し，隋の律令制を参考にして，政治，行政の機能と権限を中央に集める，天皇中心の強い国家体制づくりをめざした。

3 聖徳太子の政治

冠位十二階の制定（603年）

冠位十二階は有能な人材を政治に登用する目的で定められた。朝廷の役職を十二の位に分け，氏や姓（家がら）ではなく，個人の能力や功績によって位をあたえるしくみ。位は冠の色で表された。家がらに応じて役職をあたえていたそれまでのしくみは，改められた。

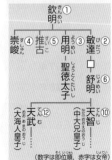

↑天皇の系図

欽明①
崇峻④　推古⑤　用明③　敏達②
聖徳太子
舒明⑥
（大海人皇子）天武⑫　天智⑩（中大兄皇子）

（数字は即位順，赤字は女帝）

人物

①**聖徳太子**（574～622年）
厩戸皇子とよばれた。父は用明天皇で，推古天皇とは，おば・おいの関係。蘇我氏とも親戚関係にあった。仏教をあつく信仰し，法隆寺（奈良県）や四天王寺（大阪府）をつくった。

用語

②**摂政**
天皇が女性の場合，または天皇が幼いときに，天皇に代わって政治をとりしきる役職。

紫は高貴な色。小野妹子は功績が認められて，大礼から大徳に昇進した。

↓冠位十二階

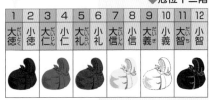

1	2	3	4	5	6	7	8	9	10	11	12
大徳	小徳	大仁	小仁	大礼	小礼	大信	小信	大義	小義	大智	小智

十七条の憲法を制定 (604年)

聖徳太子は，天皇を中心とした統一国家をつくるため，天皇に仕える国家の役人としての心構えなどを豪族たちに示した。これを<u>十七条の憲法①</u>という。仏教や儒教の考え方を取り入れて，たがいに争わないこと，仏教を信じること，天皇の命令に従うことなどが示されている。1条から4条までが，この憲法の主なねらいを表している。

遣隋使を派遣

● 隋は東西の国々との交流がさかんで，都の**長安**は国際的な都市として発展していた。聖徳太子は，隋と国交を結び，中国の進んだ文化や制度を取り入れるため，**小野妹子**を遣隋使として派遣した。このときに遣隋使に同行した留学生や留学僧は，のちに政治や文化の面で活やくした。

—— 大陸との交通路

高句麗（コグリョ）
新羅（シルラ）
隋
長安（今のシーアン）
洛陽（ルオヤン）
百済（ペクチェ）
日本
飛鳥（あすか）

↑ 遣隋使の航路

● 聖徳太子は，みつぎ物をもっていくというこれまでの上下の関係とはちがう，<u>対等の立場での国交②</u>を求めた。隋の皇帝はこの日本の態度におこったが，当時の隋は高句麗と敵対関係にあったため，日本と高句麗が手を結ぶことをおそれ，帰国する小野妹子に返礼の使者を同行させた。

📖 **史料**

①十七条の憲法

一に曰く，和をもって貴しとなし，さからうことなきを宗となせ。

➡ 和を大切にして，人といさかいをしないようにせよ。

二に曰く，あつく三宝を敬え。三宝とは仏，法，僧なり。

➡ あつく仏教を信仰せよ。

三に曰く，詔（天皇の命令）を承りては必ずつつしめ。

➡ 天皇の命令をうけたら，必ず従え。

四に曰く，役人は礼をもって本とせよ。

➡ 役人は礼を基本にせよ。

（一部抜粋）

🔍 **もっとくわしく**

②遣隋使の国書

小野妹子が隋の皇帝に差し出した国書（天皇からの手紙）には，「日がのぼるところの天子が，日がしずむところの天子に手紙を送ります。」と書かれていた。この文面から，国書を書いた聖徳太子らが，隋と対等の関係を結ぼうとしていたことがわかる。

第1章 日本のあけぼの

第2章 天皇と貴族の政治

第3章 武士の政治

第4章 江戸幕府の政治

第5章 明治からの世の中と日本

第6章 現代の日本

② 飛鳥文化の特色

左は金堂
右が五重塔

↑法隆寺

● 7世紀を中心に，飛鳥地方（奈良盆地南部）に都が置かれた時代を飛鳥時代という。飛鳥時代は，蘇我氏や聖徳太子が仏教をあつく信仰したため，日本ではじめて仏教のえいきょうを受けた文化が栄えた。これが飛鳥文化である。

● 隋や唐（⇒P.373）との交流，朝鮮半島から人々が渡来したこと，これらの国々がインド，ペルシャ，ギリシャなどから文化的なえいきょうを受けている①ことにより，東西の文化が反映されているのが特色である。

寺院…聖徳太子は**法隆寺**（奈良県）と四天王寺（大阪府）を，蘇我馬子は飛鳥寺（奈良県）をつくった。法隆寺は，現存する世界最古の木造建築物で，世界（文化）遺産にも登録されている。

仏教彫刻…法隆寺におさめられている**釈迦三尊像**は，朝鮮から来た渡来人の子孫によってつくられたもので，飛鳥文化を代表する仏教彫刻である。法隆寺の**百済観音像**，広隆寺（京都市）の**弥勒菩薩像**も有名。

🔍 もっとくわしく

①玉虫厨子と唐草文様
玉虫厨子には葉のつるや花がからみあった文様がえがかれている。これは，唐草文様といい，エジプトで生まれ，ギリシャ，ローマを経て中国から日本に伝わった文様である。

↑法隆寺の釈迦三尊像

社会の宝箱　飛鳥時代につくられたものに見られる世界的な交流

法隆寺には，ギリシャの神殿にみられるエンタシスという中央部にふくらみをもつ柱と同じ様式の柱が使われています。このように，はっきりと外国の文化のえいきょうが見てとれるものが残されていて，東西の交流があったことがわかります。

3年
4年
5年
6年

日本の歴史編

第1章
日本のあけぼの

第2章
天皇と貴族の政治

第3章
武士の政治

第4章
江戸幕府の政治

第5章
明治からの世の中と日本

第6章
現代の日本

2 大化の改新と律令国家

1 : 大化の改新の直前の様子

1 東アジアの様子

● 中国では618年，隋をほろぼした唐が全国を統一した。唐は長安に都を置き，約300年にわたって中国を治めた。日本はのちに遣唐使を送り（630〜894年），国交を結んだ。朝鮮半島では，新羅による統一が進んでいた。

新羅

長安

唐

↑ 7 世紀後半の中国・朝鮮半島の様子

2 日本国内の様子

● 天皇を中心とする国づくりをめざした聖徳太子の死後（622年），**蘇我氏**の勢力が強まり，蘇我馬子の子，蘇我蝦夷と孫の蘇我入鹿の権力は天皇をしのぐほどになった。643年に入鹿が聖徳太子の子，山背大兄王の一族をほろぼすと，蘇我氏に対する豪族の反感が広がり，ふたたび天皇を中心とした政治による国家づくりへの動きに結びついていった。

② 大化の改新

1 大化の改新の始まり（645年）

● 蘇我氏の勢力が強く，天皇家の行く末に危機感をもった，<u>中大兄皇子</u>（のちの<u>天智天皇</u>）①や<u>中臣鎌足</u>（のちの<u>藤原鎌足</u>）②らは，ひそかに計画をねり，飛鳥宮で蘇我入鹿を暗殺した。さらに蝦夷を自害に追いこみ，政治の実権をにぎる準備を整えた。

● 中大兄皇子と中臣鎌足は，隋や唐から帰国した留学生や僧とともに，天皇を中心とした政治のしくみをつくる改革に着手した。645年に初めての年号として「大化」と定めたため，この改革を**大化の改新**という。

2 大化の改新でめざしたこと

● 中大兄皇子は，遣唐使が学んでもち帰った唐の律（刑法）令（政治を行う上でのきまり）による政治を取り入れようとして，646年に**改新の詔**（詔は天皇の命令のこと）という改革の方針を示した。

改新の詔の内容

私有地の廃止

・すべての土地と人々を国のものとする。
　（公地公民③）　司＝長官，郡司や里長には地元の有力者

・全国を国，郡，里に分け，都から地方に国司を送って管理させる制度をつくる。
　女性やぬひ（どれい）にもあたえられる

・全国の人民の戸籍をつくって，人々に一定の土地をあたえて耕作させる。
　（班田収授法）　全国の人と田を調査

・古い税制を改め，田の面積による課税や戸別の税をとることにする。
　田の面積が広い＝収穫が多い　＝たくさん税がとれる

人物

①中大兄皇子
（626〜671年）
のちの天智天皇。舒明天皇の皇子。皇太子のとき大化の改新を進めた。都を大津宮（滋賀県）に移し，668年天皇に即位した。日本で最初の戸籍を作成した。

人物

②中臣鎌足
（614〜669年）
のちの藤原鎌足。中大兄皇子とともに大化の改新をおし進めた。のちに続く藤原氏の祖で，亡くなる際に天智天皇から藤原の姓をあたえられた。

もっとくわしく

③公地公民
大化の改新以前は，豪族らがそれぞれ土地や人民を所有していた。大化の改新以後は，すべての土地と人民を国（朝廷）が所有することになった。

③ 唐・新羅との戦争と，その後の動き

↑白村江の戦い

● 朝鮮半島では，古くから日本と友好関係があった百済が新羅にほろぼされた。日本は百済を助けるため，朝鮮半島へ大軍を送った。しかし，663年に**白村江の戦い**で唐・新羅の連合軍に大敗し，朝鮮半島から完全に退くこととなった。これにより，日本は朝鮮半島へのえいきょう力を失うことになった。

● 白村江の戦いに敗れた日本は，現在の福岡県に**水城**という土塁とほりをつくって，唐や新羅による攻撃に備えた。

● 中大兄皇子は都を大津宮（滋賀県）に移し，668年に天皇に即位した（**天智天皇**）。

↓水城

写真中央の山に向かう緑の帯が水城。高さ14m，幅80mの土の堤防と水をたくわえたほりが約1.2kmのびている。

③ 律令政治

① 律令国家の成立

● 天智天皇の死後，672年，子の大友皇子と弟の**大海人皇子**が天皇の座をめぐって争った。これを**壬申の乱**という。勝利した大海人皇子は**天武天皇**となり，天皇を中心とした，律と令による政治（**律令政治**）の土台づくりを進めた。また，天武天皇の命により，**藤原京**が造営された。

↑壬申の乱の関係図

② 大宝律令の制定

● 天武天皇の死後は皇后の持統天皇が引き継ぎ，次に文武天皇が治めていた701年，藤原不比等らが**大宝律令**を完成させた。唐の律令を手本に定められ，日本の律令政治の始まりとなった。

3年 4年 5年 6年

日本の歴史編

第1章 日本のあけぼの

第2章 天皇と貴族の政治

第3章 武士の政治

第4章 江戸幕府の政治

第5章 明治からの世の中と日本

第6章 現代の日本

政府の組織…二官八省

中央には，神をまつる神祇官と一般の政治を行う太政官の**二官**が置かれた。太政官の下には大蔵省など**八省**が置かれた。地方は国，郡，里に分けられ，中央による管理体制がとられた。大陸に近い北九州には**大宰府**が置かれ，外交や国防の任務にあたった。

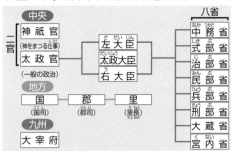

↑大宝律令によって決められた政治のしくみ

土地制度…班田収授法

公地公民が原則。6年ごとに戸籍をつくり，6才以上の男女に土地（**口分田**）をあたえた。口分田をあたえることを班田といい，口分田は本人が死ねば国に返されて別の人にあたえられることになる。これを**班田収授法**という。

税制

…口分田があたえられた農民には，租，庸，調の税や労役の負担が課せられた。

都まで農民が運ぶ。

租	庸	調
収穫された稲の約3%を国や郡に納める。	都に出て働くかわりに，布を都に納める。	絹・布・糸・綿・海産物などの特産物を納める。

雑徭	衛士・防人
年60日以内，国司のもとで働く。	1年間朝廷を警備する衛士や3年間大宰府の海辺を守る防人。

↑主な税と労役

3年
4年
5年
6年

日本の歴史編

第1章 日本のあけぼの

第2章 天皇と貴族の

第3章 武士の政治

第4章 江戸幕府の政治

第5章 明治の世の中と日本

第6章 現代の日本

中学入試対策 ▶ 日本と中国・朝鮮半島との関係 【入試でる度 ★★★☆☆】

	中国	朝鮮半島
1～4世紀	・57年，倭の奴国の王が中国の漢（後漢）に使いを送り，漢の皇帝から金印を授けられる。 →『後漢書』東夷伝 ←金印 ・239年，邪馬台国の卑弥呼が魏に使いを送り，親魏倭王の称号，金印，銅鏡をおくられたとされている。 →『魏志』倭人伝	・4世紀，大和朝廷は朝鮮半島南部の伽耶地域（任那）に進出した。 ・4世紀末，高句麗と戦う→好太王碑 ↑好太王碑（部分） 倭と高句麗が戦ったことについて記されている。
5～6世紀	・倭の五王，讃，珍，済，興，武が宋に使いを送る。 →『宋書』倭国伝 中国，朝鮮半島から来た渡来人が，大陸の進んだ技術や文化を日本に伝える。 ┗→土木技術，鉄製の農具，よう蚕，はた織，須恵器のつくり方など。	・百済から仏教が伝わる。 ・儒教が伝わる。
7世紀	・607年，聖徳太子が隋に小野妹子を遣隋使として派遣。 ・630年，第1回の遣唐使を派遣。以後894年に停止されるまで続く。	・663年，日本は百済を助けるために，大軍を送り，新羅，唐と戦う（白村江の戦い）。 →新羅・唐に大敗，日本は朝鮮半島を退く。 ┌┈ **ここが問われる!** ┈┐ 中国の歴史書 『後漢書』東夷伝 『魏志』倭人伝 『宋書』倭国伝 という歴史書の名前と，記されている内容を覚えよう！

3 聖武天皇の政治と奈良時代の文化

1 奈良の都

1 奈良に新しい都が建設される（710年）

● 大宝律令が完成して律令国家のしくみが整うと，行政の拡大にともなって，藤原京にかわる大きな都が必要となった。

● 文武天皇をついだ元明天皇が治める時代になると，710年には唐の都長安にならって，奈良に平城京がつくられた。平城京は，現在の奈良市とその周辺の地域をふくみ，広い道路がごばんの目のように整然と通されていた。平城京に都が置かれた約80年間を奈良時代という。

ごばんの目 ↑平城京の様子（復元模型）

2 平城京の様子

北側に平城宮が置かれた。平城宮には天皇の住む内裏や役所があった。

皇居，役所のまわりに貴族の屋敷や大きな寺院があった。

都の中心には南北に走る朱雀大路がある。

平城京の南部では，東西の市が開かれ，各地の物産が集められた。この時代は和同開珎という貨幣が使われていた。①

↑平城宮の跡に復元された朱雀門

🔍 もっとくわしく

①和同開珎と富本銭

和同開珎は流通していた記録が残る日本でつくられた最古の貨幣。それよりも前につくられた富本銭がみつかっているが，流通していたかは不明。

↑富本銭

日本の歴史編

第1章 日本のあけぼの

第2章 天皇と貴族の政治

第3章 武士の政治

第4章 江戸幕府の政治

第5章 明治からの世の中と日本

第6章 現代の日本

2 聖武天皇の政治

1 たびたび都を移す

● 元明天皇の後，一代をおいて聖武天皇の治世になると，都では伝染病がはやって多くの人がなくなった。また，全国各地で災害や反乱が次々と起こり，人々の間に不安が広がっていった。

● 聖武天皇は災いからのがれ，政治を安定させるため，次々と都を移した。①度重なる引っ越しは財政の悪化を招き，人々の不満が高まった。

↑たびたび移された都

2 仏教の保護

● 仏教をあつく信じていた聖武天皇は，仏教の力を借りて社会の不安をしずめようと考えた。天皇は，国ごとに1つずつ国分寺を設立して僧を置き，国分尼寺を設立して尼僧を置く詔を出した。また，743年には東大寺の本尊である大仏をつくる詔を出した。

↓国分寺の分布

聖武天皇が諸国に命じてつくらせた。

■ 国分寺が置かれたところ
— 旧国界

九州から東北まで，まんべんなく分布している。

3 大仏づくり

● 奈良での大仏づくり②のために，全国から人や物資が集められ，すぐれた技術をもつ国中公麻呂ら渡来人の子孫が活やくした。また，仏教を説きながら国々をめぐり歩き，橋，用水路，道路などをつくって，人々からしたわれていた僧の行基は，大仏づくりに協力した。

↑聖武天皇

🔍 もっとくわしく

①なぜたびたび都を移したのか？

聖武天皇の時代には，ききんや疫病（天然痘）が流行した。さらに，九州では貴族の反乱が起きた（藤原広嗣の乱）。こうしたことで不安定になった社会を立て直すきっかけになると考え，都を移した。

🔍 もっとくわしく

②大仏づくり

最初は今の滋賀県につくられる計画だったが，都が平城京にもどると，奈良でつくられるようになった。のべ260万人が参加し，詔が出されてから9年がかりで建造された。大仏に使われた銅は約500t，金は約440kgになったという。

379

東大寺の大仏ができるまで

① 木材を組み立てて骨組みをつくり，ねん土を厚くぬって大仏の原型となる像をつくる。

② 原型の像にさらにねん土をかぶせて外わくをつくり，これを切って外す。

③ 原型の表面をけずって，中型をつくる。

④ 外わくを組み直して中型と外わくの間に，下から順に8回銅を流しこむ。

（荒木宏『技術者のみた奈良と鎌倉の大仏』より）

●752年には，高さ約16mの大仏ができ上がった。大仏に目をかき入れる開眼式には，中国やインドの僧も招かれ，1万人以上の参列者を集めた。このとき，聖武天皇は天皇の位を孝謙天皇にゆずり，太上天皇となっていた。

③ 奈良時代の文化

1 奈良時代の人々の生活

●貴族は絹織物の服を着て，食事は1日2回，米を主食にしていた。また，野菜や魚，肉類やチーズに似た乳製品も食べていた。

↑奈良の大仏（盧舎那仏像）

© 01074AA

● 庶民は麻の服を着ていた。玄米を主食とし，あわ，ひえ①などの穀類も食べていたが，食事をとれない日もあった。また，縄文時代から変わらない，たて穴住居（⇒P.351）に住んでいた。

さまざまな食材・料理　質素

↑貴族の食事

↑庶民の食事

立派なやしき　縄文，弥生時代と変わらないたて穴住居

↑貴族の家

↑庶民の家

● 農民には，租，庸，調（⇒P.376）の税だけでなく，調や庸を都へ運ぶこと，工事の手伝いを割り当てられる労役，都を警備する衛士や，兵士として北九州の守りにつく防人などの負担があった。②このため，逃げ出す農民もたくさんいた。

● 重い税に苦しんだ農民が捨てた口分田（⇒P.376）は荒れて使えなくなり，さらに人口の増加により口分田が不足した。朝廷は新しい田を増やすため，開墾した土地を所有し続けてもよいとする墾田永年私財法を制定した。これは土地の私有を認めることになるため，公地公民（⇒P.374）の制度がくずれていくことになった。

もっとくわしく

①あわとひえ
どちらもイネ科の穀物。ひでりや寒さに強く，安定して収穫できるため，庶民は日常的に食べていた。日本では1950年代くらいまで，米と同じようにたいたり，おかゆにしたりして食べられることが多かった。

↑あわ

↑ひえ

史料

②当時の農民のくらし
貴族の山上憶良は，貧しい農民のくらしを次のように書き残している。
「…人なみに耕作しているのに，ぼろぼろの服しか着られず，つぶれそうな家の中で，地面にわらをしいて横たわっているわたしのまわりには，父母や妻子がすわりなげき悲しんでいる。かまどには火の気がなく，飯をむすこしきには，くもの巣がかかっている。」
（『万葉集』の「貧窮問答歌」より部分要約）

3年 4年 5年 6年
日本の歴史編
第1章 日本のあけぼの
第2章 天皇と貴族の政治
第3章 武士の政治
第4章 江戸幕府の政治
第5章 明治からの世の中と日本
第6章 現代の日本

❷ 奈良時代に発展した文化の背景

● 唐の進んだ制度や文化を取り入れようとした朝廷は，630年（飛鳥時代）に第1回の使節団を派遣した。このときから，894年（平安時代）に中止されるまで，約260年の間に15回以上にわたって，遣唐使を送り続けた。この唐との交流が日本の文化の発展に大きなえいきょうをあたえた。

● 遣唐使には，使節や大使のほか，留学生や僧なども同行した。留学生は最新の知識や技術を身につけて帰国し，朝廷で重く用いられた。多いときには約500人以上が4せきの船に乗り，唐にわたった。

● 当時は造船や航海の技術が未熟だったため，あらしによる難破の危険が多い船旅だった。阿倍仲麻呂①のように帰国に失敗し，唐に残って人生を終える人もいた。

人物

①阿倍仲麻呂
留学生として遣唐使とともに唐にわたり，勉学の後，帰国をこころみたが失敗。日本帰国はならなかった。科挙に合格して唐の高官として人生を全うした。「百人一首」におさめられた短歌
「天の原 ふりさけ見れば 春日なる 三笠の山に 出でし月かも」
は，唐から遠い日本への思いを歌ったものである。

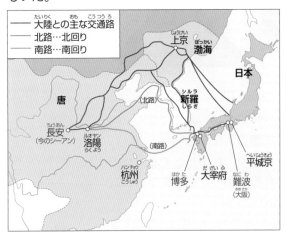

↑遣唐使の航路

↑遣唐使船

● 唐の僧鑑真は，日本で仏教を広めてほしいという招きに応じて来日した。渡航に何回も失敗し，753年にようやく日本に到着したときには失明していた。鑑真は寺院や僧の制度を整え，唐招提寺を開き，日本の仏教の発展に大きな功績を残した。

↑鑑真（688?〜763年）

3 聖武天皇の政治と奈良時代の文化

3年 4年 5年 6年

日本の歴史編

第1章 日本のあけぼの

第2章 天皇と貴族の政治

第3章 武士の政治

第4章 江戸幕府の政治

第5章 明治からの世の中と日本

第6章 現代の日本

校倉造の特ちょう

③ 奈良時代に発展した天平文化

●奈良時代の日本では，唐との交流から，国際色豊かな文化が栄えた。この文化は聖武天皇が治めた天平年間に大きく発展したため，この時代の年号をとって天平文化という。

建築物

●東大寺正倉院は3つの倉からなり，そのうち2つは三角の木を組み合わせた校倉造でつくられている。ここには，聖武天皇が使用した日用品や宝物などが数多く納められていた。

●宝物には，唐やインド，ペルシャ（現イラン）など，遠く西アジアや南アジアの国々からシルクロード（絹の道）を通って運ばれたものもある。そのため正倉院は「シルクロードの終着駅」ともよばれている。

↑正倉院

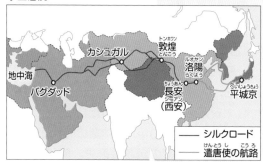
↑シルクロード
地中海沿岸までつながっている。

ペルシャ（今のイラン）製

ガラスのさかずき（瑠璃坏）

弦が5本ある，世界に残るただ1つの琵琶

トルコ石，こはくなどがはりつけられて，模様になっている。

八角鏡（平螺鈿背八角鏡）

琵琶（螺鈿紫檀五絃琵琶）

↑正倉院の宝物

383

仏像や寺院

仏教のえいきょうを受けて，すぐれた仏像や寺院がつくられた。**興福寺**の阿修羅像や**唐招提寺金堂**，唐招提寺講堂などがある。

↑阿修羅像（興福寺）

↑唐招提寺金堂

歴史書，歌集など

『**古事記**』（712年）…神話の時代から推古天皇（飛鳥時代）までの伝説や歴史。稗田阿礼が語ったことを，人物を中心に記した伝記の様式（**紀伝体**）で，太安万侶が3巻にまとめた。

『**日本書紀**』（720年）…神話の時代から7世紀末（持統天皇）までの伝説や歴史。時代順にできごとを記録した様式（**編年体**）で，舎人親王らが30巻にまとめた。遣唐使の派遣により国際的な交流がさかんになると，中国の歴史書のえいきょうを受けて，朝廷を中心に日本のおこりや天皇の祖先についてまとめる動きが活発になった。

『**万葉集**①』（770年ごろ）…わが国で最も古い歌集で，**万葉がな**②が使われている。天皇や貴族から，農民，防人まで，さまざまな職業，身分の人による歌が約4500首集められている。**山上憶良**のほか，山部赤人，**大伴家持**らの歌が有名である。

『**風土記**』…諸国の地名や伝説，産物などをまとめた地理書。現在，「出雲」や「播磨」，「常陸」，「豊後」，「肥前」の5つが残っているが，完全なものは「出雲」のみである。

史料

①『**万葉集**』の防人の歌
東国の農民は防人として九州の守りについた。万葉集には，防人の歌もおさめられている。

　からころも　すそにとりつき　泣く子らを
　置きてそ来ぬや
　母なしにして

「私の着物のすそにすがりついて泣く子どもたちを，家に置いてきてしまった。母親もいないというのに。」

用語

②**万葉がな**
奈良時代までは，日本のことばを表すのに，中国から伝わった漢字を日本語の音に合わせてそのまま使っていた。万葉がなで記された万葉集の歌は，一見漢語のように見えるが，読みを拾っていけば，日本語になる。

待戀奴良武　御津乃濱松　大伴乃　早日本邊　去来子等

3年
4年
5年
6年

日本の歴史編

第1章 日本のあけぼの

第2章 天皇と貴族の政治

第3章 武士の政治

第4章 江戸幕府の政治

第5章 明治の中からと日本

第6章 現代の日本

土地制度の移り変わり

入試でる度
★★★☆☆

時代	年	土地制度
飛鳥時代	701	大宝律令(⇒P.375) 班田収授法
奈良時代	710	平城京に都を移す
	723	三世一身法
	743	墾田永年私財法 (⇒P.381)

「班田」とは、口分田を人民に割り当てること。はじめは、6年おきに行われた。口分田は一代だけのもので、死んだ人の分は班田のときに国に返した。

農民には、租・調・庸を納めるほか、調や庸を都まで運ぶ仕事（運脚）、雑徭などの負担が重く、生活は苦しかった。こうした税の負担をのがれるため、口分田を捨てて逃げる農民が多くなった。

農民が捨てた口分田は、耕す者がいなくなって荒れた。また、人口の増加によって、口分田のための耕地が不足した。

新たに開墾した土地は3代の間もつことができる法律。開墾地にも租は課された。朝廷は、この法律で耕地を増やすことをねらった。

三世一身法により、返す期限が近づいた土地は耕されなくなり、荒れ地が増えた。

開墾した土地を永久に自分のものにできる法律。この法律でも、開墾地に租が課された。

有力な寺社や貴族は、逃げた農民などをやとって次々と新田を開墾し、私有地を増やした。これを初期荘園という。

ここが問われる！
土地制度の変化
公地公民制がくずれ、荘園が広まっていく流れをおさえておこう！

4 藤原氏の政治と日本風の文化のおこり

1 桓武天皇の改革

1 政治の乱れと遷都

● 奈良時代の中ごろから，地方では国司の不正が横行し，公地公民 (⇒P.374) がくずれ始めた。また，都では寺院や僧の力が強くなり，貴族どうしの争いがはげしくなるなど，政治が乱れた。

● 桓武天皇は貴族や寺院の勢力をおさえ，天皇中心の新しい政治を行うため，784年に長岡京を，794年には現在の京都市に唐の都長安にならって平安京をつくった。ここから鎌倉幕府が成立するまでの約400年間を，平安時代という。

↑桓武天皇（737 ～ 806 年）

宮廷の近くに寺社がない！

↑平安京

↑平安京（復元模型）

2 桓武天皇の改革と政治

律令政治の立て直し…国司の不正を取りしまり，乱れた政治をひきしめた。また，兵役や税を減らして農民の負担を軽くし，困難になっていた班田収授をしょうれいして，律令政治の安定をめざした。

蝦夷の平定…東北地方の蝦夷が反乱を起こした①ため，坂上田村麻呂を征夷大将軍として兵を送り，反乱をおさえた。朝廷の勢力範囲を広げ，統治のきょ点を胆沢城 (岩手県奥州市) に置いた。

🔍 もっとくわしく

①蝦夷の反乱
蝦夷に対し，朝廷は何度もみつぎ物をおくるように強制し，武力で従わせようとした。蝦夷は抵抗したが，802年，坂上田村麻呂によって蝦夷の長の阿弖流為は降伏させられた。

新しい仏教の保護…政治を乱すそれまでの寺院勢力とは異なる宗派を保護した。唐への留学を終えて帰国した2名の僧が伝えた天台宗と真言宗である。ともに人里をはなれた山奥できびしい修行をし，わざわいや病気を取りのぞくために，<u>加持祈祷</u>①とよばれる祈りやまじないを行った。

最澄（伝教大師）…唐にわたって修行し，805年に帰国。比叡山（滋賀県）に**延暦寺**を建て，**天台宗**を広めた。

最澄→

空海（弘法大師）…最澄とともに唐にわたり，806年に帰国。高野山（和歌山県）に**金剛峯寺**を建て，**真言宗**を広めた。天皇から京都の**東寺**（教王護国寺）をあたえられた。

空海→

③ 桓武天皇の政治のその後

●人口が増えて口分田が不足し，班田収授が行きづまるなか，貴族や寺社が所有する荘園には税を納めない権利や国司の使いを荘園に立ち入らせない権利があたえられた。②そのため，開発した土地を支配したまま，形式的に貴族や寺社に寄付（**寄進**）③して，この特権を得る者が出てきた。徴税を国司に任せていた朝廷の財政は悪化し，律令による政治が立ちゆかなくなる一方，財力を高めた貴族，特に藤原氏が勢力を強めていった。

② 藤原氏による摂関政治

① 藤原氏の台頭

●貴族の勢力をおさえた桓武天皇の治世が終わり，9世紀中ごろになると，藤原氏は娘を天皇のきさきに立て，その子どもが天皇になると母方の祖父として大きな力をもつようになった。また，皇族以外ではじめて摂政，関白という朝廷の高位についた，藤原良房，藤原基経が出て，勢力をいっそう高めた。

🔍 **もっとくわしく**

①加持祈祷
仏の加護があるように印を結び，呪文を唱え祈ること。加持祈祷で貴族らは現世利益（この世での幸せ）を期待した。

延暦寺（滋賀県）

金剛峯寺（和歌山県）

↑延暦寺と金剛峯寺の位置

用語

②不輸・不入の権
荘園が税を納めなくてよい権利…不輸

国司の使者（検田使）の立ち入りを認めない権利…不入

🔍 **もっとくわしく**

③荘園の寄進
開発した土地を荘園として，有力な貴族や寺社などに差し出し，名目上の所有者とすることで，役人の取り立てや調査からのがれる，不輸・不入の権を得ることができた。

第1章 日本のあけぼの

第2章 天皇と貴族の政治

第3章 武士の政治

第4章 江戸幕府の政治

第5章 明治の世の中と日本

第6章 現代の日本

❷ 藤原氏による政治の全盛

● 天皇が幼いときに天皇に代わって政治を行うのが摂政（⇒P.370）。成人したときに補佐するのが関白である。この地位を独占して政治の実権をにぎる政治を摂関政治という。摂関政治は11世紀前半，藤原道長，頼通父子のときに最もさかんになった。

● 朝廷の高い地位を独占し，力をつけた藤原氏のもとには，多くの荘園が寄進されるようになり，藤原氏の勢力はいっそう強くなっていった。

● 藤原道長は4人の娘を次々と天皇や皇太子のきさきにし，その子どもが天皇になると，祖父として大きな力をもった。3人目の娘が天皇のきさきになるときによんだ歌は，「**望月の歌**」として有名で，当時の藤原氏の勢力をよく示すものである。

　　この世をば　わが世とぞ思ふ　望月の
　　かけたることも　なしと思へば

「この世は私の世界のようで，満月が欠けていないように，自分にないものはない」

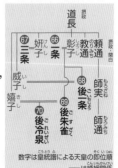

↑藤原氏の系図

道長（摂政・関白）

⑥⑦三条　⑥⑥一条　彰子　教通　頼通
妍子　　　　　　　　
威子　　　　⑥⑧後一条　師実
嬉子　　　　　　　　
　　　　　　⑦⑩後朱雀　師通
　　　　　　⑦⑩後冷泉

数字は皇統譜による天皇の即位順
──は婚姻関係

↑藤原道長
（966 ～ 1027 年）

❸ 平安時代の貴族の生活

建物をわたりろうかでつなぐ

人工の池

人工的な池の中に島をつくることもある

↑寝殿造のやしき

しき地をかべ（築地）でしっかり囲っている

人工的な山（築山）

● 自然美を取り入れた美しい庭園をもつ，日本風の**寝殿造**の家にくらした。家の中には，日本の風景をえがいた**大和絵**（⇒P.390）のびょうぶやふすまがあり，板じきの床に畳をしいてくらした。

3年 4年 5年 6年

日本の歴史編

第1章 日本のあけぼの

第2章 天皇と貴族の政治

第3章 武士の政治

第4章 江戸幕府の政治

第5章 明治からの世の中と日本

第6章 現代の日本

4 平安貴族の服装

●男性の正装は束帯，通常着として直衣を着た。女性は，何枚もの着物を重ねる十二単を正装とした。

束帯

長いすそ

直衣

束帯を簡略化したもの

十二単

あざやかなそで口

3 平安時代の文化と浄土信仰

1 遣唐使の停止－中国文化のえいきょうの低下

●894年，菅原道真の提言により遣唐使が停止された。唐の国がおとろえたこと，すでに唐から多くのものを学んでしまったこと，経済的な負担が大きく，航海に大変な危険がともなうことが理由である。

●長年にわたり中国の文化のえいきょうを受けてきた日本は，遣唐使を停止したころから，日本の風土や生活にあう独自の文化を発展させることになった。この9世紀末から発展した平安時代の文化を，国風文化という。

2 国風文化の発展

●漢字の「へん」や「つくり」からカタカナが，漢字の形をくずしてひらがながつくられた。かな文字という表音文字ができたことで，日本の言葉を自由に書き表すことができるようになり，和歌や物語，随筆などの文学が発達した。女性により多くのすぐれた作品が生み出された。

```
安 以 宇 衣 於
↓
あ～ゟ宇 え お   阿 伊 宇 江 於
↓              ↓
あ い う え お   ア イ ウ エ オ
```

↑カタカナとひらがなの成り立ち

和歌…天皇の命令で，紀貫之らが「古今和歌集」を編集した。在原業平，小野小町などの，すぐれた歌人による和歌①がおさめられている。

史料

①古今和歌集の和歌
久方の　ひかりのどけき
春の日に　しづこころな
く　花のちるらむ
（紀友則）

「おだやかな春の日に，桜の花はどうしてあわただしくちっていくのだろうか」

物語…かぐや姫で知られる『**竹取物語**』，光源氏を中心とした貴族の恋模様や生活をえがいた**紫式部**①の『**源氏物語**』などの作品が生まれた。

随筆…**清少納言**②は日常のできごとをするどく観察し，感想を述べた随筆，『**枕草子**』を著した。

大和絵…日本の景色や人物などを題材にした日本的な絵画。平安末期の「**源氏物語絵巻**」や「**鳥獣戯画**」が代表的。近現代の芸術にも受けつがれている。

↑源氏物語絵巻　源氏物語を題材にした絵巻物

↑**鳥獣戯画**　かえるやうさぎ，さるなどを擬人的に表現し当時の社会を風刺した。

🔍 もっとくわしく

①，②紫式部と清少納言

二人は同時代の才女だった。紫式部は一条天皇の中宮彰子に仕え，清少納言は一条天皇の皇后定子に仕えた。

3 **極楽浄土へのあこがれ**

● 平安時代中ごろから社会が乱れ，災害や伝染病が流行したため，人々は**浄土教**にすがって不安な思いをしずめようとした。**浄土教の教え**③は，阿弥陀仏にすがり**念仏**を唱えれば，死後，**極楽浄土**へ行けるというものである。

● 浄土教の教えにもとづいて，この世に極楽浄土を実現するため，阿弥陀堂がつくられた。11世紀に藤原頼通によって建てられた宇治（京都府）にある**平等院鳳凰堂**が有名である。また，**中尊寺金色堂**（岩手県平泉）も阿弥陀堂である。

人物

③空也（903〜972年）

庶民に「南無阿弥陀仏」を唱えることをすすめ，布教した僧。「市聖」とよばれた。

10円玉の片面の図がらに採用されている。

↑平等院鳳凰堂

3年
4年
5年
6年

日本の歴史編

第1章
日本のあけぼの

第2章
天皇と貴族の政治

第3章
武士の政治

第4章
江戸幕府の政治

第5章
明治からの世の中と日本

第6章
現代の日本

中学入試対策 ▶ 飛鳥・天平・国風文化の比かく

入試でる度 ★★★☆☆

ここが問われる！

	飛鳥文化	天平文化	国風文化
時代	飛鳥時代	奈良時代	平安時代
交流	遣隋使→遣唐使	遣唐使	遣唐使の停止（894年）
特ちょう	日本初の仏教文化➡中国などのえいきょう	仏教文化➡中国などのえいきょう	貴族の文化➡日本独自に発達
建物	法隆寺，飛鳥寺など ↑法隆寺	東大寺，唐招提寺，正倉院など ↑正倉院	平等院鳳凰堂など ↑平等院鳳凰堂
仏像・彫刻	法隆寺釈迦三尊像，広隆寺弥勒菩薩像など ↑釈迦三尊像	東大寺大仏，興福寺阿修羅像など ↑阿修羅像	平等院阿弥陀如来坐像など ↑平等院阿弥陀如来坐像
文学など	『三経義疏』（伝 聖徳太子撰）	『古事記』『日本書紀』『風土記』『万葉集』	『古今和歌集』『竹取物語』『源氏物語』(紫式部)『枕草子』(清少納言)
絵画・工芸	玉虫厨子	正倉院鳥毛立女屛風薬師寺吉祥天像	源氏物語絵巻　鳥獣戯画（平安時代末期） ↑源氏物語絵巻

第2章
天皇と貴族の政治

入試要点チェック

解答▶P.619

つまずいたら
調べよう

☐ **1** 593年に**推古天皇の摂政**となり，蘇我馬子と
ともに天皇を中心とした国家づくりをめざし
たのはだれですか。

1▶P.370
❶❶❷

☐ **2** **有能な人材を行政に登用する**ために，1の
人物が定めた制度を何といいますか。

2▶P.370
❶❶❸

☐ **3** 1の人物が，**国家の役人の心構えを示した**
定めを何といいますか。

3▶P.371
❶❶❸

☐ **4** 中国の進んだ文化や制度を取り入れるために
送られた**小野妹子らの使節**を何といいますか。

4▶P.371
❶❶❸

☐ **5** 1の人物が建てた現存する**世界最古の木造
建築物**といわれる寺を何といいますか。

5▶P.372
❶❷

☐ **6** 飛鳥時代に栄えた，**仏教にえいきょうを受
けた文化**を何といいますか。

6▶P.372
❶❷

☐ **7** 645年に中大兄皇子と中臣鎌足らが**蘇我氏を
たおして始めた改革**を何といいますか。

7▶P.374
❷❷❶

☐ **8** 701年に**唐の律令を手本につくられた法律**を
何といいますか。

8▶P.375
❷❸❷

☐ **9** 710年に唐の都**長安**にならって奈良につくら
れた都を何といいますか。

9▶P.378
❸❶❶

☐ **10** 743年に朝廷が，**新しく開墾した土地を永久に
私有することを認めた法律**を何といいますか。

10▶P.381
❸❸❶

☐ **11** 奈良時代には唐との交流で**国際色豊かな文
化**が栄えた。この文化を何といいますか。

11▶P.383
❸❸❸

☐ **12** 794年に桓武天皇が，**京都につくった都**を何
といいますか。

12▶P.386
❹❶❶

☐ **13** 平安時代には，藤原氏が**摂政，関白**となっ
て政治の実権をにぎった。この政治体制を
何といいますか。

13▶P.388
❹❷❷

☐ **14** **清少納言が著した随筆**を何といいますか。

14▶P.390
❹❸❷

3年 4年 5年 6年

日本の歴史編

第1章 日本のあけぼの
第2章 天皇と貴族の政治
第3章 武士の政治
第4章 江戸幕府の政治
第5章 明治からの世の中と日本
第6章 現代の日本

第2章 天皇と貴族の政治

入試問題にチャレンジ！

解答▶P.619

1 次の文章を読んで，あとの問いに答えなさい。

(神奈川大附属中改)

　朝廷内で力をもっていた蘇我蝦夷・入鹿親子が殺された翌年，「[①]の詔」が出されました。このなかには公地公民制をとることや，②新しい税の仕組みについても書かれています。

　6才以上の男子には2段の口分田が支給されること，口分田で収穫される米の約3%を地方の国ごとにおかれた役所に納めること等についても定められていました。しかし，口分田の不足などの理由により，③奈良時代には，公地公民制もくずれはじめていきました。

（1）[①]に適切な用語を漢字2字で書きなさい。（　　　　　　）

　　（2）下線部②の「新しい税の仕組み」は，「[①]の詔」やその後に定められた制度で整備されていきましたが，この税の制度の説明として正しいものを次から1つ選び，記号で答えなさい。（　　　）

　　ア　口分田を支給されたすべての農民には，地方の特産物を納める調という税が課せられた。

　　イ　成年した男子には，1年間に60日間都にあがって朝廷の仕事にあたる庸という税が課せられた。

　　ウ　成年した男子には，租・庸・調といった税を都に運ぶ負担も課せられた。

　　エ　女性や奴隷にも口分田は支給されて，税を納める義務が課せられていた。

（3）下線部③の「奈良時代」の様子の説明として正しいものを次から1つ選び，記号で答えなさい。（　　　）

　　ア　最初のお金である和同開珎が造られ，税もお金で納められるようになった。

　　イ　遣唐使が活発に遣わされたが，菅原道真の意見により中止された。

　　ウ　農民を把握するために戸籍などが作成された。

　　エ　国風文化という，日本独自の文化が発達し，『万葉集』などの和歌集がつくられた。

2 次の文章を読んで，あとの問いに答えなさい。

(帝京中)

　奈良県の明日香村周辺は今から①1400年ほど前に聖徳太子が天皇の摂政となって政治を行ったところである。当時，大きな勢力を持っていた（　②　）と力を合わせて，（　③　）を中心とする国づくりを始めた。聖徳太子は中国に使いを送って対等な付き合いを求めるとともに，進んだ文化や制度を学ばせたり，（　④　）を制定して政治を行う役人たちの心構えを示した。また，仏教を重んじて（　⑤　）寺などの寺院を建てたことは有名である。(中略)奈良時代は，病気が広まったり，各地で災害や反乱が次々におこった。そこで，（　⑥　）天皇は，国ごとに（　⑦　）寺という寺院を建てることを命じたり，全国の（　⑦　）寺の中心となる奈良の（　⑧　）寺に金色の大仏をつくる 詔 を出したりして仏教の力によって国が安らかになるように努めた。

ハイレベル (1) 下線部①について，聖徳太子が摂政になった時の天皇の名前を答えなさい。

（　　　　　　　）

(2) 空らん（　②　）にあてはまる豪族の名前を以下のうちから選び，記号で答えなさい。

（　　　　　　　）

　　ア　蘇我氏　　イ　藤原氏　　ウ　中臣氏　　エ　物部氏

よくでる (3) 空らん（　③　）にあてはまる言葉を以下のうちから選び，記号で答えなさい。

（　　　　　　　）

　　ア　貴族　　イ　農民　　ウ　兵士　　エ　天皇　　オ　役人

(4) 空らん（　④　）にあてはまる言葉を答えなさい。

（　　　　　　　）

(5) 空らん（　⑤　），（　⑦　），（　⑧　）にあてはまる寺院の名前を以下のうちから選び，記号で答えなさい。

　　⑤（　　　）　　⑦（　　　）　　⑧（　　　）

　　ア　薬師　　イ　国分　　ウ　飛鳥　　エ　法隆　　オ　東大

よくでる (6) 空らん（　⑥　）にあてはまる天皇の名前を答えなさい。

（　　　　　　　）

3年
4年
5年
6年

日本の歴史編

第1章
日本のあけぼの

第2章
天皇と貴族の政治

第3章
武士の政治

第4章
江戸幕府の政治

第5章
明治からの世の中と日本

第6章
現代の日本

③ 資料①は，奈良時代に作られた歴史書の一部です。資料②は，この時代の国際性を表す代表的なものです。2つの資料を見て，あとの問いに答えなさい。

(広島女学院中)

> 天下の富を持つ者はわたしである。天下の力を持つ者もわたしである。この富と力で大仏をつくることはむずかしいことではない。事業はやさしいが，しかし，その願いを実現させることはむずかしい。

〔資料①〕

〔資料②〕

よくでる(1) 資料①の中の「わたし」と，資料②の持ち主は同一人物です。この人物の名を答えなさい。　　　　　　　　　（　　　　　　）

(2) 資料①に述べられた「わたし」の願いとは，どのようなものですか。正しいものを，次のア～エの中から1つ選び，記号で答えなさい。
　　　　　　　　　　　　　　　　　　　　（　　　　　　）

　ア　負担に苦しんだ農民が一揆を起こすほど不安定になった社会の安定

　イ　山背国や近江国などに都を転々とするほど不安定になった政治の安定

　ウ　唐から来た行基らの僧が，大仏づくりに協力し仏教の教えを広めること

　エ　農民の年貢をもとに，各地に国分寺を建てる命令を出すこと

ハイレベル(3) 資料①・②に関連して，奈良時代の様子について述べた文として正しいものを，次のア～エから1つ選び，記号で答えなさい。
　　　　　　　　　　　　　　　　　　　　（　　　　　　）

　ア　唐の都長安には日本の留学生など世界中の人々が集まっていた。

　イ　資料①は『日本書紀』に書かれた記録の一部である。

　ウ　日本海を通って中国大陸へ向かう遣唐使の航海は危険なものだった。

　エ　資料②などの宝物は法隆寺にある正倉院に納められている。

武士の政治

3年
4年
5年
6年

日本の歴史編

第1章 日本のあけぼの
第2章 天皇と貴族の政治
第3章 武士の政治
第4章 江戸幕府の政治
第5章 明治からの世の中と日本
第6章 現代の日本

第3章 この章の流れ

時代	年代	日本のできごと	中国	朝鮮
鎌倉	1192年	源頼朝が征夷大将軍になる	宋 金	高麗
	1203年	北条氏による執権政治が始まる		
	1221年	承久の乱（後鳥羽上皇）		
	1232年	御成敗式目（貞永式目）が制定される（北条泰時）		
	1274年	文永の役 ┐ 元寇		
	1281年	弘安の役 ┘	元	
		➡幕府の力がおとろえる		
	1333年	鎌倉幕府がほろびる		
南北朝		➡建武の新政（後醍醐天皇）		
	1338年	足利尊氏が征夷大将軍になる		
室町	1378年	足利義満が幕府を室町に移す		
		・北山文化が栄える（金閣）		
	1404年	日明貿易〔勘合貿易〕が始まる		

源頼朝

金閣（京都府）

時代	年代	日本のできごと	中国	朝鮮
	1467年	応仁の乱（～1477年）		
		➡下剋上の風潮，一揆		
戦国		・東山文化が栄える（銀閣）		
	1543年	種子島に鉄砲が伝えられる	明	朝鮮
	1549年	フランシスコ・ザビエルがキリスト教を伝える		
	1573年	室町幕府がほろびる		

足利義政

時代	年代	日本のできごと	中国	朝鮮
安土桃山	1575年	織田信長が長篠の戦いで武田軍を破る		
	1590年	豊臣秀吉が全国を統一する		
		太閤検地（1582年～）		
		刀狩（1588年）		
		・桃山文化が栄える		
	1592年	秀吉が朝鮮に兵を送る		
	1597年			

姫路城（兵庫県）

1 武士の成長，平氏と源氏の争い

① 武士のおこりと院政の始まり

1 「武士」と武士団のおこり

●地方では豪族や有力な農民が田畑を広げ，その田畑を守るために武装するようになった。これが武士の始まりである。

●やがて武士たちは一族のかしら（**棟梁**）を中心に武士団をつくるようになった。その中で勢力を広げたのは，天皇を祖先にもつ平氏と源氏であった。平氏は近畿より西（西国），源氏は関東から東北（東国）でえいきょう力を強めていった。

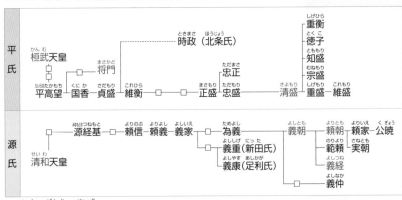

↑平氏と源氏の系図

2 武士と中央の結びつき

●力をもち始めた武士であったが，国司の力はまだ強く，開発した田畑を国司にうばわれることがあった。武士は都の皇族や貴族，寺社に田畑を寄進し，荘園にすることで田畑を守るようになった。

1 武士の成長，平氏と源氏の争い

3年
4年
5年
6年

日本の歴史編

第1章 日本のあけぼの

第2章 天皇と貴族の

第3章 武士の政治

第4章 江戸幕府の政治

第5章 明治からの世の中と日本

第6章 現代の日本

3 武士の成長

● こうして中央との結びつきを深めた武士は，都で皇族や貴族に仕えたり，荘園の管理を行ったりするようになった。その後，<u>武士の中には朝廷に対して反乱を起こしたり，朝廷の命令で東北地方の豪族の反乱を平定する力をもつ者が現れるようになった。</u>①

4 院政と平氏の進出

● 都では摂関政治（⇒P.388）が終わり，退位した天皇が上皇となって政治の実権をにぎり続ける**院政**②に移っていた。

● 1156年，院政をめぐって上皇と天皇の対立が起り，そこに藤原氏の中での対立が重なって，**保元の乱**が起こった。源氏，平氏も一族がそれぞれの側に分かれて戦い，天皇側が勝利した。

● 1159年には，院の近臣間の権力争いに平氏と源氏が加わり，**平治の乱**が起こった。源氏を平定した平氏は勢力をのばし，源氏の勢力はおとろえていった。

保元の乱の関係図

勝 天皇方	後白河（弟）	忠通関白（兄）	清盛（おい）	義朝（子）
	天皇家	藤原氏	平氏	源氏
負 上皇方	崇徳（兄）	（弟）頼長左大臣	（おじ）忠正	（父）為義

平治の乱の関係図

勝	通憲（信西）	平氏	清盛	重盛	頼盛
	藤原氏			
負	信頼	源氏	義朝	義平	頼朝

前九年の役
後三年の役
平将門の乱
藤原純友の乱

もっとくわしく

①地方の争乱
平将門の乱（935～40年）
将門が関東の国々を制圧。新皇と名乗り東国国家をつくろうとした。
藤原純友の乱（939～41年）
純友が瀬戸内海の海ぞくと手を結び，大宰府などをおそった。
前九年の役（1051～62年）
東北地方の対立を源頼義，義家が平定。
後三年の役（1083～87年）
清原氏の一族間の争いを，源義家が藤原清衡を助けておさえた。清衡は奥州藤原氏の祖。

もっとくわしく

②院政
退位した天皇が上皇として生活する住まいが院で，上皇が政治の実権をにぎり，院で政務をとる政治体制を院政という。院政は白河上皇が始めた。

② 平氏の政治と源平の戦い

1 平氏の政治

●平治の乱の後，政治的な地位を高めていった**平清盛**は，武士としてはじめて，朝廷の最高位である**太政大臣**に就任した。また，藤原氏と同様，娘を天皇のきさきとし，生まれた子を天皇（安徳天皇）に立て，政治の実権をにぎるようになった。こうして平氏一族は，朝廷の重要な役職を独占していった。

↑ 平 清盛（1118～1181年）

2 日宋貿易と厳島神社

●清盛は大輪田泊（今の神戸港）を整備して，中国の宋と貿易を行った。①

●日本からは刀剣，硫黄，漆器などを輸出し，宋からは宋銭（中国のお金），高級織物などを輸入した。

●また清盛は瀬戸内海の宮島にある**厳島神社**を平氏の氏神として敬った。ここには，平氏の繁栄を願ってつくられた「平家納経」が納められている。

↑厳島神社

厳島神社
（広島県）

大輪田泊
（兵庫県）

↑大輪田泊と厳島神社の位置

⚠️ココに注意！

①日宋貿易
日本と宋の正式な貿易ではなく，民間の貿易。平安時代に遣唐使が停止されてから，室町時代に日明貿易が行われるまでは，日本は中国と正式な国交を結んでいなかった。

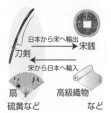
日本から宋へ輸出
刀剣　→　宋銭
宋から日本へ輸入
扇　　高級織物
硫黄など　　など

海の中にたっている高さ16mの大鳥居がシンボル。干潮時には，鳥居まで歩いて行くことができる。

3 平氏への不満と源氏の挙兵

●「平氏でない者は人ではない」といわれるほど政治と富を独占した平氏に対して，やがて他の武士や院，貴族，寺社の間に反感が高まった。伊豆（静岡県）に流されていた源 義朝の子，**源 頼朝**は，豪族の北条氏や東国（東日本）の武士たちと協力し，平氏をたおすために兵をあげた。

↑源 頼朝
（1147～1199年）

4 源平の戦い

● 源頼朝は，富士川の戦い（静岡県）で平氏が敗走した後，鎌倉に根きょ地を置き，武士による政権をつくるための準備を始めた。この間，木曽（長野県）の **源義仲** が倶利伽羅峠の戦い（富山県・石川県）で平氏を破り，京都から平氏を追い出した。

● 頼朝の命令を受けて，弟の **源義経**① らは源氏方の軍を率い，入京後に乱暴をはたらくようになった義仲を宇治川の戦いでうった後，一ノ谷の戦い（兵庫県）や屋島の戦い（香川県）に勝って平氏をさらに西に追いつめた。そして，壇ノ浦の戦い（山口県）で平氏をほろぼした。

人物

① 源義経
（1159 ～ 1189 年）

源頼朝の弟。幼いころは「牛若丸」とよばれる。騎馬戦の天才で，源氏の騎馬団をうまく使って平氏を破った。壇ノ浦の戦いで平氏をほろぼした後，頼朝と対立して奥州に逃げたが，頼朝軍の圧力を受けた奥州藤原氏に攻められ自害した。

↓源平の戦い

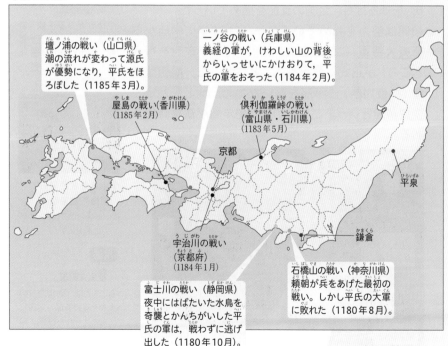

壇ノ浦の戦い（山口県）
潮の流れが変わって源氏が優勢になり，平氏をほろぼした（1185 年 3 月）。

一ノ谷の戦い（兵庫県）
義経の軍が，けわしい山の背後からいっせいにかけおりて，平氏の軍をおそった（1184 年 2 月）。

屋島の戦い（香川県）
（1185 年 2 月）

倶利伽羅峠の戦い
（富山県・石川県）
（1183 年 5 月）

京都

平泉

宇治川の戦い
（京都府）
（1184 年 1 月）

鎌倉

富士川の戦い（静岡県）
夜中にはばたいた水鳥を奇襲とかんちがいした平氏の軍は，戦わずに逃げ出した（1180 年 10 月）。

石橋山の戦い（神奈川県）
頼朝が兵をあげた最初の戦い。しかし平氏の大軍に敗れた（1180 年 8 月）。

2 鎌倉幕府の始まりと源頼朝の政治

1 鎌倉幕府の成立と政治のしくみ

1 鎌倉幕府の成立

●平氏がほろびたあと，源頼朝の勢力が強くなっていくことをおそれた後白河法皇は，源義経に頼朝追討を命じた。しかし，頼朝はそれをてっかいさせ，逆に義経追討を命じさせた。

●頼朝は1185年，義経をつかまえるのを口実に，武士を**守護**や**地頭**①として地方に置くことを後白河法皇に認めさせた。こうして，頼朝の力は東国から全国におよぶようになった。頼朝はさらに，義経をかくまったとして，東北地方の有力な豪族，**奥州藤原氏**②をほろぼし，全国の支配を進めていった。

●頼朝は勢力を強めていくなか，1192年に朝廷から**征夷大将軍**③に任命され，幕府（将軍が政治を行うところ）が正式に置かれることになった。頼朝は鎌倉（神奈川県）に幕府を開いたため，地名をとって**鎌倉幕府**という。この後の約140年間が**鎌倉時代**である。

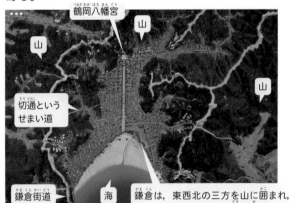

鶴岡八幡宮

山　山

切通というせまい道

山

鎌倉街道　　海　　鎌倉は，東西北の三方を山に囲まれ，南が海であることから，敵が攻めにくく，守りやすい地形となっている。

↑**鎌倉幕府の周辺（復元模型）**

🔍 もっとくわしく

①守護と地頭

守護は国ごとに一人ずつ置かれた。大番役の催促（御家人へ都の警備をうながすこと）や殺害人やむほん人を逮捕する仕事をした。地頭は荘園や公領に置かれた。荘園や公領の管理や治安維持の仕事をした。

用語

②奥州藤原氏

中尊寺がある平泉（岩手県）を中心に栄えた豪族。約100年間，三代にわたって繁栄したが，頼朝にほろぼされた。

↑**中尊寺金色堂の阿弥陀如来像**
※中尊寺は2011年，世界文化遺産に登録

用語

③征夷大将軍

もともとは，東北地方の人々を攻める軍の指揮官にあたえられた役職。頼朝からあとは，武士の最高権力者という意味をもつようになった。

日本の歴史編

第1章 日本のあけぼの

第2章 天皇と貴族の政治

第3章 武士の政治

第4章 江戸幕府の政治

第5章 明治からの世の中と日本

第6章 現代の日本

2 鎌倉幕府を支えた将軍と御家人の関係

● 10世紀ごろから、自ら土地を開発して力をつけてきた武士は、鎌倉幕府では**御家人**となり、将軍と主従関係を結んだ。将軍は御家人の大切な領地を守り、手がらを立てたときは新しい領地をあたえた（**御恩**）。この御恩に対して御家人は、ふだんは鎌倉や京都を守り、戦いのときには「**いざ鎌倉①**」と、すぐに戦場にかけつけて将軍のために命がけで戦い、将軍に忠誠をちかうことでこたえた（**奉公**）。

領地を認め、手がらによって新しい領地をあたえる

将軍 ⟶ 御恩 ⟶ 御家人
奉公

将軍のために命をかけて戦う

↑御恩と奉公の関係

● 将軍と御家人は土地をなかだちにして「御恩と奉公」の関係で強く結びついていた。このようなしくみを**封建制度**といい、鎌倉幕府は日本ではじめて封建制度をしいたといえる。武士は領地を命がけで守ったことから、「**一所懸命**」という言葉が生まれた。

● 鎌倉時代には、幕府による政治に加えて、朝廷も政治を行っていた。朝廷は多くの荘園をもち、貴族や寺社が全国の荘園を領主として治めていた。つまり、守護や地頭という武士勢力と、荘園領主という貴族勢力が二重に土地を所有したことになる（公武二元支配）。

🔍 もっとくわしく

①鎌倉街道
御家人たちが、「いざ鎌倉」と、自分の領地から戦いにかけつけるときに通った道。今も、関東の各地に残っている。山で囲まれた鎌倉は、山をけずって切り開いた「切通」とよばれる、せまい道で鎌倉街道と結ばれていた。

↑鎌倉街道（上道）

3 鎌倉幕府のしくみ

● 将軍の下に、将軍の補佐役として**執権**が置かれた。中央政府（鎌倉）には侍所や政所、問注所が置かれ、地方には国ごとに**守護**、荘園や公領ごとに**地頭**が置かれた。

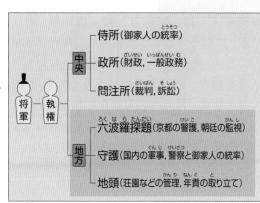

将軍 ─ 執権

中央
侍所（御家人の統率）
政所（財政、一般政務）
問注所（裁判、訴訟）

地方
六波羅探題（京都の警護、朝廷の監視）
守護（国内の軍事、警察と御家人の統率）
地頭（荘園などの管理、年貢の取り立て）

↑鎌倉幕府のしくみ（承久の乱後）

② 執権政治と承久の乱

■ 源氏の断絶と執権政治

● 源頼朝の死後，子の源頼家が将軍職をついだが，御家人は政治の主導権をめぐって争った。なかでも頼朝の妻，政子①の実家，北条氏が勢力をのばした。北条時政は頼家を将軍職から退かせ，弟の源実朝を将軍に立てて，幕府の実権をにぎった。

● 時政は1203年，将軍を助けて政治を行う**執権**の地位につき，この後は北条氏が代々，執権職を独占するようになった。このように，将軍を立てながら，執権が中心となって政治を動かすしくみを**執権政治**という。

● 1219年，源実朝が源頼家の子の公暁に暗殺され，源氏直系の将軍は三代で絶えた。幕府は朝廷から皇族の将軍をむかえようとしたがうまくいかず，朝廷と幕府の関係が悪化した。

② 承久の乱 (1221年)

● 源氏の将軍が絶えたのをみた朝廷は，政治の実権を取りもどそうと考えた。このころ院政 (⇒P.399) を行っていた**後鳥羽上皇**は，北条時政から執権職をついだ北条義時をたおす命令を，全国の武士，僧兵に出した。

● 御家人らは，朝廷方と戦えば朝敵 (朝廷にそむく敵) になってしまうと動揺し，幕府は混乱した。このとき，頼朝の妻，**政子**が御家人に対して頼朝の御恩を説き，御家人の団結をうったえた②ことで，御家人らは，幕府への忠誠をちかった。幕府の大軍は京都を攻めて勝利をおさめ，北条氏は上皇を追放して実権をにぎり続けた。

1221年に起きたこの争乱を**承久の乱**という。

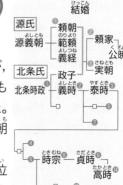

↑ 源氏と北条氏の関係

●は将軍になった順
●は執権になった順

人物

①北条政子

(1157～1225年)

源頼朝の妻で，北条時政の娘。頼朝の死後，父時政とともに政治を後見し，「尼将軍」といわれた。

史料

②北条政子のうったえ

頼朝どのが平氏をほろぼして幕府を開いてから，その御恩は，山よりも高く，海よりも深いほどです。御恩に感じて名誉を大切にする武士ならば，よからぬ者をうちとり，幕府を守ってくれるにちがいありません。(部分要約)

3年 4年 5年 6年

日本の歴史編

第1章 日本のあけぼの

第2章 天皇と貴族の

第3章 武士の政治

第4章 江戸幕府の

第5章 明治からの世の中と日本

第6章 現代の日本

3 承久の乱後の社会

● 幕府は争乱の首謀者である後鳥羽上皇を隠岐 (島根県) に流し, 京都に**六波羅探題**を置いて, ふたたびこのような乱が起こらないように朝廷を監視し, 西国や京都の警備にあたらせた。

● 幕府は上皇方についた貴族や武士の領地を取り上げ, 手がらのあった御家人をその地の地頭に任命した。これにより, 幕府の支配力は西国にも強くおよぶようになった。

↑後鳥羽上皇
(1180～1239年)

後鳥羽上皇はこの地に19年間流され, 同地で崩御した。

↑後鳥羽上皇の配流地

4 御成敗式目〔貞永式目〕(1232年)

● 承久の乱のあと, 3代目の執権となった**北条泰時**は, 御家人の土地問題が増えたのをみて, 政治や裁判のよりどころとなる**御成敗式目〔貞永式目〕**①を定めた。

● これは武士がつくったはじめての法律で, 武家社会の慣習にもとづくものであった。主に守護や地頭の任務や権利, 裁判の手続きなどについて定め, その後, 長く武家社会における法律の手本となった。

御家人と幕府は土地により結びついているので, 土地問題を公平に解決するのがとても大切。

史料 ●御成敗式目〔貞永式目〕

― 諸国の守護の仕事は, 御家人の京都を守る義務を指揮・催促すること, 謀反や殺人などの犯罪人の取りしまりである。(第3条)
― 地頭は荘園 (私有地) の年貢を差しおさえてはいけない。(第5条)
― 20年以上継続してその地を支配していれば, その者の所有になる。(第8条)
― 女子にゆずりわたした領地についても, 男子と同じように親は後から取り上げる権利がある。(第18条)

裁判の手続きを簡単にし, お金のない武士でもうったえることができるようにした。

承久の乱の後は, 御家人どうし, 御家人と荘園領主, 御家人と農民の間で, 土地にかかわる争いが増えた。

③ 武士，農民の生活と商業の発達

1 武士の生活

● 武士は地頭として，荘園や公領の管理や，年貢の徴収を行った。血縁関係のある一族で活動し，その長を**惣領**といった（惣領以外の子弟は**庶子**）。原則として分割相続を行っていた。①

● 武士はいくさに備えて，日ごろから**流鏑馬，笠懸，犬追物**②などで武芸の訓練にはげみ，刀や弓などの武器の手入れをする生活をしていた。

↑流鏑馬

↑笠懸

● 武士は，自ら治めている領地に館をかまえていた。まわりを堀や塀で囲み，やぐらをもうけ，敵の侵入や攻撃に備えるつくりであった。生活の中心となる住まいの母屋は質素なつくりで，床は板ばりが基本だが，一部に畳をしくこともあった。

🔍 もっとくわしく

①分割相続
親の領地を子（兄弟姉妹）が分割して相続をくり返すこと。御家人一人がもつ領地はしだいに小さくなり，生活も苦しくなっていった。

御家人

領地
分割相続

分割相続

用語

②流鏑馬，笠懸，犬追物
流鏑馬は，馬に乗って走りながら，馬上から連続して3つの的を弓矢でいる。笠懸は，馬上から遠くの的を弓矢でいる。犬追物は，走る犬を獲物に見立てて弓矢でいる。この場合，いられた犬が死なないように，やわらかい素材でできた矢が使われた。以上の3つをあわせて，騎射三物という。

馬小屋で馬の手入れをしている。

↓武士の館の様子

武器の手入れ

質素な板ばり

武芸をみがいている。

塀の外側にほりがある。

遠くまで見わたせる物見やぐら。

2 鎌倉幕府の始まりと源頼朝の政治

3年
4年
5年
6年

日本の歴史大編

第1章 日本のあけぼの

第2章 天皇と貴族の

第3章 武士の政治

第4章 江戸幕府の政治

第5章 明治からの世の中と日本

第6章 現代の日本

❷ 農民の生活

● 農民は荘園（⇒P.387）の所有者である領主に年貢を納めた。また、幕府から派遣された地頭がいる荘園では地頭にも仕え、負担が大きかった。荘園の年貢を自分のものにしたり、新しい税をとるなど、農民を苦しめる地頭もいたため、農民が団結して立ち向かった記録①が残っている。

📖史料 ❶農民のうったえ

阿氐河荘（和歌山県）の上村の農民らが申し上げます。荘園領主に納める木材がおくれていますが、地頭の上京の際や、近くの工事の際に村人を責め使うので、ひまもありません。わずかに残った村人が領主のための木材を切り出しに行くと、地頭が「逃亡した農民の畑に麦をまけ」と命じ、山から追いもどされます。「お前たちがこの麦をまかなければ、妻たちをつかまえて、耳を切り、鼻をそぎ、髪を切って尼にし、縄でしばって痛めつけるぞ」といって責めるので、ますますおくれます。

（『紀伊国阿氐河荘民の訴状』部分要約）

❸ 農業の進歩

● 西国ではこのころ、稲をかりとったあとに麦をつくる二毛作が広まり始めた。これにより穀物の生産性が向上した。

1年2回の収穫

秋 春

● 牛や馬にすきをつけて田を耕作するようになり、人力よりも効率よく耕作できるようになった。また、草や木の灰（草木灰）を肥料として利用するようになった。

↑牛による耕作の様子（松崎天神縁起絵巻）

● 灯油に用いられるえごまや、衣服の材料のあさなどの商品作物がさいばいされるようになった。②

🔍もっとくわしく

②商品作物
食べる目的ではなく、売って現金で収入を得るためにさいばいする作物。くわ、うるし、茶、こうぞ、あさ、あいなど。鎌倉時代は、商品作物のさいばいと手工業（⇒ P.408）の発達で、貨幣が広く行きわたるようになった。

↑えごま ↑あさ

❹ 商業，産業の発達

● 二毛作で生産性が高まると，あまった米，野菜を商品として売買する定期市が，人々の集まる寺院の門前などで開かれるようになった。毎月決まった日に開かれる定期市では，食料品のほか，**紺屋**がもちこむ染め物などの生活用品，**鍛冶屋**がもちこむ鉄製の農具なども売買されるようになった。商品の売り買いには，中国から輸入された貨幣（**宋銭**）が使われた。

● 市が発展していくと，紺屋や鍛冶屋のような手工業者は同業者の組合（**座**）をつくり，貴族や寺社に利益の一部を納める代わりに，製造，販売の特権を認めてもらい，独占するようになった。

布を売る人　　米を売る人
↑市の様子
（一遍上人絵伝・模本（部分））

↑紺屋

↑鍛冶屋

中学入試対策 ／ **鎌倉時代の農業・産業・流通**〔入試でる度 ★★☆☆☆〕

鎌倉時代は農業が発達し，商品作物のさいばいが始まった。そのため，貨幣経済や流通も発展したことをおさえよう。

農業	・西日本（西国）で二毛作が広まる ・牛馬による耕作 ・草や木の灰を肥料（草木灰）として利用 ・えごまやあさなどの商品作物の生産
産業	・鍛冶屋や紺屋がはんじょう ・同業者組合の座が生まれる 　→販売や製造の権利を独占
流通	・定期市が開かれる ・三斎市…月に3回市を開く ・宋銭の流通

ここが問われる！
・西日本（西国）で二毛作が広まる。
・牛馬による耕作が広まる。
・定期市が開かれる。

↑宋銭

3 元との戦いと鎌倉幕府の滅亡

3年
4年
5年
6年

日本の歴史編

第1章 日本のあけぼの

第2章 天皇と貴族の

第3章 武士の政治

第4章 江戸幕府の政治

第5章 明治からの世の中と日本

第6章 現代の日本

3 元との戦いと鎌倉幕府の滅亡

1 元寇と北条時宗

1 モンゴル帝国と元の成立

● 13世紀はじめ，**チンギス・ハン**は，モンゴル高原一帯でくらす**モンゴル民族**①を統一し，中央アジアなど各地の征服を進めた。一族は西アジアからヨーロッパにかけての国々を次々と征服し，ユーラシア大陸に広大なモンゴル帝国を築いた。

● 帝国はのちに分かれたが，中国北部の地域をチンギス・ハンの孫，**フビライ・ハン**が治め，国号を元と定めた。フビライ・ハンはのちに，朝鮮半島の全域を統一していた高麗を服属させた。

↑フビライ・ハン（1215～1294年）

● モンゴル帝国の成立で東西の交流がさかんになり，元にはヨーロッパや西アジアから，使節や商人がたくさん訪れるようになった。商人の**マルコ・ポーロ**②も，その一人である。

用語

①**モンゴル民族**
主に中国の北にあるモンゴル高原に住む民族。水や草などを求めて，牛や馬など家畜とともに各地に移動する遊牧生活を送っていた。

人物

②**マルコ・ポーロ**
（1254～1324年）

イタリアの商人。元を訪れてフビライ・ハンに仕えた。帰国後，旅行記『世界の記述（東方見聞録）』を口述し，日本を「黄金の国ジパング」としょうかいした。

↑モンゴル帝国の拡大と元（13世紀）

○ モンゴルの本拠地
▨ モンゴル帝国の最大領域
■ 元の領域
⇄ マルコ・ポーロの行路

黒海　高麗　大都(北京)　元

モンゴル帝国は，西アジアからヨーロッパ東部まで，広大な領土を有していた。

2 フビライと北条時宗

●フビライ・ハンは，日本にもたびたび使節を送り，服従を要求してきた。しかし，8代目の執権**北条時宗**は，その要求を拒否し続けた。

↑北条時宗
（1251～1284年）

3 元との2度にわたる戦い

●1274年，元軍は対馬，壱岐をおそい，博多湾（福岡県）に上陸した。幕府軍は経験したことがない，元軍の**集団戦法**や火薬の武器「**てつはう**」（⇒P.411）による攻撃に苦しめられたが，善戦した。やがて元軍は暴風雨による被害を受け，引きあげていった（**文永の役**）。この後，幕府は博多湾の岸に**石塁**（石築地）①を築いて守りを固めた。また，九州の武士を，交たいで沿岸部の警護につかせて，防衛を固めた（異国警固番役）。②

●1281年，元軍はふたたび攻めてきた。幕府軍ははげしくむかえうち，元軍を上陸させずにいたところ，元軍はまたも暴風雨におそわれ，引きあげていった（**弘安の役**）。この2度にわたる元軍の襲撃を**元寇**という。元寇は後に，国内の政治に大きなえいきょうをあたえることになった（⇒P.412）。

用語

①石塁
博多湾の岸に20kmにわたって築かれた，高さ2～3mの石のとりで。弘安の役では，元軍はかんたんに乗りこえることができなかったという。

用語

②異国警固番役
元軍の襲来に備えて御家人，公領の武士が九州北部の沿岸を防備する制度。

↑元軍の進路

凡例
― 文永の役の元軍進路
··· 弘安の役の元軍進路
石塁
土塁

高麗　合浦　対馬　下関　壱岐　博多　平戸　鷹島　大宰府

年	主なできごと
1206	チンギス・ハンが皇帝となる
1259	モンゴル帝国が高麗を征服する
1260	フビライ・ハンが皇帝となる
1268	高麗の使いがフビライの手紙を日本に届ける　←時宗は朝貢を拒否
1271	モンゴル帝国の使いが日本に来る　←時宗は朝貢を拒否
1274	文永の役
1276	博多湾の岸に石塁をつくる
1281	弘安の役

↑元寇に関連するできごと

4 元軍と幕府軍の戦い方のちがい

●下にある「蒙古襲来絵詞①」に見られるように，元軍は集団戦法をとり，幕府軍は騎馬を用いた1対1で戦う戦法（一騎打ち）をとった。武器にも大きなちがいがあった。

元軍		幕府軍
十数人が一組になって攻める **集団戦法**	戦法	1対1で戦う，**一騎打ち戦法**
・「**てつはう②**」 ・短い弓（とどくきょりが長い） ・毒をぬった矢じり	武器	・刀やなぎなた ・長い弓（とどくきょりが短い）

🔍 **もっとくわしく**

①蒙古襲来絵詞
九州の御家人，竹崎季長が自分の元寇での活やくを記録するために作成した絵巻物（⇒ P.414）。

🔍 **もっとくわしく**

②てつはう
火薬を用いた武器。「鉄砲」とはちがい，火薬をつめた陶製の玉が大きな爆発音とともにはれつするようになっていた。

「てつはう」がはれつしている

「てつはう」の爆発音に馬がおどろいてはね上がっている

↓元との戦い（蒙古襲来絵詞）

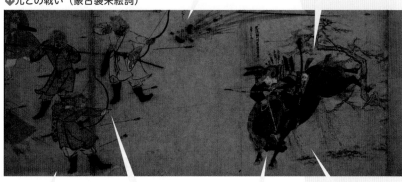

集団で戦っているのが元軍

毒をぬった矢じり

御家人の竹崎季長

馬に乗って1人で戦っている

5 元寇後の幕府の政策

●幕府は元の襲来に備えて，全国の御家人以外の武士も動員できる権限を朝廷に認めさせた。また，九州の政務や裁判などを行う役所（鎮西探題）を置き，北条氏がその職についた。元寇の後は，幕府の支配と北条氏の権力が強くなっていった。

第1章 日本のあけぼの

第2章 天皇と貴族の政治

第3章 武士の政治

第4章 江戸幕府の政治

第5章 明治からの世の中と日本

第6章 現代の日本

② 鎌倉幕府のすいたいと滅亡

1 御家人の不満

● 2度にわたる元軍との戦いで，幕府は多くの出費を強いられ，財政が苦しくなった。また，戦いには負けなかったものの，外国の侵略を防いだだけで，新たな領地は得られず，御家人の奉公に対する御恩（土地，ほうび）を十分にあたえることができなかった。

● このため，御家人は幕府に不満をもつようになり，元寇は「御恩と奉公」で結びつく幕府と御家人の関係が不安定になるきっかけとなった。

↑元寇のほうびを求める竹崎季長（右）と幕府の役人（左）
（蒙古襲来絵詞）

2 徳政令による救済

● 異国警固番役（⇒P.410）や元軍との戦いによる負担のほか，分割相続（⇒P.406）のくり返しで領地が小さくなり，御家人の生活はしだいに苦しくなっていった。借金が重なって返済できず，領地を手ばなす御家人が増えた。

● 御家人がおとろえ，幕府の力が弱くなるのを防ぐため，幕府は1297年，永仁の徳政令①を出した。この法令により，御家人の借金を帳消しにし，借金のかたとなった土地をただで返すよう命じた。しかし，このふみたおしは経済を混乱させ，御家人にお金を貸す者がいなくなったため，幕府への反感を強めることになった。

竹崎季長は，文永の役で手がらをあげたのに，ほうびをもらえなかった。そのため，熊本から鎌倉まで出向き，自分の活やくをねばり強くうったえた。その結果，地頭の地位をあたえられた。季長は，その後の弘安の役でも多くの手がらをあげた。

📖 史料

①永仁の徳政令
―　質入れや売買した土地の件
領地を質入れや売買することは御家人が苦しむもとになるので，今後禁止する。以前に買ったものはもとの持ち主に返すこと。ただし，幕府が認めたもの，20年以上過ぎているものは返す必要はない。（『東寺百合文書』部分要約）

3年 4年 5年 6年
日本の歴史編
第1章 日本のあけぼの
第2章 天皇と貴族の政治
第3章 武士の政治
第4章 江戸幕府の政治
第5章 明治からの世の中と日本
第6章 現代の日本

3 鎌倉幕府の滅亡（1333年）

京都の朝廷は天皇のあとつぎ問題，院政の主導権争いで不安定になっていた。これをおさえるために幕府がとった政策に不満をつのらせた後醍醐天皇は，幕府の指導力のおとろえをみて，政治の実権を朝廷に取りもどそうと考えた。天皇は幕府に不満をもつ武士を味方につけ，幕府をたおす計画を立てたが失敗し，隠岐（島根県）に流された。しかし，楼木正成①らの働きにより，幕府に反抗する武士たち②がしだいに増えていった。

↑後醍醐天皇
（1288～1339年）

幕府は大軍を京都に送ったが，有力な御家人の足利尊氏が幕府にそむき，京都の六波羅探題を攻めおとした。また，新田義貞が鎌倉に攻めこみ，当時の執権が自害したため，1333年，鎌倉幕府はほろびた。

🔍 もっとくわしく

①楼木正成と新田義貞
正成は，のちに後醍醐天皇と対立するようになった足利尊氏と戦い，義貞も戦死した。2人とも最期まで後醍醐天皇に忠誠をつくした。

用語

②悪党
荘園領主や幕府の命令に従わない武士。「悪い者」というより，「強い者」と受けとめられ，権力者に仕えて出世する者もいた。

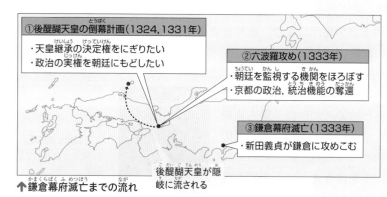

①後醍醐天皇の倒幕計画（1324，1331年）
・天皇継承の決定権をにぎりたい
・政治の実権を朝廷にもどしたい

②六波羅攻め（1333年）
・朝廷を監視する機関をほろぼす
・京都の政治，統治機能の奪還

③鎌倉幕府滅亡（1333年）
・新田義貞が鎌倉に攻めこむ

後醍醐天皇が隠岐に流される

↑鎌倉幕府滅亡までの流れ

3 鎌倉時代の文化と宗教

1 鎌倉時代の文化

伝統的な貴族の文化と，武士や庶民のそぼくで力強い文化が発展した。

建築，仏像…平氏の焼きうちにあった東大寺（奈良県）が復興され，**東大寺南大門**も再建された。**運慶**と**快慶**らにより**金剛力士像**という力強い彫刻がつくられ，南大門の両わきに置かれた。

↑**金剛力士像**　© 01077AA

↑**東大寺南大門**（現在）　© 01076AA

文学

●平氏の繁栄から滅亡までをえがいた**軍記物**の「**平家物語**」が，琵琶法師による琵琶の音に合わせたひき語りで，広く人々に親しまれた。

●後鳥羽上皇の指示により，藤原定家らによって『**新古今和歌集**①』が編さんされた。鴨長明の『**方丈記**』，吉田兼好の『**徒然草**②』などのすぐれた随筆が生まれた。

絵画…戦いの様子や人々の伝記などを言葉と絵でえがいた「**蒙古襲来絵詞**」や「**一遍上人絵伝**」などの**絵巻物**がつくられた。また，実在の人物の肖像をえがいた**似絵**も発達した。

↑**似絵**

② 鎌倉時代の宗教

●平安時代までの仏教は貴族中心の信仰だったが，武士や民衆にもわかりやすい教えを説く，新しい仏教が現れた。**法然**による**浄土宗**，**日蓮**による**日蓮宗**（法華宗），法然の弟子の**親鸞**による**浄土真宗**（一向宗），踊念仏で教えを説いた**一遍**の**時宗**などが人々に広まっていった（⇒P.415）。

🔍 もっとくわしく

①新古今和歌集

約1900首がおさめられている。主な歌人は，藤原定家，藤原家隆，西行らで，なかでも西行の歌が多い。

見渡せば　花も紅葉も
なかりけり　浦の苫屋の
秋の夕暮　　（藤原定家）

心なき　身にもあはれは
知られけり　鴫立つ沢の
秋の夕暮　　　　（西行）

🔍 もっとくわしく

②方丈記と徒然草

枕草子と合わせて三大随筆。

ゆく河の流れは絶えずして，しかももとの水にあらず。よどみに浮ぶうたかたは，かつ消えかつ結びて，久しくどゝまりたるためしなし…（『方丈記』）

つれづれなるまゝに，日くらし，硯にむかひて，心にうつりゆくよしなし事を，そこはかとなく書きつくれば，あやしうこそものぐるほしけれ。　（『徒然草』）

中学入試対策

仏教の歴史

入試でる度 ★★☆☆☆

①平安時代までの仏教…貴族中心

飛鳥時代	**聖徳太子**は仏教による平和な社会をめざし，その教えを**十七条の憲法**に取り入れた。仏教を広めるため法隆寺を建てた。
奈良時代	**聖武天皇**は仏教の力で国を治めようとして，都に**東大寺**と**大仏**，国ごとに**国分寺**・**国分尼寺**を建てた。
平安時代	**最澄**は比叡山延暦寺を建てて**天台宗**を，**空海**は高野山金剛峯寺を建てて**真言宗**を広め，きびしい修行を重んじた。

②鎌倉時代の仏教…民衆にも広がる

ここが問われる！

宗教	開いた人	教えの内容
浄土宗	法然 	「**南無阿弥陀仏**」の**念仏**を唱えれば，だれでも救われるという教え。
浄土真宗（一向宗）	親鸞 	**阿弥陀仏**の教えを信じれば，悪人こそ，仏の慈悲で救われるという教え。
時宗	一遍 	**念仏**を唱えるだけでよいという教え。**踊念仏**で民衆に広められた。 
日蓮宗（法華宗）	日蓮 	「**南無妙法蓮華経**」の**題目**を唱えれば，国家も人も救われるという教え。
禅宗 臨済宗	栄西 	**坐（座）禅**による修行とさとりを大切にする。中国（宋）から伝えられた。
禅宗 曹洞宗	道元 	

↑坐（座）禅

4 室町幕府の成立と室町文化

1 建武の新政と室町幕府の成立

1 建武の新政

● 武士の協力で鎌倉幕府をたおした**後醍醐天皇**は，天皇中心の政治を始めた。1334年に年号を建武と改めたので，この政治を**建武の新政**という。

● 新政では公家が高い役職につき，後醍醐天皇の政治を助けた。しかし，鎌倉幕府をたおした功績が大きかった武士に対する恩賞は少なく，武士の間に不満が生じた。また，政治の失敗があいつぎ，新政への不満①が高まっていった。

2 建武の新政の失敗

● 1335年，こうした動きを見た**足利尊氏**は，後醍醐天皇にそむき，武士による政治をめざして兵をあげた。尊氏は新政に不満をもつ武士を味方につけて京都に攻めこみ，朝廷側の軍を破った。1336年には，後醍醐天皇が京都から**吉野**（奈良県）にのがれたため，建武の新政は2年あまりでくずれさった。

↑**足利尊氏**
（1305〜1358年）

社会の宝箱　足利尊氏ははじめ，「高氏」だった！

尊氏は，もとは鎌倉幕府側だったが，のちに後醍醐天皇側について六波羅探題を襲うなど，幕府をたおすのに功績をあげた。尊氏は，はじめ「高氏」と名乗っていたが，ほうびとして後醍醐天皇の名の「尊治」の1字をあたえられ，「尊氏」と改名した。

新政の役所に近い京都の二条河原にはり出された。新政が期待はずれで，世の中が混乱している様子が書かれている。

史料

①二条河原落書

このごろ都ではやっているものは，夜討ちや強盗，にせの天皇の命令。囚人や変事をつげる早馬，意味のないさわぎ。僧になるのももどるのも，手続きなく勝手きまま。急になり上がって低い身分から大名に出世した者もあれば，落ちぶれて路頭にまよう者もある。領地や恩賞をもらおうと，ありもせぬ戦いの手がらを申し出る者もある。

（『建武年間記』部分要約）

4 室町幕府の成立と室町文化

3年
4年
5年
6年

日本の歴史編

第1章 日本のあけぼの

第2章 天皇と貴族の

第3章 武士の政治

第4章 江戸幕府の

第5章 明治からの世の中と日本

第6章 現代の日本

③ 南朝と北朝

● 足利尊氏は1336年，京都に別の天皇（光明天皇）を立て，幕府の政治方針などを示した**建武式目**を定めた。一方，京都を逃れた後醍醐天皇は，**吉野**（奈良県）に朝廷を移したため，2人の天皇，2つの朝廷が立つことになった。各地の武士は京都（**北朝**）か吉野（**南朝**）か，どちらかの朝廷側に立って争った。

● 足利尊氏は1338年，北朝から**征夷大将軍**に任命されて幕府（のちの室町幕府）を開いたが，支配力は弱く，この後，約60年にわたって北朝と南朝の争いが続いた。この時代を**南北朝時代**という。

● 南北朝の争いが続くなか，武士をまとめる**守護**の役割が強化された。守護には一国の年貢の半分を取り立てる権利があたえられるようになり，守護が一国を支配する力をもつようになった。大きな力をもった守護は，**守護大名**とよばれるようになった。

北の朝廷＝北朝

↑南北朝の位置
南の朝廷＝南朝

尊氏❶─義詮❷─義満❸─義持❹─義量❺
　　　　　　　　　　└義教❻─義勝❼
直義─基氏（鎌倉府の長官）
　　　　　義政❽─義尚❾─義晴─義輝❿
　　　　　義視─義稙❿
　　　　　　　義澄⓫─義昭⓯
　　　　　　　　　　　　義栄⓮

（❶～⓯は将軍になった順）
↑足利氏の系図

↑足利義満
（1358～1408年）

庭に各地の名木や花が植えられたため，「花の御所」とよばれた。

④ 足利義満の登場

● 3代将軍の**足利義満**は直属の軍を整えて，勢いが強まっていた各地の守護大名をおさえた。また，南朝の勢力が落ちてきたのを見て南朝と北朝を統一させた（1392年）。京都の室町に「**花の御所**」とよばれる政務の中心地をつくったため，足利氏の開いた幕府を**室町幕府**という。

↑花の御所（「洛中洛外図屏風」）

⑤ 室町幕府のしくみ

● 室町幕府のしくみは，足利義満のころに整った。鎌倉幕府のしくみと似ているが，**管領**が置かれた点が異なる。管領は足利氏一門の三家（斯波，細川，畠山）が交代で就任した。**守護**は**地頭**を支配下に置き，領国の政治にたずさわった。また，京都に幕府を開いたため，関東地方にも目を光らすことができるように，鎌倉府を置いた。

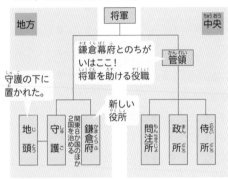

↑室町幕府のしくみ

↑倭寇と海上交通

⑥ 東アジアの様子と勘合貿易〔日明貿易〕

● 中国では，元の支配に対して漢民族が反乱を起こし，1368年に朱元璋が漢民族の国家，**明**を建国した。

● 明は**倭寇**とよばれた対馬や壱岐などの海ぞくが，中国や朝鮮の沿岸をあらしていたことから，室町幕府に取りしまりを求めた。足利義満はその求めに応じるとともに，明との国交を開き，正式に貿易を始めた。

● この貿易は，正式な貿易船と倭寇との区別をつけるため，**勘合**〔勘合符〕という合い札（証明書）①を使ったことから，**勘合貿易**という。日本は刀剣や硫黄，銅などを輸出し，中国の銅銭（明銭）のほか，生糸，絹織物，陶磁器などを輸入した。この貿易によって幕府は大きな利益を得て，富をたくわえることになった。

🔍 もっとくわしく

①**勘合（勘合符）**

日本船にある，文字が半分だけの札と，相手国にある残り半分の札を合わせて，いっちすれば正式な貿易船であるという確認ができる。

勘合符はいっちしているからOK！

4 室町幕府の成立と室町文化

3年
4年
5年
6年

日本の歴史編

第1章 日本のあけぼの

第2章 天皇と貴族の政治

第3章 武士の政治

第4章 江戸幕府の政治

第5章 明治からの世の中と日本

第6章 現代の日本

② 産業の発展と民衆の成長

1 農業の発達

● 室町時代には牛馬を使って田畑を耕す方法や二毛作（⇒P.407）が全国に広まった。水田に水を引くための用水路が整えられ，**水車**も使われるようになり，農作物の生産力がさらに高まった。また，各地でくわや茶などのさいばいが広がった。

2 産業・商業の発達

● 大工道具，刀，農具をつくる鍛冶職人，木材をつくる木びき職人など，専門の職人による手工業がさかんになった。京都や加賀（石川県）の絹織物，瀬戸（愛知県）の陶器，備前（岡山県）の刀など，各地で特産物の生産がすすんだ。

● 全国各地で**定期市**が開かれるようになり，月6回を数えることもあった。商業の発達につれて，寺社の周辺には**門前町**，港には港町ができた。

中世の港町である，草戸千軒町の遺跡（広島県福山市）の調査をもとに，実物大で復元されている。

↑**草戸千軒の町並み**

● 鎌倉時代以降，産業，商業の発達により，多くの物資を運ぶようになったことから，運送業者の**馬借**，運送・倉庫業者の**問丸〔問〕**①が活やくした。また，宋銭，明銭をさかんに使用するようになり，**土倉，酒屋**②が利子をとってお金を貸す，高利貸しも営まれるようになった。

↑**馬借**

↓職人

紙すき

傘はり

用語

①馬借，問丸（問）
馬借は主に交通の要地で活動する陸上運送業者で，年貢や商品を馬にのせて運んだ。問丸（問）は港や川ぞいの都市で活やくする運送業者で，物資を保管する倉庫をもっていた。

用語

②土倉，酒屋
土倉は，お金を貸すかわりに品物をあずかる質屋のこと。品物を保管する倉庫を土倉といった。また，大きな利益をあげていた酒屋は，お酒をつくって売るほか，金貸し業も行っていた。このため高利貸しのことを「土倉，酒屋」というようになった。

419

◎手工業者や商人は，業種ごとに座とよばれる団体をつくり，営業を独占していった。座は貴族や寺社の保護を受けて，営業の独占を認めてもらうかわりに，税を納めた。

3 民衆の成長と一揆

◎農村では，有力な農民を中心に寄合を開き，用水の管理や野山の利用についての村のおきて①を定め，祭りや年貢の減免要求などについて話し合い，主体的に物事を決めていくようになった。このような村を惣〔惣村〕という。

◎団結を強めた農民は，荘園領主が重い年貢をかけると，武器をとって集団でていこうするようになっていった。これを土一揆という。また，有力者となった地元の武士と農民が協力して起こした国一揆や，一向宗〔浄土真宗〕の信者が中心となった一向一揆も，15世紀ごろにはよく起こるようになった。

📖 史料

①惣のおきて

— 寄合があるとき，2度連絡しても参加しない者は，50文のばっ金とする。

— 森林の苗木を切った者は，500文のばっ金とする。（近江国今堀郷『今堀日吉神社文書』）

↑正長の土一揆の碑文

「正長元年より前の借金は神戸4か郷では帳消しにする」という宣言が記されている。

正長の土一揆
（滋賀県）
1428年
馬借と農民
馬借や農民が土倉や酒屋をおそい，幕府に借金の帳消しを要求した。

山城の国一揆
（京都府）
1485年
有力者となった地元の武士と農民
山城で二手に分かれて対立していた畠山氏の軍を追放し，8年もの間，自分たちで国を治めた。

加賀の一向一揆
（石川県）
1488年
加賀の一向宗〔浄土真宗〕の信者
守護大名をたおして，約100年間国を支配した。

↑室町時代に起こった主な一揆

4 室町幕府の成立と室町文化

3年
4年
5年
6年

日本の歴史編

第1章 日本のあけぼの

第2章 天皇と貴族の

第3章 武士の政治

第4章 江戸幕府の

第5章 明治からの世の中と日本

第6章 現代の日本

③ 応仁の乱と戦国大名の登場

1 応仁の乱 (1467〜1477年)

● 3代将軍足利義満は，守護大名をおさえ，幕府は安定していた。しかし，その後の将軍の力は不安定で，8代将軍足利義政①の代になると，管領家および将軍のあとつぎ争いに，守護大名の細川氏と山名氏の権力争いがからみ，京都を中心に大きな戦乱が起こった。これを応仁の乱という。多くの守護大名が細川方（東軍）と山名方（西軍）の二手に分かれて戦った。

● この戦乱では足軽が活やくした。よろいをつけない軽い身なりですばやく行動し，放火，略奪の乱暴をはたらき，敵を混乱させた。

● 戦乱は約11年も続いたため，多くの寺院や貴族の屋敷が焼失して，京都は焼け野原となり，室町幕府の力もおとろえた。貴族や商工業者の中には戦乱をさけて地方にのがれる者もいて，都の文化が地方に広まることになった。

はだしの足軽が，板などをうばって運んでいる。

人物

①足利義政

(1436 〜 1490年)
義満の孫。政治にはほとんどかかわらず，学問や芸術を好んだ。応仁の乱後，東山（京都市）に銀閣を建てた。

↑応仁の乱による京都の被災地域

よろいやかぶとを身につけている上級武将。足軽たちの略奪を止めようとしている。

社会の宝箱 　　西陣のひみつ

「西陣織」で知られる京都の西陣という地名は，応仁の乱のときに，西軍の山名氏の陣地が置かれたところからつけられた。乱が始まると，京都の織物職人たちは堺などに逃げ，そこで中国から伝わった技術を取り入れることになった。戦乱後，京都にもどって西陣付近に住みつき，西陣織の技術が生み出されていった。

❷ 戦国大名の登場

●応仁の乱による長い戦乱で，領国を留守にして多くの戦費を使った守護大名の勢力はおとろえていった。かわって留守をあずかった家臣や親族の中には，その地位をうばって実権をにぎり，**戦国大名**となる者も現れた。このように，立場の下の者が上の者を実力でたおす風潮を**下剋上**という。多くの戦国大名が領地の拡大をめざして各地で戦ったため，100年にもわたる**戦国時代**が続いた。

●戦国大名の多くは，家来を自分の城のまわりに住まわせたため，全国各地に**城下町**が生まれた。自国の領地内で通用する**分国法**①というきまりを定め，領地の支配を固めた戦国大名もいた。今川氏の『**今川仮名目録**』や，武田氏の『**甲州法度之次第〔信玄家法〕**①』などが有名である。

家来のあやしい行動・ね返りを防止

史料

①分国法

― 許可なく他国へおくりものや手紙を送ってはならない。

― 親類や家来が個人的に同盟を結ぶことは，反逆したことと同じあつかいとする。

― けんかはどのような理由によるものでも，両方を処罰する。

『甲州法度之次第（信玄家法）』

領地内の平和を守るため

↑**主な戦国大名**（1560年ごろ）

| 大名 | …守護大名から戦国大名になった者 |
| その他 | …家来から主君となった者 |

社会の宝箱　ライバル武田信玄を助けた上杉謙信

信玄は甲斐（山梨県），謙信は越後（新潟県）を治める，戦国時代で最も力のある大名だった。二人は信濃（長野県）をめぐって，川中島で5度も対決するという宿命のライバルであった。今川氏と北条氏が海のない甲斐の信玄を困らせるため，塩の輸送を止めたことがあった。これを知った謙信は，「信玄と争うのは戦いで，米塩ではない」と塩を送り，信玄や甲斐の人々を助けたとされる。この話は「敵に塩を送る」という格言のもととなった。

4 室町幕府の成立と室町文化

3年
4年
5年
6年

日本の歴史編

第1章 日本のあけぼの

第2章 天皇と貴族の政治

第3章 武士の政治

第4章 江戸幕府の政治

第5章 明治からの世の中と日本

第6章 現代の日本

4 室町文化

1 室町文化の特ちょう

● 武士が京都で生活するようになったことから，貴族の文化と武士の文化がとけあって，新しい文化が生まれた。また，茶の湯や生け花，水墨画，能や狂言といった，現在にも伝わる日本の文化が形づくられ，貴族や武士だけでなく，民衆の間にも広まっていった。

● 3代将軍の足利義満が京都の北山に金閣を，8代将軍の足利義政が京都の東山に銀閣を建てた。金閣はその権力や富を示すような，ごうかできらびやかな建物，銀閣は簡素で落ち着いた深みのある建物である。義満のころの文化を北山文化，義政のころの文化を東山文化という。

枯山水とよばれる様式で，石と砂を用いて自然を表現した庭園。ほかに大徳寺の庭園も有名。

↑龍安寺（京都府）の庭園

3層 {
3層目…禅宗の様式
2層目…武家の様式
1層目…寝殿造

↑金閣（鹿苑寺）ごうかできらびやか

2層 {
上層…禅宗の様式
下層…書院造

↑銀閣（慈照寺）落ち着いて深みがある

建築…現在の和風住宅のもととなった書院造という様式が生まれた。書院には，床一面に畳がしかれ，床の間，ちがいだななどがあり，障子やふすまでしきられている。銀閣と同じしき地にある東求堂同仁斎が代表的な書院造の建物として有名である。

ちがいだな

ふすま

付書院…はじめは読書のための机。のちに道具などをかざる場所になった。

障子

畳

↑東求堂同仁斎

絵画…墨一色で自然の景色をえがく **水墨画**（墨絵）が中国から伝わり，<u>雪舟</u>①はこれを日本風の水墨画として完成させた。

墨と水をふくませた筆で，墨のこい，うすいをぬり分けて表現。

←水墨画（部分）

芸能…能面をつけて歌や音楽に合わせてまう**能**②が，足利義満の保護のもと**観阿弥**，**世阿弥**の父子によって完成された。能の合い間（幕間）には，人々の生活を題材にした喜劇，**狂言**が演じられた。

↓能

↑能面

文学…御伽草子とよばれる，絵を入れた物語がつくられ，人々に親しまれた。『**一寸法師**』『**浦島太郎**』，『**物ぐさ太郎**』などが有名。

❷ その他の文化と生活の変化

●応仁の乱で京都が荒廃し，貴族らが地方に下ったことで，茶の湯や生け花は，地方にも広まっていった。また，盆おどりなどが各地で行われるようになった。

①**雪舟**
（1420～1502(06)年）

中国にわたって水墨画の修行を重ねた。帰国後，日本のすぐれた景色を求めて各地をめぐり，大自然の美しさをえがいた。

用語

②**能**

平安時代から祭りや田植えのときに，農民が行っていたそぼくなおどり（田楽や猿楽）を芸術的に発展させたもの。

『物ぐさ太郎』の一場面

↑御伽草子

↑茶の湯

↑生け花

3年
4年
5年
6年

日本の歴史編

第1章 日本のあけぼの

第2章 天皇と貴族の政治

第3章 武士の政治

第4章 江戸幕府の政治

第5章 明治からの世の中と日本

第6章 現代の日本

5 織田信長と豊臣秀吉による天下統一

1 鉄砲とキリスト教の伝来

1 鉄砲の伝来

● 1543年，暴風雨のため中国の貿易船が**種子島**（鹿児島県）に流れ着いた。このとき乗船していた**ポルトガル人**によって，**鉄砲**は日本にはじめて伝えられた。やがて各地の戦国大名に広まり，**堺**（大阪府）や**国友**（滋賀県）などで大量につくられるようになった。

国友（滋賀県）

堺（大阪府）

種子島（鹿児島県）

↑鉄砲と関係のある地域

当時の鉄砲の射程きょりは80〜100m程度

↑鉄砲

↑鉄砲鍛治

📖 史料 鉄炮記

1尺は約30cm

乗員は長さが2，3尺（60〜100cm）のものを手にしている。形は中が空どうで外はまっすぐで重い。その横に穴が1つあいていて，火を通す道になっている。領主は値段の高さを問題とせず，2丁買って家宝とした。（部分要約）

・鉄砲の伝来における記録で，領主の種子島時堯の行いをたたえている。
・種子島時堯は鉄砲を買い取った後，家来に使用方法と製造方法を学ばせた。

2 鉄砲伝来のえいきょう

● 鉄砲は，それまでの戦い方を大きく変えることになった。重いよろいやかぶとで身を守り，騎馬で**一騎打ち**をする接近戦から，鉄砲をもつ身軽な歩兵（足軽）が，集団で遠くから攻撃する**集団戦法**に変わっていった。

🔍 もっとくわしく

鉄砲が伝来したころの城 山地を利用して築いたのが山城。とりでとしての役割が強く，戦国時代までよくみられた。一方，平野に築いたのが平城。安土桃山時代から見られ，権威を示す象徴，政治を行う役所という役割もあった。

③ キリスト教の伝来

1549年，スペイン人の宣教師，**フランシスコ・ザビエル**①が**鹿児島**に上陸し，日本に**キリスト教**を伝えた。これ以来，宣教師たちが次々とやってきて布教したため，九州や近畿地方を中心にキリスト教の信者が増えていった。

↑ザビエルの伝道路

戦国大名の中には，キリスト教の信者になる**キリシタン大名**がいた。キリシタンとなった九州の大名，有馬晴信，大友宗麟〔義鎮〕，大村純忠は1582年，伊東マンショら4人の少年を使節としてローマ教皇のもとに派遣した②。

④ 南蛮貿易

鉄砲が日本に伝えられた後，ポルトガル人やスペイン人との貿易がさかんになった。彼らが**南蛮人**とよばれたことから，この貿易を**南蛮貿易**という。貿易は，**平戸**（長崎県）や**長崎**などで行われ，日本は銀，漆器などを輸出し，鉄砲，火薬，時計や中国産の生糸，絹織物などを輸入した。

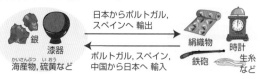

日本からポルトガル，スペインへ 輸出

銀　漆器　海産物，硫黄など

ポルトガル，スペイン，中国から日本へ 輸入

絹織物　鉄砲　時計　生糸　など

カステラやコンペイトウのように，ポルトガル語から日本語になったもの，刀のように日本から輸出されて普及し，そのままポルトガル語になったものもある。

ポルトガル語→日本語

ボタン　パン　カステラ　カルタ　コップ

人物

①フランシスコ・ザビエル
（1506～1552年）

イエズス会の宣教師。鹿児島に上陸した後，大名の保護を受けて，平戸（長崎県），博多（福岡県），山口，堺（大阪府），京都などを回って布教活動を行った。

🔍 もっとくわしく

②天正遣欧使節
1582年，九州のキリシタン大名がローマに送った使節。ローマ教皇にえっ見し，歓迎を受けた。1590年に帰国したが，すでにキリスト教は禁止されていた。

5 織田信長と豊臣秀吉による天下統一

3年
4年
5年
6年

日本の歴史編

第1章 日本のあけぼの

第2章 天皇と貴族の

第3章 武士の政治

第4章 江戸幕府の政治

第5章 明治からの世の中と今の日本

第6章 現代の日本

② 織田信長と安土城

1 織田信長のやく進

● 16世紀の半ば，各地の戦国大名をしりぞけ，全国の統一を進めようとする戦国大名，織田信長①が現れた。信長は尾張（愛知県）の小さな大名だったが，桶狭間の戦い（愛知県）で駿河（静岡県）の有力大名，今川義元を破り，勢いを強めた。

● 1573年には，室町幕府15代将軍足利義昭を京都から追放し，室町幕府をほろぼした。

2 長篠の戦い（1575年）

● 天下統一を進めるなか，織田信長と徳川家康の連合軍は長篠の戦い（愛知県）で，当時最強といわれた甲斐（山梨県）の武田氏と戦った。連合軍は武田軍の騎馬隊を鉄砲隊による集団戦法で破り，天下統一の土台を固めた。この戦いは鉄砲を有効に活用した戦いとして知られる。

↑天下布武印
信長が使った印で，「武力で天下をとる」という意味がある。「天下」とは「全国」の意。

①織田信長
（1534～1582年）

尾張（愛知県）の戦国大名。古いしきたりや考え方にとらわれず，新しい発想と行動力で勢力をのばした。

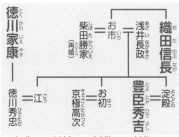

↑織田家・豊臣家・徳川家の関係

鉄砲をもっている兵がいる左側が織田・徳川連合軍。右側が武田勝頼（信玄の子）の軍。

騎馬隊を防ぐため，川のうしろにさくをつくった。

鉄砲をもった足軽隊が，かわるがわる発射した。

遠くから相手をたおすことができる。

近づかないと相手をたおすことができない。

↑長篠の戦い（部分）

3 織田信長の政治

● 信長は琵琶湖（滋賀県）のほとりに**安土城**①を築き，城下町には家来や商人を集めた。また，城下町では税や座をなくす**楽市・楽座を実行**して商人が自由に商売できるようにするとともに，関所③を廃止して物資の移動がしやすいようにした。こうして，自由な商業活動が行われるようになった。

> **史料 ❷楽市令**
>
> 安土城下町に定める
> ― この町を楽市と命じたからには，座の規制や税などはいっさい免除する。
> ― 商人は，安土を通る道を通り，安土城下町で宿をとること。
> 『近江八幡市共有文書』部分要約）

● 信長は自分に従わない仏教勢力を排除しようと，対立していた**比叡山**（滋賀県）の**延暦寺**を焼きうちした。さらに，各地で勢いをもっていた**一向宗**（⇒P.415）の信者と，その中心であった**石山本願寺**（大阪府）にはげしい攻撃を加え，降伏させた。一方，仏教勢力と対抗するため，キリスト教を保護し，宣教師が教会や学校を建てるのをゆるした。

↑**南蛮寺（キリスト教の教会）**（部分）

4 本能寺の変

● 天下統一に向けて中国地方へと勢力を広げようとしていた信長は1582年，京都の本能寺に宿泊中，家来の**明智光秀**に攻められて自害した。これが**本能寺の変**である。

もっとくわしく

①安土城

五層七重の高さが45m以上もある壮大な城。城の外面は，層ごとに朱色・青色・白色などにぬり分けられ，最上層は金色だったとされる。宣教師フロイスも，その大きさと美しさに驚いたと記録に残した。信長の死後，攻められて焼け落ち，今は石がきと礎石だけが残っている。

↑**安土城模型**

用語

③関所

鎌倉時代から安土桃山時代までの関所は，幕府や寺社などが通行税をとるために置かれた。江戸時代は治安維持のために置かれていた。

↑**信長の勢力図**

■ 信長の領国1560年ごろ
□ 信長の領国1572年ごろ
□ 信長の領国1582年ごろ
□ 信長にほろぼされた大名

日本の歴史編

第1章 日本のあけぼの

第2章 天皇と貴族の政治

第3章 武士の政治

第4章 江戸幕府の政治

第5章 明治の世の中と日本

第6章 現代の日本

③ 豊臣秀吉と大阪城

① 豊臣秀吉の天下統一

● 織田信長の死後，家臣の**豊臣秀吉**①は明智光秀をたおし，信長の遺志をついで天下統一を進めた。1585年には関白に，1586年には太政大臣に任じられた。

● 秀吉は，信長が攻め落とした石山本願寺のあとに，**大阪城**を築いた。ここを本きょ地として全国の統一を進め，1590年，小田原の北条氏をほろぼして**天下統一**をなしとげた。

↑大阪城

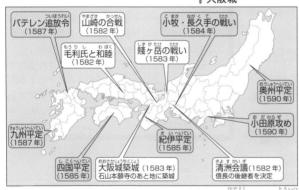

バテレン追放令 (1587年)	山崎の合戦 (1582年)	小牧・長久手の戦い (1584年)
毛利氏と和睦 (1582年)	賤ヶ岳の戦い (1583年)	奥州平定 (1590年)
九州平定 (1587年)		小田原攻め (1590年)
四国平定 (1585年)	紀伊平定 (1585年)	
大阪城築城 (1583年) 石山本願寺のあと地に築城		清洲会議 (1582年) 信長の後継者を決定

↑秀吉の天下統一

② 豊臣秀吉の政治

検地…農民から年貢を確実に取り立てるため，検地を行った。これは，全国の田畑の面積，土地のよし悪し，米の生産高（石高）②，生産者の名前を調べて検地帳に記入するもので，石高にもとづいて年貢が決められた。それまでは，戦国大名が自国の領地でそれぞれ検地を行っていたが，広さ，量などの単位はばらばらだった。秀吉はばらつきがでないように単位を統一し，決まったものさしやます③を使って，全国を同じ基準で調査させた。秀吉が行ったこのような検地を**太閤検地**という。

人物

①豊臣秀吉

(1537 ～ 1598 年)

尾張（愛知県）の身分の低い足軽の子として生まれた。織田信長に仕え，知恵と能力を認められて出世した。木下藤吉郎という名だったが，羽柴秀吉と名乗り，のちに天皇から豊臣の姓をあたえられた。

もっとくわしく

②石高

田を等級（上・中・下など）に分けて，田の標準的な収穫量を決定し，それに面積をかけて算出する単位。

もっとくわしく

③ます

秀吉は，京都付近で使われていたます（京ます）を基準として，全国のますの大きさを統一した。これが年貢米をはかる基準となった。

↑検地の様子（江戸時代）

役人が田畑の面積を調べている。

1日3食
（3合）
×365日≒
1000合

1石

刀狩（1588年）…農民から刀や鉄砲などの武器を取り上げる**刀狩令**①を出した。農民の一揆を防ぎ，農業に専念させて年貢を確実に納めさせることを目的に行われた。また，1591年には**身分統制令（人掃令）**を出して，武士が農民や町人になること，農民が商人や職人になることを禁じた。

> **史料　❶刀狩令**
>
> 一　諸国の百姓たちが，刀，短い刀，弓，やり，鉄砲などの武器をもつことを，かたく禁止する。その理由は，農民たちが不必要な武器をたくわえていると，年貢などをなかなか納めず，ついには一揆をくわだてて，領主に反抗するようになるからである。
>
> 一　取り上げた刀などは，決してむだにされるのではない。今度，大仏をつくるそのくぎなどにするのである。そうすれば，この世はもちろん，死んでからあの世でも農民たちは救われることになるのだ。（部分要約）
>
> （『小早川家文書』）

兵農分離…検地と刀狩などによって，武士と農民，町人（職人，商人）の身分がはっきり区別され，**兵農分離**が進んだ。武士と町人は城下町に住み，村に住む人々は農業に専念するようになった。これにより，武士が支配する社会のしくみが整えられた。

❸ 豊臣秀吉の対外政策

キリスト教宣教師の追放…織田信長の政策を受けつぎ，最初はキリスト教を保護した。やがて，キリシタン大名によって長崎が**イエズス会**に寄付されたことがわかると，キリスト教の布教を禁止し，宣教師を国外に追放する命令を出した（**バテレン追放令**）。しかし，スペイン，ポルトガルとの貿易は積極的に行った②ため，この命令は十分に守られなかった。

430

5 織田信長と豊臣秀吉による天下統一

3年
4年
5年
6年

日本の歴史編

第1章 日本のあけぼの

第2章 天皇と貴族の政治

第3章 武士の政治

第4章 江戸幕府の政治

第5章 明治からの世の中と日本

第6章 現代の日本

朝鮮への出兵…全国を統一した秀吉は，新たな領土を求めて中国（明）を征服しようとした。そこで，明への道すじにある朝鮮に通行の許可を求めたが拒否されたため，朝鮮に兵を送ることになった（**朝鮮出兵**，朝鮮侵略）。1592年，名護屋城（佐賀県）をきょ点に，大名が大軍を率いて朝鮮にわたり，漢城を占領して明との国境近くまで攻め入った（**文禄の役**）。しかし，朝鮮民衆の抵抗，李舜臣が率いる水軍①や明の援軍に苦しめられたため，休戦して講和を結ぼうとした。講和はまとまらず，1597年に再出兵したが苦戦が続き，結局，秀吉の病死により，大きな成果がないまま兵を引き上げることになった（**慶長の役**）。

→ 1592〜93年の進路
→ 1597〜98年の進路

明　会寧

平壌
現在のソウル
漢城
大安
慶州
全州
海南
サンジュ
釜山
対馬
名護屋
日本海
黄海

↑朝鮮への進路

4 朝鮮への出兵がもたらしたこと

- 朝鮮では多くの人々がぎせいになり，田畑があらされ，文化財が失われた。

- 日本では出兵にかかる負担が大きく，大名，民衆を苦しめた。また，大名の対立が起こり，豊臣氏が没落する原因のひとつとなった。

- 朝鮮から帰国するときに，焼き物をつくる職人（陶工）を日本に連れ帰った大名もいた。その陶工によって，佐賀県の有田焼〔伊万里焼〕や山口県の萩焼，鹿児島県の薩摩焼がつくられるようになり，今では各地の有名な特産品となっている。

手がらを表すために送られてきた，耳や鼻を供養した。

↑耳塚（京都市）

↑有田焼

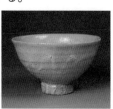
↑萩焼

🔍 もっとくわしく

①李舜臣が率いた水軍
—亀甲船

文字どおり，亀のこうらのようにおおいをつけた軍船。船の上部は鉄でおおわれ，とげがつき出ている。敵の矢を防ぎ，敵が乗り移れないようにくふうしてある。

④ 桃山文化と南蛮文化

（人物）①

①千利休
（1522〜1591年）

堺（大阪府）の商人で茶人。織田信長や豊臣秀吉に仕えて重んじられたが，のちに秀吉と対立し，切腹させられた。

1 桃山文化

●織田信長や豊臣秀吉が天下統一をめざしていた時代は，大名や大商人によって，雄大ではなやかな**桃山文化**が発展した。室町時代までの仏教のえいきょう力がうすれて，ヨーロッパとの交流から新しい文化がもたらされた。

●禅の精神を茶の湯に取り入れて，**茶道**を完成させた**千利休**①や，きらびやかな**ふすま絵やびょうぶ絵**をえがいた**狩野永徳**，**歌舞伎おどり**を始めた出雲の阿国などが活やくした。

金ぱくや，はなやかな色を使ってえがかれている。獅子のはく力や，やく動感が感じられる。

↑唐獅子図屏風（狩野永徳）

↑歌舞伎おどり
天守閣

●この時代には，**安土城や大阪城**のように，**天守閣**をもつ大きな城がつくられるようになった。美しい白壁で知られる**姫路城**（兵庫県）は，別名「白鷺城」ともよばれ，世界文化遺産に登録されている。

↑姫路城
（完成は江戸時代）

2 南蛮文化

●ヨーロッパとの交流により，ヨーロッパから医学，天文学，印刷技術，カステラやパンなどの新しい食べ物が日本に伝えられた。こうしたヨーロッパから伝えられた新しい文化を**南蛮文化**という。人々の中にはひだえりをつけるなど南蛮風の服装をする者も現れた。

↑南蛮屏風

3年
4年
5年
6年

日本の歴史編

第1章 日本のあけぼの

第2章 天皇と貴族の

第3章 武士の政治

第4章 政江戸幕府の

第5章 明治からの世の中と日本

第6章 現代の日本

学入試対策！

大航海時代

入試でる度 ★★☆☆☆

15〜16世紀ごろ，スペインやポルトガルでは，香辛料や絹織物といったアジアの産物への関心が高くなった。マルコ・ポーロ（⇒P.409）によってしょうかいされた黄金伝説は，アジアへの興味をかきたてた。羅針盤の発明や航海術が発達したこともあり，スペインやポルトガルは直接アジアへ行くための新しい航路をさがし求めた。

ここが問われる！

アジアをめざした3人の冒険家	コロンブス (1451年ごろ〜1506年)	バスコ・ダ・ガマ (1469年ごろ〜1524年)	マゼラン (1480年ごろ〜1521年)
	イタリア人 スペインの援助で航海	ポルトガル人 ポルトガル船で航海	ポルトガル人 スペイン船団で航海
結果	大西洋横断に成功し，アメリカ大陸の近くのカリブ海の島に到着。	アフリカ南端（喜望峰）まわりのインド航路発見。	一行が初の世界一周成功。地球が丸いことを確認。

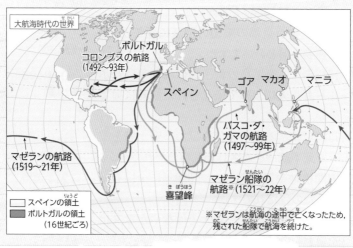

大航海時代の世界

ポルトガル
コロンブスの航路
(1492〜93年)
スペイン
ゴア　マカオ　マニラ
バスコ・ダ・ガマの航路
(1497〜99年)
マゼランの航路
(1519〜21年)
喜望峰
マゼラン船隊の航路※(1521〜22年)

□ スペインの領土
■ ポルトガルの領土
（16世紀ごろ）

※マゼランは航海の途中で亡くなったため，残された船隊で航海を続けた。

第3章
武士の政治

入試要点チェック

解答 ▶ P.620

つまずいたら
調べよう

☐ **1** 源 頼朝が征夷大将軍に任命されたのは何年
ですか。

1▶P.402
2①**1**

☐ **2** 1221年に後鳥羽上皇が鎌倉幕府をたおそう
と兵をあげたできごとを何といいますか。

2▶P.404
2②**2**

☐ **3** 1232年に北条泰時が武家社会の慣習をまと
めてつくった，**御家人の権利，義務や裁判
に関する法律**を何といいますか。

3▶P.405
2②**4**

☐ **4** 元軍の2度にわたる襲来を，まとめて何と
いいますか。

4▶P.410
3①**3**

☐ **5** 奈良の東大寺南大門にある**運慶，快慶ら**が
つくった彫刻は何ですか。

5▶P.414
3③**1**

☐ **6** 鎌倉幕府をたおした**後醍醐天皇**が始めた，
天皇中心の政治を何といいますか。

6▶P.416
4①**1**

☐ **7** 足利義満が始めた日明貿易は，合い札を
使ったことから，この貿易は別名，何とよば
れていますか。

7▶P.418
4①**6**

☐ **8** 将軍のあとつぎ問題などから，守護大名の
対立が起こり，1467年から約11年間続い
た戦乱を何といいますか。

8▶P.421
4③**1**

☐ **9** 足利義政が京都の東山の別荘に建てた2層
の建物を何といいますか。

9▶P.423
4④**1**

☐ **10** 1543年に，鹿児島の種子島に流れ着いたポ
ルトガル人によって伝えられた武器は何で
すか。

10▶P.425
5①**1**

☐ **11** 1573年に室町幕府をほろぼし，**安土城**を築
いて天下統一をめざした武将はだれですか。

11▶P.427
5②**1**

☐ **12** **太閤検地**や**刀狩**を行い，1590年に全国を統
一したのはだれですか。

12▶P.429
5③**1****2**

☐ **13** 16世紀後半に栄えた**雄大ではなやかな文化**
を何といいますか。

13▶P.432
5④**1**

3年
4年
5年
6年

日本の歴史編

第1章
日本のあけぼの

第2章
天皇と貴族の政治

第3章
武士の政治

第4章
江戸幕府の政治

第5章
明治からの世の中と日本

第6章
現代の日本

第3章 武士の政治

入試問題にチャレンジ！

解答▶P.620

1 次の絵を見て，あとの問いに答えなさい。

(立命館中)

(1) この絵のできごとは何世紀におこった
か，次の**ア～エ**から1つ選び，記号で
答えなさい。　　　　　（　　　）
ア 12世紀　**イ** 13世紀
ウ 14世紀　**エ** 16世紀

(2) 絵の中で，右側にいる武士は幕府の家来だと思われます。幕府の
家来のことを何とよんでいるか，答えなさい。　　　（　　　）

(3) この絵は，ある人物が幕府からほうびをもらうために描かせたも
のと思われます。このある人物とは誰か，次の**ア～エ**から1つ選び，
記号で答えなさい。　　　　　　　　　　　　　　（　　　）
ア 北条時政　**イ** 楠木正成　**ウ** 竹崎季長　**エ** 源義経

2 次の文章を読んで，あとの問いに答えなさい。

(奈良学園中)

①平清盛を中心とする平氏一族は源氏をおさえて，藤原氏にかわって思
い通りの政治を行った。しかし，平氏に対する不満が高まると，伊豆に流さ
れていた（　②　）は，平氏を倒そうと兵をあげた。こうして③源平の合戦
が幕をあけ，ついに平氏は敗れた。

よくでる(1) 下線部①について，平清盛の説明として正しくないものを，次の
ア～エから1つ選び，記号で答えなさい。　　　　　（　　　）
ア 武士として初めて太政大臣となった。
イ 藤原氏と同じように娘を天皇のきさきにした。
ウ 一族が栄えることを願って，鶴岡八幡宮を建てた。
エ 神戸の港を整備し，中国と積極的に貿易を行った。

(2) （　②　）にあてはまる語句を漢字で書きなさい。（　　　　）

ハイレベル(3) 下線部③について，次のできごとを年代の古い順に並べ変えて，
記号で答えなさい。　　（　　　⇒　　　⇒　　　⇒　　　）
ア 壇ノ浦の戦い　**イ** 富士川の戦い
ウ 一ノ谷の戦い　**エ** 屋島の戦い

3 次の文章を読んで，あとの問いに答えなさい。

(京華女子中)

　私は①三河の小さな大名の子でした。おさないころは，尾張の織田氏や駿河の（　②　）氏の人質として苦労しましたが，（　②　）氏が③織田信長にたおされると，東海地方に力をのばし，「海道一の弓取り」(東海道で一番戦いにすぐれた人)とよばれるほど強い武将となりました。私は（　④　）によって関東地方に移されました。江戸に入ると，朝鮮出兵には加わらず，力をたくわえていました。（　④　）が亡くなると，全国の大名は豊臣方の勢力と私方の勢力とに分かれて，対立を深めました。私は（　⑤　）の戦いで豊臣方を破り，全国の支配を確かなものにしました。1603年，私は朝廷から⑥征夷大将軍に任じられ，江戸に幕府を開きました。

(1) 文中の「私」とは誰のことですか。漢字4字で答えなさい。

（　　　　　　　）

(2) 文中の下線部①は現在の何県にあたりますか。次から1つ選び，記号で答えなさい。

（　　　　　）

　　ア　兵庫県　　イ　愛知県　　ウ　石川県　　エ　岐阜県

(3) 文中の（　②　）にあてはまる大名は何氏ですか。次から1つ選び，記号で答えなさい。

（　　　　　）

　　ア　武田　　イ　朝倉　　ウ　今川　　エ　上杉

(4) 文中の下線部③の人物が築いた城は何城ですか。次から1つ選び，記号で答えなさい。

（　　　　　）

　　ア　大阪城　　イ　安土城　　ウ　姫路城　　エ　二条城

(5) 文中の（　④　）にあてはまる人物は誰ですか。漢字4字で答えなさい。

（　　　　　　　）

(6) 文中の（　⑤　）にあてはまる地名はどこですか。次から1つ選び，記号で答えなさい。

（　　　　　）

　　ア　壇ノ浦　　イ　長篠　　ウ　桶狭間　　エ　関ヶ原

(7) 文中の下線部⑥について，この語句の読みをひらがなで答えなさい。

（　　　　　　　　）

3年
4年
5年
6年

日本の歴史編

第1章
日本のあけぼの

第2章
天皇と貴族の政治

第3章
武士の政治

第4章
江戸幕府の政治

第5章
明治からの世の中と日本

第6章
現代の日本

④ 次の文章を読んで，あとの問いに答えなさい。

　16世紀半ばに尾張（現在の愛知県）の大名から天下統一をめざした織田信長は，（　①　）の大軍を桶狭間の戦いで破り，次第に勢力を広げていきました。1573年には（　②　）を京都から追放して室町幕府を滅亡させました。

　また，ヨーロッパと貿易を行い，キリスト教を保護したので，信者も次第に増えていきました。一方で，信長の支配に対抗した（　③　）宗の人々とは各地で戦い，約10年をかけてその中心であった大阪の石山本願寺を降伏させました。

よくでる（1）文章中の空らん（　①　）（　②　）（　③　）にあてはまる人名や語句を答えなさい。

①（　　　　　　　）②（　　　　　　）③（　　　　　）

（2）信長が本拠地とした安土に関する説明のうち，誤っているものを次の**ア〜エ**から１つ選び，記号で答えなさい。　　　　（　　　）

　ア　他の大名に安土城のことが知られないよう，関所によって人々の通行がきびしく制限された。

　イ　家来を住まわせ，商人が自由に商売を行うことができた。

　ウ　安土城築城以前の本拠地だった岐阜よりも京都に近く，琵琶湖に面しているという点で交通が便利な位置にあった。

　エ　安土にはキリスト教の宣教師が建てた学校や教会があった。

ハイレベル（3）室町時代に関する説明として正しいものを次の**ア〜エ**より１つ選び，記号で答えなさい。　　　　　　　（　　　）

　ア　室町幕府3代将軍の足利義満は，宋との貿易を始めて大きな利益を得た。

　イ　応仁の乱の後は室町幕府の力が衰えた。室町幕府が滅亡したのは応仁の乱がおきてから約50年後のことである。

　ウ　室町幕府は足利尊氏が開き，将軍の補佐役として執権がおかれた。

　エ　室町時代に発達した書院造の部屋は，畳がしかれ，床の間には生け花や水墨画がかざられた。

江戸幕府の政治

時代	年代	日本のできごと	中国	朝鮮
江戸	1600年	関ヶ原の戦い	明	朝鮮
	1603年	徳川家康が征夷大将軍になる		
		・朱印船貿易が行われる		
	1615年	武家諸法度が制定される		
		➡参勤交代の義務化（1635年）		
	1637年	島原・天草一揆		
	1639年	ポルトガル船の来航を禁止		
	1641年	平戸のオランダ商館を出島に移す		
		➡鎖国の完成		
		・元禄文化が栄える		
		（上方中心）		
	1709年	新井白石の政治（～1716年）		
	1716年	享保の改革（徳川吉宗）（～1745年）		
		➡目安箱，公事方御定書		
		田沼意次の政治		
		➡株仲間結成のしょうれい		
	1782年	天明のききん（～1787年）		
	1787年	寛政の改革（松平定信）	清	
		（～1793年）		
		・化政文化が栄える		
		（江戸中心）		
	1825年	外国船〔異国船〕打払令		
	1833年	天保のききん（～1839年）		
		➡百姓一揆と打ちこわしが多発		
	1837年	大塩平八郎の乱		
	1841年	天保の改革（水野忠邦）（～1843年）		
		➡外国船〔異国船〕打払令を		
		ゆるめる		

徳川家康

出島

富嶽三十六景
（葛飾北斎）

大塩平八郎

1 徳川家康による江戸幕府の政治

1 江戸幕府の成立

1 徳川家康のやく進

●徳川家康①は三河（愛知県）に生まれ，織田信長や豊臣秀吉の天下統一事業への協力を通して勢力を広げ，有力な大名となった。1590年，秀吉により北条氏の治めた関東に領地を移され，江戸城をきょ点に統治を開始した。

幼いころから織田氏や今川氏の人質にとられて苦労した。織田信長と豊臣秀吉の天下統一事業に協力を重ね，秀吉の死後，天下を手にした。江戸時代の歌（狂歌）に「織田がつき，羽柴がこねし天下もち，すわりしままに食うは徳川」とうたわれている。羽柴は秀吉の豊臣以前の姓。

2 関ヶ原の戦い（1600年）

●豊臣秀吉の死後，豊臣氏の政権を守ろうとする勢力と徳川家康につく勢力が，政治の主導権をめぐって対立した。1600年，家康が率いる東軍と，石田三成を中心とする西軍が関ヶ原（岐阜県）で戦い，家康が勝利した。**関ヶ原の戦い**に勝ったことで，家康は全国の大名に対して優位に立つようになった。

↑関ヶ原の戦い

↑家康がねむる日光東照宮

3 江戸幕府の成立と豊臣氏の滅亡

●1603年，徳川家康は朝廷から征夷大将軍に任命され，江戸に幕府を開いた。以後，約260年間続いた時代を**江戸時代**という。家康は方広寺の鐘に刻まれた内容を口実に，1614年の**大阪冬の陣**，1615年の**大阪夏の陣**で豊臣氏をほろぼし，徳川氏を頂点とする政治体制を確立した。

↑方広寺の鐘の鐘銘

「国家安康」「君臣豊楽」…「家」と「康」が離れている。家康はこれに対し，徳川氏をのろい，豊臣氏の繁栄を願っているといいがかりをつけた。

④ 江戸幕府のとった政治体制

- 江戸幕府は，天領（幕府が直接治める領地と旗本や御家人の領地）①以外を大名に分けあたえ，幕府と藩②が領地と民衆を統治した。この体制を**幕藩体制**という。
- 幕府は佐渡金山，生野銀山などを直接経営して，貨幣をつくる権利を独占した。また，京都，大阪，長崎など商工業や貿易がさかんな都市を直接治め，強力な経済力を手にした。将軍は直属の家臣として旗本，御家人③という戦力をもった。

⑤ 江戸幕府の政治のしくみ

中央の政治…**老中**を筆頭に中央の政治をまとめ，若年寄が補佐した。寺社奉行，町奉行，勘定奉行などの奉行が行政の実務を担当した。
地方の政治…京都に**京都所司代**，大阪に大阪城代を置いたほか，重要な都市に遠国奉行を置いた。天領には，郡代や代官が置かれた。

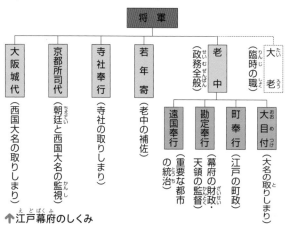

↑江戸幕府のしくみ

② 江戸幕府による全国の統治

① 大名の領地と配置

- 幕府は統治を安定させるため，大名を親藩④，譜代大名⑤，外様大名⑥に分けて領地を再配置した。親藩や譜代大名は江戸周辺，経済，軍事上の重要な地域

3年
4年
5年
6年

日本の歴史編

第1章 日本のあけぼの

第2章 天皇と貴族の

第3章 武士の政治

第4章 江戸幕府の

第5章 明治からの世の中と日本

第6章 現代の日本

もっとくわしく

①天領の割合

天皇・公家領0.5
寺社領1.2
天領
直轄地15.8%
旗本領10.0
大名領72.5

（江戸時代中期）
計2643万石のうち 　『日本社会経済史概説』

もっとくわしく

②大名と藩
将軍から1万石以上の領地をあたえられた武士を大名という。大名の領地そのものと，領地を統治するしくみを藩という。

もっとくわしく

③旗本と御家人
領地が1万石未満で，将軍に直接仕える家臣。旗本は将軍にお目見え（謁見）することができ，御家人はできなかった。

もっとくわしく

④親藩
徳川家の一門。家康の子が治めた水戸（茨城県），尾張（愛知県），紀伊（和歌山県）は御三家とよばれ，強い力をもった。
⑤譜代大名
関ヶ原の戦い以前から徳川家に仕えていた大名。関東など重要な地域に領地をあたえられた。
⑥外様大名
関ヶ原の戦いの前後に，徳川家にしたがった大名。九州や東北など，江戸から遠いところに領地をあたえられた。

に，外様大名は江戸から遠いところに配置した。

外様大名は江戸から遠いところに置かれた。

↑ 10万石以上の主な大名の配置（17世紀半ば）

外様大名から江戸を守るように親藩，譜代大名が置かれた。

人物

②徳川家光
（1604〜1651年）

家康の孫で，江戸幕府の3代将軍。参勤交代の制度を定め，鎖国を完成させるなど，江戸時代の基本政策と政治のしくみをつくった。

❷ 大名や朝廷に対する取りしまり

●1615年，幕府は城の新築を禁止し，結婚を許可制にすることなどを示した**武家諸法度①**を定め，大名を取りしまった。きまりを守らない大名の領地を減らし，家をとりつぶすなどの処分をした。

●3代将軍**徳川家光②**は，参勤交代を制度化した。大名の妻子を人質として江戸に住まわせ，大名は領地と江戸に1年おきに交代で住む制度である。妻子と大名の江戸での生活費，領地と江戸を往復するための費用はばく大③で，大名を財政的に弱体化させ，大名が幕府に反こうできないようにする目的があった。

江戸と地方を結ぶ街道や宿場が整った

大名行列

江戸の文化が地方に広まる

↑参勤交代の様子（部分）

史料 ①武家諸法度（家光による1635年のもの）

— 学問と武芸にはげむこと。
— 大名は，毎年4月中に江戸へ参勤すること。
— 新しく城を築くことは，禁止する。修理もとどけ出ること。
— 大名は幕府の許可なく，かってに結婚してはならない。

●幕府は1615年，**禁中並公家諸法度**を定めて，朝廷，公家，僧侶の守るべき規定を示し，京都所司代が朝廷の動きを監視した。

もっとくわしく

③加賀藩の年間予算
参勤交代による財政負担が大きかったことがわかる。

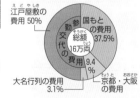

江戸屋敷の費用 50%
参勤交代の費用
総額 16万両
国もとの費用 37.5%
9.4%
大名行列の費用 3.1%
京都・大阪の費用

③ 江戸時代の社会のしくみとくらし

1 身分の固定が進んだ江戸時代

● 江戸時代は，身分が武士，百姓，町人，えた・ひにん，公家・神官・僧侶で固定されていた。百姓と町人に身分の差はなく，えた・ひにんは百姓や町人より低い身分とされ，生活がきびしく制限された。

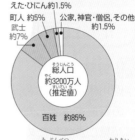

えた・ひにん約1.5%
町人 約5%
公家，神官・僧侶，その他 約1.5%
武士 約7%

総人口 約3200万人（推定値）

百姓 約85%

↑ 身分別の人口の割合
（『近世日本の人口構造』）

2 武士とくらし

● 人口の1割に満たないが，政治と軍事の機能を独占したのが武士である。名字を名乗り，刀を持つことができ（名字帯刀），城下町①に住んで，給金，年貢米の配当で生活したことから，特権を持つ層とされる。年貢米は現金にかえることが多かった。

3 百姓とくらし

● 人口の8割以上をしめ，農村や漁村でくらしたのが百姓である。

● 土地を所有する本百姓と，土地を借りて耕す水呑百姓がいた。有力な本百姓は，名主（または庄屋），組頭などの村役人になり，村を治めた。村を自治的に運営するための寄合が開かれ，村のおきてなどを定めた。また，幕府や藩は五人組のしくみをつくり，年貢の納入や犯罪に連帯して責任を負わせた。

● 収穫した米の4割を年貢として幕府や藩に納めた（四公六民）。年貢は5割のときもあった（五公五民）。

4 町人と町のくらし

● 都市に住んだ商人や職人を町人という。町人の職業はある程度ゆるやかに決められており，親から子へ受けつがれた。商売が成功して，大きな富をたくわえていく町人もいた。町奉行の下，町役人が町を運営，管理する費用を集めたり，行事を決めたりした。

もっとくわしく

①城下町
城のまわりには武家地が広がり，武家屋敷がならんだ。武家地のまわりには町人地が広がり，町人が住んだ。呉服町，鍛冶町，大工町など職業ごとにまとまっていた。

2 キリスト教の禁止と鎖国

1 江戸時代初期の対外政策

1 貿易の保護

● 徳川家康ははじめ，貿易の発展に力を入れ，外国との貿易を保護した。これは貿易によって大きな利益が見こまれたためである。

● 家康は九州の大名や京都，大阪，長崎の商人に，海外貿易を許可したことを証明する**朱印状**をあたえた。朱印状による保護を受けた日本の貿易船による貿易を，**朱印船貿易**という。また，家康はオランダとイギリスの貿易の願いを許し，両国は**平戸**（長崎県）に商館を開いて貿易を始めた。

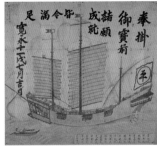
↑**朱印船**

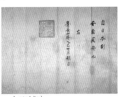
↑**朱印状**

2 朱印船貿易と日本町

● 朱印船貿易がさかんになると，多くの日本人が貿易先に移り住んだ。とくに東南アジアに多く，おもに港の近くに日本人が住む**日本町**ができた。シャム（タイ）のアユタヤはその最大のもので，ここでは山田長政のように王室に用いられ，活やくする日本人もいた。日本町には床屋や風呂屋など日本人の生活習慣に合った店がいろいろつくられた。

🔍 もっとくわしく

日本にやってきた外国人
1600年，豊後（大分県）にオランダ船が流れ着いた。乗組員のオランダ人，ヤン・ヨーステンとイギリス人，ウィリアム・アダムズは，やがて幕府の外交の相談役になった。ヨーステンの日本名は耶揚子で，これは現在東京都にある「八重洲」という地名に残されている。また，アダムズは水先案内人（按針役）であったこと，神奈川県の三浦半島に領地をもったことから，三浦按針という日本名をもっていた。

季節風の向きが変わるまで，たいきする場所が必要。

↑**朱印船の航路と日本町**

日本の歴史編

第1章 日本のあけぼの

第2章 天皇と貴族の政治

第3章 武士の政治

第4章 江戸幕府の政治

第5章 明治からの世の中と日本

第6章 現代の日本

3 禁教と貿易の制限

● 貿易は利益をもたらす反面, 宣教師の来日によるキリスト教の布教にもつながった。徳川家康, 2代将軍徳川秀忠は, 国内のキリシタンが団結して反こうし, 統制がきかなくなること, 軍事力の強いスペインやポルトガルがキリシタンと結びつくことをおそれ, 1612年に天領に**禁教令**を出し, キリスト教を禁止した。

● 秀忠は後に禁教を強化して, 宣教師を国外に追放し, 1616年にはヨーロッパ船の来航を平戸と長崎に制限した。さらに1635年には, 3代将軍徳川家光が, 日本人が外国に行くこと, 外国から帰ってくることも禁止した（**鎖国令**①）。以後, 外国との交渉を限定する政策がとられていった。

📖 **史料**

①鎖国令（1635年）

一 外国へ日本船が行くことをかたく禁止する。

一 日本人は外国に行ってはならない。かくれて行った者は死罪とし, 乗った船とその船主をとらえて報告せよ。

一 外国に移住した者が帰ってきた場合, その者は死罪とする。

② 島原・天草一揆と鎖国の完成

1 島原・天草一揆（1637年）

● 江戸幕府がキリスト教の禁教を進めるなか, 1637年には島原, 天草地方で, 約4万人の百姓が新しい領主によるキリシタン弾圧, きびしい年貢の取り立てに反こうして大規模な一揆を起こした。**天草四郎**〔益田時貞〕を中心に島原半島の原城跡にたてこもったが, 約12万人の幕府軍によりしずめられた。このできごとを, **島原・天草一揆**〔島原の乱〕という。

2 禁教の強化

● 一揆の後, 幕府はふたたび争乱が起こらないよう, キリシタンの取りしまりをきびしくした。キリストやマリアの像（**踏絵**）をふませて, 信者を見つけて処分する**絵踏**がきびしく行われた。

↑**天草四郎**〔益田時貞〕（1623？〜1638年）

キリシタン大名の有馬氏, 小西氏の旧領地であるため, キリシタンが多かった。

長崎県
島原城
島原半島
原城跡
天草諸島
熊本県

↑**島原・天草地方**

445

↑絵踏

↑踏絵

● さらに，すべての人を寺に所属させ，キリシタンではないことを寺に証明させた（寺請制度）①。

3　鎖国へのあゆみ

● 江戸幕府は1639年，ポルトガル船の来航を禁止した。一方，オランダとの貿易は，平戸にあったオランダ商館を長崎の**出島**に移して（1641年），引き続き行われた。これは，ポルトガルはキリスト教の布教と貿易をともに行う政策をとり，オランダは貿易の独占をねらう政策をとったからである。

↑出島

● 1612年の禁教令に始まり，数回の鎖国令を経て，幕府は日本人が海外へ行くことを禁じ，外国船がくることを制限した。キリスト教を布教しないオランダと中国にだけ貿易を許し，その他の国は受け入れない体制を**鎖国**②という。

● 鎖国により，世界の情勢から大きなえいきょうを受けることはなくなり，幕府が貿易を独占するしくみが整い，幕府の支配力が強まった。

🔍 **もっとくわしく**

①キリシタン対策

寺に所属していることを証明する証文を寺請証文という。人々が仕事や結婚などの理由でほかの土地にひっこしをするときは，その人の年齢や性別，寺の宗派などを記した寺請証文を，ひっこし先で所属する寺に送り，ひっこしの手続きとした。五人組も，キリシタンの発見に使われた。

出島には許可がなければ入れない。オランダ人は年1回の江戸詣で以外は，出島の外に出ることはできない。

🔍 **もっとくわしく**

②鎖国完成年表

年	主なできごと
1612	天領に禁教令を出す
1616	ヨーロッパ船の来航を長崎と平戸に限定
1635	日本人の海外への渡航，海外からの帰国を禁止
1637	島原・天草一揆
1639	ポルトガル船の来航を禁止
1641	平戸のオランダ商館を出島に移す

日本の歴史編

第1章 日本のあけぼの

第2章 天皇と貴族の政治

第3章 武士の政治

第4章 江戸幕府の政治

第5章 明治からの世の中と日本

第6章 現代の日本

③ 鎖国体制における対外政策

1 オランダ，中国との貿易

● オランダ…出島の商館で貿易が行われた。商館長は「オランダ風説書①」を提出することになっており，幕府はこれによって，世界のできごとを知ることができた。また，商館長は1年に1回江戸へ行き，将軍にお目見えした。

● 中国…当時の明とは国交は結ばれていなかったが，長崎で貿易を行った。清の時代になって，不正な貿易が増えたため，清の人々がくらす場所を長崎の唐人屋敷に限定した。

● オランダ，中国との貿易では，日本は金，銀，銅などを輸出し，生糸や絹織物，砂糖，書物などが輸入された。日本国内で金や銀の産出量が減ると，貿易には制限がかけられた。

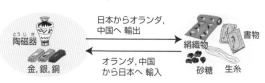

日本からオランダ，中国へ 輸出 →
← オランダ，中国から日本へ 輸入

陶磁器
金，銀，銅
書物
絹織物
砂糖
生糸

↑主な輸出入品目

2 朝鮮との交流と貿易

● 江戸時代には国交が回復した。対馬藩が外交と貿易の窓口となり，釜山で銀や銅を輸出し，木綿や朝鮮人参を輸入した。朝鮮からは将軍の代がわりごとに，通信使（朝鮮通信使）という使節がやってきた。②

↑朝鮮通信使（部分）

↑唐人屋敷（部分）

③ 琉球王国との交流

●琉球王国は日本と中国，東南アジアを結ぶ貿易の中継地として繁栄したが，1609年に薩摩藩に攻められ服属した。将軍の代がわり，琉球国王の代がわりには江戸に使節を送った。

④ 蝦夷地とアイヌ

●蝦夷地（北海道）では，**アイヌ**①の人々が狩りや漁，外国との交易をしてくらしていた。松前藩は米，酒と，海産物の交換による交易を行ったが，不公平な取り引きが続いたため，争いが起こった。松前藩は幕府の助けを得て，首長の**シャクシャイン**が率いるアイヌをおさえ，支配を強めていった。

🔍 もっとくわしく

①**アイヌ**
東北地方の北部，北海道，樺太に住み，ロシア，中国とも交易した。独自の文化，伝統をもつ。

⑤ 4つの窓口

●鎖国したとはいえ，日本はオランダ，中国とは，引き続き貿易や交流の関係を保った。**長崎，対馬藩，薩摩藩，松前藩**の4つの窓口が開かれ，ここを通して日本と世界は結びついていたといえる。

社会の宝箱　　蝦夷地の産物

蝦夷地でとれたニシンは，おもに肥料として使われた。また，アイヌがもたらす衣服は，「蝦夷錦」として江戸や大阪でめずらしがられた。もともとは中国産の錦だが，蝦夷地を経て伝わったことから蝦夷錦とよぶようになった。

↑蝦夷錦

社会の宝箱　「鎖国」という言葉は，「鎖国」した当時はなかった？

「鎖国」という言葉が生まれたのは，国を閉ざして100年以上経ってからである。オランダ語の通訳をしていた志筑忠雄が，ドイツ人のケンペルが著した『日本誌』の一部を日本語に訳す際，はじめて使用して，この言葉が広まったのである。

鎖国下の交易

入試でる度 ★★☆☆☆

鎖国下でも、限られた地域や外国との貿易、交流、交易が続けられており、新しい文化や品物がもたらされた。4つの窓口と主な産物をおさえておこう。

ここが問われる！

対馬…対馬藩を通じて朝鮮と
長崎…幕府の直轄地でオランダ、中国と
松前…松前藩を通じて蝦夷地のアイヌの人々と
薩摩…薩摩藩を通じて琉球と

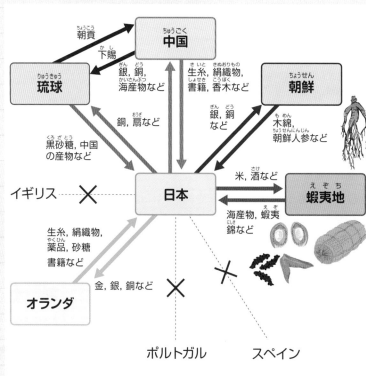

3年
4年
5年
6年

日本の歴史編

第1章 日本のあけぼの
第2章 天皇と貴族の政治
第3章 武士の政治
第4章 江戸幕府の政治
第5章 明治からの世の中と日本
第6章 現代の日本

449

3 江戸時代の産業の発達と都市の繁栄

1 いろいろな産業の発達

1 農業の発達

● 江戸時代には，戦国時代に発達した築城，鉱山を掘る技術を利用して，大きな農業用の水路をつくり，土地をうめ立てることができるようになった。こうした技術を活用して，幕府や藩は年貢を増やそうと，**新田の開発**に力を入れた。その結果，全国の耕地面積は豊臣秀吉のころの2倍以上に広がった。

● **備中ぐわ，千歯こき，とうみ**といった農具の発達により，農作業時間が短縮でき，広がった耕地を効率よく利用することができるようになった。また，**ほしか**や**油かす**というお金を出して買う肥料（**金肥**）が使われ，土地が肥えて生産量も増えた。①

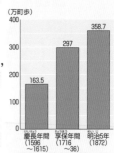

からさお…脱穀

千歯こき…脱穀

とうみ…選別農具。羽を回転させ，もみがらなどを飛ばす。

備中ぐわ…深く耕作できる

↑江戸時代の農具

● 年貢として納める米以外に，麻や綿，べにばななど，売って現金化できる作物（**商品作物**）もさかんにつくられるようになった。また，さつまいもやかぼちゃ，たばこなどの新しい作物もふきゅうした。

2 漁業の発達

● **網の改良**により漁獲量が増えた。九十九里浜（千葉県）では，地引き網による大がかりないわし漁が行われた。また，なまこやこんぶは中国へ輸出するなど，海産物は現金を得るための重要な商品となった。

町歩は面積の単位。1町歩は約1ヘクタール（約1万m²）。100万町歩は100万ヘクタールで，青森県に近い面積となる。

（万町歩）

↑全国の耕地面積の移り変わり
（平凡社『日本史料集成』による）

🔍 もっとくわしく

①金肥

ほしかはいわし，油かすは菜種油やごま油のしぼりかすが原料となる肥料。

いわしなどを乾燥させたものが，ほしか。

菜種 → 油かす

↑べにばな

3年
4年
5年
6年

日本の歴史編

第1章
日本のあけぼの

第2章
天皇と貴族の政治

第3章
武士の政治

第4章
江戸幕府の政治

第5章
明治からの世の中と日本

第6章
現代の日本

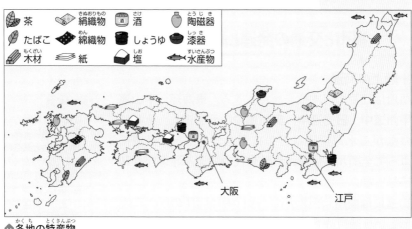

凡例
茶　絹織物（きぬおりもの）　酒（さけ）　陶磁器（とうじき）
たばこ　綿織物（めん）　しょうゆ　漆器（しっき）
木材（もくざい）　紙　塩（しお）　水産物（すいさんぶつ）

大阪　江戸

↑各地の特産物（かくち　とくさんぶつ）

3 手工業の発達（しゅこうぎょう　はったつ）

●人口が多い都市では，菜種（なたね），綿花（めんか），麻（あさ）などの商品作物（しょうひんさくもつ）や，絹（きぬ）などの消費（しょうひ）が増えた。これらは農作業（のうさぎょう）の合間（あいだ）に生産されるようになり，農村では手工業（しゅこうぎょう）が行われるようになった（**家内制手工業**（かないせいしゅこうぎょう））。また，藩（はん）は収入（しゅうにゅう）を増やすため，産業（さんぎょう）をしょうれいし，紙や陶磁器（とうじき）などの特産物（とくさんぶつ）の生産（せいさん）もさかんになった。

●江戸時代（えどじだい）の中ごろには，商人（しょうにん）（問屋（とんや））や大地主（おおじぬし）が，生産（せいさん）に必要（ひつよう）な原料（げんりょう）や道具（どうぐ）を百姓（ひゃくしょう）に貸（か）し付（つ）け，製品化（せいひんか）する**問屋制家内工業**（とんやせいかないこうぎょう）が発展（はってん）した。また，江戸時代（えどじだい）の終（お）わりには，生産性（せいさんせい）をあげるために，醸造業（じょうぞうぎょう）や織物業（おりものぎょう）などで工場（こうじょう）に人を集（あつ）め，分業（ぶんぎょう）で製品（せいひん）をつくる，**工場制手工業**（こうじょうせいしゅこうぎょう）〔**マニュファクチュア**〕のしくみが生まれた。

家内制手工業（かないせいしゅこうぎょう）
↓
問屋制家内工業（とんやせいかないこうぎょう）

工場制手工業（こうじょうせいしゅこうぎょう）

↑手工業の発達（しゅこうぎょう　はったつ）

4 産業の発達がもたらしたこと（さんぎょう　はったつ）

●産業（さんぎょう）が発達（はったつ）すると，商品（しょうひん）の流通（りゅうつう）を活発（かっぱつ）にするため，交通網（こうつうもう）が発達（はったつ）する。商人（しょうにん）の役割（やくわり）が多様化（たようか）して，問屋（とんや），仲買（なかがい），小売商（こうりしょう）などに分業（ぶんぎょう）が進（すす）み，商業（しょうぎょう）も発達（はったつ）する。取（と）り引（ひ）きに便利（べんり）な貨幣（かへい）が積極的（せっきょくてき）に使（つか）われるようになり，貨幣（かへい）を使（つか）って取（と）り引（ひ）きする**貨幣経済**（かへいけいざい）が発達（はったつ）して，経済（けいざい）の規模（きぼ）が大きくなった。

451

② 都市と交通の発達と商人の活やく

1 陸上の交通

● 幕府は江戸の日本橋を起点とする，**東海道**，**中山道**，**甲州道中**，**日光道中**，**奥州道中**の五街道と，それにつながる水戸街道などの枝道をつくった。街道によって全国が結ばれ，参勤交代や物流，通信が便利になった。

● 街道には**関所**①が置かれ，通行者は関所の役人に手形という通行許可証を見せて通過した。街道沿いには大名が宿泊する**本陣**や，旅行者が宿泊するはたごがつくられ，**宿場町**が発展した。

西廻り航路…日本海側から瀬戸内海を通り，東北地方と大阪を結ぶ航路。蝦夷地や東北地方の産物は，ここを通る北前船によって大阪に運ばれた。

凡例
━━ 五街道
● 関所
━━ 東廻り航路
━━ 西廻り航路
━━ 南海路

日光道　白河
木曽福島　碓氷　日光　奥州道中
京都　中山道　甲州道中　江戸
大阪　東海道
箱根
新居

南海路…江戸と大阪を結ぶ航路。菱垣廻船，樽廻船②という定期船が往復した。

東廻り航路…太平洋側を通り，東北地方と江戸を結ぶ航路。

↑江戸時代の陸上，海上の交通

2 河川，海上の交通

● 江戸時代には港が整備され，全国が船で結ばれた。商品の流通がさかんになり，各地の生産物が全国に行きわたるようになった。船がとまるところでは，**港町**が栄えた。

🔍 **もっとくわしく**

①関所の役割

関所は江戸の警備のために置かれ，特に東海道沿いでは，女性と鉄砲の通行を取りしまった（入鉄砲に出女）。江戸に住む大名の妻〔人質〕がこっそりにげ出して帰国すること，江戸方面に鉄砲が持ちこまれて反乱が起こることを，幕府は警かいした。

🔍 **もっとくわしく**

②菱垣廻船と樽廻船

廻船とは貨物船のこと。菱垣廻船は，船の積み荷が落ちないように，菱形に組んだ垣があったことにちなむ。樽廻船は当初，くさりやすい酒を樽で運ぶために開業され，運送のスピードが速かった。荷積みにかかる時間も短く，菱垣廻船を圧倒した。

↑菱垣廻船

↑樽廻船

3 年
4 年
5 年
6 年

日本の歴史編

第1章
日本のあけぼの

第2章
天皇と貴族の
政治

第3章
武士の政治

第4章
江戸幕府の
政治

第5章
明治からの
世の中と日本

第6章
現代の日本

3 都市の発達

● 幕府が直接治めた江戸，大阪，京都は，政治や経済，文化の中心になり**三都**とよばれた。

江戸…将軍の城下町で，「**将軍のおひざもと**」とよばれた。江戸時代の中ごろには，人口が100万人をこえる大都市となった。

↑江戸日本橋の様子

大阪…全国から品物が集まる商業のさかんな都市だったため，「**天下の台所**」とよばれた。各地の藩は大阪に蔵屋敷を置き，年貢米や特産物を運びこんで商いをし，現金（貨幣）にかえた。

↑蔵屋敷

京都…朝廷があり，伝統のある文化都市として栄えた。西陣織など高度な技術を使う手工業が発達した。

4 商人の成長

● 江戸時代は，武士が年貢米や特産物を売って現金化し，必要な物資を貨幣で手に入れることで経済が回っていた。そのため，城下町では**問屋**や**仲買**とよばれる商人が力をつけた。問屋や仲買は，同業者で**株仲間**という組合をつくり，幕府の許しを得て営業を独占した。①幕府は株仲間に営業の独占を認めるかわりに，税金を納めさせた。

↑越後屋呉服店

🔍 **もっとくわしく**

①株仲間
商工業者の同業組合。幕府に税金を納め，商品を独占販売する権利を得た。

5 鉱山の開発と貨幣づくり

● 採掘，精錬の技術が発達し，**佐渡金山**（新潟県），**生野銀山**（兵庫県），**足尾銅山**（栃木県），別子銅山（愛媛県）などが開発された。

● 幕府は江戸や京都の**金座**で金貨（大判，小判），**銀座**で銀貨（丁銀），各地の銭座で銅貨（寛永通宝）をつくり，全国で使えるようにした。貨幣の両替は三井，鴻池などの両替商が行った。

阿仁銅山
佐渡金山
石見銀山
生野銀山
佐渡銀山
院内銀山
別子銅山
伊豆金山
足尾銅山

↑鉱山の分布

4 幕府政治の移り変わり

1 徳川綱吉の政治と元禄の世の中

1 徳川綱吉の政治

●4代将軍徳川家綱のころには幕府のしくみが整い、政治は安定した。これをひきついだ5代将軍**徳川綱吉**①は、武力によらず、制度や儀礼によって幕府の権威を示す政治を目指した。儒学を重んじて湯島聖堂を建て、学問や教育の発展に力を入れた。一方、仏教への信仰もあつく、**生類憐みの令**を出して極端に動物を保護した。綱吉の治世は元禄期で、この期間を中心に**元禄文化**が発展した。

●1657年に起きた明暦の大火による被害で、江戸城や城下町、寺社の改修や再建のための支出が長引き、幕府の財政は赤字におちいった。綱吉は、財政の立て直しとして、質を落とした貨幣を発行したため物価が上がり②、人々の生活は苦しくなった。

2 新井白石の政治

●6代将軍徳川家宣、7代将軍徳川家継のもとでは、儒学者の**新井白石**らが政治を補佐した。白石らは貨幣の質をもとにもどし、金、銀が海外へ流出するのを防ぐために長崎貿易に制限を加えた。この政治を**正徳の治**という（1709〜1716年）。

2 幕府政治の立て直し

1 徳川吉宗の政治

●1716年、8代将軍となった徳川吉宗③は、幕府の権威と財政を立て直そうと、質素、倹約と増税をすすめる諸改革を行った。この改革を**享保の改革**という（1716〜1745年）。

---

①徳川綱吉

（1646〜1709年）
江戸幕府5代将軍。生類憐みの令を出して、動物の殺生を禁止した。綱吉は戌年生まれで、とくに犬を大事にし、「犬公方」とよばれた。

🔍 **もっとくわしく**

②貨幣の質
幕府は、それまでの貨幣より金、銀の含有量の少ない貨幣をつくり、差を幕府の収入とした。貨幣の供給量が増えたことで、物価が上がった。

金：約84% → 金：約57%
（1601年） （1695年）

人物

③徳川吉宗

（1684〜1751年）

江戸幕府8代将軍。紀伊（和歌山県）徳川家出身。旗本の大岡忠相を町奉行にするなど、有能な人物を登用した。米の値段に気を配り、「米将軍」とよばれた。

② 享保の改革とその結果

- 参勤交代をゆるめて，大名の江戸滞在の期間を半分にする代わりに，米を幕府に納めさせた（**上げ米の制**①）。幕領では年貢を五公五民に増やし，税率をその年のでき具合で決める検見法から，過去の平均のでき具合で決める定免法に切りかえた。また，生産高そのものを上げるため，幕府，藩，百姓，町人をあげて新田開発に取り組んだ。**ききん**②に備えるために，さつまいものさいばい研究がすすめられた。

- 庶民の意見を取り入れる**目安箱**を置いた。目安箱への投書がきっかけで江戸に**町火消し**ができ，消防制度が整えられた。また，無料で利用できる病院（**小石川養生所**）が設けられ，庶民の病気治療が行われた。

- 公正な裁判を行うため**公事方御定書**を出して，裁判の基準を定めた。

- 吉宗の諸改革により，幕府の石高が上がって年貢の収入が増え，財政は一時的に立ち直った。一方，米価の変動がはげしく，ききんも重なって百姓一揆や打ちこわしが起こった。

③ 田沼意次の政治

- ふたたび財政が悪化した10代将軍徳川家治の治世では，老中の**田沼意次**が商人の力を利用して，財政の立て直しを図った。税収を増やすため，株仲間の結成や新田開発をすすめて，貿易をさかんにするため鉱山を開発，銅の専売を行った。長崎では干したなまこやあわびなどの**俵物**③を輸出して現金収入を増やした。

- 意次の諸政策で幕府の財政は好転し，景気が良くなる一方，商業を重点に経済が発展したため，わいろが横行し，政治が乱れた。また，冷害による不作，浅間山の噴火により，**天明のききん**が起こり，百姓一揆や打ちこわしが世の中の不安を高め，意次は失脚した。

用語

①上げ米の制
大名の石高（⇒ P.429）1万石につき100石を献上させる制度。

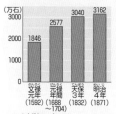

↑**石高の推移**
（平凡社『日本史料集成』）

🔍 **もっとくわしく**

②ききん
天災や不作などのため食料が不足し，多くの人が飢えに苦しむこと。

🔍 **もっとくわしく**

③俵物
干した海産物。入れ物として俵を使った。

あわび

いりこ　ふかひれ

4 農村と都市の変化

●商品作物の生産がさかんになると，肥料などを現金で購入するため，農村でも貨幣経済が進展した。農民の間で貧富の差が広がり，豊かな農民は貧しい農民から土地を買い取り，それを貸して小作料を取る地主になった。土地を手放した農民は小作人になったり，都市に出かせぎに出たりした。そのため都市には，貧しい人々が増えていった。

5 百姓一揆と打ちこわし

●農村では，ききんや農作物の不作に加えて，財政不足を補うための年貢増，商品作物の取り引きへの新課税をきっかけに百姓一揆が増えた。農民は百姓一揆を起こして，不正をはたらく代官の交代や，年貢の軽減を求めた。①

●江戸や大阪などの都市では，ききんや米の値上がりで生活が苦しくなった人々が米屋をおそうなどの打ちこわしが起こった。

↑打ちこわし

6 松平定信の政治

●天明のききんが続くなか，老中となった松平定信②は，財政の立てなおし，荒廃した農村の復興のため，寛政の改革を行った（1787〜1793年）。

7 寛政の改革とその結果

●ききんで荒れた農村をよみがえらせるため，江戸に出ていた農民を農村に帰し，商品作物のさいばいを制限して米をつくらせた。また，大名にはききん対策として蔵をつくらせ，米をたくわえさせた（囲い米）。

🔍 もっとくわしく

①百姓一揆の署名

一揆を起こすときの署名は円形に書かれ，中心人物がわからないようになっていた。「からかさ連判状」とよばれる。

↑からかさ連判状

人物

②松平定信

（1758〜1829年）

徳川吉宗の孫で，白河藩の藩主。天明のききんでは藩内で1人も餓死者を出さなかったことから，老中にばってきされた。

4 幕府政治の移り変わり

3年
4年
5年
6年

日本の歴史編

第1章 日本のあけぼの

第2章 天皇と貴族の

第3章 武士の政治

第4章 江戸幕府の政治

第5章 明治からの世の中と日本

第6章 現代の日本

● 江戸では，町の費用を節約して金を積みたて，貧しい人を支援した。さらに人足寄場をつくり，仕事のない人へ職業訓練を行った。また，商人からの借金を帳消しにする法令を出して，旗本，御家人を救済した。

● 湯島聖堂の学問所（のちの**昌平坂学問所**）で，朱子学以外の学問を教えることを禁じた。徳川家康に仕えた林羅山の一族が幕府の学問と教育を代々担当した。

● 定信の諸改革では新しい試みも行われたが，倹約や思想の統制で経済，文化が停滞したため，成果が出ないまま6年あまりで終わった。①

8 このころの諸藩の様子

● 幕府だけでなく，全国的に財政悪化に苦しむ藩が増えた。そのため米沢藩や熊本藩など，独自に改革を行った藩もある。特産物の生産をすすめ，藩が独占販売して利益をあげ，財政を立て直した。また，藩の学校（**藩校**）をつくり，政治，行政を担当する若者を育てた。

もっとくわしく

①田沼意次と松平定信
江戸時代の狂歌に「白河の清きに魚も住みかねて もとの濁りの田沼恋しき」とうたわれ，人々は松平定信のきびしい改革を風刺した。「白河」は，もと白河藩主の松平定信，「田沼」は田沼意次のこと。「濁り」は，わいろがさかんであった政治を表している。

↓諸藩の主な専売品

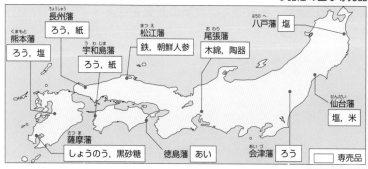

しょうのう…クスノキを原料にしてつくられ，防虫剤などに使われる。

ろう…はぜの実などからろうをとり，ろうそくがつくられた。

③ くずれゆく幕府政治

1 世界の国々の接近

江戸時代後半，ヨーロッパ諸国やアメリカは，市場を広げるためにアジアへの進出を活発に行った。日本の近くにも外国船がしばしば姿を見せるようになった①ため，幕府は沿岸の守りを固め，蝦夷地の調査を行うなど，鎖国の維持に努めた。

イギリス船が食料や燃料を強要して長崎に入ったり，その後もイギリス船やアメリカ船が日本近海に出没したため，幕府は1825年，**外国船〔異国船〕打払令**を出して，外国船の接近を取りしまった。1837年，遭難した日本人を送り届け，貿易を始める交渉のため来航したアメリカ船モリソン号を追い払った（モリソン号事件）。幕府のこの対応を批判した蘭学者の渡辺崋山や高野長英は，きびしく処分された（**蛮社の獄**）。しかし，1842年，老中の水野忠邦はすべての外国船を打ち払うことは戦争に結びつくと考え，漂着した外国船には水や燃料をあたえることにした。外国船の接近により，幕府は外交政策の変更をせまられることになった。

↑北方探検

もっとくわしく

①ロシア船に連れられてきた大黒屋光太夫
船頭だった光太夫は遭難し，流れ着いたアリューシャン列島のロシア人に救われ，ロシアに入った。約10年後，ロシアは日本と国交を開くチャンスと考え，光太夫を日本に送り届けたが，幕府はロシアの要求をこばんだ。光太夫の伝えたロシアの情報は，幕府の外交政策の参考にされた。

3年
4年
5年
6年

日本の歴史編

第1章 日本のあけぼの

第2章 天皇と貴族の政治

第3章 武士の政治

第4章 江戸幕府の政治

第5章 明治の世の中と日本

第6章 現代の日本

1804年
レザノフの来航（ロシア）
…ロシア使節レザノフが長崎に来航して通商を求めた。

1808年
フェートン号事件（イギリス）
…イギリスのフェートン号がオランダ船をとらえる目的で長崎に乱入し、薪水（燃料と水）や食料などを得て退去した。

1844年
オランダ国王の開国勧告
…オランダ国王ウィレム2世が極東の情勢を説いて、開国をすすめた。

国後
択捉
根室
函館
江戸
浦賀
長崎

1811〜13年
ゴローウニン事件（ロシア）
…ロシア海軍の軍人のゴローウニンが国後島で捕らえられ、函館、松前で監禁された。

1792年
ラクスマンの来航（ロシア）
…ロシア使節ラクスマンが、大黒屋光太夫らの漂流民を連れて通商を求めた。

1837年
モリソン号の来航（アメリカ）
…漂流民の返還と貿易の交渉のために浦賀に来航したが、砲撃を受けた。

1846年
ビッドルの来航（アメリカ）
…浦賀に来航して通商を求めた。

人物

①**大塩平八郎**
（1793〜1837年）

大阪町奉行所の元役人で、陽明学者。奉行所内の不正を暴くなどして、人々の尊敬を集めた。自分の蔵書を売って貧しい人々を助けた。

2 天保のききん（1833〜1839年ころ）
●天明のききんから約50年後、**天保のききん**が起こり、食料難と米価の値上がりのため、各地で百姓一揆や打ちこわしが起こった。生活に苦しむ人々を助けようと、大阪町奉行所の元役人の**大塩平八郎**①は1837年、大阪で商家をおそう一揆を起こした（**大塩平八郎の乱**）。幕府の元役人による反乱は、世の中をおどろかせた。

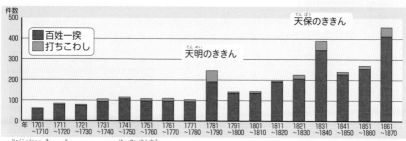

↑**百姓一揆と打ちこわしの発生件数** （『百姓一揆総合年表』）

③ 水野忠邦の政治

● 江戸時代の終わりには，百姓一揆や打ちこわしが多発し，外国船がたびたび姿を現した。こうした不安定な世の中を立て直そうと，老中の水野忠邦①は天保の改革を行った（1841～1843年）。

④ 天保の改革とその結果

● きびしい倹約令を出して，ぜいたくを禁止し，物価（ものの値段）を下げるため，商人には株仲間を解散させた。また，江戸に出てきた農民を村に帰らせて農産物の増産に専念させた（人返しの令）。

● 江戸，大阪周辺の土地を幕府の領地にする上知令を出した。しかし，大名や旗本の反対にあい，忠邦は失脚した。結局，天保の改革は2年あまりで失敗に終わった。

⑤ このころの諸藩の様子

● 薩摩藩や長州藩では，能力のある武士を藩政に参加させ，特産物の専売制により財政を強化し，軍事力を高めた。こうして力をつけた藩は雄藩とよばれ，幕末の政治に強い発言力をもつようになった。雄藩はのちに，江戸幕府をたおす重要な役割をはたすことになった。

人物

① 水野忠邦
（1794～1851年）

唐津藩主から浜松藩主となり，大阪城代や京都所司代をへて老中になった。享保，寛政の改革を手本に，数多くの法令を定めた。改革はきびしく，老中をやめたあと，おこった人々に屋敷がおそわれたこともあった。

特産の黒砂糖の専売で利益を得た。

↑薩摩藩の黒砂糖づくり

社会の宝箱　　江戸時代の人々の生活は？

衣服…綿織物の生産が増え，町人や農民の衣服は，麻から**木綿**にかわった。

食事…1日3食が基本となり，**ご飯**（白米と麦）を主食にして，**しょうゆやみそ**で味付けしたおかずを食べるようになった。江戸では，そばやてんぷら，すしなどの屋台もにぎわった。

あかり…菜種油の使用が広まった。

ごらく…街道が整えられたことで，旅行がさかんになった。とくに伊勢神宮への参詣（おかげ参り）は人気があった。

↑おかげ参り

5 町人文化と新しい学問の広がり

3 年
4 年
5 年
6 年

日本の歴史編

第1章 日本のあけぼの

第2章 天皇と貴族の政治

第3章 武士の政治

第4章 江戸幕府の政治

第5章 明治からの世の中と日本

第6章 現代の日本

5 町人文化と新しい学問の広がり

1 元禄文化と化政文化

1 元禄文化

● 17世紀末から18世紀はじめにかけた元禄期に，上方（大阪，京都）などの町人が発展させた文化を元禄文化という。

文学…井原西鶴が町人の生活をテーマに，『日本永代蔵』や『世間胸算用』などの浮世草子（小説）を書いた。近松門左衛門①は，『曽根崎心中』などの人形浄瑠璃や，歌舞伎の脚本を書いた。このころ，人形浄瑠璃や歌舞伎は人々のごらくとなり，有名な役者が多数出た。

俳諧…松尾芭蕉②が連歌から生まれた俳諧を確立させた。旅行の記録，『奥の細道』が代表作。

絵画…俵屋宗達の装飾的な画風を取り入れた尾形光琳が，豊かな色使いと大胆なデザインで絵をえがいた。菱川師宣は女性や役者，都市の文化を題材にして，浮世絵を確立した。

↑俵屋宗達「風神雷神図屏風」（江戸初期）

↑尾形光琳「燕子花図屏風」

↑菱川師宣「見返り美人図」

人物 ▶

①近松門左衛門
（1653〜1724年）

武士出身で，浄瑠璃，歌舞伎の脚本で数多くの傑作を残した。

あやつり人形を動かして演じられる芝居

↑人形浄瑠璃

人物 ▶

②松尾芭蕉
（1644〜1694年）

俳聖。旅に出てよんだ歌が多い。

古池や　蛙飛びこむ
水の音

閑さや　岩にしみ入る
蝉の声

461

❷ 化政文化

● 19世紀の初期，文化・文政期に，江戸の町人が発展させた文化を**化政文化**という。人やものの行き来が活発になったこの時代は，地方を題材にした作品が多い。

川柳，狂歌，俳諧①…世の中に対する皮肉や風刺が楽しまれ，川柳や狂歌が流行した。また，**与謝蕪村**や**小林一茶**が俳諧をふたたびさかんにした。

小説…**十返舎一九**が『**東海道中膝栗毛**』で，東海道の旅行をおもしろおかしく著した。**滝沢馬琴**は長編小説『**南総里見八犬伝**』で，人気を集めた。

浮世絵…**鈴木春信**が**錦絵**という多色刷りの版画を始め，大流行した。**喜多川歌麿**や**東洲斎写楽**は，人気のある歌舞伎役者や力士の人物画をえがいた。また，旅行がさかんになるなか，**葛飾北斎**の「**富嶽三十六景**」や**歌川〔安藤〕広重**の「**東海道五十三次**」など，すぐれた風景画も生まれた。

↑東洲斎写楽の役者絵

↑喜多川歌麿の美人画

↑版画の制作工程

↑葛飾北斎「富嶽三十六景」

↑歌川〔安藤〕広重「東海道五十三次」

🔍 もっとくわしく

①**化政文化の"歌"**

川柳…五・七・五が特徴。

　侍が　来ては買ってく
　高楊枝　　（柄井川柳）

狂歌…五・七・五・七・七が特徴。

　早蕨が　にぎりこぶしを
　ふりあげて　山のよこつら
　はる風ぞ吹く（大田南畝）

俳諧

　雀の子　そこのけそこの
　けお馬が通る（小林一茶）

① 下絵をかく

↓

② 版木をほる

③ 複数の版木を使ってすり重ねる

5 町人文化と新しい学問の広がり

3年
4年
5年
6年

日本の歴史編

第1章 日本のあけぼの
第2章 天皇と貴族の政治
第3章 武士の政治
第4章 江戸幕府の政治
第5章 明治からの世の中と日本
第6章 現代の日本

② 新しい学問の広がり

1 儒学

● 幕藩体制が整うと，この体制を安定させる学問として儒学①が広まっていった。儒学の中でもとくに，身分秩序を重んじる朱子学が中心となっていった。

2 蘭学

● 徳川吉宗は，世界の進んだ学問，文化，技術を取り入れるため，キリスト教に関係がない漢文に訳された洋書の輸入を許可した。さつまいものさいばいを広めた青木昆陽は，オランダ語の研究も行い，オランダ語を通じて西洋（ヨーロッパ）を知ろうとする蘭学という学問の発展に寄与した。開国後，オランダ語だけにとどまらなくなったので，洋学とよばれるようになった。

● 杉田玄白と前野良沢らは，オランダ語の人体解剖書を日本語に訳し，1774年に『解体新書』として出版した。西洋語を日本語に訳した，初の本格的な翻訳書である。

● 出島のオランダ商館に医師としてやってきたシーボルト②は，長崎郊外の鳴滝塾で高野長英ら多くの蘭学者を育てた。

ドイツ語で書かれた原典をオランダ語に訳したのが『ターヘル・アナトミア』。これを日本語に翻訳したのが『解体新書』。

↑『解体新書』の内容

3 自然科学

● 工事や測量のために，日本独自の計算方法（和算）が生まれた。関孝和は円周率を計算するなどして，和算を大きく発展させた。

● 平賀源内は日本初の寒暖計や発電機（エレキテル）をつくった。

↑平賀源内
（1728 〜 1779 年）

🔍 もっとくわしく

①儒学
紀元前500年ごろ，春秋時代の中国で孔子が説いた思想などを研究する学問。親子や夫婦，主従の関係を大切にすることで，世の中が安定するとした。孔子の言行は『論語』にまとめられた。

↑杉田玄白
（1733 〜 1817 年）

人物

②シーボルト
（1796 〜 1866 年）

ドイツ人医師。日本の動物や植物，言葉，歴史を研究した。帰国する際，伊能忠敬らが作製した日本地図の写しを持ち出そうとしたため，幕府により国外追放の処分を受けた。

●50才を過ぎてから測量や天文学を学んだ**伊能忠敬**は，17年かけて日本全国を測量して歩き，正確な日本地図（大日本沿海輿地全図）をつくった。

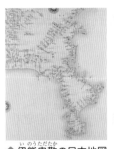

↑伊能忠敬の日本地図

4 国学

●国学は古典を研究し，日本のむかしからの考え方を明らかにしようとする学問。江戸時代の中ごろから，日本の伝統文化を見直そうと，和歌や古典への関心が高まった。**本居宣長**①は『古事記』を研究して『**古事記伝**』を著し，国学を大成した。

●国学は天皇を尊ぶことが尊王に，外国の思想を取りのぞくことが攘夷につながり，幕末の思想（尊王攘夷⇒P.472）に大きなえいきょうをあたえた。

5 江戸時代の教育

●武士以外の人々は，都市や農村につくられた**寺子屋**で「**読み，書き，そろばん**」などを学んだ。（⇒P.480）

↑寺子屋の様子

↑伊能忠敬
（1745～1818年）

人物 L

①**本居宣長**
（1730～1801年）

伊勢（三重県）の医者。医学や儒学を学んだ後，国学の研究を始めた。30数年かけて『古事記伝』を完成。

社会の宝箱　　寺子屋ってどんなところ？

寺子屋は村の役人や裕福な町人，お寺や神社などによってつくられ，おもに町人や農民が学んだ。入学する年齢に決まりはなく，日常生活に必要な「読み，書き，そろばん」を中心に教えた。江戸時代の日本人は文字の読み書きができる人の割合が世界とくらべても高く，日本を訪れた外国人をおどろかせた。このしくみは現代でも，世界に寺子屋をつくろうという運動にいかされている。

| 3年 |
| 4年 |
| 5年 |
| 6年 |

日本の歴史編

第1章
日本のあけぼの

第2章
天皇と貴族の政治

第3章
武士の政治

第4章
江戸幕府の政治

第5章
明治からの世の中と日本

第6章
現代の日本

つまずいたら調べよう

1 1600年の関ヶ原の戦いで勝利して征夷大将軍になったのはだれですか。

1▶P.440 ❶①③

2 江戸幕府が諸大名を統制するために参勤交代などを定めた法律を何といいますか。

2▶P.442 ❶②②

3 1637年にキリスト教の取りしまりなどに反対して九州で起こった一揆を何といいますか。

3▶P.445 ❷②①

4 1639年にポルトガル人の来航を禁止し，1641年にオランダ商館を長崎の出島に移すことにより完成した政策を何といいますか。

4▶P.446 ❷②③

5 8代将軍徳川吉宗が新田開発を進めて財政の立て直しを図り，目安箱を設けて民衆の意見を聞くなどした改革を何といいますか。

5▶P.455 ❹②②

6 株仲間の結成を奨励し，貿易をさかんにするなど積極的な経済政策を進めた老中はだれですか。

6▶P.455 ❹②③

7 天明のききんの後，江戸に入ってきた百姓を強制的に村に帰すなど，寛政の改革を行った老中はだれですか。

7▶P.456 ❹②⑥

8 ロシア，イギリス，アメリカなどの外国船が日本沿岸に現れるようになり，これを警戒した幕府が1825年に出した法令を何といいますか。

8▶P.458 ❹③①

9 享保，寛政の改革にならって，1841年に水野忠邦が始めた改革を何といいますか。

9▶P.460 ❹③③

10 17世紀末から18世紀はじめの上方を中心に発展した町人文化を何といいますか。

10▶P.461 ❺①①

11 19世紀のはじめごろ，江戸を中心に発展した町人文化を何といいますか。

11▶P.462 ❺①②

12 11のころ，こっけい本『東海道中膝栗毛』を著した人物はだれですか。

12▶P.462 ❺①②

第4章 江戸幕府の政治
入試問題にチャレンジ！
解答▶P.621

1 次の問いに答えなさい。
(城西川越中)

（1）江戸時代の初めには，幕府からの渡航許可状をもち，東南アジアと貿易をおこなう商人が増えました。この貿易を何といいますか。
（　　　　　　）

よくでる◁（2）次の文は江戸幕府が大名統制のために定めた法令の一部です。この法令を何といいますか。（　　　　　　）
　― 大名は，毎年4月中に江戸に参勤をすること。
　― 自国の城を修理する場合，とどけ出なければならない。
　― 大名はかってに結婚してはならない。　　　　　　（一部要約）

2 次の文章を読んで，あとの問いに答えなさい。
(日本大学中)

Ａ．水野忠邦は，外国船の来航や国内で増加する百姓一揆・打ちこわしの状況を打開するため①「天保の改革」をおこなった。
Ｂ．松平定信は，農村と都市の変化やロシアの接近に対応するため，②「寛政の改革」をおこなった。

ハイレベル（1）下線部①の内容としてあやまっているものがある場合にはその記号を，すべて正しい場合には**オ**を記入しなさい。（　　　）
　ア 物価を引き下げるために，株仲間を解散させた。
　イ 長崎貿易をさかんにし，干しあわびや昆布などの俵物の輸出を増加させた。
　ウ 農村を立て直すため，江戸へ出てきている農民を帰し，また江戸へ出ることも禁止した。
　エ 江戸・大阪周辺の大名の領地を取り上げて幕府の領地にしようとした。

（2）下線部②の内容としてあやまっているものがある場合にはその記号を，すべて正しい場合には**オ**を記入しなさい。（　　　）
　ア 旗本・御家人の生活難を救うため，商人からの借金を帳消しにした。
　イ 大名にききんや凶作に備えて米をたくわえさせた。
　ウ 江戸に出かせぎにきている農民を農村に帰した。
　エ 寛政異学の禁によって，蘭学以外の学問を禁止した。

3年
4年
5年
6年

日本の歴史編

第1章
日本のあけぼの

第2章
天皇と貴族の
政治

第3章
武士の政治

第4章
江戸幕府の
政治

第5章
明治からの
世の中と日本

第6章
現代の日本

3 次の文章を読んで，（ ① ）～（ ⑬ ）に適する語句を答えなさい。

（学習院中改）

A. 江戸時代前半の文化である元禄文化の特色は人間性を求めた町人文芸でした。連歌からおこった（ ① ）は17世紀中ごろには，（ ② ）がでて正風（ ① ）を確立しました。（ ② ）は旅に生き多くの作品を残しました。そのなかでも奥羽地方から北陸をめぐる2400キロメートルにもおよぶ旅を，（『 ③ 』）という紀行文にまとめました。大坂の町人であった（ ④ ）は，（ ⑤ ）とよばれる小説を書き，町人の世界の金銭をめぐる悲喜劇をえがいた（『⑥』）などで人気を集めました。

B. 江戸時代後期の文化を，19世紀初めの文化・文政期に最盛期をむかえたので（ ⑦ ）とよんでいます。美術の世界では，多色刷の（ ⑧ ）がえがかれるようになりました。東洲斎写楽や喜多川歌麿が人気を集め，さらにおくれて天保年間には，風景画の葛飾北斎や（ ⑨ ）が活躍しました。北斎の『富嶽三十六景』や（ ⑨ ）の（『 ⑩ 』）はよく知られています。

C. 西洋学術の研究は18世紀に発展に向かう道が開かれました。その発展に画期的意味を持ったのが（ ⑪ ）らが訳した『解体新書』でした。実学は長崎で蘭学などといわれ，西洋の学問に関心を持つ人たちが増えました。19世紀には（ ⑫ ）によって長崎に（ ⑬ ）塾が開かれ，多くのひとが蘭学を学びました。

① （　　　　　　） ② （　　　　　　） ③ （　　　　　　）

④ （　　　　　　） ⑤ （　　　　　　） ⑥ （　　　　　　）

⑦ （　　　　　　） ⑧ （　　　　　　） ⑨ （　　　　　　）

⑩ （　　　　　　） ⑪ （　　　　　　） ⑫ （　　　　　　）

⑬ （　　　　　　）

横濱海岸各國商舘園圖

明治からの
世の中と日本

日本の歴史編

第1章
日本のあけぼの

第2章
天皇と貴族の政治

第3章
武士の政治

第4章
江戸幕府の政治

第5章
明治からの世の中と日本

第6章
現代の日本

第5章 この章の流れ

時代	年代	日本のできごと	中国	朝鮮
江戸	1853年	アメリカの使節ペリーが浦賀に来航する		朝鮮
	1854年	日米和親条約が結ばれる ➡下田, 函館の開港		
	1858年	日米修好通商条約が結ばれる（井伊直弼）		
	1858年	安政の大獄（～1859年）		
	1860年	桜田門外の変		
	1866年	薩長同盟が結ばれる		
	1867年	大政奉還 王政復古の大号令		
明治	1868年	五箇条の御誓文	清	
	1869年	版籍奉還		
	1871年	廃藩置県		
	1872年	学制が公布される		
	1873年	徴兵令 地租改正が行われる		
	1874年	民撰議院設立建白書が提出される		
	1877年	西南戦争		
	1881年	自由党の結成（板垣退助）		
	1882年	立憲改進党の結成（大隈重信）		
	1889年	大日本帝国憲法が発布される		
	1890年	第1回帝国議会が開かれる		
	1894年	領事裁判権の撤廃に成功する 日清戦争➡下関条約が結ばれる（1895年）		大韓帝国
	1902年	日英同盟		
	1904年	日露戦争➡ポーツマス条約が結ばれる（1905年）		
	1910年	韓国併合		
	1911年	関税自主権を回復する		

大政奉還

岩倉使節団

西郷隆盛

陸奥宗光

1 江戸幕府の滅亡
えど ばく ふ めつ ぼう

1 ペリー来航と開国
らい こう かい こく

1 黒船の来航 (1853年)
くろふね らいこう

● 1853年，浦賀 (神奈川県)
うら が か な がわけん
沖に，軍艦 (黒船) 4せき
おき ぐんかん くろふね
が現れた。軍艦を率いた
あらわ ぐんかん ひき
のはアメリカの使節ペリー
しせつ
で，大統領からの国書①を
だいとうりょう こくしょ
持って日本に開国をせまっ
も かいこく
た。②
ばく

● 幕府は国書を受け取ったものの，すぐには
ふ う と
返事をせず，翌年に回答することをペリー
へんじ よくねん かいとう
に約束した。
やくそく

↑ペリーの上陸
じょうりく

↑ペリー

↑日本人が見た
ペリー

太平洋を横断する航路がまだ整備され
たいへいよう おうだん こうろ せいび
ていなかったので東まわりでやってきた

ノーフォーク
1852.11.24

マディラ島
12.12~15

セントヘレナ島
1853.1.10~11

ケープタウン
1.24~2.3

セイロン島
3.10~15

モーリシャス島
2.18~28

シンガポール
3.25~29

マカオ・香港
4.7~28

上海
しゃんはい
5.4~17

琉球
りゅうきゅう
5.26/7.2

小笠原
おがさわら
諸島
しょとう
6.14~18

浦賀
うら が
1853.7.8

↑ペリー艦隊の航路 ※1.24~2.3は，1月24日から2月3日までを表す
かんたい こうろ あらわ

2 開国をめぐる幕府の動き
かいこく ばく ふ うご

● 軍艦が浦賀を去ると，幕府は大名や幕臣に開国につ
ぐんかん うら が さ だいみょう ばくしん かいこく
いての意見を求め，朝廷にも報告した。幕府が政治
いけん もと ちょうてい ほうこく ばく ふ せいじ
の方針を決めるのに，このような動きをすることは
ほうしん き
これまでなく，朝廷や諸大名が政治に深くかかわる
ちょうてい しょだいみょう せいじ ふか
きっかけとなった。

もっとくわしく

①アメリカ大統領の国
だいとうりょう
書の内容 (一部)
ないよう いち ぶ
・アメリカ船が難破した
せん ははん
ときの船員の保護
せんいん ほ ご
・水や食料，燃料のアメ
しょくりょう ねんりょう
リカ船への補給
ほきゅう
・アメリカと貿易を行う
ぼうえき

もっとくわしく

②アメリカが開国をせ
かいこく
まった理由
りゆう
アメリカは，捕鯨船や中
ほげいせん ちゅう
国との貿易船に，燃料 (ま
ぼうえきせん ねんりょう
き) や水，食料を補給す
しょくりょう ほきゅう
る寄港地を求め，日本に
きこうち もと
開国をせまった。
かいこく

1 江戸幕府の滅亡

3年
4年
5年
6年

日本の歴史編

第1章 日本のあけぼの

第2章 天皇と貴族の政治

第3章 武士の政治

第4章 江戸幕府の政治

第5章 明治からの世の中と日本

第6章 現代の日本

③ 日米和親条約（1854年）

1854年，ペリーはふたたび浦賀に来航し，幕府に回答を求めた。幕府はやむなくアメリカと日米和親条約を結び，下田（静岡県），函館（北海道）を開港して水，食料，燃料をアメリカ船に補給すること，下田にアメリカ領事館を置くことが決められた。オランダ，イギリス，ロシアとも同様の条約を結んだ。

日米和親条約での開港地
日米修好通商条約での開港地

函館　函館　新潟　神戸　横浜　長崎　下田

④ 日米修好通商条約（1858年）

アメリカの総領事ハリスは，幕府に対して貿易を始めることを求めた。幕府の大老①井伊直弼は1858年，朝廷からの許可をとらずに日米修好通商条約を結んだ。②また，イギリス，オランダ，フランス，ロシアとも似た内容の条約を結んだ。これにより，およそ200年間続いた鎖国は終わった。

日米修好通商条約の主な内容

・函館，神奈川（横浜），長崎，新潟，兵庫（神戸）を貿易港とする。

・治外法権（領事裁判権）を認める…日本で外国人が罪をおかしても，日本の法律で裁判ができない。

・関税自主権がない…輸入品に自由に税をかける権利がなく，国内の品物よりも安い品物が外国から入ってくることを制限できない。

用語

①大老

大きな問題が起こった時などに，将軍のすぐ下に置かれ，他の幕臣をまとめる臨時の役職。

将軍─老中─奉行など

大老

🔍 **もっとくわしく**

②朝廷の許可をとらなかった理由

ハリスは，清と戦争中のイギリス，フランスが日本をも侵略する可能性があると幕府に説き，条約の調印をせまった。朝廷では攘夷の考えが強く，このままでは許可が得られないと考えた井伊直弼は，自分の判断で朝廷の許可をとらずに条約の調印にふみきった。

⑤ 安政の大獄から桜田門外の変へ

井伊直弼は，朝廷の許可なく外国と条約を結んだことで開国反対派から批判を受けた。井伊直弼は反対派の大名を処分し，吉田松陰や橋本左内を処刑した（安政の大獄）。このことで井伊直弼はさらに反対派のいかりを買い，1860年に水戸脱藩の浪士らによって桜田門外で暗殺された（桜田門外の変）。この暗殺事件は，政治を不安定にし，幕府の権威を失わせることになった。

② 江戸幕府の滅亡

1 開国のえいきょう

● 港が開かれたことで諸外国との貿易が活発になった。日本は生糸，茶，海産物などを輸出し，毛織物，綿織物，武器などを輸入するようになった。

● 関税自主権（⇒P.471）がなく，外国産の安い綿織物を輸入したため，国内の綿織物業が成り立たなくなった。生糸や茶などの輸出品は国内で品不足になって値上がりし，そのえいきょうで貿易に関係のない米，麦，大豆なども値上がりした。

● 日本と外国の金と銀の交換比率のちがいから，日本の金が外国に大量に流出した。[1]幕府は金の不足から質の悪い金貨をつくって流通させたため，物価が上がって社会不安が広がった。

↑開港後の貿易額

（グラフ）
（万ドル）
2500 / 2000 / 1500 / 1000 / 500 / 0
輸入額
輸出額
1859 60 61 62 63 64 65 66 67（年）

2 尊王攘夷運動の高まり

● 開国に不満をもつ人々の間には，外国人を追い払う**攘夷論**が広がり，政治を朝廷にまかせようとする**尊王論**と結びついて，**尊王攘夷運動**[2]が起こった。

● 長州藩は1863年，攘夷を実行に移し，下関海峡を通る諸外国船を砲撃したが，反撃を受けて大きな損害を負った。一方，薩摩藩は1863年，イギリスの軍艦の攻撃を受けて戦い（**薩英戦争**）[3]，欧米の戦力を知ることになった。

↑占領された長州藩の砲台

3 倒幕運動から薩長同盟へ

● 技術，戦力のちがいで攘夷が困難なことを理解した薩長両藩は，近代的な軍隊を準備しつつ，新しい政府を立てるため，幕府をたおす運動（**倒幕運動**）に移っていった。

🔍 **もっとくわしく**

①金の交換比率
江戸時代末期，金：銀の交換比率は日本で1：5，外国では1：15であった。同じ量の銀を日本に持ってくれば，3倍の量の金と交換できた。

🔍 **もっとくわしく**

②尊王論と攘夷論
尊王論は，儒学の思想のえいきょうで生まれた天皇（王）を尊ぶ思想。攘夷論は，外国人（夷狄）を追い払う（攘い＝討つ）思想で，この2つの思想が，倒幕運動を動かしていった。

用語

③生麦事件と薩英戦争
1862年，横浜に近い生麦村で，薩摩藩の行列を横切ったイギリス人を殺害したのが生麦事件。これをきっかけにイギリスが薩摩藩に報復するために始まったのが薩英戦争である。

● 薩摩藩と長州藩は1866年，土佐藩出身の**坂本龍馬**①らの仲立ちで手を結んだ。薩摩藩の**西郷隆盛**と**大久保利通**，長州藩の**高杉晋作**と**桂小五郎**〔**木戸孝允**〕らは**薩長同盟**を結び，公家の**岩倉具視**の協力も加わって，倒幕運動の勢いは増していった。

● 幕府と倒幕派の争いのえいきょうで，米などの物価が上がり，民衆の生活は苦しくなった。1866年から翌年にかけて，大阪や江戸では，世直しを求めて**打ちこわし**が，農村では百姓一揆が起こった。1867年には東海，近畿地方で「**ええじゃないか**」を唱えて踊り，世直しを求める社会現象がみられた。

4 大政奉還と王政復古

● 倒幕運動が強まるなか，15代将軍**徳川慶喜**は争いをさけ，新政府でも実権をにぎろうと考え，1867年10月，政権を朝廷に返すことを申し出た（**大政奉還**）。倒幕派は，徳川を中心とする連合政権樹立の考えに対抗するため，天皇中心の政治にもどすことを宣言する**王政復古の大号令**を出した。これにより約260年間，政治の中心にあった江戸幕府は滅亡した。

5 戊辰戦争

● 新政府は徳川慶喜に官職と領地の一部を朝廷に返すことを求めた。これに反発した旧幕府側は1868年，京都で新政府側と戦争になった（**鳥羽・伏見の戦い**）。

● この戦争に勝利した新政府軍は江戸城を戦わずに開城させた②あと（無血開城），函館で旧幕府軍を降伏させた（**戊辰戦争**）。戊辰戦争の終結により，新政府は国内をほぼ統一し，近代国家の建設が始まった。

↑**五稜郭**（函館）

①坂本龍馬

（1835～1867年）土佐藩の出身。薩長同盟をとりもち，外国から武器を輸入して倒幕運動を助けた。1867年に京都で暗殺された。

↑**打ちこわし**（部分）

↑**大政奉還**を告げる徳川慶喜（二条城）

もっとくわしく

②江戸城の開城
西郷隆盛は，新政府軍を率いて，江戸に攻めこんだ。幕臣勝海舟が西郷と話し合い，江戸城は戦いなしで明けわたされた。

日本の歴史編

第1章 日本のあけぼの

第2章 天皇と貴族の政治

第3章 武士の政治

第4章 江戸幕府の政治

第5章 明治からの世の中と日本

第6章 現代の日本

2 明治維新と新政府による改革

1 新政府の成立と政治改革

1 新政府の成立と明治維新

1868年，新政府は政治の方針となる<u>五箇条の御誓文</u>①を発布し，広く人々の意見を聞いて政治を行うことや，新しい知識を学ぶことなどを示した。同時に，庶民に向けては**五榜の掲示**を示した。キリスト教の禁止や一揆の禁止など，江戸時代と変わらない内容であった。

江戸は**東京**と名称を改め，首都は京都から東京に移された。年号は**明治**と定められたため，明治はじめの政治改革を**明治維新**という。

↑**五箇条の御誓文の発表の様子**

2 中央集権に向けた動き

政府は中央集権を進めるため，1869年，藩主が治めていた土地と人民を天皇に返す**版籍奉還**を行った。1871年には，藩を廃止して新たに府や県を置く**廃藩置県**が実施され，政府の役人が府県を治める府知事，県令として各地に送られた。

> **史料**　❶**五箇条の御誓文**
> （内容を要約）
>
> ― 政治のことは会議を開いて，みんなの意見を聞いて決めよう。
> ― みんなが心を一つにして国の政策を行おう。
> ― みんなの願いを実現するようにしよう。
> ― 昔からのよくないしきたりをやめよう。
> ― 世界から新しい知識を学んで，国をさかんにしよう。

3 身分制度の改革

政府は封建的な身分制度を廃止し，いわゆる**四民平等**の原則をとった。公家と大名は華族，武士は士族，百姓と町人は平民と改められた。これにより，平民は住む場所や職業を自由に選び，名字を名乗ることなどが認められた。また，**解放令**により，それまで差別に苦しめられた人々も制度の上では平民となった。

士族は明治に入っても家禄（給料）を政府から受け取っていた。しかし，政府の財政が苦しくなり，1876年に支給中止となった。（⇒P.481）

華族・神官・僧など 0.9%
士族など 5.5%
人口約3313万人
平民 93.6%

↑**新しい身分の割合**
（「近世日本の人口構造」）

2 明治維新と新政府による改革

3年
4年
5年
6年

日本の歴史編

第1章 日本のあけぼの

第2章 天皇と貴族の政治

第3章 武士の政治

第4章 江戸幕府の政治

第5章 明治からの世の中と日本

第6章 現代の日本

4 岩倉使節団の派遣

● 江戸時代に幕府が外国と結んだ不平等な条約の改正を主な目的として，1871年からおよそ2年の間，岩倉具視①を代表とする政府の岩倉使節団がアメリカ，ヨーロッパに派遣された。

木戸孝允　山口尚芳　伊藤博文

↑岩倉使節団　岩倉具視　大久保利通②

● 使節団は最大の目的であった条約の改正には失敗したが，欧米の進んだ産業や文化，政治のしくみなどを学び，日本を新しい国家につくりかえること（近代化）の必要性を強く感じて帰国した。

● 使節団に同行した留学生の中には，当時7才の津田梅子もいた。アメリカで教育を受け，帰国後，女子の教育にたずさわった。

5 国土の開発

● 政府はアイヌの人々の住む蝦夷地を北海道と改め，開拓使という役所をつくった。開拓使は，食料増産のため，西洋農法による大農場制度を取り入れ，農地の開発を進めた。北海道には，土地の開拓とロシアに対する警備のため，職を失った士族や農民が屯田兵として送りこまれた。

● 琉球藩は日本と清の両方に属していたが，1871年に起こった台湾での琉球民の殺害事件をきっかけに，日本の領土となった。1879年に，日本は琉球藩を廃止して沖縄県を設置した。

① 岩倉具視
（1825～1883年）

公家出身。王政復古を実現し政府に入る。使節団大使を務め，廃藩置県や憲法制定にかかわる。

② 大久保利通
（1830～1878年）

薩摩藩出身。王政復古や戊辰戦争で活やく。明治政府に入って版籍奉還や廃藩置県の実現に努力した。

② 富国強兵と殖産興業

1 近代的な国づくりと富国強兵

●江戸時代の末ごろ，アジアの国々は欧米諸国に植民地として支配されていった。明治政府は，日本が欧米の植民地にならないためには，近代化が必要だと考え，富国強兵①にのりだした。

●富国強兵を進めるためには，人材を育てる教育制度の整備と，政府の収入確保のための税制の整備が必要であった。政府は西洋の新しい制度や技術を学んで導入するため，多くの外国人をやとった。②

2 新しい教育制度 （1872年）

●6才以上の男女に教育を受けさせることとした**学制**が，1872年に発布された。

●学校が始まったころ，入学する子どもは少なかった。当時の子どもは，家の仕事の大切な働き手だったこと，授業料が高かったことが原因である。しかし，明治の中ごろから，通学する子どもはしだいに増えていった（⇒P.480）。

●1877年には国立の**東京大学**が設立され，同じころ，私立学校③の**慶應義塾**，**同志社**，**東京専門学校**などもつくられて，のちに私立大学となった。大学や私立学校が育成した人材は，役人や研究者，政治家，実業家になり，日本の近代化を進める力となった。

3 地租改正 （1873年〜）

●明治初期は江戸時代と同じように，農民は米で税を納めていた。しかし，収穫高が年によって変わるため，政府の収入は不安定であった。

●政府はより確実に税を徴収して財政を立て直すため，1873年から**地租改正**を行った。これは，土地所有者に**地券**を発行し，土地の価格の3％を現金で納めることを定めた新しい税方式であった。これにより，政府は安定した収入を確保できるようになった。

用語

①富国強兵

明治政府による近代化のための政策。「産業を育てて国を豊かにすること」（富国）と「軍事力を強化すること」（強兵）が目標。

人物

②「おやとい外国人」のクラーク

札幌農学校（現在の北海道大学）の初代教頭。アメリカ式の大農場制度を北海道にしょうかいした。この学校で新渡戸稲造や内村鑑三などの人材を育てた。「少年よ，大志をいだけ」という言葉で有名。

もっとくわしく

③私立学校の創設者

・慶應義塾―福沢諭吉
・同志社―新島襄
・東京専門学校（後の早稲田大学）―大隈重信

↑土地の所有者にあたえられた地券

米から現金へ

● 地租改正は，徴収のしくみが変わっただけで，<u>年貢と比べて負担が軽くなるものではなかった。</u>①そのため農民の不満が高まり，政府はそれをおさえるため，地租を2.5％に引き下げた（1877年）。

グラフ: 政府の収入にしめる地租の割合

地租引き下げ後，政府の収入にしめる割合は減少

地租収入の割合

新設 所得税

（縦軸 0〜80%、横軸 1867 70 75 77 80 85 90 95年）

↑政府の収入にしめる地租の割合

「日本近代史辞典」東洋経済新報社

4 徴兵令の制定（1873年）

● 明治政府は，欧米諸国と対等な関係をもつには，欧米と同等の近代的な軍隊をもつことが必要と考えた。1873年，満20才以上の男子が3年間の兵役につくことが徴兵令で定められ，近代的な軍隊づくりが進められた。

● この法律により，農民たちは農業の繁閑に関係なく働き手を軍隊にとられることになった。そのため，各地で徴兵反対の一揆が起こった。

5 殖産興業

● 富国強兵のため，政府は教育制度の整備と並行して，産業をさかんにする必要があった。しかし，民間には産業をおこす技術や資金がなかったため，政府が直接経営する官営工場をつくり，それを民間の手本とする殖産興業②の政策がとられた。

● 政府はフランス人技師を招いて，群馬県に官営工場の富岡製糸場をつくり，1872年に開業した。フランス製の機械が導入されたこの工場には，全国から士族の子女などが集められ，製糸の技術を学んだ後，各地にその技術を広めた。

↑富岡製糸場の様子

もっとくわしく

①地租改正後の負担
政府は地租改正の際，米価が高いときを基準にして率を定めた。しかし，実際に納めるときには米価が低下していたため，収穫した作物による収入は税に比べて少なく，農民の負担は重くなってしまった。

用語

②殖産興業
明治政府が主導して近代産業を育成する政策。外国から技術者などをやとい，欧米の技術や制度を取り入れた。

③ 文明開化

1 生活様式の変化

↓銀座（東京）の様子

ガス灯　レンガ造りの洋館

西洋のカサ　西洋の服装

● 江戸時代から明治時代になり，東京，横浜，大阪，神戸などの大都市や貿易港では，欧米の生活様式を取り入れるようになった。この様子を**文明開化**という。人々は洋服を着て帽子をかぶり，くつをはくなど，西洋の服装を取り入れた。また，牛肉，豚肉を食べ，牛乳を飲む習慣が広がった。一方，地方の町村では江戸時代と変わらない生活が続き，大都市の生活の変化が広がるには長い時間がかかった。

● 政府はまげ（ちょんまげ）をやめさせ，さらに刀の携帯を禁止する**廃刀令**を出した。①

● 暦は**太陰暦**②から**太陽暦**に切りかえられた。1日を24時間とし，1週間を7日，日曜日を休日とすることも新たに決められた。

2 交通・郵便制度の始まり

● 新橋－横浜間に鉄道が開通した。また，道路には人力車が走るようになった。

● 江戸時代の飛脚にかわり，前島密らによって東京，京都，大阪間で郵便も始められた。

↑鉄道開通の様子

🔍 **もっとくわしく**

①散髪脱刀令（1871年）
明治政府はまず，まげを切る（散髪），刀を持たない（脱刀）を個人で自由に決めてよいとする法令を出し，その後，廃刀令を出した（1876年）。

用語

②太陰暦
月の動きをもとにした暦で，江戸時代に使われていた。農作業を進める基準になっていたため，農民は明治になっても使い続けていた。

🔍 **もっとくわしく**

明治ことはじめ年表

年	主なできごと
1869	公衆電信開始 （東京↔横浜間）
1870	人力車の営業 日刊新聞の発行
1871	郵便制度ができる （東京・京都・大阪間）
1872	学制が定められる 鉄道開通 （新橋↔横浜間） ガス灯（横浜） 太陽暦の採用

日本の歴史編

第1章
日本のあけぼの

第2章
天皇と貴族の政治

第3章
武士の政治

第4章
江戸幕府の政治

第5章
明治からの世の中と日本

第6章
現代の日本

③ 新しい考え方のしょうかい

● 五榜の掲示（⇒P.474）によって禁止されていたキリスト教は1873年，諸外国の強い求めに応じて解禁された。

● 明治に入り，西洋の生活習慣や生活様式に加え，進んだ技術も導入された。活字（活版）印刷の技術が発達したことで，新聞や雑誌，書籍の発行がさかんになり，新しい様々な考え方が人々に広がるきっかけとなった。

● 1870年，日本最初の日刊新聞「横浜毎日新聞」が発行され，その後，次々と新しい新聞が発行された。

● 1872年，福沢諭吉①は『学問のすゝめ』を出版した。この中で「天は人の上に人を造らず，人の下に人を造らずといえり」と述べ，学問をする上で人間はみな平等であることや，実際に役に立つ学問（実学）によって身を立てることを人々にうったえた。

↑学問のすゝめ

● 中江兆民②は，フランスのルソーが著した『社会契約論』を翻訳して，民主主義の思想を広めた。また，中村正直はイギリスのミルが書いた『自由論』を翻訳して，自由の大切さを説いた。こうした書籍が平等や自由，権利に対する人々の考えにえいきょうをあたえ，後に起こる自由民権運動（⇒P.482）へと結びついていった。

人物

① 福沢諭吉
（1834～1901年）

緒方洪庵の適塾で蘭学を学ぶ。1860年，勝海舟とともに幕府の咸臨丸に乗り，アメリカをたずね，産業や政治の様子を視察した。帰国後，慶應義塾を設立し，新聞「時事新報」を発行。『学問のすゝめ』のほか，『西洋事情』『文明論之概略』などを著している。

人物

② 中江兆民
（1847～1901年）

1871年にフランスに留学し，帰国後に西園寺公望と「東洋自由新聞」を発刊した。フランス流の民権思想を提唱し，『民約訳解』を出版した。

社会の宝箱 　1円切手の人物は？

1円切手の肖像は前島密で，明治時代，日本の郵便制度を整備した人物である。前島密は，イギリスに渡り，郵便事業を学び，「郵便」や「郵便切手」などの名称を定めた。

寺子屋から学校へ

入試でる度
★★☆☆☆

江戸時代の寺子屋…日本人の識字率（文字を読める人の割合）の高さには，当時日本を訪れたヨーロッパの人々がおどろきの感想を残している。これは，伝統的に武士の子どもは藩校に，町人や百姓の子どもは寺子屋に通い，教育を受けていたからだ。

ここが問われる！
寺子屋では，実用的な「読み・書き・そろばん」などを教えていた！

↑寺子屋の様子
（江戸時代末ごろ）

↑小学校の授業
（明治時代はじめごろ）

江戸時代末から明治時代はじめの20年ほどの間に，教育の様子が変化。
先生の身なりが着物から洋服にかわり，教室を使用するなどの変化がわかる。

明治時代の小学校…学制の公布により「教育」は義務化した。国家的な取り組みとして各地に学校がつくられるなか，新しい学校に期待して，地域の人々がお金を出し合い学校を建てる例も多くみられた。

長野県松本市の旧開智学校の建築資金の約70％は町民の寄付によるもので，期待の大きさがわかる。校舎は西洋風建築である。

↑旧開智学校（1876年竣工）

3 自由民権運動の高まりと憲法の制定

3年
4年
5年
6年

日本の歴史編

第1章 日本のあけぼの

第2章 天皇と貴族の

第3章 武士の政治

第4章 江戸幕府の

第5章 明治からの世の中と日本

第6章 現代の日本

3 自由民権運動の高まりと憲法の制定

1 自由民権運動のおこり

1 征韓論の背景と士族の反乱

●士族たちは，廃刀令（⇒P.478）にみられるように，身分上の特権をうばわれ，武士としての収入の特権を失い①，生活が苦しくなって政府に不満をもつようになった。

●戊辰戦争に参加した士族の中には，政府に意見が通らないことに不満をもつ者が出ていた。このような士族の関心を海外にむけさせるため，薩摩藩出身の西郷隆盛②と土佐藩出身の板垣退助は征韓論を主張した。朝鮮に開国をせまり，拒否された場合は武力行使も辞さないというこの意見は，大久保利通らに反対され，西郷，板垣らは政府を去ることになった（1873年）。

●政府の改革や政治に対する士族の不満は大きくなり，佐賀の乱（佐賀県，1874年）など，各地で反乱が起こるようになった。1877年には，政府を去って，鹿児島にもどった西郷隆盛を中心に，士族の反乱としては最大の西南戦争が起こった。西南戦争は半年の戦いの後，徴兵令によって整えられた政府軍によってしずめられた。

●この戦いのあと，政治に不満をもつ人々は，武力によって反乱を起こすのではなく，言論によって意見を主張するように変化した。これが自由民権運動の勢いを強めることになった。

↑西南戦争

🔍 もっとくわしく

①秩禄処分
明治政府は，明治初期に士族や華族に家禄（給料）を出していた。これが政府の財政を圧迫していたため，1876年に利子付きの公債をあたえて家禄を打ち切った。これを秩禄処分という。

人物

②西郷隆盛
（1827～1877年）

鹿児島（薩摩）出身。薩長同盟を結んで倒幕運動の中心となった。新政府の要職についたが，征韓論を否定されて辞職。西南戦争にかつぎ出され，戦いに敗れて自害した。

❷ 自由民権運動の始まり

政府を去った**板垣退助**①は1874年,「国会を開き, 国民の意見を聞いて政治をすべきだ」とする意見書 (**民撰議院設立建白書**②) を政府に提出した。意見書の内容は新聞にとりあげられて人々の共感をよび, 自由と権利を求め, 憲法にもとづく政治を行うように要求する**自由民権運動**が全国に広がっていった。

やがて全国各地で集会や演説会が開かれ, 新聞でも自由民権の考えがうったえられるようになった。1880年には大阪で**国会期成同盟**③が結成され, 国会開設の請願書が政府に提出された。政府はこうした動きをおさえる法律をつくり, 厳しく取りしまったが, おさえることはできなかった。

警官にヤジを飛ばす聴衆

演説者を制止しようとする警官

↑自由民権運動の演説会の様子　演説者

❷ 自由民権運動の高まりと政党の結成

自由民権運動が高まるなか, **大隈重信**④は国会の開設, 憲法制定に早急に取りかかるべきだと主張した。そのため, 政府内で伊藤博文らと対立した。

1881年, 北海道の開拓長官であった黒田清隆が官有物 (国の所有物) を不当に安く払い下げようとする事件が起こった。この事件で, 政府は国民から激しく批判された (**開拓使官有物払い下げ事件**)。

政府は世論の批判をかわすため, 憲法制定の方針を発表し, 10年後 (1890年) に国会を開設する勅諭

人物

①板垣退助

(1837 ～ 1919 年)

高知 (土佐) 出身。戊辰戦争で活やくして政府の要職についたが, 征韓論を否定され辞職。自由民権運動の中心となり, 立志社や, 自由党を結成。

史料

②民撰議院設立建白書
私どもが, 現在政権は何をしているのか考えてみると, 上は皇室になく, 下は人民になく, ただ官僚が独占している状態である。(部分要約)

用語

③国会期成同盟

板垣退助を中心に1875年に結成された愛国社から発展した運動団体。国会開設を政府に要求することを目的とした。

人物

④大隈重信

(1838 ～ 1922 年)

佐賀 (肥前) 出身。明治維新後, 早くから政府の要職につく。政府を出て立憲改進党を結成。後に政府にもどり, 外務大臣や内閣総理大臣を務めた。

（天皇の言葉）を出した。大隈は批判的な世論に関係したとして，政府の職を解かれた。

● 国会開設の勅諭をきっかけに，板垣退助は1881年，国会期成同盟をもとに**自由党**を結成し，士族や中小の地主，農民などの支持を受けた。翌1882年には，大隈重信が**立憲改進党**を結成し，商工業者や大地主，知識人などの支持を受けた。

③ 憲法の制定と国会開設の準備

① 日本各地の憲法草案

● 国会の開設が約束されると，日本の各地で憲法の草案（私擬憲法）がつくられた。人々が政治や憲法，人権について関心をもち，熱心に学んだことは，千葉卓三郎による「**五日市憲法草案**」①やその他の草案②からも，うかがうことができる。

② 大日本帝国憲法の制定

● 明治政府は1882年，伊藤博文らを憲法調査のためにヨーロッパに送り出した。伊藤博文は議会に対して皇帝の力が強いドイツ（プロイセン）の憲法を手本として学び，帰国した。

↑伊藤博文
（1841～1909年）

● 政府は憲法による政治に備えて1885年，**内閣制度**③を定めた。**伊藤博文を初代内閣総理大臣**とし，主な大臣は薩摩，長州出身者で固められた。明治維新からの藩閥政治は続くこととなった。

内閣制度

…決定が早く，リーダーシップがとれる。

内閣制度以前（太政官制）

…合議のため，決定に時間がかかる。

📖 史料

①五日市憲法草案（一部）

・日本国民はそれぞれの権利や自由を達成すべきである。これをほかからさまたげてはならない。国の法律はこれを保護すべきである。

・日本国民は，検閲をうけることなく，自由に思想・考えなどを出版し，議論，演説することができる。

🔍 もっとくわしく

②その他の私擬憲法

「東洋大日本国国憲按」は，植木枝盛によって起草された草案。人々の基本的人権が最大限にまで尊重されており，さらに，国民に政府を倒す権利を認める内容までふくまれるものであった。

用語

③内閣制度

内閣総理大臣と国務大臣で構成される行政機関。創設されたときは，太政大臣，左大臣，右大臣，参議を廃止し，内閣総理大臣以下，外務，内務，司法，大蔵，陸軍，海軍，文部，農商務，逓信の各大臣が置かれた。

第1章 日本のあけぼの

第2章 天皇と貴族の政治

第3章 武士の政治

第4章 江戸幕府の政治

第5章 明治からの世の中と日本

第6章 現代の日本

●憲法の作成には，伊藤のほか井上毅などもかかわり，その内容は枢密院で検討された。国民には，発布されたときにはじめて明らかにされた。

③ 大日本帝国憲法の発布（1889年）

●伊藤博文らがつくり上げた憲法は1889年，天皇が国民にあたえる欽定憲法の形で発布された。これが**大日本帝国憲法**である。

明治天皇

黒田清隆首相

↑大日本帝国憲法発布の様子

●**大日本帝国憲法**①では**国家の主権は天皇にある**こと（第1条），天皇が軍隊を統率し（第11条），外国と条約を結ぶ権限をもつこと（第13条）が定められた。国民には法律の範囲内で**言論の自由**（第29条），**裁判を受ける権利**（第24条），**財産権**（第27条），**信教の自由**（第28条）などが認められた。また，国務大臣や議会，裁判所は，天皇を助けるものと位置づけられることなども定められた（第5，49，55，57条）。ここに，アジア初の憲法と議会を備えた**立憲国家**が誕生することとなった。

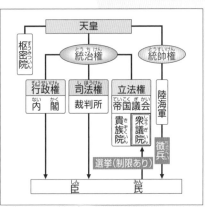

↑大日本帝国憲法での国家のしくみ

史料 ❶**大日本帝国憲法**（要約，一部抜粋）

第1条 日本は永遠に続く同じ家系の天皇が治める。
第3条 天皇は神のように尊く，侵してはならない。
第4条 天皇は，国の元首であり，この憲法によって国や国民を治める。
第5条 天皇は議会の協力で法律をつくる。
第11条 天皇は陸海軍を統率する。
第29条 国民は，法律の範囲の中で，言論，出版，集会，結社の自由をもつ。

3年
4年
5年
6年

日本の歴史編

第1章 日本のあけぼの

第2章 天皇と貴族の政治

第3章 武士の政治

第4章 江戸幕府の政治

第5章 明治からの世の中と日本

第6章 現代の日本

4 帝国議会と選挙権

● **帝国議会**は**衆議院**と**貴族院**の二院制であった。衆議院議員は選挙で選ばれた議員①，貴族院議員は皇族，華族の代表や，天皇が任命した議員で構成された。

● 衆議院議員選挙では，満25才以上の男子で15円以上の納税者に選挙権があたえられた（被選挙権は満30才以上の男子で15円以上納税）。このため，1890年の選挙では選挙権をもつ人は人口のおよそ1.1％にすぎなかった。

左側の警官の後ろにいるのは，はじめての選挙を見物にきた，選挙権をもたない人々。

↑はじめての選挙の様子

↑帝国議会の様子

史料

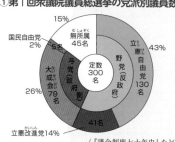

①第1回衆議院議員総選挙の党派別議数

国民自由党 2%
無所属 45名 15%
立憲自由党 130名 43%
5名
大成会 79名
与党（政府側）
定数 300名
野党（反政府）
26%
41名
立憲改進党14%

（『議会制度七十年史』など）

社会の宝箱　地方の暴動と自由民権運動のおとろえ

西南戦争後，政府の財政政策が原因で不況になり，米や生糸が値下がりして，多くの農民が借金などで土地を手放すことになった。1884年，埼玉県秩父市で，農民出身の自由党員が「困民党」をつくり，党員の3000人あまりが借金の支払い延期や減税などを求めて暴動をおこした（秩父事件）。

暴動は各地に広がったが，国民の批判を受け，穏健な自由党員が党を去り，板垣退助も離党したため，自由党は解党に至った。立憲改進党は，代表の大隈重信が政府に入るため党を去り，党は力を失った。こうして，自由民権運動はおとろえていったのである。

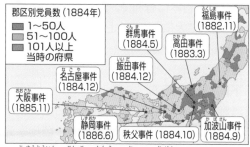

群区別党員数（1884年）
■ 1～50人
■ 51～100人
■ 101人以上
当時の府県

福島事件（1882.11）
群馬事件（1884.5）
高田事件（1883.3）
飯田事件（1884.12）
名古屋事件（1884.12）
大阪事件（1885.11）
静岡事件（1886.6）
秩父事件（1884.10）
加波山事件（1884.9）

↑自由党員の分布と各地で起きた事件

4 日清・日露戦争と国際的地位の確立

⓵ 日清戦争と三国干渉

⓵ 日清戦争（1894年）

●ヨーロッパ諸国がアジアでの利権をねらうなか、いちはやく開国して近代化した日本は、アジアの近隣諸国と近代的な外交関係を結ぼうとした。日本はまず清と修好条約を結び、属国の朝鮮の開国を働きかけた。その後、朝鮮と**日朝修好条規**①を結んで通商が始まったが、この条約は日本が領事裁判権をもったため、朝鮮には不平等なものであった。清は日本の進出を警戒し、両者の対立は深まった。

●朝鮮国内の経済は日本との貿易で混乱した。人々の生活は苦しくなり、外国人を追い出すことや税の引き下げを求める反乱（**甲午農民戦争**）が起こった。朝鮮政府の求めで清が朝鮮に兵を出すと、日本も朝鮮に軍を送った。反乱軍と朝鮮政府が和解して反乱は終わったが、日清両国の軍は朝鮮にとどまった。

●1894年、日本は朝鮮の独立を理由に清に宣戦布告し、**日清戦争**が始まった。戦争は軍の近代化が進んでいた日本に有利で、2か月後には、清は朝鮮から退くことになった。日清戦争は日本の勝利に終わったのである。

⓶ 下関条約を結ぶ

●日清戦争の講和会議は、1895年に山口県下関で開かれた。日本からは伊藤博文、陸奥宗光が、清からは李鴻章が交渉に臨み、**下関条約**が結ばれた。

🔍 もっとくわしく

①**日朝修好条規**
（抜粋要約）
1. 朝鮮は自主独立の国である。
4. 5. 釜山など3港を開港する。
9. 通商については、自由貿易を行うこと。
10. 日本だけが領事裁判権をもつ。

↓日清戦争の主な戦場

↑下関での講和会議

4 日清・日露戦争と国際的地位の確立

3年
4年
5年
6年

日本の歴史編

第1章 日本のあけぼの
第2章 天皇と貴族の
第3章 武士の政治
第4章 江戸幕府の政治
第5章 明治からの世の中と日本
第6章 現代の日本

史料 下関条約の主な内容

1. 清国は，朝鮮の独立を認める。
2. 清国は遼東半島，台湾，澎湖諸島を日本にゆずる。
3. 清国は賠償金2億両（日本円で約3億1千万円）日本に支払う（現在の価値で約9千億円）。

もっとくわしく

賠償金の使いみち

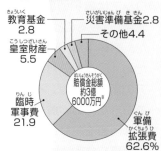

賠償金総額 約3億6000万円※

- 教育基金 2.8
- 災害準備基金 2.8
- その他 4.4
- 皇室財産 5.5
- 臨時軍事費 21.9
- 軍備拡張費 62.6%

※遼東半島返還の代償金と利子をふくむ。

アヘン戦争などで，ヨーロッパ諸国により勢力を広げられていた清は，日清戦争の敗北でますます国際的な地位を落とし，外国の進出が加速した。一方，日本は極東の強国として自立していくことになった。

3 三国干渉

ロシアは冬でも凍らない港を求めて**南下政策**を進め，清や朝鮮を勢力下に置こうと考えていた。そのため，ドイツとフランスによびかけ，遼東半島を清に返すように日本に求めた。これを**三国干渉**という。3国に対抗する力がない日本は，賠償金の追加と引きかえに，遼東半島を清に返した。

ロシア
旅順・大連 1898（ロ）
ハルビン
ウラジオストク
北京
奉天
韓国
漢城
威海衛 1898（イ）
釜山
膠州湾 1898（ド）
清
日本
漢口
武昌
南京
上海
遼東半島
福州
台湾 1895（日本領）
広州
九竜半島 1898（イ）
広州湾 1899（フ）
香港 1842（イ）
マカオ 1887（ポ）
海南島

- イギリスの勢力範囲
- ロシアの勢力範囲
- 日本の勢力範囲
- フランスの勢力範囲
- ドイツの勢力範囲
- 外国の領土・租借地

↑清の租借地

4 義和団事件（1900年）

日本が清を破ると，ヨーロッパ諸国の中国進出は加速した。ロシア，イギリス，ドイツ，フランスなどの国々は，次々と清から租借地をかくとく①し，鉄道建設や鉱山の開発を進めた。これを不服とした清の民間宗教団体の義和団は，外国人を追い払う運動を起こした。清国政府はこの運動を支持して諸国に宣戦布告したが，ロシア，フランス，ドイツなど8か国の連合軍におさえられた（**義和団事件**）。

もっとくわしく

①租借地と連合軍
ある国が他国の領土の一部を借りることを租借，その土地を租借地という。租借地では，特権を行使することができた。連合軍は，イギリス，アメリカ，ドイツ，フランス，イタリア，オーストリア，ロシア，日本の8か国である。

5 イギリスと日英同盟を結ぶ

●ロシアは義和団事件後も満州（中国東北部）に残ることを清に認めさせた。また，朝鮮半島への進出もねらっていたため，日本との対立が深まった。ロシアの南下政策は，イギリスにも不利益であったため，1902年，日本とイギリスは同盟を結び，お互いに中立と参戦の義務を負うことになった（**日英同盟**）。

栗を焼くロシア人（栗は韓国を表す）

↑日英同盟の風刺画　火中の栗をひろいにいく日本人。けしかける大国のイギリスとアメリカ

2 日露戦争と韓国併合

1 日露戦争（1904年）

●日本政府はロシアとの戦争をさけるため，日本は韓国，ロシアは満州の支配権を認め合うという交渉を行ったがうまくいかなかった。

●そのため，日本国内では軍備が増強され，次第に開戦論が高まっていった。日本はロシアとの国交を断ち，韓国の仁川港と中国の旅順港でロシア艦隊を攻撃した。その後，宣戦布告を行い，1904年，**日露戦争**が始まった。

●日本は旅順，奉天の陸地戦，**東郷平八郎**が海軍を率いた**日本海海戦**で勝利をおさめた。しかし，戦費が不足し，戦力的にも限界となった日本は，戦いが有利なうちに講和することを考えた。一方，ロシアでは革命が起こり，戦争終結への気運が高まっていた。両国はアメリカの仲立ちにより，講和を結ぶことになった。

↑日露戦争の戦場

	日清戦争	日露戦争
戦費	17.5億円	2.0億円
兵力	108.9万人	24.1万人
戦死者	8.4万人	1.3万人

※日本の数値

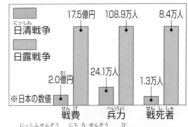

↑日清戦争と日露戦争の比かく（『近代日本総合年表』）

3年
4年
5年
6年

日本の歴史編

第1章 日本のあけぼの
第2章 天皇と貴族の
第3章 武士の政治
第4章 江戸幕府の政治
第5章 明治からの世の中と日本
第6章 現代の日本

２ ポーツマス条約と日本国内の様子

● 日露戦争の講和会議は1905年，アメリカのポーツマスで開かれた。日本の代表**小村寿太郎**と，ロシアの代表ヴィッテが交渉にのぞみ，**ポーツマス条約①**が結ばれた。

史料 ❶ポーツマス条約の主な内容

1. 韓国での日本の優越権を認める。
2. 日本に樺太（サハリン）の南半分をゆずる。
3. 日本に旅順，大連の租借権をゆずる。
4. 日本に南満州の鉄道をゆずる。

● 日露戦争は終わったが，約109万人の兵を出した日本の戦死者は約8万人，負傷者は約14万人と大きな犠牲が出た。また，外交交渉を有利に進めるために賃償金をあきらめた②ため，戦争で苦しい生活にたえていた国民は大きな不満をもった。

３ 韓国の植民地化

● 日本は日露戦争後，韓国を保護国にしつつあった。韓国では各地で日本に対する抵抗が行われたが，日本は伊藤博文の暗殺をきっかけに，韓国統監府にかえて**朝鮮総督府**を置き，**韓国併合**を行った（1910年）。

● 併合後の韓国では，日本国内に準じた政策がとられ，日本語での教育，日本名への変更などが行われた（創氏改名）。また，土地制度の改変で土地を失い，仕事を求めて日本に移住する人々も出てきた。

↑日本の領土の広がり

■明治初期（1875年）
■日清戦争後（1895年）
□日露戦争後（1905年）
■韓国併合後（1910年）

もっとくわしく

②ポーツマス条約で賠償金を得ることができなかった理由

ロシアは，戦いは不利であったが，戦争を続ける戦力を残していたため，賠償金を払わないと強気な姿勢をとっていた。一方，戦争を続ける余力のない日本は早期の講和を望み，ロシアの賠償金支払いの拒否を受け入れた。

もっとくわしく

反戦をうったえた人々

戦争は外交の不調を解決する1つの手段だが，賛成，反対の両方の意見が出る。内村鑑三はキリスト教の立場で，幸徳秋水らは社会主義の立場で戦争反対をうったえた。歌人の与謝野晶子は，出兵した弟に対する「君死にたまふことなかれ」という詩をつくり，反戦を表明した。

↑与謝野晶子
（1878〜1942年）

③ 不平等条約の改正

1 不平等条約の改正にむけた交渉

●江戸時代の終わりに諸外国と結ばれた修好通商条約は，治外法権（領事裁判権）を認め，関税自主権がない不平等な内容であった。この不平等条約がある限り，日本は外国と対等な関係が結べないと考える明治政府には，条約の改正が大きな課題であった。

●明治政府は1871年，欧米諸国に使節団を送り，条約の改正をはかったが，不調に終わった（⇒P.475）。その時点では，日本に近代的な裁判や法律が整備されておらず，相手にされなかったからである。

●外務卿となった井上馨はその後，日本が西洋の文化を取り入れていることを欧米に示すため，**欧化政策**をとった①。そして領事裁判権については，日本の裁判所の裁判官に外国人を登用するという条件を加えて解消しようとしたため，国民だけでなく，政府内からも改正交渉への批判が強まった。

🔍もっとくわしく

①鹿鳴館

1883年，イギリス人の建築家，コンドルの設計で東京日比谷に建てられた，官営社交場。井上馨の欧化政策の1つ。日本政府の高官が舞踏会を開いて，欧米の外交官を招き，日本が欧米文化を取り入れていることを示そうとした。

↑鹿鳴館での舞踏会の様子

洋服を着てダンスをする男女のすがた

2 ノルマントン号事件

●1886年，紀伊半島沖（和歌山県）で，イギリスの貨物船，ノルマントン号がちんぼつする事故が起こった。イギリス人の船長と乗組員全員はボートで脱出して助かったのに対し，日本人の乗客は全員死亡した（**ノルマントン号事件**）。この事件の裁判

救命ボートに乗るイギリス人の船員たち。先頭の船長は助けを求める日本人の乗客たちに「タイムイズマネー」と言っている

海になげ出された日本人の乗客たち

↑イギリスのノルマントン号事件の対応を風刺した画

4 日清・日露戦争と国際的地位の確立

3年
4年
5年
6年

日本の歴史編

第1章 日本のあけぼの

第2章 天皇と貴族の

第3章 武士の政治

第4章 江戸幕府の政治

第5章 明治からの世の中と日本

第6章 現代の日本

は、イギリスの領事によって行われたため、船長は軽い罰を受けただけだった。

● この事件をきっかけに、領事裁判権を撤廃する条約の改正を求める声が高まった。井上馨から外務卿を引きついだ大隈重信も、裁判に外国人裁判官を加える条件で交渉しようとしたため、反対派におそれられ、交渉は中止となった。

③ 陸奥宗光による領事裁判権の撤廃

● ロシアの南下政策を警戒していたイギリスは、日本を支持することによってロシアの南下を防ごうとした。これを背景に1894年（日清戦争の直前）、外務大臣の陸奥宗光がイギリスとの交渉に成功し、イギリスは領事裁判権の廃止を認め、日本支持の立場を明確にした。この条約改正では関税自主権の一部回復（関税率の引き上げ）も達成された（**日英通商航海条約**）。その後、日清戦争で日本が勝利すると、ロシア、フランスなどの国々も、条約改正の求めに応じた。

↑陸奥宗光
（1844〜1897年）

④ 小村寿太郎による関税自主権の回復

● 1905年、日露戦争に勝利すると、日本の国際的な地位は外国から認められるようになった。

● 外務大臣の**小村寿太郎**は各国と交渉を行い、1911年にはすべての国との間で関税自主権の回復に成功した。こうして、江戸時代の終わりから、およそ半世紀をかけて、日本の自主独立を実現する条約の改正が達成された①のである。

↑小村寿太郎
（1855〜1911年）

🔍 もっとくわしく

日本は海難事故にどう対処したか

1890年、日本を訪れて、帰国途中だったトルコの軍艦エルトゥールル号が、和歌山県沖でちんぼつした。和歌山県串本町の人々は救助や看護に手をつくし、日本全国からお金や物資が集まった。このできごと以来、トルコの人々は日本人に対して深い親しみを持って接するようになったと言われている。

🔍 もっとくわしく

①条約改正までのあゆみ

年	主なできごと
1858	日米修好通商条約
1868	明治維新
1871	岩倉使節団を派遣
1883	鹿鳴館の完成
1886	ノルマントン号事件
1889	大日本帝国憲法発布
1894	領事裁判権の撤廃（対イギリス）
	欧米諸国との間で次々に領事裁判権の撤廃
1894	日清戦争
1904	日露戦争
1911	関税自主権を回復

外国人がみた日本…ビゴーの風刺画　入試でる度 ★★★☆☆

ビゴー（1860～1927年，フランス人の風刺画家）

明治時代，政治風刺画を多く描いたビゴーは，1882年に来日した。1899年に帰国するまで，日本社会の変化を，外国人の冷静な視点で風刺して描いた。

この服，どうかしら？

にあっているよ。

←①舞踏会の様子

鹿鳴館で開かれた舞踏会で，欧米人の気を引こうとした欧化政策（⇒P.490）を，西洋人の猿まねだと皮肉っている。左上の「名麿行」は「なまいき」と読むが，「おしゃれではない」という意味で書かれている。

日本と清の対立のなりゆきをうかがうロシア。横どりをねらっている。

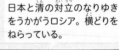

朝鮮をねらう日本。

②日本と清の対立（⇒P.486）→

日清戦争前の国際関係を表している。橋にいるロシア人が，日本か中国か，つり上げたほうから魚（朝鮮）を取り上げようとねらっている様子。

ねらわれる朝鮮。

朝鮮をねらう清。

もう好き勝手に皮肉ることはできそうにないな…。

何をしでかしたんだ，おい！

←③日英通商航海条約（⇒P.491）

領事裁判権が廃止されると，ビゴーは，日本人に裁かれることをおそれたようだ。ビゴー本人をくくりつけた柱には，「条約改正」と書かれている。

よくも今まで皮肉ばかりかいてくれたな。

背中をおされていどむ日本

ドイツ

フランス

④日露戦争（⇒P.488）→

および腰の日本を，うしろにおれがいると，イギリスがけしかけている。うしろにいるのは，当時ロシアを支持していたドイツとフランス。

けしかけるイギリス。

ロシア

5 産業の発達と近代文化の形成

3年
4年
5年
6年

日本の歴史編

第1章
日本のあけぼの

第2章
天皇と貴族の

第3章
武士の政治

第4章
江戸幕府の政治

第5章
明治からの世の中と日本

第6章
現代の日本

5 産業の発達と近代文化の形成

1 近代産業の発達

1 殖産興業政策

明治のはじめ，政府は日本の産業を育てるため**殖産興業政策**（⇒P.477）をとり，国が運営する官営工場を立ち上げた。1880年代半ばには運営が安定したため，工場を民間に安く払い下げて，民間による産業の発展をめざした。

2 日本の産業革命

軽工業①…政府ははじめ，軽工業の育成に力を入れ，綿糸をつくるぼうせき工場や，生糸（絹糸）をつくる製糸工場を建設した。1880年代には蒸気による動力と機械による綿糸の生産が進み，日清戦争のころには海外への輸出が増え，1897年には輸出量が輸入量を上まわった。

重工業②…日清戦争のあと，軍備の拡張をめざす政府は日清戦争で得た賠償金の一部によって，官営の**八幡製鉄所**を北九州に建設した。1901年に操業が開始された八幡製鉄所で生産された鉄は，国内の軍事工場などに供給され，日本の重工業発展のきっかけとなった。

3 農村から都市へ

地租改正によって，農民は税金を現金で納めるようになった。しかし，作物の値段は不安定だったため，税金を納められなくなった農民の中には，土地を手放す者もいた。

用語

①**軽工業**…せんい，食品，陶磁器など，軽い製品をつくる工業。
②**重工業**…鉄鋼，金属，自動車，船など重い製品をつくる工業。

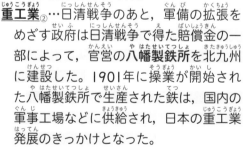

↑各種産業の発展の様子（1894年を100とする）

↑八幡製鉄所

●土地を手放したあとも農業を続ける農民は，**地主**から借りた土地で農業を行う**小作人**となったが，地主に小作料をはらうため，生活は苦しかった。そのため，農業をやめて都市に働きに出る小作人や，次男，三男，女子を都市に働きに出す家が増えていった。

●男性は石炭をほり出す炭坑などで，きびしい条件で働くことが多かった。一方，製糸，ぼうせき工場では女性（**女工**）が多くやとわれ，低い賃金で長時間働いた。

↑**小作地と自作地の割合**
（『続日本経済史の概要』より）

4 労働組合の誕生

●労働者が増えるにつれ，きびしい労働条件を改善するため会社と交渉を行う労働組合がつくられ，労働運動が行われるようになった。また，農村では小作料の引き下げを地主に求めるため，農民運動（**小作争議**）が行われるようになった。

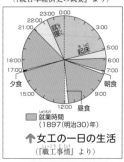

↑**女工の一日の生活**
（『職工事情』より）

5 足尾銅山鉱毒事件

●明治のはじめに政府から民間に払い下げられた栃木県の**足尾銅山**では，渡良瀬川に流れこむ廃水や，工場から出されるけむりによって川の魚が死に，流域の田畑で作物が育たないなどの被害が広がった（**足尾銅山鉱毒事件**）。

●この被害に苦しむ住民を助けるため，栃木県選出の衆議院議員，**田中正造**は政府に工場の操業停止を求めた。しかし，政府の対策は不十分であったため，田中は議員を辞職して明治天皇に直訴するなど，この問題の解決に一生取り組んだ。

↑**田中正造**

↑**鉱毒の被害地域**
川を介して，広域に被害をもたらした。

日本の歴史編

第1章 日本のあけぼの

第2章 天皇と貴族の政治

第3章 武士の政治

第4章 江戸幕府の政治

第5章 明治からの世の中と日本

第6章 現代の日本

② 近代文化の形成

① 明治時代の教育と科学

1872年に学制が定められた直後の就学率は，男子約40%，女子約20%にすぎなかった。政府は学校制度をより現実的なものに修正することで，改善をはかった。1886年には初代文部大臣の森有礼が**学校令**を定め，小学校4年間を義務教育とした。1890年には**教育勅語**が発布され，国民道徳の基準が示された。

日露戦争後の1907年には義務教育が6年に延長され，就学率が97%までのびた。国民への教育の広がりを背景に，医学や科学で，世界に認められる研究成果を出す学者が現れた。

学校令

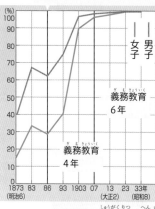

↑小学校の就学率の変化

分野	科学者	研究や成果	分野	科学者	研究や成果
医学	北里柴三郎	ドイツに留学し，コッホの研究室で破傷風の血清療法を発見。帰国後，伝染病研究所をつくり，ペスト菌を発見。	薬学	高峰譲吉	アドレナリンの発見。
	志賀潔	伝染病研究所に入り，赤痢菌を発見。		鈴木梅太郎	ビタミンB_1の発見。
	野口英世	アフリカのガーナで黄熱病を研究。研究中に黄熱病で死去。	物理学	長岡半太郎	原子構造の研究。
			地震学	大森房吉	地震計の発明。
			天文学	木村栄	緯度変化の計算式の発見。

495

❷ 明治時代の文化

音楽…小学校の唱歌や軍歌として西洋音楽が広まった。**滝廉太郎**は東京音楽学校（現在の東京芸術大学）で学び，「**荒城の月**」や「**花**」を作曲した。

文学…西洋文学を参考にした近代文学が発展した。**坪内逍遙**は，評論『**小説神髄**』で人間や世の中をありのままにえがくことを提案した。これに共感した**二葉亭四迷**は話し言葉（言文一致体）で『**浮雲**』を著した。日清戦争前後から，感情を重んじるロマン主義文学がさかんになり，**森鷗外**①や**樋口一葉**，**島崎藤村**らが作品を発表した。また，人間や社会の暗い部分までをえがく**国木田独歩**や**田山花袋**らの自然主義文学に対して，その流れを否定する反自然主義文学として，森鷗外や**夏目漱石**②の小説が発表された。

↑樋口一葉

作家	作品（種類・発表年）
坪内 逍遙	小説神髄（評論・1885）
二葉亭 四迷	浮雲（小説・1887）
森 鷗外	舞姫（小説・1890）
樋口 一葉	にごりえ（小説・1895）たけくらべ（小説・1895）
島崎 藤村	若菜集（詩集・1897）破戒（小説・1906）
与謝野 晶子	みだれ髪（歌集・1901）
国木田 独歩	武蔵野（小説・1898）
夏目 漱石	吾輩は猫である（小説・1905）
田山 花袋	蒲団（小説・1907）
石川 啄木	一握の砂（歌集・1910）

↑明治の主な文学者と作品

人物

①森鷗外
（1862 ～ 1922 年）

軍医としてドイツに留学。帰国後，ヨーロッパの文学を日本に紹介した。

人物

②夏目漱石
（1867 ～ 1916 年）

松山中学などで教師。ロンドン留学をへて，『吾輩は猫である』でデビュー。

3年
4年
5年
6年

日本の歴史編

第1章
日本のあけぼの

第2章
天皇と貴族の政治

第3章
武士の政治

第4章
江戸幕府の政治

第5章
明治からの世の中と日本

第6章
現代の日本

美術…文明開化の風潮のなか，政府は外国人教師を招き，西洋画を教える学校をつくった。一方，フェノロサと岡倉天心は，日本の伝統的な美術の重要性をうったえ，日本画の指導を中心とした東京美術学校を設立した。

　日本画では狩野芳崖，横山大観が，西洋画では黒田清輝，和田英作らが，彫刻では高村光雲が優れた作品を残した。

↑湖畔（黒田清輝）
芦ノ湖

↑老猿（高村光雲）

演劇…歌舞伎の人気はおとろえず，歌舞伎座などの大劇場がつくられ，役者の社会的な地位も認められるようになった。また，日清戦争前後から，日本の大衆小説を芝居にした新派劇が登場し，日露戦争後には，西洋の翻訳劇を演じる新劇が広がった。

社会の宝箱　フェノロサと岡倉天心

　明治時代，欧米諸国の文化を取り入れる一方で，日本の古来の文化が軽視されていた。日本の美術を研究していたフェノロサ（アメリカ合衆国の哲学者）は，日本の美術の復興を訴え，岡倉天心とともに日本画の復興に努めた。フェノロサは，東京美術学校（現在の東京芸術大学）の創設にも関わっており，岡倉天心は後に，東京芸術学校の校長も務めている。

第5章
明治からの世の中と日本 **入試要点チェック** 解答▶P.621

つまずいたら
調べよう

□ **1** 1853年に浦賀に来航し，幕府に開国をせまっ
たアメリカの使節はだれですか。

1▶P.470
❶❶❶

□ **2** 1854年の日米和親条約で開港した港はどこ
とどこですか。

2▶P.471
❶❶❸

□ **3** 1858年に大老井伊直弼がアメリカと結んだ
条約を何といいますか。

3▶P.471
❶❶❹

□ **4** 1867年に15代将軍徳川慶喜が政権を朝廷に
返すことを申し出たできことを何といいますか。

4▶P.473
❶❷❹

□ **5** 1871年に藩を廃止し，地方に府県を置いた
ことを何といいますか。

5▶P.474
❷❶❷

□ **6** 政府は収入をより確実にするため，1873年
から土地の価格の３％を現金で納めさせる
政策を始めた。この政策を何といいますか。

6▶P.476
❷❷❸

□ **7** 征韓論の主張が通らず政府を去った西郷隆
盛が，1877年に兵をあげた戦いを何といい
ますか。

7▶P.481
❸❶❶

□ **8** 板垣退助らが中心となり，国会の開設など
を行うように求めた運動を何といいますか。

8▶P.482
❸❶❷

□ **9** 立憲改進党を結成したのはだれですか。

9▶P.483
❸❷

□ **10** 初代内閣総理大臣で，大日本帝国憲法の草
案作成にあたった人物はだれですか。

10▶P.483
❸❸❷

□ **11** 1894年に日本と中国との間で始まった戦争
を何といいますか。

11▶P.486
❹❶❶

□ **12** 11の戦争後，日本と中国の間で結ばれた講
和条約を何といいますか。

12▶P.486
❹❶❷

□ **13** 1904年に日本とロシアの間で起こった日露戦
争の処理を決めた講和条約を何といいますか。

13▶P.489
❹❷❷

□ **14** 足尾銅山鉱毒事件で，工場の操業停止を求
める運動を進めた人物はだれですか。

14▶P.494
❺❶❺

3年
4年
5年
6年

日本の歴史編

第1章
日本のあけぼの

第2章
天皇と貴族の政治

第3章
武士の政治

第4章
江戸幕府の政治

第5章
明治からの世の中と日本

第6章
現代の日本

第5章 明治からの世の中と日本

入試問題にチャレンジ！

解答 ▶ P.621

1 次の文章を読んで，あとの問いに答えなさい。

(西武学園文理中)

A．1877年，鹿児島を出発した西郷隆盛率いる薩摩軍は，熊本城をめざして進撃を開始した。この事件は，①新政府の様々な改革に不満をもった士族が起こした最大の事件であった。西郷軍は，熊本城を包囲したが，近代的な武器を装備した政府軍の前に敗れ，西郷は自殺した。この事件後，武力で政府に反対するのではなく，②言論によって政府を攻撃し国会の開設を求めていこうとする運動が高まっていった。

B．明治時代は，近代的な文化が広がった時代であった。教育では義務教育制度が整えられ，公的な学校だけでなく私立学校も数多く設立された。③学問や文学，絵画などの面でも，多くの学問的業績が生み出され，すぐれた多数の作品が残されている。

(1) 下線部①にみえる新政府の様々な改革の中に税制の改革である地租改正があります。この改革は米を納めるしくみを改め，地価に基づいた地租をお金で納めさせる改革でした。それは，米を税として徴収するのは近代的な税としてふさわしくないと考えたからでした。どうして，米を納めるのは近代的な税制としてふさわしくないのですか。その理由を説明しなさい。

(   )

(2) 下線部②の運動のきっかけを作った人物は，郷里の土佐で立志社を結成しました。この人物はだれですか。漢字で答えなさい。

(   )

(3) 下線部③に関する以下の説明文の中から誤っているものを1つ選んで記号で答えなさい。もし，ない場合はオと答えなさい。

(   )

ア 若くして亡くなった女流作家の樋口一葉は，「たけくらべ」などのすぐれた作品を残した。

イ アメリカに渡った野口英世は黄熱病の研究で業績を残した。

ウ 「坊っちゃん」や「こころ」といった作品で有名な夏目漱石もこの時代に活躍した小説家である。

エ 女性の自立と解放を主張し雑誌「青鞜」を創刊した平塚雷鳥が活躍した。

2 次の文章を読んで，あとの問いに答えなさい。 (桜蔭中)

　1853年，①アメリカ合衆国の軍艦4せきがペリーに率いられて浦賀にやってきました。これをきっかけに，鎖国をしていた日本は開国し，外国との貿易も始まりました。しかし国内には②経済的に大きな混乱が起こり，幕府への不満が高まっていきました。幕府が政権を朝廷に返すと，薩摩藩や長州藩の下級武士たちが中心となって新しい政府が作られました。新しい政府は，アジアに進出する欧米列強に対抗できる，強い近代国家を作ろうとしていきます。日本は憲法を作り国家のしくみを整えていく一方で，欧米列強の諸国と対等な立場を得るために，不平等条約の改正にも取り組んでいきました。③ノルマントン号事件が起こると，国民の間からも不平等条約の改正を求める声は高まっていきました。

(1) 下線部①のアメリカ合衆国の初代大統領は誰か，カタカナで書きなさい。 （　　　　　　　　）

(2) 下線部②の混乱の1つとして，ある品がさかんに輸出され，国内で品不足が起こったことがあげられます。この時に最もよく日本から輸出された品は何か，漢字で書きなさい。 （　　　　　　　　）

よくでる (3) a. 下線部③の事件では，イギリスが不平等条約により特権を持っていたため，イギリス人船長は軽い罪にしかなりませんでした。この特権を漢字で書きなさい。 （　　　　　　　　）

　　　 b. イギリス人船長の罪が軽くなったのは，上記の a の特権により，どのように裁かれたからか，24字以内で述べなさい。
　　　（　　　　　　　　　　　　　　　　　　　　　　　　　　　　）

3 朝鮮半島の支配権などをめぐり，日本は日清戦争と日露戦争を戦いました。日露戦争前後の日本の状況はどれですか。 (横浜共立中)

　ア　この戦争の直前に，日英同盟が結ばれた。 （　　　　）
　イ　この戦争の直前に，日本は関税自主権の回復に成功した。
　ウ　この戦争の結果，日本は満州へ進出するきっかけを得た。
　エ　この戦争の結果，日本は賠償金を獲得した。

3年
4年
5年
6年

日本の歴史編

第1章 日本のあけぼの

第2章 天皇と貴族の政治

第3章 武士の政治

第4章 江戸幕府の政治

第5章 明治からの世の中と日本

第6章 現代の日本

4 次の文章を読んで，あとの問いに答えなさい。
（明治学院中）

　1853年，4隻の軍艦を率いてペリーが浦賀に来航し，幕府に開国を強くせまりました。その結果，幕府は翌年アメリカと条約を結び，開国しました。さらにアメリカは，幕府に対して貿易を行うよう強く求めたため，幕府は1858年，（　①　）を結び，貿易を始めることにしました。しかし，貿易が開始されると，庶民の生活は苦しくなり，一揆や打ちこわしが多発するようになりました。幕府への不満が高まるなか，薩摩藩や長州藩を中心に幕府を倒す計画が進められ，1867年，幕府は政権を天皇に返しました。このことを（　②　）といいます。新政府は新しい政治の方針を五か条の御誓文として示しました。また，新政府は藩を廃止しました。それまでの地位を失った士族の中には，薩摩藩や長州藩の出身者が中心となって政治を動かす藩閥政治に不満をもつ者もいました。そして，自分たちも国の政治に参加するために，憲法の制定と議会の開設を政府に訴えるようになりました。

よくでる（1）文中の空らん（　①　）（　②　）に適する語句を答えなさい。

　①（　　　　　　　）　②（　　　　　　　）

（2）五か条の御誓文に示された，新政府の方針についての次の説明文ア〜エのうち，誤っているものを1つ選び，記号で答えなさい。

（　　　）

ア　政治のことは，会議を開き，みんなの意見を聞いて行おう。

イ　みんなが心を合わせ，国の政策を行おう。

ウ　すべての人の志がかなえられるような世の中にしよう。

エ　キリスト教を認めて，これまでのよくないしきたりを改めよう。

ハイレベル（3）1889年に制定された大日本帝国憲法と1890年に開かれた第一回帝国議会に関する次の説明文ア〜エのうち，誤っているものを1つ選び，記号で答えなさい。（　　　）

ア　大日本帝国憲法では天皇が主権をもつことが定められた。

イ　帝国議会は衆議院と貴族院の二院で構成された。

ウ　衆議院議員の選挙権があったのは，20歳以上の男子で直接国税を15円以上納める者だけだった。

エ　衆議院議員の選挙権があったのは，国民の1.1%だけだった。

現代の日本

3年
4年
5年
6年

日本の歴史編

第1章
日本のあけぼの

第2章
天皇と貴族の政治

第3章
武士の政治

第4章
江戸幕府の政治

第5章
明治からの世の中と日本

第6章
現代の日本

第6章 この章の流れ

時代	年代	日本のできごと	中国	朝鮮
大正	1912年	第一次護憲運動が起こる	中華民国	日本の植民地
	1914年	第一次世界大戦に参戦する		
	1915年	中国に二十一か条の要求を出す		
	1918年	米騒動が起こる		
		シベリア出兵（～1922年）		
	1923年	関東大震災が起こる		
	1925年	治安維持法が制定される		
		普通選挙法が制定される		
昭和	1931年	満州事変が起こる		
	1932年	五・一五事件が起こる		
	1933年	国際連盟を脱退する		
	1936年	二・二六事件が起こる		
	1937年	日中戦争が始まる		
	1938年	国家総動員法が公布される		
	1940年	日独伊三国同盟が結ばれる		
	1941年	太平洋戦争が始まる		米ソによる占領
	1945年	広島，長崎に原子爆弾が投下される		
		ポツダム宣言を受諾する➡降伏		
		➡GHQによる戦後改革		
	1946年	日本国憲法が公布される		
	1947年	教育基本法が制定される		
	1951年	サンフランシスコ平和条約が結ばれる		
		日米安全保障条約が結ばれる		
	1956年	日ソ共同宣言が出される➡国際連合に加盟		朝鮮民主主義人民共和国／大韓民国
	1965年	日韓基本条約が結ばれる		
	1972年	沖縄が返還される	中華人民共和国（台湾）	
	1973年	石油危機（第一次）が起こる		
	1978年	日中平和友好条約が結ばれる		
平成	1995年	阪神・淡路大震災が起こる		
	2011年	東日本大震災が起こる		
	2020年	新型コロナウイルス感染症の流行		

平塚らいてう

日本の国際連盟脱退

マッカーサー

電気洗濯機
電気冷蔵庫
白黒テレビ
三種の神器

1 第一次世界大戦と日本の情勢

1 第一次世界大戦

1 第一次世界大戦のきっかけ

● 19世紀末から，イギリス，フランス，ロシア（**三国協商**）と，ドイツ，オーストリア，イタリア（**三国同盟**）は，領土や植民地①をめぐって対立していた。1914年，オーストリア皇太子夫妻がセルビアの青年に暗殺されると（**サラエボ事件**），オーストリアとセルビアの間で戦争が起こった。

● これに対してドイツはオーストリア側に，ロシアは同じ民族のセルビア側に立って参戦した。やがてこの戦争は，オーストリア，ドイツ側（**同盟国**）と，セルビア，ロシア側（**連合国**）についた国々との大きな戦い（**第一次世界大戦②**）に発展した。このころの日本は大正時代だった。

● 戦争は多くの国々をまきこみ，新兵器の登場もあって予想外に長期化したため，各国は国力のすべてを投入する総力戦となった。

※1900年代のはじめごろのアフリカ。イタリア，スペイン，ポルトガル，ベルギーもアフリカの国々を植民地にしていた。

凡例：
- 独立国
- イギリス領
- フランス領
- ドイツ領

凡例：
- 三国協商国
- 三国同盟国
- 中立国

↑第一次世界大戦のころのヨーロッパ

2 第一次世界大戦中の日本と世界

● 日本は日英同盟（⇒P.488）を結んでいたことから，連合国側に立って参戦した。中国への進出をねらっていた日本は，中国に権益をもつドイツに宣戦し，1915年，中国に**二十一か条の要求**をつきつけた。これには，ドイツが山東省にもつ権益を日本にゆず

用語

①植民地
武力などにより他国や地域を支配し，開発している領地。ヨーロッパ諸国は，アフリカやアジアを植民地として支配した。

🔍 **もっとくわしく**

②第一次世界大戦
参戦国は経済，国民のすべてを動員する総力戦となった。飛行機，戦車，潜水艦や毒ガスなどの新兵器が使われた。

1 第一次世界大戦と日本の情勢

3年
4年
5年
6年

日本の歴史編

第1章 日本のあけぼの

第2章 天皇と貴族の

第3章 武士の政治

第4章 政江戸幕府の

第5章 明治からの世の中と日本

第6章 現代の日本

ること，旅順，大連の租借期限と南満州鉄道の利権の延長などがふくまれていた。

３ 第一次世界大戦の終結

● はじめは同盟国側が優勢だったが，1917年にアメリカが連合国側に立って参戦すると，大量の物資，武器，兵力が供給され，連合国側が優位にたった。

● 第一次世界大戦は1918年，ドイツの降伏により終結した。1919年に開かれた**パリ講和会議**で**ベルサイユ条約**①が結ばれ，戦後の処理が決められた。

４ 国際連盟の成立

● アメリカ大統領**ウィルソン**の提案によって，世界平和を目的とした国際連盟が設立された（1920年）。日本はイギリス，フランス，イタリアのちドイツ，ソ連も加わるとともに常任理事国という重要な地位についたが，提案したアメリカは参加しなかった。

用語

①ベルサイユ条約
敗戦国ドイツの領土縮小や多額の賠償金，東欧諸国の独立などが決められた。

用語

②国際連盟
1920 年，42 か国が参加して発足。提唱国のアメリカは国内の反対で不参加。ロシアやドイツの参加は最初，認められなかった。本部はスイスのジュネーブに置かれた。新渡戸稲造は，事務局次長として活やくした。

---

２ 大戦景気と米騒動

１ 大戦景気

● 大戦中の日本は，連合国からの工業製品の注文や，アジア市場への輸出が急増したことで，輸出額が輸入額を上回る好景気となった。③重化学工業を中心に工業生産がさかんになり，工業生産額が農業生産額を上回った。

２ シベリア出兵から米騒動へ（1918年）

● 大戦による好景気は，物価を急激に引き上げた。また，ロシア革命への干渉をねらった**シベリア出兵**を見こんで，商人たちが米を買いしめたため，とくに米の値段が上昇した。

● 富山県の漁村の主婦たちが，米の安売りを求めたことで，全国的な**米騒動**に発展した。鎮圧のために軍隊が派遣されたり，内閣がたおれたりするなど，社会をゆるがした。

用語

③成金と財閥
大戦中の好景気で，わずか４年のうちに大金持ちとなった人々を成金という。また，三井，三菱，住友など，巨大な資本で多くの会社を配下に置く一族，一団を財閥という。大戦の好景気で利益を得た財閥は，日本経済に大きなえいきょう力をもつようになった。

1916 ～ 19年にかけて急激に値上がり

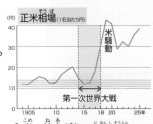

↑米の値上がり（『日本史総覧Ⅵ』による）

2 社会運動の広まりと大正デモクラシー

1 護憲運動と政党政治

1 第一次護憲運動と政党内閣の成立

● 1912年，藩閥の桂太郎内閣は議会を無視した態度をとったため，尾崎行雄や犬養毅らが，立憲政治を守る運動を起こした（**第一次護憲運動**）。内閣打倒の世論が高まり，桂内閣は辞職においこまれた。

● **吉野作造**は**民本主義**①を唱え，普通選挙と政党政治により，国民の意見を取り入れた政治が可能になるとうったえた。この考えは民主主義を求める**大正デモクラシー**の理論的な支えとなった。

● 米騒動（⇒P.505）が起こり，藩閥の内閣がたおれると，衆議院で多数をしめていた**立憲政友会**の**原敬**が総理大臣となり，1918年，日本初の本格的な**政党内閣**を組織した。

↑原敬
（1856～1921年）

2 第二次護憲運動

● 1924年に貴族院中心の内閣が成立すると，**憲政会**などの政党は**第二次護憲運動**を起こし，総選挙の結果，憲政会の加藤高明を首相とした政党内閣がふたたび成立した。

3 普通選挙法の成立

● 加藤高明内閣は満25才以上のすべての男子に選挙権をあたえる**普通選挙法**②を成立させた。有権者数（選挙権を持つ人の数）は，約4倍に増えたが，女性には選挙権がなかった。

【用語】

①民本主義
吉野作造の唱えた独自の民主主義理論。天皇制を認めつつ，国民全体の意見を政治に反映させるべきだとした。この実現には，政党内閣をつくり，普通選挙を行う必要があると考えた。

【用語】

②普通選挙
成年男女に身分や職業，財産に関係なく，等しく選挙権をあたえるという選挙制度。1925年の普通選挙法では，満25才以上のすべての男子に選挙権があたえられたが，女性にはあたえられなかった。しかし1945年には満20才以上のすべての男女にあたえられることになり，文字どおりの普通選挙の実施となった。

	法改正年	実施年	年齢	直接国税
45 (1.1%)	1889	1890	男25才以上	15円以上
98 (2.2%)	1900	1902	男25才以上	10円以上
306 (5.5%)	1919	1920	男25才以上	3円以上
1240 (20.8%)	1925	1928	男25才以上	普通選挙
3688 (50.4%)	1945	1946	男女20才以上	普通選挙

4000（万人）　%は全人口にしめる有権者の割合

有権者数

↑選挙法の成立と有権者の増加

（『新選挙制度論』より）

2 社会運動の広まりと大正デモクラシー

3年
4年
5年
6年

日本の歴史編

第1章
日本のあけぼの

第2章
天皇と貴族の政治

第3章
武士の政治

第4章
江戸幕府の政治

第5章
明治からの世の中と日本

第6章
現代の日本

② 第一次世界大戦後の社会

1 第一次世界大戦後の景気の悪化

第一次世界大戦が終わると，ヨーロッパ諸国はふたたびアジア市場への参入を強め，日本は軍需品の生産もとまったことで，輸出がふるわなくなり，会社の倒産が増え，景気が悪化した。

2 社会運動の広がり

景気の悪化による生活不安から，都市では賃金の低下や失業者の増加に反対する，**労働運動**が活発になった。こうしたなか，1920年に日本ではじめてのメーデー①が行われた。また，農村では高い**小作料**②の引き下げを求める小作人が，地主に対して**小作争議**を起こした。

加藤高明内閣は1925年，政治や社会を変革しようとする社会主義運動や労働運動を取りしまるため，**治安維持法**③を成立させた。

女性の地位の向上や選挙権の獲得などをめざして，**平塚らいてう**④らが**女性解放運動**⑤を起こした。また，明治時代に封建的な身分制度を廃止した後も，社会生活で差別を受けていた人々は，1922年，**全国水平社**をつくり，差別からの解放をめざす運動を起こした。

史料 ❺**女性解放運動を象徴する，青鞜社の宣言**

もとは，女性は太陽だった。しかし，今では月である。他の光によってかがやく，病人のような青白い顔色の月である。わたしたちは，かくされてしまったわたしたちの太陽を，取りもどさなければならない。

(要約)

---

3 関東大震災

1923年9月1日，東京，横浜を中心とした関東地方全域に大地震が起こった（**関東大震災**）。死者，行方不明者は約10万5千人，全壊・焼失した家が約29万戸，被害総額は当時のお金で約55億円となり，戦後不景気になっていた日本経済においうちをかけた。

もっとくわしく

①メーデーとは
労働者の祝日で，毎年5月1日に行われる。

②小作料とは
地主から農地を借りて耕作する小作人が，地主に支払う農地の使用料。

用語

③治安維持法
私有財産を否定する社会主義運動や共産主義者を取りしまる法律。

人物

④平塚らいてう
(1886 ～ 1971年)

女性解放運動のさきがけ。1911年に青鞜社を組織し，雑誌『青鞜』を発刊。1920年には，市川房枝と新婦人協会を結成した。

3 日中戦争から第二次世界大戦へ

1 世界恐慌

1 アメリカの繁栄

● 第一次世界大戦はおもにヨーロッパを戦場としたことから，アメリカは戦争のえいきょうを直接受けることがなく，また連合国に軍需品などを輸出し，戦争の資金を貸し付けるなどして大きな利益を上げた。

● 終戦後アメリカは，世界の政治，経済の中心となった。国内の農業，工業生産は好調で輸出がのびたが，ヨーロッパの国々が復興して工業生産力を回復させると，アメリカの輸出は減少し始めた。

2 世界恐慌とそのえいきょう

● こうした中，1929年10月24日，ニューヨークのウォール街にある株式市場で株価が急に暴落し，アメリカはかつてない混乱にみまわれた。工業生産が落ちこんで会社は倒産し，不調な輸出はさらに落ちこんだ。

● 世界経済の中心であったアメリカで起きた恐慌は，独自の経済政策をとっていたソ連を除いて世界中にえいきょうをおよぼし，世界恐慌を引き起こした。

● 悪化した経済は政治不安をまねいた。このアメリカ発の世界恐慌は，およそ10年にわたって世界各国を苦しめることになった。①

↑株価暴落で混乱するウォール街

鉱工業生産指数

↑主な国の鉱工業生産の移り変わり
鉱業と製造業の生産量の指数。100を下まわると1929年より低いことを示す。

🔍 もっとくわしく

①主な国の失業率

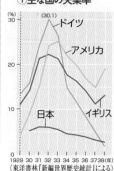

（東洋書林『新編世界歴史統計』による）

アメリカでは，恐慌が発生した4年後には4人に1人が失業。

日本の歴史編

第1章
日本のあけぼの

第2章
政治と貴族の

第3章
武士の政治

第4章
江戸幕府の政治

第5章
明治からの世の中と日本

第6章
現代の日本

❸ 日本経済の悪化

●日本は戦後不況に加えて関東大震災にみまわれ，景気に不安をかかえていた。ここに世界恐慌のえいきょうが重なり，アメリカへの輸出に頼る日本経済はいっそう悪化した。都市では会社の倒産で失業者が増え，労働争議が多発し，農産物の価格の下落，東北地方，北海道のききんにより，農村部の生活も苦しくなって小作争議が増加した。①

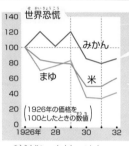

↑農作物の価格の変化
（『長期経済統計』）

100を下まわると価格が低下したことを示す。

例えば，1931年のみかんは，1926年に比べて約1/5，米は約1/2（半分）価格が下がっていることがわかる。

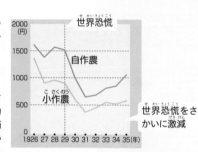

↑農家の収入の動き（『日本農業基礎統計』）

🔍 もっとくわしく

①苦しい農村の生活

1931年，東北地方や北海道は冷害にあい，極端な食料不足となった。そのため必要な食事がとれない欠食児童がでてきたり，借金をするために娘を身売りする親もでてきた。

---

② 政党政治の行きづまり

❶ 強まる政党と財閥の結びつき

●日本が不景気におちいっていく中で，三井，三菱，住友などの財閥（⇒P.505）は経営が悪化した会社を吸収し，ますます力をつけた。政党の活動を資金面で援助して，政治とのかかわりを強めていった。

❷ 外交の挫折と軍国主義

●不景気による財政難に苦しむ日本政府は，アメリカ，イギリスと軍縮条約を結び②，軍事費の支出をおさえて，国民生活に役立てようとした。

●しかし，この政府の対応は，外交の失敗と受け取られ，また，経済が好転しないという不満の高まりは，浜口雄幸首相へのじゅうげき事件に現れた。軍部は，世の中の不満を背景に政治へのかかわりを深め，軍国主義への動きを強めることになった。

🔍 もっとくわしく

②ロンドン海軍軍縮条約

アメリカ，イギリス，日本の3国が，10：10：7の比率に補助艦の保有量を制限した条約。戦力に大きな差が出てしまうため，軍部は反発した。

中学入試対策！　入試でる度 ★★☆☆☆

主要国の世界恐慌への対応

広い国土と豊かな資源をもつアメリカ，植民地をたくさんもつイギリス，フランス，植民地や資源が少ないドイツ，イタリア，日本の対応を整理しておこう。

ここが問われる！

イギリスとフランス
本国と植民地に外国の安い商品が入らないようにブロックする（しめ出す）ブロック経済の政策をとった。

ここが問われる！

アメリカ合衆国
ニューディール政策（新規まき直し政策）を実施して輸入制限，公共事業の拡大を行い，労働者や農民を保護した。

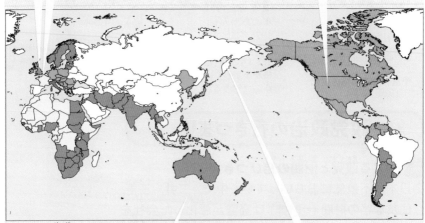

↑ブロック経済

- ☐ 日本の経済圏
- ☐ イギリスの経済圏
- ☐ アメリカの経済圏
- ☐ フランスの経済圏
- ☐ ドイツの経済圏
- ☐ イタリア

ここが問われる！

イタリア
もともと不況でえいきょうを受けず。領土の拡大をめざした。

ドイツ
領土の拡大，第一次世界大戦の賠償放棄，国内公共事業の拡大をめざした。

日本
新たな資源を求めて満州へ進出した

ここが問われる！

ソ連
社会主義のもと5か年計画という計画経済政策を進めていたため，世界恐慌のえいきょうを受けなかった。

3年
4年
5年
6年

日本の歴史編

第1章 日本のあけぼの
第2章 天皇と貴族の政治
第3章 武士の政治
第4章 江戸幕府の政治
第5章 明治からの世の中と日本
第6章 現代の日本

③ 満州事変と軍部の力の高まり

1 満州事変（1931年）

● 世界恐慌以後，行きづまった日本経済を立て直す「日本の生命線」として，軍部は広大な土地に豊富な資源をもつ満州へ積極的に進出すべきだと考えた。

↑満州国

● 満州に駐留していた関東軍は1931年，南満州鉄道の線路を中国軍が爆破したとして，政府の方針と関係なく行動を起こし，満州全域を占領した。1932年には清朝最後の皇帝，溥儀をたて，満州国を建国した。これが満州事変である。

● 満州事変は，日中戦争から太平洋戦争の終結まで，およそ15年にわたる戦争のきっかけとなった。

2 国際連盟からの脱退

● 中国は満州事変の調査を国際連盟（⇒P.505）にうったえた。これを受けてリットンを団長とする調査団①が満州に派遣され，事実関係が調査された。

● 調査団は満州における日本の権益を認めながらも日本の軍事行動を侵略とし，日本軍の引き上げと満州の国際管理を勧告する報告書を提出した。総会でこの勧告が採択されると，日本はこれを不服として，国際連盟からの脱退②を通告した（1933年）。この後，日本は世界で孤立を深めることになった。

3 軍部の台頭

● 満州事変の後，国内では軍部の力がますます強くなった。満州国の成立に反対した犬養毅首相は1932年5月15日，海軍将校らに暗殺され（五・一五事件），政党政治は終わった。

● 1936年2月26日，天皇による政治を求める陸軍将校らが政府高官らを殺害し，東京の中心部を占領する事件が起こった（二・二六事件）。これらの事件はおさえられたが，軍部の力が強まることになった。

もっとくわしく

①リットン調査団

イギリスのリットンを団長に，アメリカ，ドイツ，フランス，イタリアの代表5人で構成された。アメリカは国際連盟には加盟していなかったが，調査の様子を見るためのオブザーバーとして参加した。

もっとくわしく

②日本の国際連盟脱退

リットン調査団の勧告は国際連盟総会で，42：1で採択されたため，日本は1933年，国際連盟からの脱退を通告した。反対の1票は日本である。

511

④ 日中戦争の始まり

1 日中のしょうとつから日中戦争へ (1937年)

●満州国を建国して中国東北部を実質支配した日本は，周辺地域にも勢力を広げていった。1937年，北京郊外の盧溝橋で中国軍としょうとつしたのをきっかけに，約8年におよぶ日中戦争が始まった。

●日本軍は中国の北部 (華北) から中部 (華中) に進出し，首都南京を占領した。中国は政府を移動しつつ，日本軍へのていこうを続けた。ソ連やアメリカ，イギリス，フランスが中国を支援したため，戦争は長期化することになった。

	日本の領土
	満州国の範囲
	1938年までの戦線
	1941年までの戦線

↑日本の戦線の拡大

2 長引く戦争と日本の戦時体制

●日中戦争が長引くにしたがって，国家予算の多くが軍事費に支出され，国民の生活は苦しくなっていった。政府と議会は1938年，議会を通さずに労働力や物資を集めることができる**国家総動員法**①を定めて，国の総力をあげて戦争を続ける体制を整えた。

●1940年には，国家が一体となって戦争を続けることができるように，戦争に反対しない大きな政党を結成した (**大政翼賛会**)。

用語

①国家総動員法
政府は資源や国民のすべてを，議会の承認がなくても動員することができることを定めた。

3年
4年
5年
6年

日本の歴史編

第1章 日本のあけぼの

第2章 天皇と貴族の

第3章 武士の政治

第4章 江戸幕府の政治

第5章 明治からの世の中と日本

第6章 現代の日本

● 日本全体が戦争に集中していくなか，反戦的な思想や自由主義的な思想は厳しく取りしまられ，住民がおたがいに監視し合う組織がつくられた（隣組）。

● 農村では，人手不足や肥料不足から収穫が減り，食料難が深刻になった。1940年には砂糖とマッチが切符制で割り当てられるようになり，翌年には，米が配給制となった。こうして，国民の生活を統制しつつ，戦争を続ける政策①が進められていった。

⑤ 第二次世界大戦の始まり

1 第二次世界大戦が始まった理由

● 第一次世界大戦後のドイツは，ベルサイユ条約で巨額の賠償金を負担し，植民地を手ばなすなど厳しい処分を受け，財政が厳しくなった。さらに，世界恐慌のえいきょうが重なって国内が混乱すると，他国への侵略で国民の不満を解消しようとした。

● 1933年に政権をにぎったヒトラーは，1938年にオーストリアを併合し，1938・39年にチェコスロバキアを解体し，1939年にイタリアと同盟を結んだ。

● ドイツは1939年，ソ連と独ソ不可侵条約②を結んだ後，ポーランドに侵攻した。ポーランドと条約を結んでいたイギリス，フランスはドイツに宣戦布告て，第二次世界大戦が始まった。

2 日本の東南アジア進出とアメリカの対応

● 長期戦となった日中戦争を打開するため，日本は中国への各国の支援を絶ち，同時に，不足していた石油などの資源を手に入れようと，東南アジアへの進出をめざした。日本は1940年，ドイツ，イタリアと日独伊三国同盟を結び，翌1941年，北方の安全を保つため，ソ連と日ソ中立条約③を結んだ。いずれも東南アジアへの進出を安全にすることになり，日本はこの後，インドシナ半島へ軍を進めることになった。

🔍 もっとくわしく

① 生活の統制

年	主な統制
1937	パーマネント廃止
1939	賃金統制令
1940	砂糖，マッチの切符制
1941	6大都市で米の配給制
1942	みそ，しょうゆ，衣類の切符制
1943	野球用語（ボール・ストライクなど）の日本語化

用語

② 独ソ不可侵条約

1939年，ドイツ（独）とソ連の間で結ばれた条約。たがいに侵略しないことを約束した。この条約を結んだ翌月，ドイツはポーランドに侵入し，第二次世界大戦が始まった。

用語

③ 日ソ中立条約

日本とソ連がたがいに侵略しないことを約束した条約。この条約を結ぶことで，日本は北方を気にしなくてよくなり，南進策を進めやすくなった。

●この日本の動きを見て，アメリカは日本への石油輸出を禁止して対抗①したため，日本とアメリカははげしく対立するようになった。

3 太平洋戦争の始まり

●東アジア，東南アジアでアメリカとの対立が続くなか，日本はアメリカとの戦争の準備を進めていた。

日本は1941年12月8日，イギリス領のマレー半島に攻め入り，ハワイの真珠湾にあるアメリカ海軍基地を奇襲して，**太平洋戦争**が始まった。

●開戦当初は日本が優勢だったが，1942年，ミッドウェー海戦に敗れると，形勢はアメリカに有利となっていった。

↑真珠湾攻撃

4 長引く戦争と国民の生活

●戦争が長引き，日本が不利になるにつれて，より多くの兵士が必要になった。1943年以降，それまで徴兵を猶予されていた文化系の大学生が学徒兵として集められ，戦地に送りこまれた（**学徒出陣**）。また，多くの労働者が戦地にかりだされて労働力が不足したため，中学生や女学生も工場などに働きに出るようになった（**勤労動員**）。日本は総力戦で戦争を続ける状況になっていた。

↑太平洋戦争の拡大

●政府は言論にも様々な制限を設け，不利になりつつあった戦争について，国民に正しく知らせることはなかった。

5 空襲とはげしい沖縄戦

●1944年，アメリカ軍がサイパン島を占領すると，ここから飛びたった爆撃機（**B29**）による日本本土への

空襲が始まった。爆撃は大都市を中心に行われ，子どもや女性など，多くの非戦闘員の命がうばわれた。爆撃を受けた大都市では，集団疎開①が行われるようになった。

↑集団疎開

1945年3月10日の東京大空襲では，一夜で約10万人が犠牲となった。1945年4月，アメリカ軍は沖縄本島に上陸して激戦となり，日本軍と沖縄県民をあわせて，約20万人が犠牲となった（沖縄戦）。

6 日本の降伏

ヨーロッパでは，1943年9月にイタリアが，1945年5月にドイツが降伏した。ドイツ降伏前の1945年2月には，アメリカ，イギリス，ソ連の代表がヤルタで会談を行い，ソ連の対日参戦などが決められた（ヤルタ会談）。②

1945年7月，無条件降伏の勧告と軍国主義の放棄，民主主義の確立など，戦後の日本を管理する方針からなるポツダム宣言③が示されたが，日本はこれを受諾しなかった。アメリカは同年8月6日に広島，8月9日に長崎に原子爆弾を投下し，広島では20万人以上，長崎では14万人以上が犠牲となった。

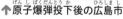
↑原子爆弾投下後の広島市

広島市
長崎市
↑広島市と長崎市

政府は1945年8月14日，ポツダム宣言を受け入れ，翌15日，天皇による玉音放送で国民に降伏を伝え，15年にわたる戦争が終わった。

3年
4年
5年
6年

日本の歴史編

第1章 日本のあけぼの
第2章 天皇と貴族の政治
第3章 武士の政治
第4章 江戸幕府の政治
第5章 明治の世の中と日本
第6章 現代の日本

用語

①集団疎開
1944年から始まった子どもたちのひなん（疎開）。親元をはなれ，大都会から地方の農村，寺などに集団で移り住んだ。

もっとくわしく

②ヤルタ会談
1945年2月クリミア半島のヤルタで開かれた，アメリカ，イギリス，ソ連の首脳による会談。日本が無条件降伏するまで戦うことや，ソ連が対日戦に参戦することなどが決められた。

用語

③ポツダム宣言
連合国が示した日本の降伏条件で，日本の無条件での降伏，軍国主義者の追放，日本の領土を4つの大きな島などに限定すること，戦争犯罪人の裁判，日本を民主主義にもとづいた平和国家にすることなどを示した。

4 民主的な国家としての日本の再出発

① 連合国による占領と戦後改革

１ 太平洋戦争終結直後の日本

●ポツダム宣言を受け入れて降伏した日本は，連合国軍によって占領統治されることになった。アメリカの**マッカーサー**を最高司令官として，**GHQ**①（連合国軍最高司令官総司令部）が設置され，日本を民主化する戦後改革を進めた。

↑マッカーサー
（1880〜1964年）

●陸海軍は解散させられ，戦争を指導した軍人や政治家が裁判にかけられた（極東国際軍事裁判②）。

２ 戦後改革と民主化の動き

言論の自由…治安維持法が廃止され，戦時下の政府方針に反対してとらえられた人々が解放された。政治活動の自由が認められ，それまで非合法とされていた政党も活動できるようになった。

選挙法の改正（1945年）…20才以上の男女に選挙権が平等にあたえられる**普通選挙**が実施されることとなった。翌年行われた衆議院議員総選挙では，39名の女性議員が誕生した。

↑女性議員の誕生

農地改革…地主の所有する農地面積を制限し，それをこえる農地を国が買い上げた。その農地は小作人に安く払い下げられ，多くの自作農が生まれた。

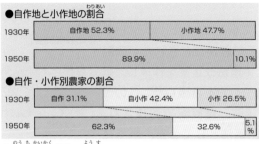

●自作地と小作地の割合

1930年	自作地 52.3%	小作地 47.7%
1950年	89.9%	10.1%

●自作・小作別農家の割合

1930年	自作 31.1%	自小作 42.4%	小作 26.5%
1950年	62.3%	32.6%	5.1%

↑農地改革前後の様子

財閥解体…豊富な資金を背景に軍と結びつき戦争に協力したとして，三井，三菱，住友などの財閥が複数の会社に分割，解体された。

労働組合法や労働基準法の制定…労働者は自由に組合をつくることができるようになった。また，労働基準法の制定で，労働条件の最低基準が定められた。

教育基本法や学校教育法の制定…戦前の，軍国主義を反映した教育を改める教育の改革が行われた。義務教育が小学校6年，中学校3年の9年に定められた。

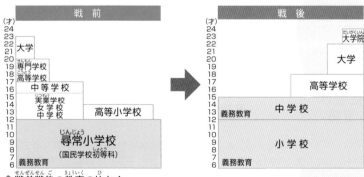

↑戦前戦後の教育の比かく

民法の改正…個人を尊重した，男女平等な家族制度が定められた。

3年 4年 5年 6年

日本の歴史編

第1章 日本のあけぼの

第2章 天皇と貴族の

第3章 武士の政治

第4章 江戸幕府の政治

第5章 明治からの世の中と日本

第6章 現代の日本

② 日本国憲法

❶ 日本国憲法の制定

●日本が民主主義国家として歩んでいくには，大日本帝国憲法（⇒P.484）の改正が必要だとされた。政府はGHQ案に修正を加えて憲法改正案を作成し，戦後はじめて開かれた議会でこれを審議した。この改正案は一部修正後，衆議院，貴族院で可決され，1946年11月3日に日本国憲法として公布，半年後の1947年5月3日に施行された。①

❷ 日本国憲法の三大原則と天皇の地位

●日本国憲法は，国の政治を決める主体は国民にあるとする国民主権，人が生まれながらもっている基本的人権の尊重，軍隊をもたず永久に戦争をしないとする平和主義（戦争の放棄）②を三大原則とする。また，天皇は日本国と国民統合の象徴と位置づけられている。

↑戦争放棄

天皇の人間宣言

　戦前は，天皇は「神の子孫」とされており，統治権や軍隊の統帥権など大きな権限をもっていた。1946年に，昭和天皇は「神の子孫」であることを否定し，「人間」であることを宣言した。
　「私は国民とともにあり，つねに利害を同じくし，喜びも悲しみも分かち合いたいと思う。…天皇を現人神とし，日本国民は他の民族よりも優れ，世界を支配する使命があるというのは，幻想に過ぎない。」

🔍 もっとくわしく

①**公布と施行**
公布とは，憲法，法律，条例などを国民に知らせることをいう。施行とは，公布されたものに効力が発生する（＝実施される）ことをいう。

📖 史料

②**戦争の放棄**
こんどの憲法では，日本の国が，けっして二度と戦争をしないように，二つのことをきめました。その一つは，兵隊も軍艦も飛行機も，およそ戦争をするためのものは，いっさいもたないということです。
（『あたらしい憲法のはなし』による）

4 民主的な国家としての日本の再出発

3年
4年
5年
6年

日本の歴史編

第1章 日本のあけぼの

第2章 天皇と貴族の

第3章 武士の政治

第4章 江戸幕府の政治

第5章 明治からの世の中と日本

第6章 現代の日本

③ 戦後の世界と朝鮮戦争

① 国際連合の結成

● 国際連盟が第二次世界大戦をくい止められなかった反省から，戦後の世界平和に向けた組織づくりが進められた。1945年6月，国際連合憲章が調印され，同年10月，世界平和と安全を守るための機関として国際連合①が成立した。

② 戦後のヨーロッパとアメリカ

● 国際連合の成立で，国際協力の動きがある一方，アメリカを中心とする西ヨーロッパの西側陣営（**資本主義，自由主義諸国**）と，ソ連を中心とする東ヨーロッパの東側陣営（**共産主義，社会主義諸国**）が対立する②ようになった。東西両陣営の対立は，直接の戦争によるものではなかったため，**冷たい戦争〔冷戦〕**とよばれた。

ソビエト連邦

アメリカ合衆国

↑東西両陣営（1955年）

③ 戦後のアジア

● 植民地となっていた国々では，第二次世界大戦中から終戦後も独立運動が続いており，インドネシア，ベトナム，フィリピン，インド，パキスタンなどが次々と独立をはたした。中国では1949年に中国共産党が政権をにぎり，中華人民共和国が成立した。

用語

①国際連合
51か国が加盟して成立。本部はアメリカのニューヨーク。アメリカ，イギリス，フランス，ソ連（現在のロシア），中国の常任理事国と10か国の非常任理事国で構成される安全保障理事会に強い権限があたえられている点が国際連盟と大きくことなる。

もっとくわしく

②東西両陣営の対立
アメリカはソ連の勢力をおさえるため，1949年，軍事同盟のNATO（北大西洋条約機構）を結んだ。これに対してソ連は1955年，軍事同盟のワルシャワ条約機構をつくり，両陣営の対立が深まった。

| 西 | 北大西洋条約機構（NATO）加盟国 |
| 東 | ワルシャワ条約機構加盟国 |

↓アジアの独立国

パキスタン
インド
ベトナム
フィリピン
シンガポール
インドネシア

戦前から独立国
1945～49年に独立
1950～59年に独立

🔍 もっとくわしく

● 朝鮮半島は日本の植民地支配から解放されたが，北部はソ連，南部はアメリカによって占領された。1948年には北部にソ連の支援を受ける朝鮮民主主義人民共和国（北朝鮮）と，南部にアメリカの支援を受ける大韓民国（韓国）が成立した。

4 朝鮮戦争と日本経済の復興

● 冷戦が続くなか，南北朝鮮の対立が深まった。1950年，北朝鮮軍が韓国に侵攻したことから，<u>朝鮮戦争</u>①が始まり，1953年に休戦するまで続いた。

● 朝鮮戦争が起こると，GHQの指示により現在の自衛隊の前身である警察予備隊がつくられた。

● 経済面ではアメリカ軍から大量の物資の注文を受けた日本は好景気となり，鉱工業生産が戦前の水準を超えるまで復興した。

4 日本の独立と国際社会への復帰

1 サンフランシスコ講和会議（1951年）

● 朝鮮戦争が起こり，東アジアにソ連や中国の勢力が広がることをおそれたアメリカは，日本を西側陣営の一員にしようと考え，日本との講和を急いだ。

● 1951年，アメリカのサンフランシスコで太平洋戦争の講和を結ぶ会議が開かれ②，日本はアメリカやイギリスなど48か国との間で<u>サンフランシスコ平和条約</u>③を結び，翌1952年，独立国として主権を回復した。

2 日米安全保障条約（1951年）

● 日本はサンフランシスコ平和条約を結ぶのと同時に，アメリカとの間で<u>日米安全保障条約</u>を結んだ。この条約により，アメリカ軍は引き続き日本に駐留することになった。

① 朝鮮戦争

アメリカを中心とする国連軍と，中国が支援する北朝鮮軍が戦い，北緯38度線で一進一退となった。結局ここを停戦ラインとして国境線がしかれ，現在も続いている。

中国
朝鮮民主主義
人民共和国
平壤。
38°
板門店
ソウル
大韓民国

用語

② サンフランシスコ講和会議
朝鮮戦争のさなか，アメリカのサンフランシスコで開かれ，日本と連合国との間でサンフランシスコ平和条約が結ばれた。なお，講和会議に中国はまねかれていない。

用語

③ サンフランシスコ平和条約

日本と48の連合国との間で結ばれた，戦争状態を終わらせるための平和条約。ソ連など3か国は調印しなかった。吉田茂首相が日本の全権として条約に調印した。

③ 各国との国交回復

ソ連…日ソ共同宣言①（1956年）の調印により，国交が回復した。外交関係が改善されたことで，ソ連は日本の国際連合加盟を支持し，同年，日本の国連加盟が実現した。

韓国…日韓基本条約（1965年）を結んで，日本は韓国を朝鮮半島唯一の合法的な政府とした。

中国…日中共同声明（1972年）を発表して，国交が正常化。以後，経済面での結びつきが深まった。

④ 占領された国土の返還

○占領状態にあった小笠原諸島は，佐藤栄作内閣の1968年，沖縄は1972年に日本に返還された。

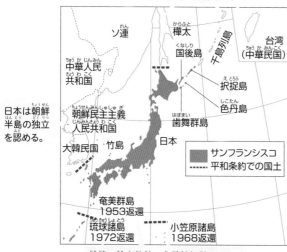

↑平和条約で決まった国土

○沖縄は東アジアの情勢に対処できる絶好の位置にあるため，日本への返還後もアメリカ軍基地の多くが存続することとなった。基地の置かれている地域の安全や，治安面で沖縄県民の不安が残されている。

沖縄島の面積の約15％が軍用地。

↑沖縄島における軍用地

3年
4年
5年
6年

日本の歴史編

第1章 日本のあけぼの

第2章 天皇と貴族の

第3章 武士の政治

第4章 江戸幕府の政治

第5章 明治からの世の中と日本

第6章 現代の日本

5 現代の日本と世界

1 日本の高度経済成長

1 経済復興

●第二次世界大戦後は不景気が続いたが，朝鮮戦争によるアメリカ軍からの物資の大量注文で経済が急速に立ち直った。

●朝鮮戦争による好景気は「**特需景気**」といわれ，1951年には日本経済は第二次世界大戦前の状態に復興した。1956年に政府が出した『経済白書』では，「**もはや戦後ではない**」と書かれている。

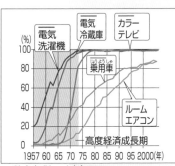
↑電化製品の普及

2 高度経済成長（1955年ごろ～1973年）

●1950年代中ごろから，日本は**高度経済成長**の時代に入った。この背景には，技術革新や中東からの安い原油の輸入によって，鉄鋼，自動車，石油化学などの重化学工業が発展し，輸出が増大したことがあげられる。

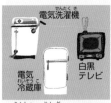
↑三種の神器

3 高度経済成長期の国民生活の変化

●電化製品が急速に普及し，1960年代前半には「**三種の神器**」という**白黒テレビ**や**電気洗濯機**，**電気冷蔵庫**の購入が増えた。1960年代後半から70年代にかけては，**3C**とよばれる**自動車**（カー），**カラーテレビ**，**クーラー**が普及し，購入が増えた。

●1964年の**東京オリンピック・パラリンピック**の開催にあわせて，東京—大阪間で**東海道新幹線**が開通し，鉄道網や，高速道路網の整備も進んだ。また，1970年には大阪で**万国博覧会**が開かれるなど，日本の国際的地位が大きく向上した。

●1950年代後半にインスタント食品が発売され，1960

↑3C

↑東京オリンピック

年代後半にレトルト食品の発売が始まった。

4 高度経済成長のマイナス面

- 高度経済成長は国民のくらしを豊かにする一方，産業の発展に不可欠な生産活動のえいきょうで，自然や環境を破壊し，各地で公害を引き起こした。
- 大気汚染をはじめ，水質汚濁，廃棄物による土壌汚染，騒音や振動などが，人の健康や命をおびやかした。
- 富山県の神通川の下流で**イタイイタイ病**，熊本県，鹿児島県の八代海沿岸で**水俣病**，三重県の四日市市で**四日市ぜんそく**，新潟県の阿賀野川の下流で**新潟水俣病**が発生した。特に大きな被害をもたらしたこの**四大公害病**①は，住民が起こした裁判によって，企業の責任が認められ，補償が行われている。
- 政府は1967年に**公害対策基本法**をつくり，1971年には環境庁（現在の環境省）を設け，公害をふせぎ，環境を保全する政策を進めた。
- 産業が集中する大都市では人も集中して**過密**になり，住宅不足やごみ問題，交通混雑などが起こるようになった。一方，大都市に人口が流出した農村や漁村，山間部は**過疎**となり，高齢化も進んだことで産業がおとろえ，生活は不便になった。

5 高度経済成長の終わり

- 1970年代までの世界経済の発展は，中東から供給される安い石油によるところが大きかった。しかし，1973年，中東で起こった戦争（第4次中東戦争）がきっかけで**石油危機〔オイルショック〕**（第一次）が起こり，世界経済に大きなえいきょうをおよぼした。
- この石油危機で石油の価格が上がり，供給も一時おちこんだ。とりわけ，エネルギーの多くを石油にたよる日本では，石油危機にともなって国内の物価も急に上がるなど，社会に混乱が広がった。こうして20年近く続いた高度経済成長は終わった。

↑四大公害が発生したところ

もっとくわしく

①四大公害病の原因

イタイイタイ病の原因は，鉱山の排水中のカドミウムによる水の汚染，水俣病，新潟水俣病の原因は，工場の排水中のメチル水銀による水の汚染，四日市ぜんそくの原因は亜硫酸ガスによる空気の汚染。

もっとくわしく

環境基本法と環境省
環境基本法は1993年の制定。公害対策や地球環境問題をあつかう。環境庁は，2001年の省庁再編で環境省となった。

第1章 日本のあけぼの

第2章 政治と貴族の天皇

第3章 武士の政治

第4章 政治江戸幕府の

第5章 世の中と日本明治からの

第6章 現代の日本

↑トイレットペーパーの買い占め

② : 冷戦の終わりとその後の世界

1 東ヨーロッパの民主化と冷戦の終結

● 1980年代，ソ連では経済の停滞を立て直すため，**ゴルバチョフ**が改革〔**ペレストロイカ（たてなおし）**など〕を行って民主化を進めた。1989年12月，アメリカのブッシュ大統領と地中海のマルタ島で会談し，冷戦の終結を宣言した（マルタ会談）。

● この動きのなかで，東ヨーロッパでは社会主義の政府が倒れていき，1989年11月，冷戦の象徴であったベルリンの壁①が開放され，東西ドイツが自由に行き来できるようになった。これをきっかけに，翌年，**東西ドイツは統一**された。

● 1991年，ソ連を構成していたバルト三国（エストニア，ラトビア，リトアニア）やロシアなどの共和国が独立して，解体した。②

2 地域紛争

● 冷戦終結の前後，アフリカをはじめとして，中東や西アジア，東南アジアなどの各地で，民族同士の対立や宗教のちがいによる**地域紛争**がみられるようになった。

↑ ベルリンの壁

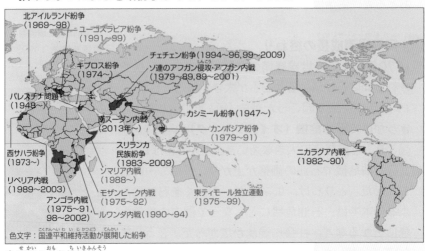

北アイルランド紛争（1969〜98）
ユーゴスラビア紛争（1991〜99）
チェチェン紛争（1994〜96,99〜2009）
ソ連のアフガン侵攻・アフガン内戦（1979〜89,89〜2001）
キプロス紛争（1974〜）
パレスチナ問題（1948〜）
南スーダン内戦（2013年〜）
カシミール紛争（1947〜）
カンボジア紛争（1979〜91）
スリランカ民族紛争（1983〜2009）
西サハラ紛争（1973〜）
ニカラグア内戦（1982〜90）
リベリア内戦（1989〜2003）
ソマリア内戦（1988〜）
モザンビーク内戦（1975〜92）
東ティモール独立運動（1975〜99）
アンゴラ内戦（1975〜91,98〜2002）
ルワンダ内戦（1990〜94）
色文字：国連平和維持活動が展開した紛争

↑ 世界の主な地域紛争

5 現代の日本と世界

3年
4年
5年
6年

日本の歴史編

第1章
日本のあけぼの

第2章
天皇と貴族の政治

第3章
武士の政治

第4章
江戸幕府の政治

第5章
明治からの世の中

第6章
現代の日本

❸ サミットと地域統合

● 石油危機後も不況が続く資本主義国では，1975年に**サミット（先進国首脳会議）**①を開き，経済問題を話し合うようになった。

● フランスやドイツの経済成長とともに，西ヨーロッパでは政治的，経済的な統合をめざす動きが高まった。1967年に発足したヨーロッパ共同体（EC）を母体として，1993年，安全保障の協力関係の強化，通貨の統一をめざした**ヨーロッパ連合（EU）**②が成立した。

↑ EUの加盟国（2023年8月現在）

❸ 高度経済成長後の日本

● 石油危機後，日本は省エネルギー化を進め，国内の公共投資などを増やすなどして，安定成長の時代に入った。

● 1980年代には輸出を増やし，アメリカとの経済摩擦を生むなか，1980年代後半には，実体とはかかわりなく株式や土地が値上がりする好景気（**バブル景気**）③が起こった。この好景気は数年で終わり，一転して企業の倒産や従業員の解雇（リストラ）が続

🔍 **もっとくわしく**

①サミット
フランスの発案で開かれた。日本のほかアメリカ，イギリス，ドイツ，フランス，イタリア，カナダの先進国が参加した。EUの委員長も参加している。

🔍 **もっとくわしく**

②ヨーロッパ連合（EU）
1993年のマーストリヒト条約の発効により成立。2023年8月現在の加盟国は27か国。本部はベルギーのブリュッセルに置かれている。
※イギリスは2020年1月31日にEUを離脱。

🔍 **もっとくわしく**

③バブル景気
金あまりと低金利のため，不動産と株に多くの資金が流れ，実体以上に株や土地の価格があわ（バブル）のようにふくれあがった経済状態をいう。

出する長い不景気①（平成不況②）に直面した。それまで政治や社会や経済を支えてきた構造の転換が課題となる時代をむかえている。

④ これからの日本の役割と課題

❶ 日本の役割

- 発展途上国への援助…先進国の日本は，発展途上国への援助が求められ，**青年海外協力隊**による農業の技術や教育の援助，**政府開発援助（ODA）**③における資金援助が行われている（⇒P.556）。
- 国際連合への協力…日本は**国連平和維持活動（PKO）協力法**④が1992年に成立したのを受けて，紛争地域へ自衛隊を派遣するようになった（⇒P.556）。
- 核兵器の廃絶…日本は世界で唯一の被爆国であり，政府は核兵器を「もたず，つくらず，もちこませず」の立場をとっている。国際的にも，核兵器の拡大をおさえる**核拡散防止条約**や，すべての核実験禁止を目的とした**包括的核実験禁止条約**が結ばれるなど，核兵器削減の努力が続けられている。

❷ 日本の課題

- 日本の社会には，被差別部落の人々への差別（**部落差別**），先住民であるアイヌの人々への差別，在日韓国，朝鮮人への差別などの問題がある。一人ひとりが結婚や職業選択などで差別されることなく，権利が保障される社会の実現が望まれている。
- 1995年の**阪神・淡路大震災**，2011年の**東日本大震災**など，日本の国土は火山が多く，また，日本列島の下には多くのプレートがもぐりこんでいるため，大きな地震が起こりやすい。さらに，台風などによる大雨によって洪水などの災害も多い。このような自然災害に対して，防災設備の充実，国や地方公共団体が連けいするしくみの整備が求められている。

🔍 **もっとくわしく**

①「失われた10年」
1991年（バブル崩壊）から2002年を「失われた10年」という。この後の景気回復は低成長で実感がうすく，さらにアメリカで起こった大不況のえいきょうを受けて，日本の経済は不景気が続いた。

🔍 **もっとくわしく**

②平成不況とデフレーション（デフレ）
デフレーションとは，物価（商品の価格）が下がり続けること。平成不況は，物価が下がって企業の利益が減り，そこで働く従業員の賃金が下げられ，消費意欲が落ちて商品が売れなくなり，そのため商品の価格をさらに下げ，経済がどんどん悪化したことが一因である。

用語

③政府開発援助（ODA）
政府から発展途上国に対して行う援助。経済支援や教育・医療の向上に役立つことを主な目的として行われる。日本からのODAは，アジア諸国が中心である。

用語

④平和維持活動（PKO）
地域紛争での停戦や，公正な選挙がなされるよう監視する活動。日本は国連平和維持活動協力法が1992年に成立したのち，自衛隊がはじめてカンボジアに派遣された。

3年
4年
5年
6年

日本の歴史編

第1章 日本のあけぼの

第2章 天皇と貴族の政治

第3章 武士の政治

第4章 江戸幕府の政治

第5章 明治からの世の中と日本

第6章 現代の日本

大日本帝国憲法と日本国憲法のちがい

入試でる度 ★★★

ここが問われる!

おもに天皇の役割を中心にして，2つの憲法のちがいをしっかりおさえ
ておこう。

大日本帝国憲法		日本国憲法
1889年2月11日発布	成立	1946年11月3日公布 1947年5月3日施行
天皇が制定（欽定憲法）	制定者	国民が制定（民定憲法）
天皇（天皇主権） 天皇が国の元首	主権者	国民（国民主権） 天皇は日本国と国民統合の象徴
天皇が軍を率いる	軍備	平和主義（戦争の放棄）
法律の範囲内で保障する	基本的人権	侵すことのできない永久の権利
天皇の政治を助ける協賛機関	国会	唯一の立法機関で最高機関
衆議院（制限選挙） 貴族院（皇族や華族などから選出される）	議会	衆議院 参議院
天皇に対して責任を負う 天皇が内閣総理大臣を任命する	内閣	国会に対して責任を負う 国会が内閣総理大臣を指名する（天皇が任命）
天皇の名において裁判を行う 違憲立法審査権がない	裁判所	司法権の独立 違憲立法審査権がある
納税の義務 兵役の義務 （教育は教育令で義務化）	国民の義務	納税の義務 勤労の義務 子どもに普通教育を受けさせる義務

第6章
現代の日本

入試要点チェック

解答▶P.622

つまずいたら
調べよう

- [ ] **1** 1914年に日本が連合国側として参戦した戦争を何といいますか。

1▶P.504
11**2**

- [ ] **2** 1918年に米の値下げを求めて起きた騒動を何といいますか。

2▶P.505
12**2**

- [ ] **3** 1931年に日本の関東軍が軍事行動を起こし，中国東北部を占領したできごとを何といいますか。

3▶P.511
33**1**

- [ ] **4** 1932年に海軍将校らが犬養毅首相を殺害した事件を何といいますか。

4▶P.511
33**3**

- [ ] **5** 1936年に陸軍将校らが政府高官らを殺害した事件を何といいますか。

5▶P.511
33**3**

- [ ] **6** 1941年に日本軍がハワイの真珠湾を奇襲攻撃するなどして始まった戦争を何といいますか。

6▶P.514
35**3**

- [ ] **7** 1945年に日本が連合国側に降伏をするにあたって受諾した宣言を何といいますか。

7▶P.515
35**6**

- [ ] **8** 1946年11月3日に公布され，翌年5月3日に施行された日本の憲法を何といいますか。

8▶P.518
42**1**

- [ ] **9** 8の憲法の三大原則は，基本的人権の尊重，平和主義と，もう1つは何ですか。

9▶P.518
42**2**

- [ ] **10** 1951年にアメリカとの間で結ばれた，米軍の日本駐留を認める条約を何といいますか。

10▶P.520
44**2**

- [ ] **11** 1956年に日ソ共同宣言が出されたことで，日本の加盟が可能となった国際機関を何といいますか。

11▶P.521
44**3**

- [ ] **12** 1973年の原油価格の上昇がもたらした経済の混乱を何といいますか。

12▶P.523
51**5**

- [ ] **13** 1980年代後半から1990年代はじめにかけて，土地の価格や株価が異常に上昇した経済の様子を何といいますか。

13▶P.525
53

3年
4年
5年
6年

日本の歴史編

第1章 日本のあけぼの
第2章 天皇と貴族の政治
第3章 武士の政治
第4章 江戸幕府の政治
第5章 明治からの世の中と日本
第6章 現代の日本

第6章 現代の日本

入試問題にチャレンジ！

解答▶P.622

1 次の文章を読んで，あとの問いに答えなさい。
(同志社女子中)

　日本は，アジアへの進出もおこない，①アジアでの権利をめぐって，世界のいくつもの国と多くの戦争をしました。戦争は，新たな戦争を生む結果となり，日本が（　②　）宣言を受けいれ，③無条件降伏をするまで続きました。終戦後の日本は，連合国軍に占領され，その指示で④様々な改革がおこなわれて，民主化が進められました。

(1) 下線①のなかで，次のようなできごとを何というか。漢字で答えなさい。
（　　　　　　　）

> 一部の軍人や政治家が，広大な土地と豊かな資源がある中国東北部に勢力をのばすことで，不景気からぬけ出せると主張した。そこで中国東北部にいた日本軍は，中国軍を攻撃して，この地を占領した。

(2) 次の**ア～エ**は，下線③をしたのと同じ年におこったできごとである。おこった順に並べかえた時，**2番目**と**4番目**になるものはどれか，記号で答えなさい。　　　　　2番目（　　　）　4番目（　　　）
　ア ソ連軍が南樺太や千島列島などに侵攻してきた。
　イ 沖縄での地上戦で，沖縄県民12万人以上が命を失った。
　ウ 東京の大空襲で，約10万人が命を失い，東京の4割が焼けた。
　エ 広島に原子爆弾が落とされた。

(3) 次の**ア～エ**は，下線④について述べたものである。あやまっているものを1つ選び，記号で答えなさい。　　　　　（　　　）
　ア 政府は，自分の土地をもたない農民に，農地を無償でわけあたえた。
　イ 財閥は解体され，労働者が労働組合をつくることが認められた。
　ウ 20才以上のすべての男女に選挙権があたえられた。
　エ 義務教育は，小学校6年・中学校3年の9年間となり，学校給食や男女共学が始まった。

(4) 文中の（　②　）にあてはまる都市名を，次の**ア～エ**から1つ選び，記号で答えなさい。　　　　　（　　　）
　ア ベルサイユ　**イ** ワシントン　**ウ** ポツダム　**エ** ポーツマス

2 次の文章を読んで、あとの問いに答えなさい。
（西大和学園中）

　大正時代には、①第一次世界大戦がおこり、日本の経済は好景気をむかえました。しかし、好景気は一方で物価の上昇をまねき、労働者やまずしい農民の生活はかえって苦しくなりました。1918年、ロシアでの革命の影響をおそれておこなったシベリア出兵による米の買いしめから米の価格がはねあがると、米騒動が全国に広がりました。また、大正（　②　）の風潮のなかで、③民衆による運動や労働運動、農民運動などの社会運動が活発になりました。

（1）下線部①について説明した文としてあやまっているものを次の**ア**〜**エ**から1つ選び、記号で答えなさい。　　　（　　　）

　　ア　オーストリアの皇太子夫妻が暗殺されたのをきっかけに戦争がはじまった。

　　イ　日本は日英同盟を理由に連合国側に参戦し、戦勝国となった。

　　ウ　日本はこの戦争中に中国政府に対して二十一か条の要求を認めさせた。

　　エ　ドイツが戦争にやぶれ、その翌年にポーツマスで講和会議が開かれた。

よくでる（2）文章中の（　②　）には「民主主義」を意味する語句があてはまります。その語句をカタカナで答えなさい。（　　　　　　）

（3）下線部③について、大正時代のこれらの運動を説明した文としてあやまっているものを次の**ア**〜**エ**から1つ選び、記号で答えなさい。
　　　　　　　　　　　　　　　　　　　（　　　）

　　ア　労働者により、最初のメーデーがおこなわれ、労働条件の改善などをうったえた。

　　イ　治安維持法が定められ、共産主義に対する取りしまりが強化された。

　　ウ　津田梅子により青踏社が結成され、女性参政権を求める運動がすすめられた。

　　エ　全国水平社が結成され、差別からの解放をめざす運動がすすめられた。

国際 編

第1章

日本とつながりの深い国々

1 ヨーロッパの国々

3年
4年
5年
6年

国際編

第1章
日本とのつながり
の深い国々

第2章
世界の未来と
日本の役割と

1 ヨーロッパの国々

本初子午線はロンドンを通る

大西洋

イギリス
ベルギー
オランダ
ドイツ
ロンドン
ライン川

酪農がさかん

バルト海

ロシア連邦
世界最大の面積の国

ユーロトンネル…ドーバー海峡にある

ブリュッセル…EU本部があるベルギーの首都

EU最大の農業国

フランス
アルプス山脈

イタリア

ドナウ川

黒海

カスピ海

世界で最も大きい湖

ピレネー山脈

ローマ

地中海

北緯40°

バチカン市国…ローマにある世界最小の面積の国

秋田県北部を通る

1 ヨーロッパの主な国々

1 イギリス

地理…日本と同じ島国で，ドーバー海峡にあるユーロトンネルでフランスと結ばれている。本初子午線が首都ロンドンを通っている。

歴史…世界で最初に産業革命が起こり，19世紀には「世界の工場」とよばれ，世界各地にたくさんの植民地をもっていた。日本とは，1902年に日英同盟を結び，協力関係があった（⇒P.488）。

2 フランス

農業…EU最大の農業国。小麦などの生産が多い。また，ぶどうの生産もさかんで，日本へのワインの輸出が多い。

産業…自動車産業や航空産業がさかん。

生活・文化…芸術，ファッションで世界にえいきょうをあたえている。首都パリは世界有数の観光地で芸術の都とよばれている。

🔍 もっとくわしく

イギリス

民族衣装

面積：24万km²（2021年）
（日本の約0.6倍）
人口：6751万人（2022年）
首都：ロンドン
言語：英語

フランス

ワイン

面積：55万km²（2021年）
（日本の約1.5倍）
人口：6463万人（2022年）
首都：パリ
言語：フランス語

③ ドイツ

歴史…第二次世界大戦後の1949年から東西2つの国に分かれていたが，1990年に統一された。

産業…ＥＵ最大の工業国。ルール地方産出の石炭が**ルール工業地帯**の発展を支えた。自動車，機械，化学工業がさかんで，日本には自動車を輸出。

④ イタリア

地理…地中海につき出た長ぐつの形が特ちょう的な半島国。

産業…日本にワインを多く輸出している。古代ローマの遺跡など世界遺産にめぐまれ，観光業もさかん。

⑤ オランダ

地理…国土の約4分の1は**ポルダー**とよばれる干拓地で，チューリップのさいばいや酪農がさかん。

歴史…鎖国下の日本が貿易関係を結んだ，ヨーロッパでただ一つの国（⇒P.447）。

産業…ロッテルダムにある**ユーロポート**は，ＥＵ最大の貿易港であり，石油基地である。

⑥ ロシア連邦

地理…ヨーロッパとアジアにまたがる世界一面積の広い国。日本との間に**北方領土問題**をかかえている。

資源…天然ガスや石油などの鉱産資源が豊富。

② ＥＵ〔ヨーロッパ連合〕

ＥＵの成立…ヨーロッパは民族や言語が異なる国々からなる地域だが，アメリカ合衆国などの大国と対等な経済力をつけるため，1967年，政治的，経済的統合をめざしてＥＣ〔ヨーロッパ共同体〕を結成した。1993年にＥＵに発展し，1999年から共通通貨ユーロを一部の国を除いて導入している。

ＥＵのしくみ…本部はベルギーの首都**ブリュッセル**にある。加盟国間の関税をなくし，お金や人，物の移動が自由に行われている。加盟国間の経済格差が問題となっている（⇒P.525，563）。

🔍 もっとくわしく

ドイツ

民族衣装

面積：36万km²（2021年）
（日本とほぼ同じ）
人口：8337万人（2022年）
首都：ベルリン
言語：ドイツ語

イタリア

ピザ

面積：30万km²（2021年）
（日本の約0.8倍）
人口：5904万人（2022年）
首都：ローマ
言語：イタリア語

オランダ

風車とチューリップ

面積：4万km²（2021年）
（九州とほぼ同じ）
人口：1756万人（2022年）
首都：アムステルダム
言語：オランダ語

※ベルギー，オランダ，ルクセンブルクの三国でベネルクスを形成

ロシア連邦

面積：1710万km²（2021年）
（日本の約45倍）
人口：1億4471万人（2022年）
首都：モスクワ
言語：ロシア語

↑ユーロの紙幣

国際編

第1章
日本とつながり
の深い国々

第2章
世界の未来と
日本の役割

2 南北アメリカの国々

1 北アメリカの主な国々

ロッキー山脈…
高く険しい

世界第2位の面積

カナダ

アメリカ合衆国

北緯37°　シリコンバレー

ワシントン
D.C.

グランド
キャニオン

ミシシッピ川

太平洋

大西洋

メキシコ湾

五大湖

ニューヨーク…
アメリカ最大の
都市，国際連合
の本部がある

アパラチア山脈…
低くなだらか

↑ニューヨークのまちなみ

↑グランドキャニオン

サンベルト…北緯37度より南に広
がるサンベルトで工業が発達

1 アメリカ合衆国

地理…西部はロッキー山脈，中央部はミシシッピ川流域に中央平原が広がり，東部にはなだらかなアパラチア山脈がある。世界自然遺産に指定されているグランドキャニオンが有名。

歴史…イギリスやドイツ，イタリアなどからの移民（移住した人々）がつくってきた国で，さまざまな文化的背景をもつ人々と共に生きる社会をめざしている。

農業…広い農地で大型の農業機械を使った大規模農業を行っている。<u>適地適作</u>①の農業に特ちょうがある。乾燥地域ではセンターピボットというかんがい農法が発達している。**小麦や大豆**などの世界的な生産国で，日本への輸出も多い。**とうもろこし**は飼料，バイオ燃料の原料として，生産がきわめて多い。

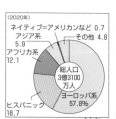

（2020年）
ネイティブ=アメリカンなど 0.7
アジア系
5.9　　その他 4.8
アフリカ系
12.1

総人口
3億3100
万人

ヨーロッパ系
57.8%

ヒスパニック
18.7

↑アメリカの人口構成
（U.S. Census Bureau など）

↑センターピボット

もっとくわしく

アメリカ合衆国

面積：983万km²（2021年）
（日本の約26倍）
人口：3億3829万人（2022年）
現在はスペイン語を話す
ヒスパニックが多くくらしている。
首都：ワシントン D.C.
言語：英語

用語

①**適地適作**
アメリカの国土は広大で，農地も豊富。地域ごとの気温や降水量など自然環境のちがいにあった農作物を，集中的に大量生産している。

535

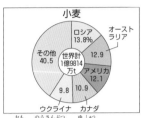

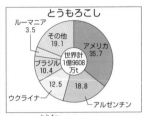

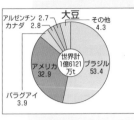

↑主な農産物の輸出にしめるアメリカの割合（2021年）（『日本国勢図会』2023/24年版）

資源…金，銅，鉛などの鉱産資源にめぐまれて産出量も多いが，消費量も多い。

産業…世界的な工業国。自動車や鉄鋼の生産，宇宙航空機，コンピューターなど，高度な技術が必要な先端技術産業で世界をリードしている。アメリカの企業は，世界各地に進出して経済活動を行う**多国籍企業**①が多い。

文化…アメリカで生まれた生活の様式は世界中に広まっている。たとえばジーンズ，ハンバーガーなどの**ファストフード**，ショッピングセンター，**ハリウッド映画**，バスケットボール，野球などである。

日本との結びつき…輸出，輸入とも，中国に次ぐ貿易相手国で工業製品が多い。対日貿易は赤字（日本は黒字）である。

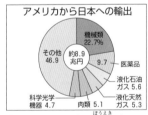

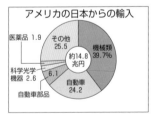

↑アメリカと日本の貿易（2021年）（『日本国勢図会』2023/24年版）

2 カナダ

資源…ウランやニッケルなどの鉱産資源の埋蔵量が豊富で，輸出も多い。

産業…小麦の生産がさかんで，日本の主要な輸入元である。広大な国土に針葉樹林が広がり，林業が発展。紙やパルプの生産も活発。

用語

①**多国籍企業**

本社のある本国以外の多くの国々で，生産や販売をしている巨大な企業。

↑シリコンバレー

↑映画産業がさかんなハリウッド

もっとくわしく

カナダ

面積：999万km²(2021年)
（日本の約26倍）
人口：3845万人(2022年)
首都：オタワ
言語：英語，フランス語

2 南北アメリカの国々

3年
4年
5年
6年

国際編

第1章
日本とのつながり
の深い国々

第2章
世界の未来と
日本の役割

② 南アメリカの主な国

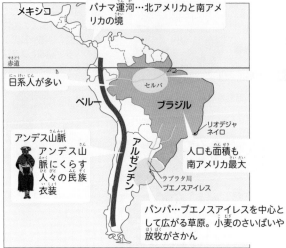

メキシコ

パナマ運河…北アメリカと南アメリカの境

赤道

日系人が多い

ペルー

セルバ

ブラジル

リオデジャネイロ

アンデス山脈

アンデス山脈にくらす人々の民族衣装

アルゼンチン

人口も面積も南アメリカ最大

ラプラタ川

ブエノスアイレス

パンパ…ブエノスアイレスを中心として広がる草原。小麦のさいばいや放牧がさかん

↑アマゾン川

↑マチュピチュ（ペルー）
インカ帝国の都市の遺跡

ブラジル

地理…南アメリカ大陸東部をしめる，大西洋に面した国。赤道の通る北部には**アマゾン川**が流れ，流域にはセルバという熱帯雨林が広がる。その南部にはブラジル高原が広がっている。

資源…鉄鉱石などの鉱産資源が豊かで，特に鉄鉱石は日本に多く輸出されている。

産業…**コーヒー豆**の生産や輸出がさかんである。近年は，さとうきびや大豆，綿花などのさいばいがさかんである。また，豊富な鉱産資源を背景に，自動車や鉄鋼，航空機などの工業が急速に発展した。

日本との結びつき…日本人の移民が明治時代に始まり，コーヒー農園などで働いた。現在では約200万人もの日系人がブラジルでくらしている。最近は日本に働きに出るブラジル人が多く，愛知県や静岡県などの製造業が発達した地域で増加している。

🔍 もっとくわしく

ブラジル

コーヒー

面積：851万km²(2021年)
　　　（日本の約23倍）
人口：2億1531万人(2022年)
首都：ブラジリア
言語：ポルトガル語

その他
33.3

世界計
992万t

ブラジル
30.2%

ベトナム
18.6

インドネシア
7.7

コロンビア
5.6

エチオピア
4.6

↑コーヒー豆の生産
（2021年）

（『日本国勢図会』2023/24年版）

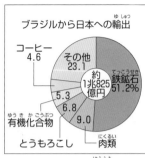

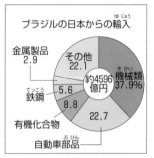

↑ブラジルと日本の貿易（2021年）（『日本国勢図会』2023/24年版）

もっとくわしく

日本に住む外国人の人口
働く目的などで日本にくらしている外国人の国籍は，近隣の中国や韓国などのアジア諸国とブラジルが多い。

（2022年）
（『日本国勢図会』2023/24年版）

文化…サッカーがさかんで，人気スポーツとなっている。また，リオデジャネイロで開かれるお祭り（**リオのカーニバル**）は世界的に有名。

↑リオのカーニバル

開発と環境…アマゾン川流域では，開発のために，熱帯雨林のばっ採が行われている。切り開かれた土地は牧場や農地などになり，肉牛の飼育や大豆のさいばいが行われている。熱帯雨林のばっ採によって，地球温暖化がさらに進むと考えられている。また，近年，さとうきびなどの植物を原料とした**バイオ燃料（バイオエタノール）**が，環境に優しい燃料として注目されていることから，**さとうきび**のさいばいがさかんになっている。しかし，一方で，くり返しさいばいすることで土地が荒れるなど，環境問題も発生している。

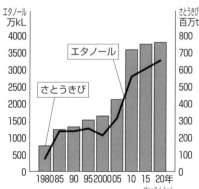

↑ブラジルのバイオエタノールの生産量の移り変わり
（FAOSTAT ほか）

3 アジアの国々

1 東アジアの主な国々

↑上海のビル群

↑万里の長城

1 中華人民共和国 (中国)

地理…西部に高地，東部に平地が広がる。黄河，長江などの大河は東に流れている。沿岸部は，季節によって吹く向きが変わる季節風 (モンスーン) のえいきょうを受けて，夏に多くの雨が降る。内陸部は季節風のえいきょうを受けにくく，一年を通して雨が少ない。

産業…広大な国土に豊富な農地があり，米，小麦，じゃがいもの生産量は世界一。国内で消費されるため，輸出は少ない。東北と華北は畑作，華中は稲作，華南は稲作と茶の生産がさかん。内陸部は遊牧地域となっている。石炭や鉄鉱石の産出量が多く，東北地方では早くから工業が発達した。近年は沿海部で工業化が進んでいる。

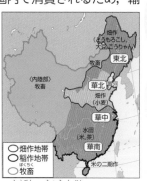

↑中国の地域区分

もっとくわしく

中華人民共和国

チャイナ服

面積：960万km²(2021年)
（日本の約25倍）
人口：14億2570万人(2023年)
首都：ペキン
言語：中国語など多数

人口と社会…中国は50を超える民族で構成され，その9割を漢民族がしめている。少数民族には自治を認めた地域が5つあり，内モンゴル自治区や新疆ウイグル自治区などがある。人口は14億人を超えている。人口の増加をおさえるため，夫婦で子ども1人の家庭を優遇する「**ひとりっ子政策**」がとられていたが，2015年に廃止された。

近代化への改革…1980年代に，**生産責任制**を取り入れてから，自由に農産物を生産できるようになって生産量が大きくのびた①。また，沿岸部に**経済特区**②をもうけて外国企業を税制面で優遇し，積極的に外国資本，技術提供を受け入れたことで，商業，工業，金融業が発展した。この結果，中国は「**世界の工場**」とよばれるようになった。しかし，沿岸部を中心とした都市部が発展する一方で，農村部では工業化が遅れているため，都市部と農村部との経済格差が問題になっている。また，北京オリンピックや上海万博の開催で経済発展を世界にアピールした。

日本との結びつき…日本は古くから中国の文化や技術のえいきょうを受けてきた。お茶や漢方薬，漢字などは中国から伝わったものである。現在は主に経済の結びつきが強く，2007年以降，中国は日本の最大の貿易相手国である。

用語

①生産責任制
政府が統制した集団農業（人民公社）から，農家が自由市場に参入できるように政策を転換した。

用語

②経済特区
シェンチェン，チューハイ，スワトウ，アモイ，ハイナン島の5か所。これらの地域では外国の企業が進出し，商業や金融業が発展している。

●経済特区

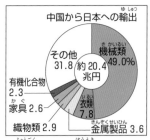

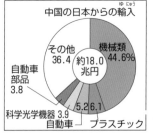

↑中国と日本の貿易（2021年）（『日本国勢図会』2023/24年版）

機械類が多い。

3 アジアの国々

3年
4年
5年
6年

国際編

第1章
日本とつながりの深い国々

第2章
世界の未来と日本の役割と

② 大韓民国 (韓国)

地理…ユーラシア大陸の東部につき出た朝鮮半島の南部にある。東側に山脈が走り，西側に平野部が多い。また，南部や西部の海岸は出入りの多いリアス海岸である。

産業…米づくりが中心だが，小麦や野菜の生産もさかん。工業も発達しており，鉄鋼，造船，自動車，電子機械工業 (携帯電話など) が発展している。工業製品の輸出が多い。

歴史…古くから政治，経済，文化的に中国のえいきょうを受け，日本との交流がさかん。1910年に日本に併合 (⇒P.489) され，第二次世界大戦終結まで植民地となっていた。戦後はアメリカとソビエト連邦 (現在のロシア連邦) の争いから，朝鮮半島が分断され，南北に大韓民国と朝鮮民主主義人民共和国①が成立して現在に至る。1965年の**日韓基本条約**で日本と国交を回復し，その後は経済面，文化面での交流が活発になっている。2002年には日本と共同でサッカーワールドカップを開催した。②

貿易の特ちょう…加工貿易を得意とする。近年はアメリカや日本にかわり中国が最大の貿易相手国で，輸出，輸入とも第1位である。対日貿易は赤字。

文化・生活…**ハングル**という独自の文字を使っている。とうがらしを使ったつけものの**キムチ**づくりの伝統が受けつがれている。

↑韓国の民族衣装 (チマチョゴリ)

↑キムチづくりの様子

🔍 **もっとくわしく**

大韓民国

面積：10万km² (2021年)
　　　(日本の約0.3倍)
人口：5182万人 (2022年)
首都：ソウル
言語：韓国語

🔍 **もっとくわしく**

①朝鮮民主主義人民共和国 (北朝鮮)

面積：12万km² (2021年)
　　　(日本の約0.3倍)
人口：2607万人 (2022年)
首都：ピョンヤン
言語：朝鮮語

🔍 **もっとくわしく**

②日本に近い国，韓国
福岡を中心にすると，大阪と韓国の首都ソウルはほぼ同じ距離である。

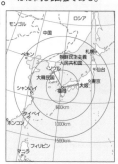

② 東南アジアの主な国々

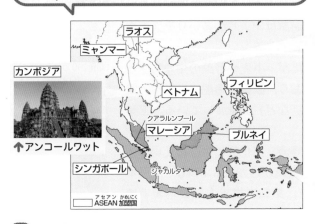

ラオス
ミャンマー
カンボジア
ベトナム
フィリピン
クアラルンプール
マレーシア
ブルネイ
シンガポール
ジャカルタ
ASEAN加盟国

↑アンコールワット

タイ

↑エメラルド寺院

１ マレーシア

産業…輸出用の商品作物として，天然ゴムや油やしなどが，プランテーションとよばれる大農場で生産されている。1980年代以降は日本経済を手本にして（**ルックイースト政策**），電子工業や機械工業が発展している。

２ シンガポール

地理…マレー半島の先端にある島国。ほぼ赤道直下にある。

産業…電子工業を中心に工業が発展している。金融業もさかん。

３ インドネシア

地理…赤道を中心に東西に広がる島国。国土は約14,000の島々からなる。

産業…石炭や石油，天然ガス，すずなどの鉱産資源が豊富で，木材や天然ゴムの生産も多い。石炭やパーム油の輸出が多い。

インドネシア
↓伝統的な家

🔍もっとくわしく

マレーシア

面積：33万km²(2021年)
　　　(日本の約0.9倍)
人口：3394万人(2022年)
首都：クアラルンプール
言語：マレー語など

シンガポール

面積：700km²(2021年)
　　　(対馬ほどの大きさ)
人口：598万人(2022年)
首都：シンガポール
言語：マレー語，英語，
　　　中国語など

3 アジアの国々

3年
4年
5年
6年

国際編

第1章
日本とのつながり
の深い国々

第2章
世界の未来と
日本の役割と

4 ＡＳＥＡＮ〔東南アジア諸国連合〕

●主に政治や経済面で協力を進める地域協力機構で，フィリピン，マレーシア，インドネシア，ベトナム，カンボジア，ラオス，ブルネイ，ミャンマー，タイ，シンガポールが加盟している（2023年8月現在）。

5 日本とのつながり

●東南アジアの国々は，工業団地を整備して，工業化を進めた。賃金が安いことから，日本やアメリカ合衆国など，世界各国の企業が東南アジアへ進出しており，電気機械工業や輸送機械工業などが発展した。

もっとくわしく

インドネシア

サロン

面積：191万km²(2021年)
（日本の約5倍）
人口：2億7550万人(2022年)
首都：ジャカルタ
言語：インドネシア語

③ 南アジアと西アジアの主な国々

↑メッカのカーバ神殿

↑インドのガンジス川
（もく浴）

もっとくわしく

5〜8mの長い
布を巻く。

1 インド

地理…インド洋につき出た半島国。北部はヒマラヤ山脈が走り，その南側にはガンジス川が流れ，平原を形成している。中央部はデカン高原が広がる。

資源…鉄鉱石，石炭をはじめとする鉱産資源も豊かで，鉄鉱石の生産は世界の中でも上位である。

産業…ガンジス川流域で米や小麦など，デカン高原で綿花の生産がさかん。茶の生産量は世界2位。豊富な鉱産資源を背景に工業も発展しているが，近年は

インド

サリー

面積：329万km²(2021年)
（日本の約9倍）
人口：14億2860万人(2023年)
首都：ニューデリー
言語：ヒンディー語など

特にコンピューターソフトの開発がさかんで，情報通信技術（ICT）産業の発展がめざましい。

人口と社会…インドの人口は，毎年1000万人以上増加し続けており，失業や住宅難などの原因になっている。また，古代からの**カースト制度**①のなごりが残り，近代化を進める上での障害となっている。

② サウジアラビア

地理…ペルシャ湾に面し，アラビア半島の大部分をしめる国。国土の大部分は乾燥気候で，砂ばくが広がっている。

資源・産業…世界有数の石油産出国。埋蔵量も世界有数で，国家の収入の大部分が石油の輸出による。

文化…イスラム教の聖地メッカには世界各国のイスラム教徒がたくさん訪れる。イスラム教徒は1日5回メッカに向かって礼拝を行う。

日本との結びつき…石油を輸出し，日本の主要なエネルギー輸入元である。

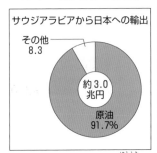
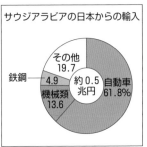

↑サウジアラビアと日本の貿易（2021年）（『日本国勢図会』2023/24年版）

イスラム教の教えで女性は髪や肌を見せないようにしている。

サウジアラビア

チャドル

面積：221万km²（2021年）
　　　（日本の約6倍）
人口：3641万人（2022年）
首都：リヤド
言語：アラビア語

社会の宝箱

インドはなぜITに強いか

インドには数学や英語の高度な教育を受けた，人件費の安い若い労働者が多く，政府が国内，国外のICT企業に対して税制面で優遇しているからである。

4 オセアニア・アフリカの国々

1 オセアニアの主な国

オーストラリア
グレートバリアリーフ
太平洋
インド洋
グレートサンディー砂ばく
グレートビクトリア砂ばく
グレートアーテジアン盆地（大鑽井盆地）
グレートディバイディング山脈
キャンベラ
ニュージーランド
降水量が少ないため，井戸を掘って，放牧している

↑オペラハウス（シドニー）

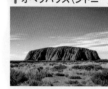

↑ウルル

オーストラリア

地理…世界最小の大陸。東に太平洋，西にインド洋が広がる。

歴史…先住民は**アボリジニ**だが，18世紀以降，イギリス人が植民して生活域を広げた。現在，アボリジニは少数民族となっているが，オーストラリアはアボリジニの文化を尊重し，保護につとめている。

資源…東部で石炭，天然ガス，西部で鉄鉱石，金，北部でボーキサイト，天然ガスなどの鉱産資源が豊富。

もっとくわしく

オーストラリア

カンガルー
コアラ

面積：769万 km²（2021年）
（日本の約20倍）
人口：2618万人（2022年）
首都：キャンベラ
言語：英語

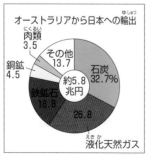

オーストラリアから日本への輸出
肉類 3.5
その他 13.7
銅鉱 4.5
約5.8兆円
石炭 32.7%
鉄鉱石 18.8
26.8
液化天然ガス

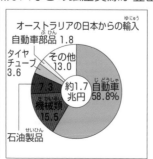

オーストラリアの日本からの輸入
自動車部品 1.8
タイヤチューブ 3.6
その他 13.0
約1.7兆円
自動車 58.8%
7.3
機械類 15.5
石油製品

↑オーストラリアと日本の貿易（2021年）（『日本国勢図会』2023/24年版）

545

産業…牧羊がさかんで，世界一の羊毛輸出国である。小麦やさとうきび，牛肉の生産も多い。

日本との結びつき…日本は中国に次ぐ貿易相手国。日本の石炭，鉄鉱石の輸入元の第1位である（2021年）。日本から自動車や機械類などの工業製品を輸入している。

② アフリカの主な国々

↑キリマンジャロ山と野生動物（タンザニア）

サハラ砂ばくの南側のサヘルでは急速に砂ばく化が進んでいる

↑ピラミッド

南アフリカ共和国

1 エジプト

歴史…「**エジプトはナイルの賜物**」というように，ナイル川のはんらんがもたらす豊かな土地を背景に，ナイル川流域で世界四大文明の1つである**エジプト文明**が発達した。

産業…なつめやしのさいばいがさかんである。また，ギザのピラミッドに代表される古代遺跡は重要な観光資源となっている。

2 南アフリカ共和国

資源…鉄鉱石や石炭，金，ダイヤモンドなど鉱産資源が豊富。アフリカ大陸では，日本の最大の貿易相手国である。

社会…<u>アパルトヘイト</u>①が続けられていたが，1990年代前半に廃止され，初の黒人大統領が誕生した。

🔍 もっとくわしく

エジプト

面積：100万km²（2021年）
（日本の約3倍）
人口：1億1099万人（2022年）
首都：カイロ
言語：アラビア語

南アフリカ共和国

面積：122万km²（2021年）
（日本の約3倍）
人口：5989万人（2022年）
首都：プレトリア
言語：11の公用語

用語

①**アパルトヘイト**
ヨーロッパ系以外の人々を差別する人種隔離政策。居住地を制限するなどの差別が行われていた。

入試要点 チェック

3年
4年
5年
6年

国際編

第1章
日本とつながり
の深い国々

第2章
世界の未来と
日本の役割

解答 ▶ P.623

つまずいたら
調べよう

☐ **1** 世界で最初に**産業革命が起きた国**はどこですか。

1 ▶ P.533
1 **1** **1**

☐ **2** **ヨーロッパ最大の農業国**で小麦やワインの生産がさかんな国はどこですか。

2 ▶ P.533
1 **1** **2**

☐ **3** 第二次世界大戦後，**東西に分かれていたが**，1990年に統一された国はどこですか。

3 ▶ P.534
1 **1** **3**

☐ **4** 世界で**最も面積が広い国**で，日本との間で北方領土問題が未解決のままの国はどこですか。

4 ▶ P.534
1 **1** **6**

☐ **5** ヨーロッパで**政治的，経済的な統合**をめざして1993年に結成された組織を何といいますか。

5 ▶ P.534
1 **2**

☐ **6** 1999年から，5の組織で一部の国を除いて使用されている**共通通貨**を何といいますか。

6 ▶ P.534
1 **2**

☐ **7** 首都はワシントンD.C.で，宇宙，航空機，コンピューターなどの**先端技術産業**が発展している国はどこですか。

7 ▶ P.535
2 **1** **1**

☐ **8** **コーヒー豆の生産が世界第1位**（2021年）で，明治時代より日本から移住した人が多く，サッカーがさかんな国はどこですか。

8 ▶ P.537
2 **2**

☐ **9** 中国の50を超える民族の中で，**人口の9割をしめている民族**は何ですか。

9 ▶ P.540
3 **1** **1**

☐ **10** 古くから日本との交流がさかんで，2002年に**サッカーワールドカップを日本と共同で開催した国**はどこですか。

10 ▶ P.541
3 **1** **2**

☐ **11** **カースト制度**という独特の身分制度のなごりがある国はどこですか。

11 ▶ P.544
3 **3** **1**

☐ **12** イスラム教の聖地，**メッカがある国**で，日本に石油を多く輸出している国はどこですか。

12 ▶ P.544
3 **3** **2**

入試問題にチャレンジ！

解答▶P.623

1 次の説明文①～④にあてはまる国名Ⓐ～Ⓓとの組み合わせとして正しいものを，次のア～エの中から記号で答えなさい。

(海城中)

説明文

①この国は，日本の約25倍もある広い国で，言葉や習慣のことなる50以上に及ぶ民族がくらしています。

②この国の民族衣装は，遠い昔，日本にも影響をあたえました。高松塚古墳（奈良県）の壁画をみるとわかります。

③この国は，日本の約23倍もある広い国で，サッカーがとても盛んで強く，明治時代以降に多くの日本人が仕事を求めて移り住みました。

④この国は，国土のほとんどが砂漠で気温の寒暖差は激しく，人々はイスラム教に深く関わって生活しています。　　　　　　　（　　　）

国名

Ⓐ　サウジアラビア　　Ⓑ　中国　　Ⓒ　韓国　　Ⓓ　ブラジル

組み合わせ

ア　①－Ⓐ②－Ⓑ③－Ⓒ④－Ⓓ　イ　①－Ⓑ②－Ⓒ③－Ⓓ④－Ⓐ

ウ　①－Ⓒ②－Ⓓ③－Ⓐ④－Ⓑ　エ　①－Ⓓ②－Ⓐ③－Ⓑ④－Ⓒ

2 次の文章をよく読み，以下の問いに答えなさい。

(富士見丘中)

ヨーロッパでは国家の枠組みをこえた政治，経済の統合がすすんでいます。（　**A**　）と①オランダとルクセンブルクをまとめてベネルクス三国といい，第二次世界大戦後から統合しています。また現在では，ＥＵを構成する国に数えられています。②ＥＵは，加盟している国に対して，財政赤字を3％以内に抑えることを義務付けていますが，2009年秋に③ギリシャで巨額の財政赤字が発覚し，これによりＥＵにおける単一通貨である（　**B**　）の価値は下がりました。しかしＥＵ加盟国はギリシャを支援することを決め，結びつきは強くなっています。

（1）（　**A**　）にあてはまる国名を答えなさい。　　　　（　　　　　　　）

（2）下線部①のロッテルダムにあるヨーロッパ最大の港を何といいますか。　　　　　　　　　　　　　　　　　　　　（　　　　　　　）

(3) 下線部②の日本語の名称を次の**ア**～**エ**から選び，記号で答えなさい。　　（　　）

ア　北大西洋条約機構
イ　ヨーロッパ共同体
ウ　ヨーロッパ経済共同体
エ　ヨーロッパ連合

(4) 下線部③の国の位置を右の地図中の**ア**～**エ**から選び，記号で答えなさい。　　（　　）

(5) （　**B**　）にあてはまる語句を答えなさい。　　（　　）

3 次の地図の**A**～**D**は世界で人口の多い上位4か国をしめしています。地図中の**A**と**C**の国を説明した文を**ア**～**オ**からそれぞれ1つずつ選び，記号で答えなさい。

(西大和学園中・改)

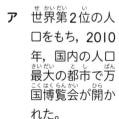
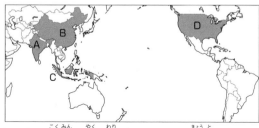

ア　世界第2位の人口をもち，2010年，国内の人口最大の都市で万国博覧会が開かれた。
イ　世界最大の人口をもち，国民の約8割がヒンドゥー教徒である。
ウ　日本はこの国から石炭や天然ガスを大量に輸入しており，イスラム教徒が多い。
エ　世界最大の流域面積をもつ河川が流れ，流域には熱帯雨林が広がっている。
オ　日本は国内で消費されるとうもろこしの大部分をこの国から輸入している。

A（　　　）　C（　　　）

第**2**章

世界の未来と日本の役割

1 国際連合〔国連〕の役割と国際社会

1 国際連合の成立

1 国際連合ができるまで

●国際連盟が第二次世界大戦を防ぐことができなかった反省に立ち，アメリカ，イギリス，ソ連，中国などの連合国側が中心になってつくられた新たな国際組織が，**国際連合〔国連〕**である。

●1945年，サンフランシスコ会議で国際連合の目的や組織を定めた**国際連合憲章**①が採択され，同年10月，51か国が加盟する国際連合が成立した。本部は**ニューヨーク**にある。

2 国際連合の加盟国と日本の役割

●国際連合の成立後，加盟国は増え続け，2023年8月現在は193か国にのぼる。日本は1956年に加盟し，現在は国際連合の活動費を多く負担して，運営の重要な役割を果たしている。

3 国際連合の目的

・世界の平和と安全を守る（安全保障）。
・世界の国々の間に，友好関係をつくり上げる（平和維持活動）。
・まずしい人々の生活を向上させ，おたがいの自由と権利を認め合えるように共同で努力する（人道支援）。
・国際的な問題，課題の解決という目的を達成するための話し合いの場になる。

全会一致（満場一致=全員賛成＝反対ゼロ）のため，議決が難しい。

🔍 **もっとくわしく**

①**国際連合憲章の前文**
われら連合国の人民は，われらの一生のうちに二度まで言語に絶する悲哀を人類に与えた戦争の惨害から将来の世代を救い，基本的人権と人間の尊厳及び価値と男女及び大小各国の同権とに関する信念をあらためて確認し，正義と条約その他の国際法の源泉から生ずる義務の尊重とを維持することができる条件を確立し，…これらの目的を達成するために，われらの努力を結集することに決定した。…　（一部）

世界のほとんどの独立国が加盟。

	国際連盟	国際連合
成立	1920年	1945年
本部	ジュネーブ（スイス）	ニューヨーク（アメリカ合衆国）
加盟国	原加盟国42か国（最多59か国）	原加盟国51か国（2023年8月現在193か国）
総会の決議方法	全会一致	多数決
制裁	経済制裁	経済制裁と武力の制裁

② 国際連合の組織としくみ

1 国際連合の組織

● 国際連合は，総会と事務局，3つの理事会，国際司法裁判所，その他の専門機関で構成されている。

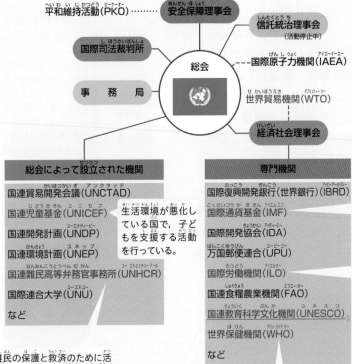

平和維持活動(PKO) ……… 安全保障理事会

信託統治理事会
（活動停止中）

国際司法裁判所

国際原子力機関(IAEA)

事　務　局

総会

世界貿易機関(WTO)

経済社会理事会

1995年にできた機関。貿易の自由化を目標に活動。貿易に関する国家間の争いの解決も行う。

総会によって設立された機関

国連貿易開発会議(UNCTAD)

国連児童基金(UNICEF)

国連開発計画(UNDP)

国連環境計画(UNEP)

国連難民高等弁務官事務所(UNHCR)

国際連合大学(UNU)

など

生活環境が悪化している国で，子どもを支援する活動を行っている。

専門機関

国際復興開発銀行（世界銀行）(IBRD)

国際通貨基金(IMF)

国際開発協会(IDA)

万国郵便連合(UPU)

国際労働機関(ILO)

国連食糧農業機関(FAO)

国際教育科学文化機関(UNESCO)

世界保健機関(WHO)

など

国際通貨に関する問題の解決をはかる。

労働者の地位向上や労働問題の解決のための機関。労働条件の最低基準を世界の各国に勧告。

難民の保護と救済のために活動している。衣食住の支援，職業，教育の機会を得られるようにはたらきかける。

教育・科学・文化の向上やその交流を通じての世界平和実現を目的として活動している。世界遺産条約を採択。

健康を守り，増進することを目的として活動している。感染症予防，風土病や公害病への対策も行う。

🔍 **もっとくわしく**

① UNESCOの活動ー世界遺産

世界の貴重な文化遺産と自然遺産を保護する目的で，1972年，世界遺産条約を採択。自然遺産と文化遺産，複合遺産（自然遺産と文化遺産をかねそなえたもの）からなる。2023年10月現在で1199件が登録されており，そのうち25件が日本の登録である。

↑白神山地（青森県）

② 国際連合のしくみ

●**総会**…すべての加盟国の代表が参加する国連の中心となる機関で，世界で起こるさまざまな問題について話し合いを行う。1国1票の投票権をもち，議題は出席国の過半数の賛成で成立する。重要な議題は，3分の2以上の賛成を必要とすることもある。年1回の定期総会のほか，<u>特別総会①</u>，<u>緊急特別総会②</u>がある。

●**理事会**

安全保障理事会…世界の平和と安全の維持を目的とする機関で，5か国の常任理事国と，10か国の非常任理事国からなる。ふつう9理事国以上の賛成で決議されるが，重要な議題は5常任理事国のすべてをふくむ，9理事国以上の賛成が必要とされる。<u>拒否権③</u>をもつ常任理事国のうち，1国でも反対すれば，決議は成立しない（大国一致の原則）。

もっとくわしく

①**特別総会**…安全保障理事会または国連加盟国の過半数の要請で開かれる。
②**緊急特別総会**…安全保障理事会の9か国または国連加盟国の過半数の要請などにより，24時間以内に開かれる。

もっとくわしく

③**拒否権の行使**
冷戦期，アメリカとソ連の対立から，拒否権が多く行使された。

アジア太平洋，アフリカ，中南米，西ヨーロッパその他，東ヨーロッパ地域から選ばれる。

理事国（15か国）	
常任理事国（5か国） 中国，フランス，ロシア，イギリス，アメリカ ※拒否権をもつ	**非常任理事国（10か国）** 地理的代表の原則に基づいて総会の選挙で選ばれ，任期は2年。毎年半数改選される。

↑安全保障理事会の構成

経済社会理事会…経済，社会，文化，教育，保健，食料などの問題をあつかい，世界の人々の生活改善，自由・人権の尊重について勧告を行う。多くの専門機関があり，理事国は54か国。

●**国際司法裁判所**…本部は**ハーグ**（オランダ）にあり，国と国との争いを裁くのが主な仕事。

●**事務局**…国際連合の事務を行う。**事務総長**は事務局の最高責任者で，安全保障理事会の勧告で総会が任命する。本部はニューヨーク（アメリカ）。

●**その他の機関**…国連には，**UNESCO**など，総会の付属機関や常設機関，**専門機関**が多数ある。

↑国際連合本部

③ 国際社会の平和・人権・環境への取り組み

① 世界平和のための平和維持活動

●国際連合は，紛争地域に平和維持軍（PKF）を派遣して，争いの悪化を防止。また，停戦の監視などの活動を行うことを平和維持活動（PKO）という。

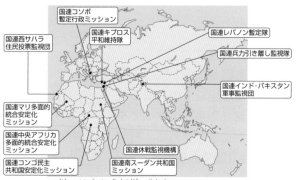

国連コソボ
暫定行政ミッション

国連キプロス
平和維持隊

国連レバノン暫定隊

国連西サハラ
住民投票監視団

国連兵力引き離し監視隊

国連インド・パキスタン
軍事監視団

国連マリ多面的
統合安定化
ミッション

国連中央アフリカ
多面的統合安定化
ミッション

国連コンゴ民主
共和国安定化ミッション

国連休戦監視機構

国連南スーダン共和国
ミッション

↑主な平和維持活動（PKO）(外務省資料)

② 軍縮と核に関する活動

●第二次世界大戦後，大国は核軍備の拡大を進めた。

1962年，キューバでのアメリカとソ連の対立（キューバ危機）をきっかけに，国際的に核兵器反対の動きが強まった。現在，国際原子力機関（IAEA）を設けて，原子力の平和利用や核兵器の削減①を進めている。

もっとくわしく

①核廃絶への動き

1954年，アメリカがビキニ環礁で行った水爆実験で，日本の漁船が被ばくし，犠牲者が出た。この事件を受けて1955年8月，広島で原水爆禁止世界大会が開かれ，以後，毎年開催されている。また，日本は唯一の被爆国として，核兵器を「もたず，つくらず，もちこませず」の非核三原則の政府方針をとっている。

年代	交渉・条約名	内容
1963	PTBT	部分的核実験停止条約の略称。アメリカ，ソ連，イギリスが，地下実験以外の核実験の停止に合意。
1968	核拡散防止条約	通称NPT。核兵器保有国をアメリカ，イギリス，ソ連，フランス，中国の5か国に限ることが決められた。
1987	INF全廃条約	中距離核戦力全廃条約の略称。アメリカ，ソ連で，地上発射の中距離核戦力の廃棄について調印。2019年にアメリカのトランプ大統領の破棄表明を受けて，失効。
1996	CTBT	包括的核実験禁止条約の略称。国連総会で採択。核実験をすべて禁止。核実験に対する監視活動と現地査察を決定。未発効。
1997	対人地雷全面禁止条約	対人地雷の使用，地雷の貯蔵，生産などを全面的に禁止。1999年発効。
2017	核兵器禁止条約	核兵器の開発や保有などを全面的に禁止。日本は参加していない。

↑世界の軍縮の動き

③ 人権を守るための取り組み

●1948年に「世界人権宣言」を総会で採択し，国際的な人権の保障の基準を示した。1966年には「国際人権規約」を採択して，世界人権宣言を条約化した。その他，「人種差別撤廃条約」のように多くの条約や宣言を採択して①，人権を守る取り組みを進めている。

④ 環境問題への取り組み

●1972年にストックホルム（スウェーデン）で開催された国連人間環境会議で，「かけがえのない地球」をスローガンに「人間環境宣言」を採択。1992年にリオデジャネイロ（ブラジル）で国連環境開発会議（**地球サミット**）を，2002年にヨハネスブルグ（南アフリカ共和国）で環境開発サミットを開き，世界環境を守るための原則を定めた。

⑤ 南北問題の解決にむけた取り組み

●先進国の多くは地球の北側にあり，発展途上国の多くは地球の南側にある。北と南にある，この経済格差（**南北問題**）を解決するため，**国連貿易開発会議（UNCTAD）**を中心に，発展途上国への援助が続けられている。

もっとくわしく

①国連で採択した人権に関する条約

年代	人権に関する主な条約・宣言
1948	世界人権宣言
1951	難民の地位に関する条約
1953	婦人の参政権に関する条約
1965	人種差別撤廃条約
1966	国際人権規約
1967	難民の地位に関する議定書
1973	アパルトヘイト犯罪条約
1979	女子差別撤廃条約
1989	子どもの権利条約
1989	死刑廃止条約

条約を承認するかどうかは，各国が独自に決める。

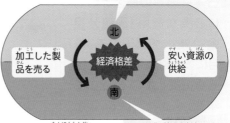

先進国は地球の北側に多い

加工した製品を売る　経済格差　安い資源の供給

北　南

↑南北問題のイメージ

発展途上国は地球の南側に多い

④ NGO（非政府組織）と協力した活動

●NGOは，開発，経済，人権，環境など，地球規模の問題に取り組む国際的な民間組織である。国連はNGOがもつ専門知識やネットワークを生かして，経済社会理事会での協議，資料センターの運営などを協力して行っている。代表的なNGOとして，**国際赤十字，国際オリンピック委員会，アムネスティ・インターナショナル，ICAN（核兵器廃絶国際キャンペーン）**などがある。

2 日本の国際協力

1 日本政府の国際協力

1 PKO（平和維持活動）

● 1992年にPKO協力法が成立し，同年，自衛隊がはじめて海外（カンボジア）に派遣された。2001年にはPKO協力法が改正され，自衛隊がPKF（平和維持軍）としての派遣が可能になった。その後，国際貢献の1つとして，世界各地への派遣が続いている。

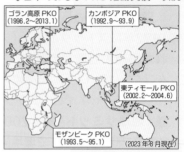

↓日本のおもなPKO活動実績・状況

ゴラン高原PKO（1996.2～2013.1）
カンボジアPKO（1992.9～93.9）
東ティモールPKO（2002.2～2004.6）
モザンビークPKO（1993.5～95.1）
（2023年8月現在）

2 経済協力

● 日本は国連の運営と活動に必要な費用（**国連分担金**①）を，加盟国中で3番目に多く納めることで，国際貢献をしている（2022年度）。また，1964年から**経済協力開発機構（OECD）**②に参加し，経済援助が必要な国に対して，**政府開発援助（ODA）**③を実施している。

● ODAには，発展途上国に直接援助をする二国間援助と，国際機関を通して援助を行う多国間援助がある。その中で，返済の必要がない**無償援助**と，返済が必要な**有償援助**に分かれる。

● 二国間援助には，資金援助のほか，**青年海外協力隊**などによる技術協力や，海外から日本に技術を学びに来る人の受け入れなどもふくまれる。

アメリカと中国以外の常任理事国より多い！

イタリア3.2
カナダ2.6
韓国2.6
その他31.5
アメリカ22.0%
中国15.3
日本8.0
ドイツ6.1
イギリス4.4
フランス4.3
総額31億5190万ドル

↑**国連分担金の割合**（2022年度）
『世界国勢図会』2022/23年版

用語

①**国連分担金**
国連の予算をまかなうため，加盟国が分担して納めるお金。

用語

②**経済協力開発機構（OECD）**
先進国が世界経済について話し合うために設立された国際機関。

用語

③**政府開発援助（ODA）**
先進国が発展途上国に対して行う，さまざまな経済援助。

③ 人材派遣

●国際協力機構（JICA）①

は，さまざまな技術を身につけた20才以上の日本人を募集し，海外へ派遣する事業を行っている。この青年海外協力隊は，農業，医療，教育など多くの分野にわたり，派遣先の人々が独

↑青年海外協力隊

力で生活を向上させることができるように技術指導を行う。40才以上のシニア海外ボランティアの活動も同じ。

もっとくわしく

①国際協力機構（JICA）
「人を通じた国際協力」を目的として，ODA事業の計画づくり，国際協力の現場で活動する人材（青年海外協力隊）の確保や派遣などを行う。現地の人材育成などの支援に力を入れている。

国際編

第1章 日本とつながりの深い国々

第2章 世界の未来と日本の役割

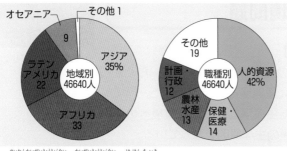

↑青年海外協力隊／海外協力隊の派遣地域（2023年, 累計）(国際協力機構資料)

② 民間の国際協力

●現在，国際協力活動に取り組んでいるNGOは，全国に400団体以上ある。NGOの活動は，国家単位では対応できない細かな分野におよぶため，政府はNGOの団体に資金を提供して支援を行い，日本の国際協力活動の1つとしている。

政府とNGOとのパートナーシップ

外務省
NGOの人材や技術を活用する「連携」や，活動資金の「支援」の推進

人材・技術・ノウハウの活用
国際協力活動への資金協力

NGO
きめの細かい援助や緊急人道支援で迅速・柔軟な対応

3 国際化社会とわたしたち

1 現在, 世界で起こっている諸問題

●現在の世界には, ある一国の取り組みだけでは解決しきれない, 地球規模の課題がある。環境問題 (⇒P.302), 地域紛争, 資源・エネルギー問題, 人口爆発と食料問題などである。これらの解決には, 世界各国の協力, 協調関係が必要である。

↑干上がった湖 (インド)

↑海面上昇でしずむツバル

2 地球環境問題

1 環境問題の原因

●人口の増加, 経済の発展, 工業化により, たくさんの資源を消費する大量消費社会が到来した。環境保護をおろそかにした生産活動は, 地球環境への負担が大きく, 環境破壊の主な原因となっている。

2 現在問題となっている現象

●地球温暖化 (化石燃料を燃やすと排出される二酸化炭素などの温室効果ガスの増加による), オゾン層の破壊 (スプレーやエアコン, 冷蔵庫に使われたフロンガスによる), 酸性雨 (化石燃料を燃やしたときなどに排出される窒素酸化物や硫黄酸化物などがとけこんだ強い酸性の雨), 砂ばく化と森林破壊① (焼畑農業, 放牧, 森林伐採, 降雨不足などによる) の5つが問題となっている。

温室効果ガスの濃度が産業革命以前の様子

熱の放出

再放射

太陽の光

平均気温 14℃前後

温室効果ガス濃度の上昇した現在

熱の放出

再放射

太陽の光

気温の上昇

↑地球温暖化のメカニズム

🔍 もっとくわしく

①森林破壊の原因の1つとなる焼畑農業
森林を伐採して焼き, 灰を利用して地質を整え, 耕作する。土地がやせたらほかの森林を焼いて, そこで耕作する。焼畑農業をさかんに行うと土地の回復が間に合わず, 作物が育たない土地が広がる。

温室効果ガスには, 熱をとどめる働きがあり, 濃度の上昇が気温の上昇をまねいている。

●こういった諸問題に対する危機感は，世界各国で共有されるようになってきており，徐々に対策がとられてきている。

③ 地球環境問題への国際的な取り組み

●1972年，環境問題を話し合う，世界ではじめての政府間会合がストックホルムで開かれた（国連人間環境会議）。ここでは，環境問題が地球規模の課題であることが確認され，「**かけがえのない地球**」をテーマに掲げる「**人間環境宣言**」が採択された。翌年，環境問題を専門的にあつかう機関，国連環境計画（ＵＮＥＰ）が発足した。

●1992年，リオデジャネイロで地球サミットが開かれ，「**環境と開発に関するリオ宣言**」で地球温暖化の防止に関する条約（気候変動枠組条約）①が採択された。

●1997年，**地球温暖化防止京都会議**が開かれ，「気候変動枠組条約」の具体的なルールを定めた「京都議定書」が採択された。温室効果ガスの排出量を減らす，各国の目標値が定められた。

④ その他，環境，自然を守るための国際的な取り組み

●1971年，わたり鳥など水鳥の生息地として重要な湿地を登録して保全し，水鳥を保護することを目的とした**ラムサール条約**が結ばれた。日本は1980年に加盟し，**釧路湿原**や**琵琶湖**など，多くの湿地を登録して保護活動を行っている。

社会の宝箱　絶滅の危機と環境問題

世界で現在，絶滅危惧種リスト〔レッドリスト〕にのる生物のうちの約27％が絶滅の危機にある。その原因には，地球温暖化，砂ばく化などの環境問題があるとされる。生物の多様性を守るためにも，環境問題の解決が求められている。

🔍 もっとくわしく

①**気候変動枠組条約締約国会議**
毎年開かれている。2015年に採択されたパリ協定では，条約加盟国すべてに温室効果ガスの排出削減を義務付けることなどが決められた。

↑気候変動枠組条約締約国会議

トキ，イリオモテヤマネコなど日本に生息する動物も絶滅の危機にある。

③ 第二次世界大戦，冷戦後の地域紛争

●第二次世界大戦のころは，国家と国家の対立が戦争の主な原因であった。また，大戦後から冷戦期にかけては植民地からの独立，イデオロギーの対立①などが主な原因であった。

●冷戦後は，世界の各地で国境や宗教，民族，人種，貧富の差などをめぐる対立が発生し，武力衝突（地域紛争）が起こるようになった（⇒P.524）。**宗教問題**，**民族問題**は政治，経済，文化・風習，価値観にかかわる複雑な背景があるため，解決点が見い出しにくく，長期化する原因になっている。キプロス紛争など解決されていない民族紛争が多く残っている。

●地域紛争は人々の生活と生命をおびやかし，多くの難民（紛争や対立が起こり他の地域へ移動せざるをえない人々）を生んだ。難民の受け入れと保護，救済は周辺国の大きな課題となっている。

④ 資源・エネルギー問題

●エネルギーの消費は，これまで先進国に集中してきた。しかし，これからは発展途上国の工業化が進み，発展途上国の人々の生活水準が上がるにつれいっそうの需要と消費が予想される。

●資源として限りがある化石燃料（石炭，石油，天然ガスなど）を補う新しいエネルギー源②として，水力や太陽光などの自然エネルギーや原子力の利用が進められてきた。また，技術革新により産業の省エネルギー化や低燃費の自動車の開発などがはかられている。

●今後はさらに環境にやさしく，安全で，安定した供給が可能なエネルギーの開発，省エネルギーにむけた取り組みが重要になっている。

🔍 **もっとくわしく**

①イデオロギーの対立

➡**考え方のちがい**

自由主義の立場（アメリカ），社会主義の立場（ソ連）による対立。朝鮮半島の主導権を争った朝鮮戦争（1950 ～ 1953 年）では，半島南部の韓国をアメリカ，北部の北朝鮮をソ連が支援。南北ベトナムの統一をめぐるベトナム戦争（1960 ごろ～ 1975 年）では，南部をアメリカなどが支援・介入し，北部をソ連などが支援して，対立が続いた。

🔍 **もっとくわしく**

②新しいエネルギー源

くりかえし使用でき，環境にやさしい，風力発電，太陽光発電，地熱発電など。とうもろこしなどの植物を使ったバイオ燃料の開発も行われている。

3 国際化社会とわたしたち

3年
4年
5年
6年

国際編

第1章
の深い国々
日本とつながり

第2章
日本の未来と
世界の役割

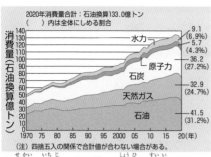

↑世界の一次エネルギーの消費の推移
（（財）日本原子力文化財団資料）

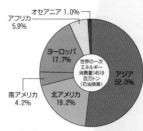

↑地域別エネルギー供給量分布（2019年）
（『データブック オブ・ザ・ワールド』（2023））

⑤ 人口爆発と食料問題

● 世界人口は1900年代になると急激に増え始め，2022年現在，79億人以上になる。人口の急激な増加を「人口爆発」といい，医療技術の発達で死亡率が低下したこと，輸送技術の発達により食料の流通が活発になったことが主な原因とされる。アフリカ，東南アジアを中心に，発展途上国の人口増加が目立つ一方，先進工業国では少子高齢化が進み，社会保障費の増大，就労人口の減少が心配されている。

● 人口の増加は，特にアフリカで食料不足を引き起こし，世界全体では約7.35億人が慢性的な飢餓に直面しているとされる（2022年）。しかし，穀物の生産量は79億人の世界人口をまかなえる量であり，主に発展途上国への食料の援助が課題となっている。

アジアとアフリカの人口が今後も増加し続けると予測されている。

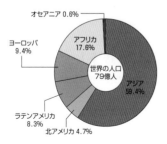

↑地域別人口分布（2021年）
（『世界国勢図会』2022/23年版）

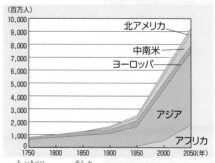

↑地域別人口の増加（総務省統計局資料）

中学入試対策！　**三大宗教とヒンドゥー教**　入試でる度 ★★☆☆☆

世界の宗教人口は**キリスト教**が25.6億人，**イスラム教**が19.6億人，**ヒンドゥー教**が10.7億人，**仏教**が5.5億人となっている（2021年）。インドだけでほとんどをしめるヒンドゥー教を除いて，キリスト教，イスラム教，仏教は世界各地に広がっているため，この3つの宗教は「世界の三大宗教」とされている。各宗教の特ちょうをおさえておこう。

ここが問われる！
キリスト教…**イエス・キリスト**が開いた宗教
宗派…プロテスタント，カトリック，東方正教会など　聖地はユダヤ教，イスラム教と同じ。
聖地…**エルサレム**
聖典…新約聖書，旧約聖書
特ちょう…偶像すう拝を認める一神教

ここが問われる！
イスラム教…**ムハンマド**が開いた宗教
宗派…スンナ派，シーア派など
聖地…**メッカ，メディナ，エルサレム**
聖典…コーラン（クルアーン）
特ちょう…飲酒や豚肉を食べることを禁止

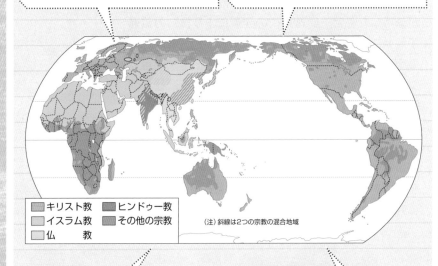

キリスト教
イスラム教
仏　　教
ヒンドゥー教
その他の宗教
（注）斜線は2つの宗教の混合地域

ここが問われる！
ヒンドゥー教…インドの日常生活に深く浸透した宗教
聖地…ベナレス（バラナシ）など
特ちょう…身分，職業を分ける**カースト制度**。信者のほとんどがインドに集中

ここが問われる！
仏教…釈迦の説いた教えが元になって開かれた宗教
宗派…大乗仏教，上座部（小乗）仏教，ラマ教などに分かれて発展

国際編

6 現在の国際社会

1 進むグローバル化

● 世界はいま，地球規模で労働力，資源，商品，金融，文化，情報，サービスの交流が広がり，結びつきが深まってきている。これを**グローバル化**という。

● グローバル化は，生産に必要な安い労働力を求め，生産に必要な原材料や資材を安く入手できる相手と取り引きをし，高く商品を提供できる相手を選んで利益を追求することを可能にしている。

2 地域統合の動き

● グローバル化に対して，地理的，文化的に近い国々などが結びつきを強め，経済の発展や安全保障をはかる，**地域主義**の動きも出てきている。代表的なのはヨーロッパの**ＥＵ**〔ヨーロッパ連合⇒P.534〕①，東南アジアを中心とした**ＡＳＥＡＮ**〔東南アジア諸国連合⇒P.543〕である。

● 北米では，カナダ，アメリカ，メキシコが**ＮＡＦＴＡ**〔北米自由貿易協定〕を結び，地域限定の**自由貿易市場**をつくっていたが，2020年7月より**USMCA**〔アメリカ・メキシコ・カナダ協定〕にかわった。また，南米では，アルゼンチン，ウルグアイ，パラグアイ，ブラジルが，関税をなくした自由貿易市場，**MERCOSUR**〔南米南部共同市場〕をつくっている。

● アフリカ大陸の55か国・地域が加盟して**アフリカ連合**〔ＡＵ〕をつくり，政治的，経済的，社会的な統合を強める動きが見られる。

● アジアでは，ＡＳＥＡＮ諸国と日本，オーストラリア，アメリカ，ロシア，台湾，ペルーなど，太平洋を取り囲む21か国，地域が，**ＡＰＥＣ**〔アジア太平洋経済協力〕をつくり，経済面での協力を進めている。

🔍 **もっとくわしく**

①**ＥＵ〔ヨーロッパ連合〕**
イギリスは，2020年1月にＥＵから離脱した。

↑ USMCA

↑ MERCOSUR

3 経済格差の広がり

●グローバル化は競争を生む。競争力の強い先進国と，競争力の弱い発展途上国では，経済格差が広がっている。

●発展途上国の中でも，天然資源（特に石油）の産出国とそうでない国，豊かな国土，豊富な労働力をもつ国とそうでない国の間で経済格差が広がる，「南南問題」が起こっている。

北
アメリカ・EU・日本など

↕ 南北問題

南
産油国，新興工業経済地域（＝NIES）

↕ 南南問題

非産油国，最貧国・後発発展途上国（LDC）

↑南北問題と南南問題

4 文化・スポーツ面での国際交流

●「人類に最大の貢献をもたらした人々」におくられるノーベル賞は，人種，性別，国籍を問わず，研究実績や業績で評価されて選ばれる，世界的な賞である。物

↑ノーベル賞授賞式

理学賞，化学賞，生理学・医学賞，文学賞，平和賞の5部門がある。毎年，スウェーデンの首都ストックホルムにおいて，授賞式が行われる（平和賞はノルウェーのオスロ）。日本国籍・出身の受賞者はこれまで29名で，アジアでは最多となっている（2023年現在）。

●4年に一度開かれるスポーツの大会

オリンピック…4年に一度，世界各国から参加者を集め，多様な競技で男女別に競われる。夏季大会の2年後に冬季大会が開かれ，大会のシンボルは青，黄，黒，緑，赤の円で表現された「五輪旗」である。1位から3位までが金・銀・銅のメダルの授与と国旗が掲揚され，1位は出身国の国歌演奏で表彰される。

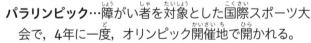

↑五輪旗

パラリンピック…障がい者を対象とした国際スポーツ大会で，4年に一度，オリンピック開催地で開かれる。

ワールドカップ（サッカー）…ナショナルチームによるサッカーの世界選手権大会で，4年に一度開かれる。テレビの視聴者数はオリンピックより多く，世界最大のスポーツ大会である。女子の大会では，2011年に日本が優勝した。

中学入試対策

冷戦期と冷戦後の世界

入試でる度 ★★☆☆☆

冷戦期の主な国際紛争

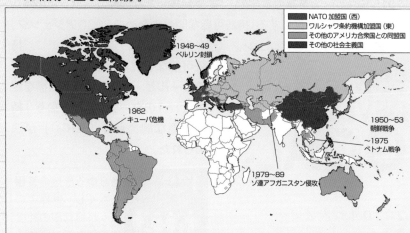

NATO加盟国（西）
ワルシャワ条約機構加盟国（東）
その他のアメリカ合衆国との同盟国
その他の社会主義国

1948〜49 ベルリン封鎖
1962 キューバ危機
1950〜53 朝鮮戦争
〜1975 ベトナム戦争
1979〜89 ソ連アフガニスタン侵攻

ここが問われる！

・アメリカとソ連は直接戦うことはなかったが，東西両陣営が接するところなどで紛争が起きた。
・冷戦終結でワルシャワ条約機構が解体。

冷戦後の主な国際紛争

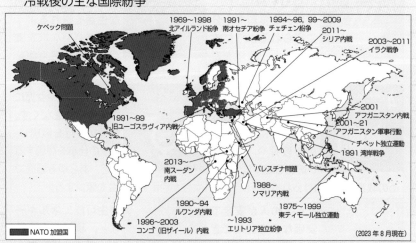

ケベック問題
1969〜1998 北アイルランド紛争
1991〜 南オセチア紛争
1994〜96, 99〜2009 チェチェン紛争
2011〜 シリア内戦
2003〜2011 イラク戦争
1991〜99 旧ユーゴスラヴィア内戦
2001 アフガニスタン内戦
2001〜21 アフガニスタン軍事行動
チベット独立運動
1991 湾岸戦争
2013〜 南スーダン内戦
パレスチナ問題
1988〜 ソマリア内戦
1975〜1999 東ティモール独立運動
1990〜94 ルワンダ内戦
〜1993 エリトリア独立紛争
1996〜2003 コンゴ（旧ザイール）内戦
NATO加盟国
（2023年8月現在）

ここが問われる！

・冷戦後，東ヨーロッパの国々は敵対していたNATOへの加盟をめざすようになった。ユーゴスラヴィアなどで冷戦のころはおさえられていた民族問題が紛争に発展。
・アフリカ，アジアでは，アメリカやかつてのソ連のえいきょう力がなくなり，民族紛争が多発。

中学入試対策

持続可能な開発目標（SDGs）

入試でる度　★★★☆☆

2015年9月，国際連合本部で，「国連持続可能な開発サミット」が開かれ，「我々の世界を変革する：持続可能な開発のための2030アジェンダ」が採択された。このアジェンダ（行動計画）では，2030年までに，**持続可能な世界を実現するための17のゴール**と，より具体的な目標を定めた**169のターゲット**からなる「**持続可能な開発目標（SDGs）**」が決められた。

SUSTAINABLE
DEVELOPMENT
GOALS

2030年に向けて
世界が合意した
「持続可能な開発目標」です

1 貧困をなくそう

あらゆる形態の**貧困をなくし**，世界中の人々が最低限の社会的保護を受けられるようにする。そのために，**発展途上国へ開発協力**などを行う。

2 飢餓をゼロに

飢餓をなくし，安全に食料を確保して，**栄養ある食料を十分に得られるようにする**。また，環境をこわさずに，農業の生産量を増やす。

3 すべての人に健康と福祉を

年齢に関係なく，すべての人が**健康的な生活を送れるよう**に，きれいな水を確保したり，感染症をなくしたりする。

4 質の高い教育をみんなに
男女ともに，すべての子どもが，基本的な能力を身に付けるための**教育**や，働きがいのある職業につくための教育を身に付けられるようにする。

5 ジェンダー平等を実現しよう
すべての女性や女児に対する差別をなくす。有害な慣行を撤廃し，女性の仕事を評価するなど，あらゆる場面で女性が活躍する機会を確保する。

6 安全な水とトイレを世界中に

すべての人が安全で安価な水を利用できるようにする。限りある水を効率的に利用し，排水処理やリサイクルなどの技術を世界各国に広める。

7 エネルギーをみんなにそしてクリーンに

再生可能エネルギーなど，**環境にやさしく，安価で信頼できるエネルギーを確保**し，世界中の人が使えるようにする。

3年
4年
5年
6年

国際編

第1章
の深い国々

第2章
世界の未来と
日本の役割

↑よごれた水を使う少女　↑ビニールをくわえる鳥　↑伐採されたマングローブ林

8 働きがいも経済成長も

すべての人が働きがいのある人間らしい仕事に就けるようにして，各国の状況に応じて，1人あたり経済成長率を持続させる。

9 産業と技術革新の基盤をつくろう

電気やガスなどのインフラを整備し，すべての国の持続可能な産業化を促進し，技術能力を向上させて，経済発展をはかる。

10 人や国の不平等をなくそう

国内および国家間における，年齢や性別，障がい，人種，民族，出自，宗教などによる不平等をなくし，平等な法律や政策などを促す。

11 住み続けられるまちづくりを

女性や子ども，高齢者，障がい者などをふくむすべての人が，適切かつ安全で，安価に住み続けられるまちをつくる。

12 つくる責任つかう責任

発展途上国に対して技術的な支援を行い，世界各国がさまざまな資源を効率的に利用して持続可能な生産と消費を行えるようにする。

13 気候変動に具体的な対策を

地球温暖化などの気候変動を緩和し，そのえいきょうを少なくするため，国ごとに気候変動に対する対策や戦略を立てる。

14 海の豊かさを守ろう

海洋ごみや富栄養化などによる海洋汚染を防止し，削減する。また，海洋資源を管理して，漁業や観光などで，持続的に利用できるようにする。

15 陸の豊かさも守ろう

森林の減少を防ぎ，砂ばく化や土地の劣化を阻止して，絶滅する動物を少なくする。植林をするなど，持続的に森林などを利用できるようにする。

16 平和と公正をすべての人に

あらゆる形態の暴力をなくし，政府やコミュニティーと協力して，法によって，国内および国際的な問題を解決しようとする。

17 パートナーシップで目標を達成しよう

持続可能な開発を成功させるために，世界中の国や人々が協力しなければならない。そのために，発展途上国の経済成長が不可欠である。

第2章
世界の未来と日本の役割

入試要点チェック

解答▶P.623

つまずいたら
調べよう

□ **1** 国際連合の本部が置かれている都市はどこですか。

1▶P.551
1 ① ①

□ **2** 国際連合の専門機関で，世界遺産の登録などを行っている機関のアルファベットの略称は何ですか。

2▶P.552
1 ② ①

□ **3** 国際連合の主要機関の1つで，世界の平和と安全の問題をあつかい，**5の常任理事国と10の非常任理事国からなる機関**を何といいますか。

3▶P.553
1 ② ②

□ **4** 国際連合が軍を派遣して紛争地域の争いの悪化を防止し，停戦の監視などを行う活動を何といいますか。

4▶P.554
1 ③ ①

□ **5** 先進国と発展途上国との間の経済格差による問題を何といいますか。

5▶P.555
1 ③ ⑤

□ **6** 国際赤十字などの**非政府組織**をアルファベットの略称で何といいますか。

6▶P.555
1 ④

□ **7** 先進国が開発途上国に対して行うさまざまな**経済援助**を，アルファベットの略称で何といいますか。

7▶P.556
2 ① ②

□ **8** 工場や自動車から出る窒素酸化物などがとけこんだ**強い酸性の雨**を何といいますか。

8▶P.558
3 ② ②

□ **9** 1971年に，水鳥の生息地として重要な**湿地の保全**を目的に結ばれた条約を何といいますか。

9▶P.559
3 ② ④

□ **10** **地球規模**で，労働力，資源，商品などの交流が広がり，結びつきが深まっている現状を何と表現しますか。

10▶P.563
3 ⑥ ①

□ **11** 生理学や化学，文学など6つの分野で世界的に価値のある業績をあげた人におくられる賞を何といいますか。

11▶P.564
3 ⑥ ④

入試問題にチャレンジ！

解答 ▶ P.623

1 次の文章をよく読み，あとの問いに答えなさい。

(関東学院六浦中)

　1945年8月，日本が無条件降伏したことにより第二次世界大戦が終結し，世界平和を維持するための組織が数多く結成されました。その中で最も大きなものが国際連合です。国際連合は，大戦前に存在していた国際連盟の問題点を反省して結成され，①加盟国すべてにより組織される（　②　），国際の平和と安全の維持を中心に活動し，10の非常任理事国と③5つの常任理事国で構成される（　④　），経済的・社会的・⑤文化的・人道的な国際協力の推進を行う経済社会理事会，当事国の同意により国家間の紛争について裁判を行う（　⑥　），信託統治理事会（1994年に任務終了），国際連合運営に関する一切の事務を担当する事務局の6つの機関により成り立っています。

（1）下線部①について，国際連合に加盟している国はいくつありますか。

（　　　　　）

（2）上の文章の空らん（　②　）（　④　）（　⑥　）に最もよく当てはまる機関名を答えなさい。

②（　　　　　　　　　　）

④（　　　　　　　　　　）

⑥（　　　　　　　　　　）

（3）下線部③について，④では常任理事国の1カ国でも反対があれば，議案は否決されることになります。この常任理事国がもつ権限を何と言いますか。漢字3字で答えなさい。

（　　　　　）

（4）下線部⑤について，経済社会理事会にはいくつかの専門機関が設けられており，世界遺産を決定する国連教育科学文化機関もその1つです。この機関はカタカナで何と呼ばれますか。4字で答えなさい。

（　　　　　）

2 次の①〜⑤は，地球上で起きているさまざまな環境問題です。環境問題に関するあとの問いに答えなさい。

(立正中改)

①地球温暖化　②オゾン層の破壊　③酸性雨　④森林破壊と砂漠化
⑤生物種の減少

(1) ①〜⑤の環境問題の原因として最も適当なものを，次の**ア**〜**オ**から1つずつ選び，記号で答えなさい。

ア 石炭や石油などの使用にともなう硫黄酸化物や窒素酸化物による大気汚染などにより起こる。

イ 人間が捕りすぎたことと熱帯林の急激な伐採などにより起こる。

ウ 大気中の二酸化炭素，メタンなどの濃度が高まったことなどで起こる。

エ 焼畑農業や過剰な放牧，木材の伐採により，表土が雨で流されてしまうことなどで起こる。

オ エアコンや冷蔵庫，ヘアスプレーや殺虫剤などに使用されてきたフロンが地球上空にまで達して起こる。

①（　　　）②（　　　）③（　　　）④（　　　）⑤（　　　）

(2) 次の文章**ア**，**イ**は①〜⑤のどの環境問題による影響だと考えられていますか。最も適当なものを①〜⑤から1つずつ答えなさい。

ア 森林破壊や魚類への被害があり，ヨーロッパでは歴史的建造物などへの被害が生じている。（　　　）

イ 南極や北極の氷が解け，海水面が上昇することで標高の低い島などが水没してしまうかもしれない。（　　　）

(3) 1992年に「環境と開発に関する国連会議（地球サミット）」が行われた国を，**ア**〜**エ**から1つ選び，記号で答えなさい。（　　　）

ア スイス　　**イ** オーストラリア　　**ウ** ブラジル
エ ウルグアイ

(4) 日本では釧路湿原や琵琶湖などが登録されている，水鳥の生息地となる湿地を守るための条約を**ア**〜**エ**から1つ選び，記号で答えなさい。（　　　）

ア 京都議定書　　**イ** ラムサール条約　　**ウ** ワシントン条約
エ 世界遺産条約

巻末資料 編

表現活動の方法

この章では，小学校の授業で行われる，さまざまな表現活動に，どのようにのぞめばよいのかをまとめました。授業での課題やレポートなどの宿題が出されたときの調べ方，まとめ方，また，その内容を授業で発表するときの参考にしてください。

①調べ方

●図書館に行ってみよう

調べたいテーマを決めたら，そのテーマについて資料を集めよう。本で調べるなら，学校の中にある図書室でもよいが，自分が住むまちにある公立図書館へ行けば，さらにたくさんの種類の本で調べ物をすることができる。

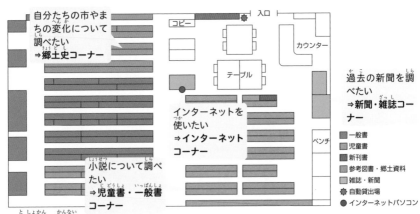

↑図書館の館内図

●県庁や市役所に行ってみよう

自分たちの住んでいるまちや市のようすについて調べたい場合は，県庁や市役所などに行ってみよう。まちや市を紹介したパンフレットやガイドブックが用意されていることもある。県庁や市役所に行く場合は，きちんとあいさつをし，どういう目的でどのような資料が必要なのかを窓口の人に伝えるようにしよう。

3年
4年
5年
6年

巻末資料編

第1章
表現活動の方法

第2章
地理のまとめ

第3章
歴史のまとめ

第4章
政治・国際のまとめ

●インターネットを使ってみよう

本や資料以外でも情報を見つけることができる。例えば，学校のパソコン室や図書館にあるパソコン，家にパソコンがあるならインターネットを使ってみるのもよい。検索画面に調べたい言葉を打ちこむと，その言葉に関連したホームページが閲覧できるようになっている。

地球温暖化

検索

⚠️ **ココに注意！** インターネットの情報は，必ずしもすべてが真実とは限らない。どこが発表している情報なのか，きちんと確認をするようにしよう。

●インタビューをしてみよう

本やインターネットで知りたい情報が見つからない場合は，関係者に直接お話を聞く「インタビュー」という方法もある。インタビューをする場合は，次の①〜④を心がけよう。

①約束 (アポイントメント) をとる

電話や手紙で「インタビューを受けてもらえるか」「受けてもらえるなら何月何日の何時ごろがよいか」の都合を聞く。

②質問することをまとめておく

インタビュー当日にあわてないように，質問することをメモにまとめておく。

③インタビュー当日は忘れ物をしないように

聞いたことを書き取るメモやえんぴつ，写真を撮らせてもらうことも考えて，カメラを持って行く。大きな声であいさつをし，お礼の言葉を忘れないように。

④お礼の手紙を書く

インタビューが終わったら，お礼の手紙を忘れずに書くようにしよう。

②まとめ方

知りたい情報が集まったら，それらを整理してまとめてみよう。

●テーマがわかるようにまとめよう

自分が何についてまとめたのか，見る人，聞く人に伝わるようにまとめることが大事。テーマは，タイトルや見出しなどで大きく見せるようにしよう。

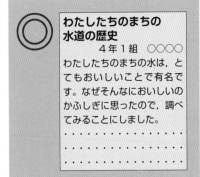

●他人に伝わるように順序よく書こう

集めた情報をバラバラに書いても，読む人は何のことだかわからない。
起承転結に注意して，順序よく書くことを心がけよう。

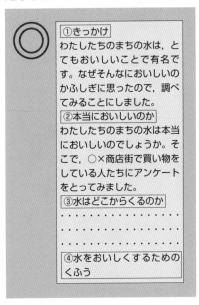

●写真やイラスト，グラフを使おう

文字ばかりでは，読む人，見る人には内容が伝わりにくい。できるだけ写真やイラスト，グラフを使って視覚にうったえかけよう。そうすれば，わかりやすいだけでなく，紙面がカラフルになり，あきずに最後まで見てもらえる発表内容になる。

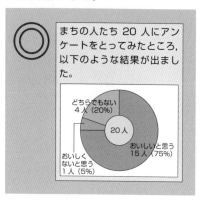

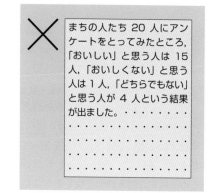

●自分の考えを書こう

「まとめ方」の中で最も大切なのが，「自分が考えたことを書く」こと。調べた内容をただ書くだけでなく，「そこから何がわかったか」⇒「<u>わかったことについて自分はどう思うか</u>」まで書くとよい。ここまで書けているかどうかで，内容の仕上がりはぐんと変わる。

わかったこと
わたしたちのまちの水は，浄水場の人や，川をきれいにたもつ活動をしている人たちのおかげでおいしいのだということがよくわかりました。

考えたこと
わたしたちのまちの水はおいしいといわれていますが，それでも最近は以前に比べて味が落ちてきているという声がインタビューで聞かれたのが気になりました。川をきれいにたもつ活動に参加するなど，自分なりにできることをやっていつまでもおいしい水が飲みたいです。

わかったこと
わたしたちのまちの水は，浄水場の人や，川をきれいにたもつ活動をしている人たちのおかげでおいしいのだということがよくわかりました。

③まとめ方の例─1「レポート形式」

タイトルは意外性や,おどろきがあるなど,読む人をひきつける内容にしよう。

お好み焼きが食べられなくなる?
お好み焼きを食べて考えたこと

5年1組　池田俊平

ぼくはお好み焼きが大好きです。お好み焼きの材料はどこからぼくたちの家にとどいているのかふしぎに思ったので、調べてみることにしました。

情報を整理して見せるために見出しをつけよう。

1) お好み焼きに入っている食材を調べる

ぼくは、はじめにお母さんが何を使ってお好み焼きを作っているか聞きました。小麦粉を水にといて、やまいも、たまご、キャベツ、いか、えびをまぜてきじをつくり、きじの上にぶた肉をのせて焼くそうです。

2) お好み焼きの食材がどこから来ているか調べる

ぼくは、お好み焼きの食材の中から、小麦粉、キャベツ、えび、ぶた肉がどこから来たかを調べました。(日本国勢図会, 農林水産省ホームページ)

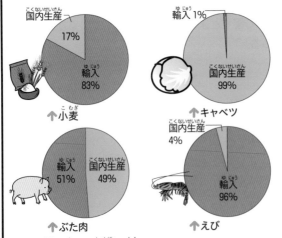

参考にした資料の名前を書こう。

グラフなど, 視覚にうったえるものを入れてわかりやすくしよう。

わかったことに加えて,そのことについて自分がどう考えるかを書こう。

3) お好み焼きの食材を調べてわかったこと

きじになる小麦やえびは、ほとんどが外国から買っていることがわかってびっくりしました。小麦粉はうどんなどのめん類や、パンの材料にもなるので、外国から輸入できなくなると、ほとんど食べることができなくなります。このようなことにならないために、ぼくは、日本でもお好み焼きの分くらいは小麦をつくってほしいなと思いました。

3年 4年 5年 6年

巻末資料編

第1章 表現活動の方法

第2章 地理 資料のまとめ

第3章 歴史 資料のまとめ

第4章 政治・国際 資料のまとめ

浦賀新聞（うらが）

一八五三年 七月二十八日
発行人 池田俊平

アメリカの要求は開国だった!

七月八日、浦賀にやってきて私たちをびっくりさせた「黒船」が、日本にやってきた理由がわかった。

写真やイラストを入れると、紙面があざやかになる。

何の話題かひとめでわかるように小見出しをつけよう。

ペリーは幕府に対して「開国」を要求するアメリカ大統領の手紙をわたした。

これは二〇〇年あまり続いている日本の鎖国政策をやめさせる内容で、幕府がどう対応するのかが注目される。

日本とアメリカの意見

開国反対派は浦賀新聞の取材に答えて、「幕府はすぐに断るべきだ。」と言い、幕府の対応がはっきりしないことにおこっている。

いっぽう井伊大老は「アメリカの開国要求は、幕府だけでは判断できない。今後の対応は、諸藩、朝廷に相談しているところだ。」と話している。

井伊直弼

事実を並べるだけでなく自分の主張を入れることが大切。必ず社説をつけよう。

●アメリカ大統領の手紙
・アメリカと日本の間に貿易関係を結びたい
・船がなんぱしたときには助けてほしい
・石炭や食料、水を提供してほしい

社説

世の中は今、開国反対の意見が高まっている。アジアを見てみると、ヨーロッパの国々が活発に進出している。となりの国の清はイギリスとの戦いに負けて香港をゆずり、不平等な南京条約を結んだ。これにおこった人々がさわぎを起こし、清国内はめちゃめちゃになっている。

日本は同じようなひどい目にあわないように、日本が不利にならない条件で、アメリカにもよいことがあるように、上手に話し合いをまとめる、幕府の努力が求められる。

しかし、ペリーは、「井伊大老は来年の返事を約束してくれた。わたしたちはよい返事がもらえると思っている。」と言っている。幕府とアメリカの話し合いがどうなるか注目される。

ペリー

今週の狂歌

泰平の眠りを覚ます上喜撰たった四杯で夜も眠れず

一息つけるようなコーナーをつくろう。4コマまんがなどでもよい。

④その他のまとめ方

●ガイドブック（パンフレット）

地域レポートを書くときに効果的な，ガイ
ドブック形式にまとめる方法。
その地域のよいところを紹介して，みんな
に「行ってみたいな」と思わせる内容にし
てみよう。

●ポスター

大きな画用紙に，伝えたいことをわかりや
すく短くまとめる方法。
キャッチコピー（注目を集める一言，短い
一文）や目をひきつける写真，イラストが
必要になる。カラフルにまとめて，遠くか
らでも目立つようにしよう。

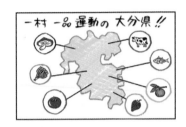

●かるた

調べたことがらを「読み札」「取り札」のか
るた形式でまとめる方法。
紙の大きさが小さいので，「読み札」は字数
が限られる。
文章を簡単にまとめることと，「取り札」に
はわかりやすい絵をかくことが大切。

●すごろく

流れのあることがらを表すときに効果的な
のは，すごろく形式でまとめる方法。
きれいな水が届くまでの流れや，産業の工
程などをまとめるのに適している。
すごろくのルールを生かして，見る人が楽
しくなるような工夫を考えよう。

3年
4年
5年
6年

巻末資料編

第1章
表現活動の方法

第2章
地理のまとめ

第3章
歴史のまとめ

第4章
政治・国際のまとめ

●人物相関図

人物の関係を図で表す方法。
歴史上の戦いや人物の相関関係などをまとめるのに適している。
文字でまとめるよりも，関係性が一目でわかるという長所がある。

織田信長

家臣｜忠誠

豊臣秀吉　昔はライバル？　徳川家康
今は家臣？

忠誠？
もしくは…

●4コマまんが

調べたことをお話（ストーリー）として伝えるときに使える方法のひとつ。
4コマしかないので，少ないせりふと印象的な絵で，わかりやすく表現することが大切。
壁新聞の中の一部に使うこともできる。

●シナリオ

調べたことをストーリーとして伝えるときに使える方法のひとつ。
4コマまんがとはちがって長さに制限がないので，長いストーリー仕立てにするときに適している。
このシナリオをもとに，劇を行うことを想像しながらつくるとよい。

北条政子…あなたがたは，頼朝公…ですか。
御家人①…いえ，そのようなこと…
御家人②…そうです，わたくしど…
北条政子…頼朝公の御恩は海より…
御家人③…政子さまのおっしゃる…
〜一同しずまりかえる〜
　なさい。
　力をあわせて幕府を…

●年表

調べた内容を年代や年号ごとに整理するときに使う方法のひとつ。
年表の中には，それぞれのできごとに関連する写真やイラストを入れると，イメージがつかみやすくなる。

わたしの学校の歴史	
1915	○×尋常高等小学校として開校
1920	六学級となる校舎を増築する
1940	○×国民学校と改称
1944	児童疎開，分散授業
1946	○市立○×小学校と改称

⑤まとめたものの発表

調べてまとめたものを説明し，理解してもらうステップもある。資料を活用してみんなが納得できる工夫をしよう。

●プレゼンテーション

みんなの前で，資料や自分のまとめたものを見せながら，自分の調べた内容を発表する方法。発表方法としては最もよく使われる。

①発表する資料と話すことを分けよう

みんなに見てもらう資料やまとめと，自分が言葉にして発表する内容を分けるようにしよう。みんなに配った資料を読み上げるだけでは，自分が何を一番伝えたいのか，何を知ってもらいたいのか，何を考えたのかが伝わりにくい。特に注目してもらいたい部分は，直接話して伝えるように，ポイントを整理しておこう。あらかじめ自分で話して伝えたい内容をメモにまとめておき，それを読み上げるようにすればよい。

②グループで発表をする場合は役割を決めておこう

プレゼンテーションは，グループを組んで行うことも多い。その場合は，事前に役割分担を決めておこう。「最初と最後の言葉を言う人」「Aの部分を発表する人」「Bの部分を発表する人」というように，話すことを決めておけば，本番になってあわてることはない。

③必ず結論を述べよう

プレゼンテーションの中では，必ず結論を言うようにしよう。調べ学習の結論とは，自分たちが考えたこと。ただ報告するのではなく，調べたことから自分たちが何を考えたのかを必ず述べよう。「私たちは○○と考えます。その理由は～だからです。」「私たちが調べた結果，～ということがわかりました。そこで，私たちは○○と考えます。」ということを，最後に話すとよい。

3年
4年
5年
6年

巻末資料編

第1章
表現活動の方法

第2章
地理のまとめ

第3章
歴史のまとめ

第4章
政治・国際のまとめ

●ポスターセッション

ひとつのテーマに対して，異なる切り口でつくられたポスターを，ひとつの部屋にまとめてはり出し，自由に見て回れるようにする発表方法。

ポスターをつくった人は，ポスターの脇に待機して，見ている人の質問に答える。

たくさんの人に見てもらえる，み力のある，工夫されたポスターづくりが大切。

●パネルディスカッション

討論形式での発表方法。

ひとつのテーマに対して異なる意見をもつ人（パネラー）が3〜5名くらいで公開討論をする。

最終的に，どの人の意見に賛成するかを，聞いている人たちの多数決で決めることもある。

みんなの前で話すことになるため，パネラーはあらかじめ意見（話す内容）の準備をしておかなければならない。資料などを手元に持っておくと説得力のある話ができる。

●ディベート

ひとつのテーマについて，異なる2つの意見への支持に分かれて討論を行う方法。

「A意見の発表」⇒「B意見の発表」⇒「討論」という順序で進むことが多い。

同じ意見をもつ人が同じチームになるので，自分のチームが不利ならば，手助けできるように準備をしておこう。

地理　資料のまとめ

1 ▶ 地図の読み方

①さくいんをひいてみよう

都市や山，川などの場所を知るには，地図帳のさくいんをひく。例えば，「横浜市」を調べると，横浜市の位置は31ページのD3であるとわかる。

②さくいんから地図にとぼう

「31」はページ数を示している。「D3」は，見開きの31ページの左のはし・32ページの右のはしにあるA〜GのうちのDのはんいと，上下のはしにある1〜7のうちの3のはんいを示す。こうして，横浜市の位置がわかる。

よ	
よいち　余市	60C3
ようかいち　八日市	63E4
ようかいちば　八日市場	90F5
ようていざん　羊蹄山	40C4
ようろう　養老	52B6
よこしばひかり　横芝光	25F5
よこすか　横須賀	32D6
よこぜ　横瀬	40C5
よこて　横手	62D6
よこはま　横浜	31D3
よしい　吉井	74B4

さくいんはあいうえお順になっている。

Dのはんいと3のはんいが交わったところが横浜市。

31ページ　　32ページ

●横浜

3年 4年 5年 6年

巻末資料編

第1章 表現活動の方法

第2章 地理のまとめ

第3章 歴史資料のまとめ

第4章 政治・国際のまとめ

② さまざまな種類の地図

●地形図

国土地理院が発行する，土地のようすを調べてつくった地図。
地図記号によって土地利用や建物のようすが，等高線によって土地の高低や
傾斜のようすがわかるようになっている（⇒P.17，18）。

地図記号に
よってそこに
何があるの
かがわかる。

等高線によっ
て土地の高さ
などがわかる。

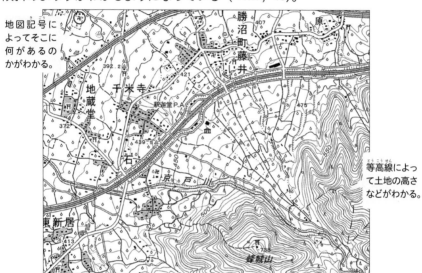

（国土地理院地形図「石和」25000分の1 平成18年発行）

●緯度・経度の線がある地図

緯線，経線が入っているので，目的の場所の緯度・経度がわかる。

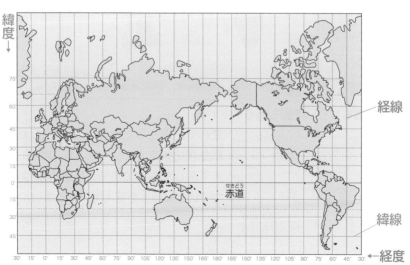

緯度↓

経線

赤道

緯線

経度

583

●分布図

点などを用いて，建物や施設の場所を表した地図。

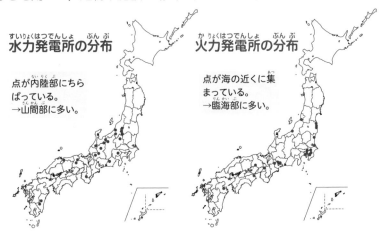

水力発電所の分布

点が内陸部にちらばっている。
→山間部に多い。

火力発電所の分布

点が海の近くに集まっている。
→臨海部に多い。

●色のぬり分けやもようがある地図

気候図など，広い範囲の分布を示す場合によく用いられる。

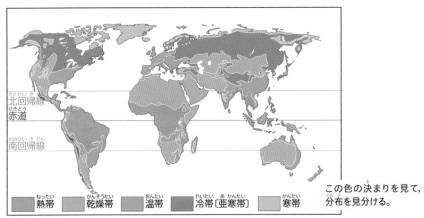

北回帰線
赤道
南回帰線

この色の決まりを見て，分布を見分ける。

熱帯	乾燥帯	温帯	冷帯〔亜寒帯〕	寒帯

●こんなおもしろい地図もある！

↑国内総生産（GDP）の大きさで表した世界

変わった形をした地図だが，これは国内総生産の大きさに応じて，国の面積を変えて示した地図である。地図の形はひとつではないことを覚えておくとよい。

（『世界国勢図会』2022/23年版）

③ グラフの読み方

①それぞれのグラフの読み方

●棒グラフ
実際の数量を棒の長さで表したグラフ。

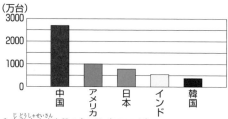

↑自動車生産台数の多い国（2022年）（『日本国勢図会』2023/24年版）

●帯グラフ
全体（100%）に対する各項目の割合を帯の長さで表したグラフ。

帯が長いほど割合が大きい。

↑都道府県別の乳牛飼育頭数（『日本国勢図会』2023/24年版）

●円グラフ
帯グラフを円にして，各項目の割合をおうぎ形の大きさで表したグラフ。

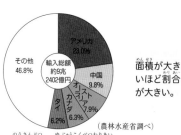

面積が大きいほど割合が大きい。

↑農産物の輸入国別割合（2022年）

●折れ線グラフ
数値が変化するようすを表したグラフ。

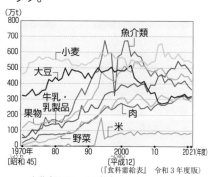

↑食料品別の輸入量の変化

②雨温図の読み方

折れ線が月ごとの気温の変化を表し，棒グラフが月ごとの雨や雪の量を表す。

気温は右のめもり，降水量は左のめもりでみる。

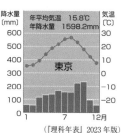

（『理科年表』2023年版）

585

④ おさえておきたい重要グラフ

①農業

●米の生産量

（807万トン）
北海道 7.6
新潟 8.7%
秋田 6.3
山形 5.0
その他 59.1
宮城 4.5
福島 4.4
茨城 4.4

●ピーマンの生産量

（15万トン）
茨城 22.5%
宮崎 18.0
その他 35.8
岩手 5.9
高知 8.8
鹿児島 9.0

●はくさいの生産量

（90万トン）
茨城 27.8%
長野 25.3
その他 46.9

●みかんの生産量

（75万トン）
和歌山 19.7%
愛媛 17.1
その他 31.0
長崎 6.9
熊本 12.0
静岡 13.3

●りんごの生産量

（66万トン）
その他
福島2.8 6.4
山形4.9
岩手6.4
長野 16.7
青森 62.8%

●ぶどうの生産量

（17万トン）
山梨 24.6%
長野 17.4
その他 35.9
福岡4.2
山形 8.8
岡山 9.1

●乳牛の飼育頭数

（137万頭）
その他 25.7
北海道 61.7%
群馬2.5
岩手2.9
熊本3.2
栃木4.0

●肉牛の飼育頭数

（261万頭）
北海道 21.2%
鹿児島 12.9
その他 47.7
宮崎 9.7
岩手3.4
熊本5.1

⚠ ココに注意!

最近では，米は北海道と新潟県が，みかんは愛媛県と和歌山県が，それぞれ生産量第1位をあらそっている。

（『日本国勢図会』2023/24年版ほか）

②水産業

●漁業別漁獲量の変化

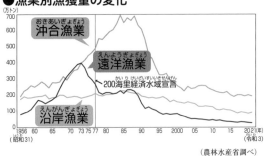

（万トン）

沖合漁業（おきあいぎょぎょう）
遠洋漁業（えんようぎょぎょう）
200海里経済水域宣言（かいりけいざいすいいきせんげん）
沿岸漁業（えんがんぎょぎょう）

1956 60 65 70 75 77 80 85 90 95 2000 05 10 15 2021（年）
（昭和31）　　　　　　　　　　　　　　　　　　　　　　（令和3）

（農林水産省調べ）

排他的経済水域が設定されたことにより，遠洋漁業の漁獲量が減った。

3年 4年 5年 6年

巻末資料編

第1章 表現活動の方法

第2章 地理のまとめ

第3章 歴史資料のまとめ

第4章 資料政治・国際のまとめ

③ 工業，貿易

●工業地帯・地域の出荷額割合

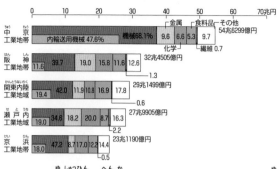

中京工業地帯　54兆6299億円
阪神工業地帯　32兆4505億円
関東内陸工業地域　29兆1499億円
瀬戸内工業地域　27兆9905億円
京浜工業地帯　23兆1190億円

東海工業地域　16兆5147億円
北陸工業地域　13兆2525億円
京葉工業地域　11兆9770億円
北九州工業地域　8兆9950億円

（『日本国勢図会』2023/24年版）

●日本の輸出品の変化

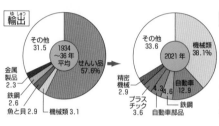

（『日本国勢図会』2023/24年版ほか）

●日本の輸入品の変化

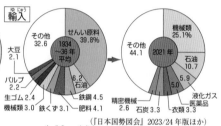

（『日本国勢図会』2023/24年版ほか）

●おもな資源の輸入割合

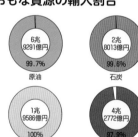

原油　6兆9291億円　99.7%
石炭　2兆8013億円　99.6%
鉄鉱石　1兆9586億円　100%
天然ガス　4兆2772億円　97.9%

（『日本国勢図会』2023/24年版）

●国内輸送の割合の変化

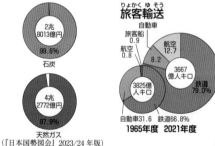

旅客輸送
1965年度　3825億人キロ　自動車31.6　鉄道66.8%
2021年度　3667億人キロ　鉄道79.0%

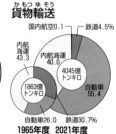

貨物輸送
1965年度　1863億トンキロ　自動車26.0　鉄道30.7%
2021年度　4045億トンキロ　自動車55.4

（『日本国勢図会』2023/24年版ほか）

●需要と供給

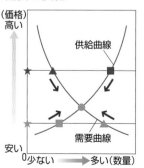

需要量と供給量のバランスによって，価格は決まる。

⚠️ ココに注意！

価格が高い（★）と供給量は多い（■）が，需要量は少なく（▲），価格が下がる。
価格が安い（★）と，供給量は少ない（■）が，需要量は多く（▲），価格は上がる。

⑤ 写真で見る農業

●米づくり

↑田おこし

↑代かき

↑田植え

↑農薬をまく

↑稲の生長を調べる

↑稲刈り

●いろいろな畑

↑みかん畑

↑ぶどう畑

↑キャベツ畑

↑そば畑

3 年
4 年
5 年
6 年

巻末資料編

第1章
表現活動の方法

第2章
地理のまとめ

第3章
歴史資料のまとめ

第4章
政治・国際資料のまとめ

6 写真で見る工業

●自動車工場のようす

↑溶接

↑塗装

↑組み立て

●工業地帯のようす

↑石油化学コンビナート

↑コンテナ船の荷積み

↑火力発電所

↑製鉄所

第**3**章 歴史 資料のまとめ

1 年表の表し方・年表の見方

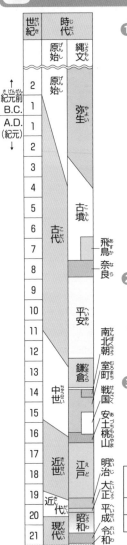

① 時代区分

・原始, 古代, 中世, 近世, 近代, 現代という表し方。社会のしくみによって時代を区分する方法。一般的に歴史を区分するときに用いる。

・奈良時代, 鎌倉時代, 江戸時代などという表し方。政治の中心地があった場所で区分する方法。日本の歴史を区分するときに用いる。

・明治, 大正, 昭和という表し方。日本が独自に年に名前をつける。これを年号（元号）といい, 最初の年は元年として表す（令和1年＝令和元年）。

② 西暦…2023年という表し方。

イエス・キリストが生まれたと考えられた年を紀元1年とする数え方。1年目以降を紀元1年, 紀元2年…と数え, 1年目より前は, 紀元前1年, 紀元前2年…と数える。

A.D.（Anno Domini [神の年] の略）とも書く。
B.C.（Before Christ [イエス〈キリスト〉誕生前] の略）とも書く。

③ 世紀…21世紀という表し方。

西暦を100年ごとに「世紀」という単位で数える。紀元1〜紀元100年が1世紀。2世紀は紀元101〜200年である。

西暦	紀元前 200〜101年	紀元前 100〜1年	（紀元） 1〜100年	（紀元） 101〜200年
	紀元前 (B.C.)		紀元後 (A.D.)	
世紀	紀元前2世紀	紀元前1世紀	1世紀	2世紀

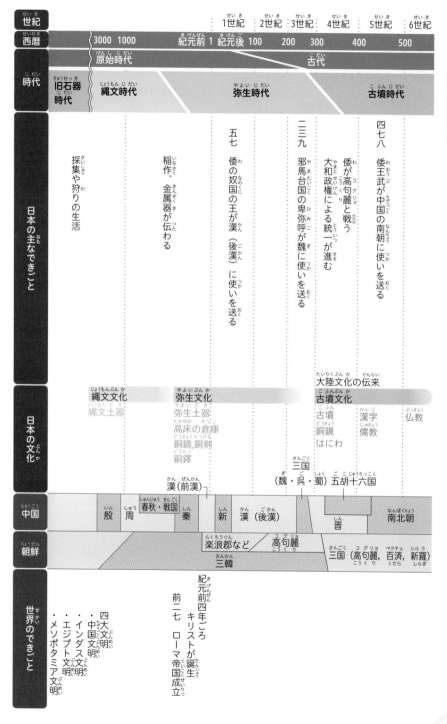

世紀		1世紀	2世紀	3世紀	4世紀	5世紀	6世紀
西暦	3000 1000	紀元前 1 紀元後 100	200	300	400	500

時代

原始時代 ／ 古代

旧石器時代 ／ 縄文時代 ／ 弥生時代 ／ 古墳時代

日本の主なできごと

採集や狩りの生活

稲作、金属器が伝わる

五七 倭の奴国の王が漢（後漢）に使いを送る

二三九 邪馬台国の卑弥呼が魏に使いを送る

大和政権による統一が進む

倭が高句麗と戦う

四七八 倭王武が中国の南朝に使いを送る

日本の文化

縄文文化　縄文土器

弥生文化　弥生土器　高床の倉庫　銅鏡、銅剣　銅鐸

大陸文化の伝来

古墳文化　古墳　銅鏡　はにわ　漢字　儒教　仏教

中国

殷　周　春秋・戦国　秦　漢（前漢）　新　漢（後漢）　三国（魏・呉・蜀）　晋　五胡十六国　南北朝

朝鮮

楽浪郡など　高句麗　三韓　三国（高句麗，百済，新羅）

世界のできごと

四大文明
・中国文明
・インダス文明
・エジプト文明
・メソポタミア文明

前二七 ローマ帝国成立

紀元前四年ごろ キリストが誕生

3年 4年 5年 6年

巻末資料編

第1章 表現活動の方法

第2章 地理 資料のまとめ

第3章 歴史 資料のまとめ

第4章 政治・国際 資料のまとめ

591

世紀	6世紀	7世紀	8世紀	9世紀	10世紀	11世紀	12世紀	13世紀
西暦	500　600	700	800	900	1000	1100	1200	1300

時代

古代

古墳時代／飛鳥時代／奈良時代／平安時代／鎌倉時代

日本の主なできごと

- 五九三　聖徳太子が摂政となる
- 六〇七　百済から仏像、経典がおくられる
- 六三〇　遣隋使の派遣（小野妹子）
- 六四五　第一回遣唐使の派遣
- 六六三　大化の改新
- 六七二　白村江の戦い
- 七〇一　壬申の乱
- 七一〇　大宝律令の制定
- 七四三　都が平城京に移される
- 七九四　墾田永年私財法
- 八九四　都が平安京に移される
- 九三五　遣唐使の停止
- 九三九　平将門の乱
- 一〇一六　藤原純友の乱
- 一〇八六　藤原道長が摂政となる
- 一一五六　院政の開始（白河上皇）
- 一一六七　源平の争乱…保元の乱（一一五六）、平治の乱（一一五九）
- 一一八五　平清盛が太政大臣となる
- 一一九二　平氏がほろびる
- 一二二一　源頼朝が征夷大将軍となる
- 一二三二　承久の乱
- 　御成敗式目
- 元寇…文永の役（一二七四）、弘安の役（一二八一）

日本の文化

- 飛鳥文化：法隆寺、百済観音像
- 天平文化：『古事記』『風土記』『日本書紀』『万葉集』正倉院
- 国風文化：天台宗、真言宗、かな文字、『古今和歌集』、『源氏物語』、『枕草子』、大和絵、絵巻物、寝殿造、平等院鳳凰堂、中尊寺金色堂
- 鎌倉文化：浄土宗、浄土真宗、臨済宗、曹洞宗、時宗、日蓮宗、彫刻（運慶）、『平家物語』

中国

隋／唐／五代／金／宋

朝鮮

三国／新羅／高麗

世界のできごと

- 五八九　隋の中国統一
- 六一〇　このころムハンマドがイスラム教を開く
- 六二八　唐の中国統一
- 一〇九六　第一回十字軍の遠征
- 一二〇六　チンギス・ハンがモンゴルを統一
- 一二七一　フビライ・ハンが国号を元とする

年表

| 14世紀 | 15世紀 | 16世紀 | 17世紀 | 18世紀 |

1400　1500　1600　1700　1800

中世 ／ 近世

南北朝時代｜室町時代｜戦国時代｜安土桃山時代｜江戸時代

日本のできごと

- 一三三三　鎌倉幕府がほろびる
- 一三三四　建武の新政（後醍醐天皇）
- 一三三八　足利尊氏が征夷大将軍となる
- 一三九二　南北朝の統一
- 一四〇四　日明貿易（勘合貿易）が始まる
- 一四六七　応仁の乱
- 一五四三　種子島に鉄砲が伝えられる
- 一五四九　キリスト教の伝来
- 一五七三　室町幕府がほろびる
- 一五九〇　豊臣秀吉が全国を統一する
- 一五九二　秀吉が朝鮮に兵をおくる（朝鮮出兵　九七）
- 一六〇〇　関ケ原の戦い
- 一六〇三　徳川家康が征夷大将軍となる
- 一六一五　武家諸法度・禁中並公家諸法度　参勤交代の義務化
- 一六三五　朱印船貿易がさかんになる
- 一六三七　島原・天草一揆
- 一六四一　鎖国の完成
- 一七〇九　新井白石の政治
- 一七一六　享保の改革（徳川吉宗　～四五）
- 一七七二　田沼意次が老中となる
- 一七八二　天明のききん
- 一七八七　寛政の改革（松平定信　～九三）

文化

『徒然草』（吉田兼好）
『新古今和歌集』

室町文化
北山文化　金閣
東山文化　銀閣　水墨画　枯山水、書院造

桃山文化
茶の湯
障壁画
南蛮文化

元禄文化
浮世絵
俳諧（松尾芭蕉）
浮世草子（井原西鶴）
浄瑠璃（近松門左衛門）
歌舞伎
国学、蘭学発達
『解体新書』（杉田玄白ら）
『古事記伝』（本居宣長）
昌平坂学問所

中国・朝鮮

| 元 | 明 | 清 |

| 高麗（コリョ） | 朝鮮（ちょうせん） |

世界のできごと

- ルネサンスが始まる
- 一四九二　コロンブス →アメリカ
- 一四九八　バスコ・ダ・ガマ →インド
- 一五二二　マゼラン一行 →世界一周
- 産業革命が始まる
- 一七七五　アメリカ独立戦争
- 一七八九　フランス革命

世紀	19世紀

西暦	1800

近世 / 近代

時代	江戸時代	明治時代

日本の主なできごと

一八二五　外国船（異国船）打払令
一八三三　天保のききん
一八三七　大塩平八郎の乱
一八四一　天保の改革（水野忠邦）〜四三
一八五三　ペリーが浦賀に来航
一八五四　日米和親条約
一八五八　日米修好通商条約
　　　　　安政の大獄
一八六〇　桜田門外の変
一八六七　大政奉還、王政復古の大号令
一八六八　戊辰戦争、五箇条の御誓文
一八六九　版籍奉還
一八七一　廃藩置県
一八七二　学制公布
一八七三　徴兵令、地租改正
一八七四　民撰議院設立の建白書
一八七五　樺太・千島交換条約
一八七六　日朝修好条規
一八七七　西南戦争
一八八〇　国会期成同盟の結成
　　〃　　国会開設の勅諭
一八八一　自由党の結成
一八八二　立憲改進党の結成
一八八五　内閣制度ができる
一八八九　大日本帝国憲法の発布
一八九〇　第一回帝国議会が開かれる

日本の文化

化政文化
『東海道中膝栗毛』（十返舎一九）
俳諧（小林一茶）
『南総里見八犬伝』（滝沢馬琴）
浮世絵（葛飾北斎，歌川〔安藤〕広重）

文明開化
新聞・郵便・通信・交通
太陽暦の採用
『学問のすゝめ』（福沢諭吉）
鹿鳴館

中国	清

朝鮮	朝鮮

世界のできごと

一八〇四　ナポレオン皇帝即位
一八四〇　アヘン戦争
一八五一　太平天国の乱
一八八二　三国同盟（ドイツ・オーストリア・イタリア）

３年
４年
５年
６年

巻末資料編

第1章
表現活動の方法

第2章
地理
資料のまとめ

第3章
歴史
資料のまとめ

第4章
政治・国際
資料のまとめ

20世紀

1900

明治時代	大正時代	昭和時代

一八九〇　教育勅語の発布
一八九四　〃　日清戦争
一八九五　下関条約　三国干渉
一九〇二　日英同盟
一九〇四　日露戦争
一九〇五　ポーツマス条約
一九一〇　韓国併合
一九一一　関税自主権の回復
一九一二　第一次護憲運動
一九一四　第一次世界大戦に参戦
一九一五　中国に二十一か条の要求を出す
一九一八　米騒動、シベリア出兵
　〃　政党内閣の成立（原敬）
一九二三　関東大震災
一九二五　普通選挙法　治安維持法
一九三一　満州事変
　〃　五・一五事件
一九三三　国際連盟から脱退
一九三六　二・二六事件
一九三七　日中戦争
一九三八　国家総動員法
一九四〇　日独伊三国同盟
一九四一　日ソ中立条約　太平洋戦争
一九四五　広島・長崎へ原子爆弾投下　ポツダム宣言受諾、降伏

『舞姫』（森鷗外）
『たけくらべ』（樋口一葉）

日本画
短歌
『みだれ髪』（与謝野晶子）
『吾輩は猫である』（夏目漱石）

民本主義
『羅生門』（芥川龍之介）

『蟹工船』（小林多喜二）
『雪国』（川端康成）

清	中華民国

朝鮮	大韓帝国	日本の植民地

一九〇七　三国協商（イギリス・フランス・ロシア）
一九一一　辛亥革命
一九一四　第一次世界大戦（〜一九一八）
一九二〇　国際連盟の発足
一九二九　世界恐慌
一九三九　第二次世界大戦（〜一九四五）
一九四五　国際連合の発足

世紀	20世紀	21世紀
西暦		2000

近代｜現代

時代	昭和時代	平成時代	令和時代

日本の主なできごと

一九四六　日本国憲法の公布
一九四七　教育基本法の制定
一九五一　サンフランシスコ平和条約
　〃　　　日米安全保障条約
一九五四　自衛隊の設置
一九五六　日ソ共同宣言
　〃　　　日本が国際連合に加盟
一九六〇　日米新安全保障条約
一九六三　部分的核実験停止条約
一九六五　日韓基本条約
一九六八　小笠原諸島が返還される
一九七一　日中国交正常化
　〃　　　沖縄が返還される
一九七三　石油危機（第一次）
一九七八　日中平和友好条約
一九九五　阪神・淡路大震災
二〇〇四　自衛隊のイラク派遣
二〇一一　東日本大震災
二〇二〇　新型コロナウイルス感染症の流行

日本の文化

六・三・三・四制の教育
テレビ放送開始（1953）
東海道新幹線開通（1964）
東京オリンピック（1964）
万国博覧会（大阪）（1970）
札幌オリンピック（1972）
長野オリンピック（1998）
東京オリンピック（2020→2021）

中国

中華人民共和国
（台湾）

朝鮮

大韓民国
朝鮮民主主義人民共和国

世界のできごと

一九五〇　朝鮮戦争（〜一九五三）
一九六五　ベトナム戦争激化（〜一九七五）
一九七三　第四次中東戦争
一九九〇　東西ドイツの統一
一九九一　ソ連解体
一九九三　EU発足
二〇二二　ロシアのウクライナ侵攻

3年
4年
5年
6年

巻末資料編

第1章
表現活動の方法

第2章
資料のまとめ
地理

第3章
資料のまとめ
歴史

第4章
資料のまとめ
政治・国際

② 政治体制の移り変わり

鎌倉幕府のしくみ

武士による統治。
執権が将軍を補佐。のちに権力をにぎる。
地方に守護と地頭を配置。
承久の乱ののち，京都に六波羅探題を置き，朝廷を監視。

地方	将軍	中央
	執権	
地頭　守護　六波羅探題		問注所　政所　侍所

⬇ 後醍醐天皇による鎌倉幕府倒幕

建武の新政のしくみ

武士の統治から天皇による統治に移行。
関東10か国の統治のため，鎌倉将軍府が置かれる。

地方	天皇	中央
国司・守護　陸奥将軍府　鎌倉将軍府		武者所　雑訴決断所　恩賞方　記録所

⬇ 足利尊氏が室町幕府を開く

室町幕府のしくみ

武士による統治。
管領が将軍を補佐。
関東8か国と伊豆・甲斐の2か国の統治のため，鎌倉府を置く。

地方	将軍	中央
		管領
守護　鎌倉府		問注所　政所　侍所
地頭		

⬇ 戦国大名の台頭，天下統一

江戸幕府のしくみ

武士による統治。
老中が政治の運営にあたる。大老は臨時で置かれることがあった。
京都所司代が朝廷と西国大名を監視。

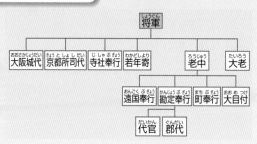

将軍
大阪城代　京都所司代　寺社奉行　若年寄　老中　大老
遠国奉行　勘定奉行　町奉行　大目付
代官　郡代

③ 歴史重要人物一覧

時代	人物		時代	人物	
弥生時代	卑弥呼 （2世紀後半〜 3世紀前半）	・邪馬台国の女王。 ・魏の皇帝に使いを送り，「親魏倭王」の称号と金印，銅鏡100枚を授かった。	奈良時代	行基 （668〜749）	・奈良時代の僧。 ・東大寺の大仏の造営に協力。 ・池や用水路をつくるなどして，社会事業に貢献。
飛鳥時代	聖徳太子 （574〜622）	・推古天皇の摂政。 ・冠位十二階の制度と十七条の憲法を制定。 ・小野妹子ら遣隋使を派遣。 ・法隆寺や四天王寺を建てた。		鑑真 （688?〜763）	・唐の僧。 ・日本に来ようとして何度も航海に失敗し，視力を失った。 ・日本で寺院や僧の制度を整えた。 ・奈良に唐招提寺を建てた。
	中臣鎌足 （614〜669）	・中大兄皇子とともに大化の改新をすすめた。 ・のちに天智天皇から藤原の姓を授かり，藤原氏の祖となった。		聖武天皇 （701〜756）	・奈良時代の天皇。 ・仏教の力で国を守ろうとした。 ・各地に国分寺，国分尼寺を，奈良の都に東大寺と大仏をつくらせた。
	中大兄皇子 （626〜671）	・大化の改新の中心人物。 ・大化の改新ののち，天智天皇となった。 ・死後，あとつぎ争いで壬申の乱がおこった。	平安時代	桓武天皇 （737〜806）	・平安時代の天皇。 ・794年，都を平安京へ移し，政治の立て直しをはかった。 ・東北地方の蝦夷平定に力を入れた。

時代	人物	
平安時代	最澄（伝教大師） (767～822)	・平安時代の僧。 ・遣唐使とともに唐にわたった。 ・比叡山（滋賀県）に延暦寺を建て，天台宗を広めた。
	空海（弘法大師） (774～835)	・平安時代の僧。 ・唐の都で密教を学んだ。 ・高野山（和歌山県）に金剛峯寺を建て，真言宗を広めた。
	藤原道長 (966～1027)	・平安時代の貴族。 ・娘を天皇の后とし，孫を天皇とした。 ・摂政となり，摂関政治を行った。 ・藤原氏の全盛期を築いた。
	紫式部 （生没年不詳）	・藤原道長の娘である中宮彰子に仕えた。 ・かな文字の長編小説『源氏物語』を書いた。
	白河天皇 (1053～1129)	・平安時代の天皇。 ・院政を開始。 ・天皇の位をゆずって上皇となってからも，政治の実権をにぎった。

時代	人物	
平安時代	平清盛 (1118～1181)	・1159年，平治の乱で源氏を平定。 ・武士として初めて太政大臣になった。 ・日宋貿易を行った。
鎌倉時代	源頼朝 (1147～1199)	・鎌倉幕府初代将軍。 ・平氏をほろぼした。 ・全国に守護，地頭を置いた。 ・1192年，征夷大将軍になった。
	北条政子 (1157～1225)	・源頼朝の妻。 ・1221年の承久の乱で，御家人たちに御恩と奉公を説き，幕府を守った。 ・尼将軍とよばれた。
	後鳥羽上皇 (1180～1239)	・鎌倉時代初期の上皇。 ・鎌倉幕府をほろぼそうと承久の乱をおこしたが敗れ，隠岐（島根県）に流された。
	北条泰時 (1183～1242)	・鎌倉幕府3代執権。 ・1232年，政治や裁判のよりどころとなる御成敗式目〔貞永式目〕を制定。

時代	人物	
鎌倉時代	**フビライ・ハン** **(1215 ～ 1294)** 	・モンゴル帝国5代皇帝。 ・国号を元と定めた。 ・2度にわたり日本を攻めたが（元寇），失敗。
	北条時宗 **(1251 ～ 1284)**	・鎌倉幕府8代執権。 ・元寇の際に，2度にわたる元軍の攻撃を退けた。
南北朝時代	**後醍醐天皇** **(1288 ～ 1339)**	・足利尊氏らの協力で鎌倉幕府を倒した。 ・1334年，建武の新政を行った。 ・足利尊氏と対立，吉野（奈良県）で南朝を開いた。
室町時代	**足利尊氏** **(1305 ～ 1358)** 	・楠木正成らとともに，後醍醐天皇の鎌倉幕府倒幕に協力。 ・公家中心の政治を行う後醍醐天皇と対立，北朝に別の天皇を立てた。
	足利義満 **(1358 ～ 1408)** 	・室町幕府3代将軍。 ・1392年，南北朝を統一。 ・明と勘合貿易（日明貿易）を開始。 ・京都の北山に金閣を建てた。

時代	人物	
室町時代	**足利義政** **(1436 ～ 1490)**	・室町幕府8代将軍。 ・自らのあとつぎ問題をめぐって応仁の乱がおこった。 ・京都の東山に銀閣を建てた。
安土桃山時代	**フランシスコ・ザビエル** **(1506 ～ 1552)** 	・イエズス会のスペイン人宣教師。 ・1549年，鹿児島に上陸してキリスト教を広めた。 ・山口や京都などでも布教活動を行った。
	千利休 **(1522 ～ 1591)** 	・堺（大阪府）の商人出身。 ・静かな心を重んじるわび茶を完成。 ・信長，秀吉に仕えたが，のちに秀吉の怒りを買ったため，自害させられた。
	織田信長 **(1534 ～ 1582)** 	・尾張（愛知県）の戦国大名。 ・長篠の戦いで鉄砲を用いて武田氏に勝利。 ・室町幕府をほろぼした。 ・安土城を築き，城下町で楽市・楽座。 ・本能寺の変で自害。
	豊臣秀吉 **(1537 ～ 1598)** 	・織田信長の家臣で，本能寺の変ののち明智光秀を倒す。 ・1590年，天下統一。 ・太閤検地や刀狩で，兵農分離。 ・2度の朝鮮侵略を行うも，失敗。

時代	人物	
江戸時代	徳川家康 (1542〜1616)	・江戸幕府初代将軍。 ・1600年、関ヶ原の戦いで石田三成らに勝利。 ・1603年、征夷大将軍になった。 ・豊臣家をほろぼした。
江戸時代	徳川家光 (1604〜1651)	・江戸幕府3代将軍。 ・参勤交代を制度化。 ・キリスト教を禁止し、鎖国を完成させた。 ・幕藩体制を固めた。
江戸時代	徳川吉宗 (1684〜1751)	・江戸幕府8代将軍。 ・1716年から、享保の改革を行った。 ・上げ米の制や目安箱の設置を行った。 ・公事方御定書の制定。
江戸時代	田沼意次 (1719〜1788)	・江戸幕府老中。 ・株仲間の公認、奨励、長崎貿易の規制緩和などの改革を行った。 ・わいろの横行で政治が乱れ、失脚。
江戸時代	本居宣長 (1730〜1801)	・国学者。 ・『古事記』を研究して『古事記伝』を書いた。 ・国学を学問として大成させた。

時代	人物	
江戸時代	杉田玄白 (1733〜1817)	・蘭学者。 ・オランダ語の人体解剖書を和訳し、『解体新書』を出版した。 ・蘭学の発展に大きく貢献。
江戸時代	伊能忠敬 (1745〜1818)	・地理学者。 ・1800年から16年にわたり全国を測量。 ・初めての正確な日本地図である『大日本沿海輿地全図』を製作。
江戸時代	松平定信 (1758〜1829)	・田沼意次の失脚後に江戸幕府老中となった。 ・寛政の改革を行った。 ・きびしい改革が人々の不満を招き、失脚。
江戸時代	大塩平八郎 (1793〜1837)	・陽明学者。 ・元大阪町奉行所の役人。 ・天保のききんで苦しむ人々のため、大塩平八郎の乱をおこす。
江戸時代	水野忠邦 (1794〜1851)	・江戸幕府老中。 ・1841年から天保の改革を行った。 ・出版や風俗を取りしまる。 ・きびしい改革が人々の不満を招いた。

601

時代	人物	
江戸時代	ペリー (1794～1858) 	・アメリカの使節。 ・1853年，浦賀に4せきの軍艦（黒船）を率いて来航。 ・日本に開国を求め，1854年日米和親条約を結んだ。
	井伊直弼 (1815～1860)	・江戸幕府の大老。 ・朝廷の許可なしで，日米修好通商条約を結ぶ。 ・条約の反対派を処罰（安政の大獄）したため，桜田門外の変で暗殺された。
	坂本龍馬 (1835～1867)	・土佐藩（高知県）出身の武士。 ・倒幕をめざし，薩長同盟を成立させた。 ・大政奉還を推進。 ・京都で暗殺された。
	徳川慶喜 (1837～1913)	・江戸幕府15代，最後の将軍。 ・幕政の改革を試みたが失敗したため，1867年に大政奉還を行った。
明治時代	西郷隆盛 (1827～1877) 	・薩摩藩（鹿児島県）出身。倒幕運動，明治維新の中心人物。 ・征韓論を反対され，明治政府を離脱。 ・西南戦争をおこしたが敗北。

時代	人物	
明治時代	大久保利通 (1830～1878) 	・薩摩藩（鹿児島県）出身，倒幕運動，明治維新の中心人物。 ・版籍奉還や廃藩置県などの改革に努める。 ・殖産興業を推進。
	福沢諭吉 (1834～1901) 	・明治時代の思想家，教育者。 ・現在の慶應義塾大学の創設者。 ・『学問のすゝめ』を著し，平等と学問の重要性を説いた。
	板垣退助 (1837～1919) 	・高知（土佐藩）出身。自由民権運動の中心人物。 ・征韓論を主張，明治政府を離脱。 ・民撰議院設立の建白書を提出。 ・自由党を結成。
	大隈重信 (1838～1922) 	・国会の早期開設を主張したため，政府から追放された。 ・立憲改進党を結成。 ・自由民権運動を推進。 ・板垣退助らと政党内閣を組織。
	伊藤博文 (1841～1909) 	・長州藩（山口県）出身，初代内閣総理大臣。 ・内閣制度を創設。 ・大日本帝国憲法制定の中心人物。 ・ハルビンで暗殺された。

3年
4年
5年
6年

巻末資料編

第1章
表現活動の方法

第2章
地理のまとめ

第3章
歴史のまとめ

第4章
政治・国際のまとめ

時代	人物	
明治時代	**陸奥宗光** （1844～1897） 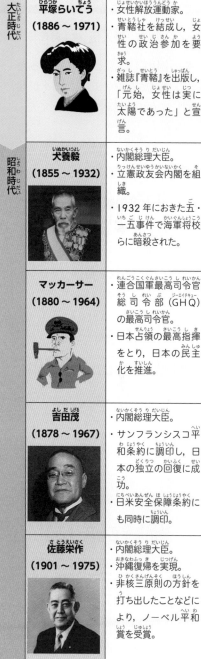	・外務大臣。 ・日英通商航海条約を結び，領事裁判権の撤廃に成功。 ・下関条約の調印，三国干渉の外交処理を行った。
	小村寿太郎 （1855～1911）	・外務大臣。 ・日米通商航海条約を結び，関税自主権の完全回復に成功。 ・ポーツマス条約にも調印。
	野口英世 （1876～1928）	・細菌学者。 ・アフリカで黄熱病の研究中，自らも感染し病死。
	与謝野晶子 （1878～1942）	・堺市の商家出身。 ・歌集『みだれ髪』など多くの歌集を出版。 ・日露戦争の反戦詩『君死にたまふことなかれ』は有名。
大正時代	**原敬** （1856～1921）	・内閣総理大臣。 ・日本初の本格的な政党内閣を組織。 ・「平民宰相」とよばれ親しまれたが，のちに反感が高まり，暗殺された。

時代	人物	
大正時代	**平塚らいてう** （1886～1971）	・女性解放運動家。 ・青鞜社を結成し，女性の政治参加を要求。 ・雑誌『青鞜』を出版し，「元始，女性は実に太陽であった」と宣言。
昭和時代	**犬養毅** （1855～1932）	・内閣総理大臣。 ・立憲政友会内閣を組織。 ・1932年におきた五・一五事件で海軍将校らに暗殺された。
	マッカーサー （1880～1964）	・連合国軍最高司令官総司令部（GHQ）の最高司令官。 ・日本占領の最高指揮をとり，日本の民主化を推進。
	吉田茂 （1878～1967）	・内閣総理大臣。 ・サンフランシスコ平和条約に調印し，日本の独立の回復に成功。 ・日米安全保障条約にも同時に調印。
	佐藤栄作 （1901～1975）	・内閣総理大臣。 ・沖縄復帰を実現。 ・非核三原則の方針を打ち出したことなどにより，ノーベル平和賞を受賞。

④ 日本史重要史料

『魏志』倭人伝 弥生時代

その国の王はもとは男であったが，戦乱が続いたので，国々が共同して女の卑弥呼を王に立てた。

中国の歴史書。邪馬台国に言及。

貧窮問答歌 奈良時代

…ご飯をたくかまどにも　くもが巣をはってしまった　それなのに　むちを持った里長が　税を出せとわめいている…

『万葉集』に収録。山上憶良の歌。

十七条の憲法 飛鳥時代

一　和を貴び，争うことのないようにせよ。
二　あつく仏教を信仰せよ。
三　天皇の命令には必ず従え。

聖徳太子が豪族の心構えを説く。

望月のうた 平安時代

この世をば
わが世とぞ思ふ
望月の
かけたることも
なしと思へば

摂関政治最盛期の藤原道長による。

聖徳太子が出した手紙 飛鳥時代

日が出るところの天子が，日が没するところの天子に手紙をさしあげます。…

隋の煬帝へ。対等な関係を要求。

御成敗式目〔貞永式目〕 鎌倉時代

一　武士が20年の間，実際に土地を支配しているならば，その権利を認める。

執権，北条泰時による。初の武家法。

墾田永年私財法 奈良時代

…これからは，開墾地は開墾者の財産として，永久に公地にはしない…

聖武天皇による。土地の私有を認可。

正長の土一揆を記録する日記 室町時代

1428年，天下の土民が立ち上がり，徳政を要求して酒屋・土倉などを襲った。…日本の国が始まって以来，土民が立ち上がったのは，はじめてのことである。

酒屋・土倉が襲われる。

刀狩令 安土桃山時代

諸国の百姓が刀やわきざし・弓・やり・鉄砲，その他の武具などを持つことは，固く禁止する。

豊臣秀吉による。兵農分離が進む。

お触書 江戸時代

一 朝は早く起きて草を刈り，昼は田畑の耕作をし，晩には縄をない，俵をあみ，それぞれの仕事に気をぬくことなくはげむこと。

幕府が農民の生活を細かく規制したとされる。

武家諸法度 江戸時代

一 文武・弓馬の道にはげむこと。
一 城の修理は必ず届け出よ。
一 大名は領地と江戸に交代で住み，毎年4月に参勤すること。

大名を統制。1635年，参勤交代制定。

日米和親条約 江戸時代

第二条 下田・函館の両港については，アメリカ船が薪水・食料・石炭などを補給するために渡来することを日本が許可する。

アメリカ合衆国の使節ペリーと結ぶ。鎖国が終わる。

五箇条の御誓文 明治時代

一 政治のことは，会議を開き，よく議論して決めること。
一 古いしきたりをやめて，道理にしたがって進むこと。

明治政府の基本方針。天皇が神に誓う。

『学問のすゝめ』 明治時代

天は人の上に人をつくらず…といえり。…万人はみな同じ位にして，生まれながら貴賤・上下の差別はなく…

福沢諭吉の著書。自由・平等を説く。

与謝野晶子の詩 明治時代

あゝ，をとうとよ君を泣く
君死にたまふことなかれ
…親は刃をにぎらせて
人を殺せとをしへしや…

日露戦争へ出征した弟を案じる詩。

『青鞜』創刊号 明治時代

元始，女性は実に太陽であった。真正の人であった。今，女性は月である。…

平塚らいてうが女性の権利と自立を求める。

⑤ 土地制度・商工業発展史

土地制度・農業	時代	商工業
紀元前 4世紀 ごろ　北九州に稲作が伝わる 石包丁，高床の倉庫の使用	弥生	
6才以上の男女に口分田があたえられる。	古墳	
645　大化の改新 ・公地公民，班田収授法	飛鳥	
723　三世一身法 743　墾田永年私財法	奈良	
	平安	
・西国で米の裏作に麦をつくる二毛作が普及 ・耕作に牛馬の使用	鎌倉	・問丸（－運送業者）
・二毛作が各地に広まる ・麻や桑のほかに，綿のさいばいが始まる	室町	・馬借（－輸送業者） ・土倉，酒屋（－金融業者） ・座（－商工業の同業者組合）
1582　太閤検地	安土桃山	・楽市楽座
・新田開発がさかんに行われる ・商品作物の栽培を奨励 ・備中ぐわ，千歯こきなどの農具の改良 ・ほしかなどの金肥の使用	江戸	・五街道 ・東廻り航路，西廻り航路 ・菱垣廻船，樽廻船 ・蔵屋敷，両替商，株仲間
1873　～地租改正　地租を現金で納めさせる。 ・小作争議が多発	明治	1872　新橋↔横浜間鉄道開通 ・殖産興業
地主に小作料の引き下げなどを要求する。	大正	
1945　農地改革　自作農が増える。	昭和	・財閥が力を強める 1945　財閥解体 ・高度経済成長 1973　石油危機（第一次）

3年
4年
5年
6年

巻末資料編

第1章
表現活動の方法

第2章
資料のまとめ

第3章
資料歴史のまとめ

第4章
政治・国際
資料のまとめ

第4章

政治・国際 資料のまとめ

① 日本の主な政党の移り変わり（1945～2023年）

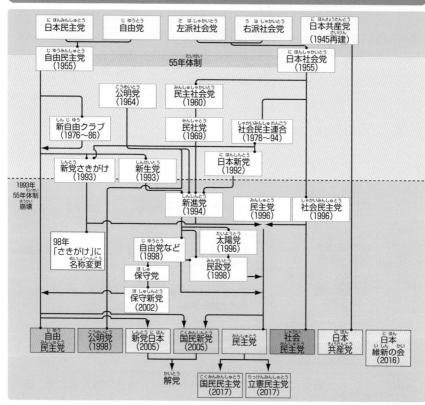

	55年体制	
□ 55年体制	1955年から1993年まで続いた，自由民主党が政権与党，日本社会党が野党として対立した体制のこと。1993年の衆議院議員総選挙で自由民主党が議席の過半数を割り込み，体制は終わった。	
□ 連立政権	複数の政党によって，内閣が組織・運営される政権。政党によって政策がちがうため，連立している政党同士で政策がまとまらない場合，内閣がたおれることがある。	
□ 政権交代	内閣を組織していた政権与党に代わり，それまで野党であった政党が政権を担当し，内閣を組織すること。	

② 日本経済の発展と停滞

1950年	朝鮮特需（1950〜53年）		朝鮮戦争にともなう好景気。日本の経済復興が進んだ。
55	神武景気（1954〜57年）		日本の経済が大きく発展。1968年GNPが世界第2位に。
60	岩戸景気（1958〜61年）	高度経済成長（1955年ごろ〜73年）	
65	いざなぎ景気（1965〜70年）		
70			
75	石油危機（1973〜75年）		第4次中東戦争による原油価格の値上がりでインフレーションがおこる。
80	円高不況（1985〜86年）		日本銀行が公定歩合を引き下げ，利子が安くなった。企業は不動産や株に投資。土地や株の値段が高騰。
85			
90	バブル景気（1986〜91年）		失われた10年
95	平成バブル不況（1991〜2002年）		政府と日本銀行が為替市場に介入。円安になり，多くの企業が多大な利益を得た。
2000			
05	いざなみ景気（2002〜08年）		「サブプライムローン問題」がおこり，ドルや株価が急落。金融恐慌がおこる。
2010	リーマンショック世界金融危機（2007〜08年）		アメリカの大手投資銀行，リーマン・ブラザーズが破たん。世界金融危機のきっかけとなった。
2020	新型コロナウイルス感染症の世界的拡大（2020年〜）		人の移動が制限され生産活動や物流が停滞した。

□ **GNP**（国民総生産）	一定期間に国民が新たに生産した「もの」や「サービス」の総計。		□ **利子**（利息）	金銭の貸し借りや，銀行に金銭を預けるとき，金額や期間に応じて支払われる金銭（対価）。
□ **インフレーション**	ものの値段が上がり続け，同じ額で買うことができるものの量が減るため，お金の価値が下がること。		□ **円高・円安**	円の価値が上がることを円高，下がることを円安という。円高は輸入，円安は輸出に有利となる。
□ **不動産**	土地，建物，立木など動かすことのできない財産。		□ **株**	株式の略。株式会社の経営の「もとで」となる有価証券。

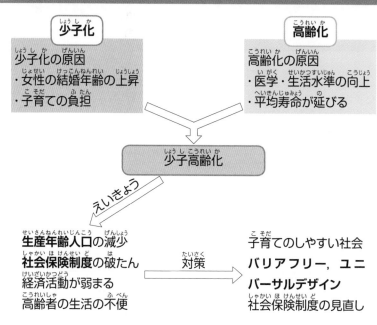

③ これからの日本社会の問題・課題

少子化

少子化の原因
・女性の結婚年齢の上昇
・子育ての負担

高齢化

高齢化の原因
・医学・生活水準の向上
・平均寿命が延びる

少子高齢化

えいきょう

生産年齢人口の減少
社会保険制度の破たん
経済活動が弱まる
高齢者の生活の不便

対策

子育てのしやすい社会
バリアフリー，ユニ
バーサルデザイン
社会保険制度の見直し

□少子化	出生率が低下して，総人口に対する0～14才の子どもの割合（年少人口）が低下すること。
□高齢化	総人口に対する，65才以上の高齢者の割合（老年人口）が増加すること。
□生産年齢人口	15～64才の人口。0～14才を年少人口，65才以上を老年人口と分けるときに用いるよび方。
□社会保険制度	あらかじめ保険料を支払い，高齢になったときや病気になったときに給付を受けとる制度。少子高齢化が進むと，集まる保険料が少なくなる一方，支払いが多くなり制度の維持が難しくなる。
□バリアフリー	高齢者や障がい者が安全で快適に暮らせるように，生活する上での障がい（バリア）がない社会をつくろうとする考え。
□ユニバーサルデザイン	年齢や障がいの有無にかかわらず，すべての人が使いやすいように設計されたデザイン。
□介護保険制度	2000年から実施されている，40才以上の人が加入し，介護が必要になったときにサービスを受けられるしくみ。

④ わたしたちが生きている時代の国際情勢

アジア・アフリカ		欧米
	1970年代	アフガニスタン紛争（1979年〜） ソ連のアフガン侵攻（1979年）
イラン・イラク戦争（1980〜1988年） イランとイラクが国境線をめぐって戦闘 国連安全保障理事会の停戦決議を受け入れ，終結。	1980年代	ベルリンの壁崩壊（1989年） 冷戦の終結（1989年）　マルタ会談で宣言
湾岸戦争（1991年） イラクがクウェートに侵攻➡アメリカを中心とした多国籍軍がイラクを空爆 アフリカで内戦が頻発 香港の返還（1997年） イギリスから中国へ返還	1990年代	東西ドイツ統一（1990年） ユーゴスラビア紛争（1991〜1999年） ソ連解体（1991年） EU〔ヨーロッパ連合〕発足（1993年） イスラム過激派によるアメリカ本土へのテロ攻撃
東ティモール民主共和国が独立（2002年） 21世紀最初の独立国誕生 宗教テロの頻発	2000年代	アメリカ同時多発テロ（2001年9月11日） イラク戦争（2003〜2010年） アメリカがイラクの武装解除を求め侵攻。フセイン政権の崩壊。
エジプト革命（2011年） 反政府デモによる政権崩壊 リビア内戦（2011年） カダフィ政権の崩壊	2010年代	
	2020年代	ロシアのウクライナ侵攻（2022年〜）

□アフガニスタン紛争	ソ連の軍事介入（1979年）をきっかけに続く，アフガニスタンの内戦状態のこと。内戦の長期化により多くの難民が近隣諸国にのがれた。
□香港の返還	清がイギリスに割譲し，租借した香港島などが，155年ぶりに中国に返還されたできごと。
□ソ連解体	ロシア革命（1917年）をきっかけに成立したソビエト連邦が，バルト三国の独立，11の共和国の離脱により解体，消滅したできごと。
□アラブ諸国の反政府暴動	2010年から2011年にかけてチュニジアでおこった反政府デモが全国に拡大し，長期政権打倒のジャスミン革命につながった。このえいきょうがアラブ諸国に広がり，エジプトやリビアでは長期独裁政権がたおれる事態になった。

解答・解説

身近なくらし編

第1章　わたしたちのまち

問題…P.22

1 方位	**2** 西	**3** 方位じしん	**4** 上
5 地図記号	**6** 田	**7** 畑	
8 図書館	**9** 病院	**10** 老人ホーム	
11 縮尺	**12** 等高線	**13** 公共施設	

入試問題にチャレンジ!　問題…P.23

1 （1）2000m
（2）ア　裁判所　イ　消防署
ウ　郵便局　エ　交番

〈解説〉

1 （1）5万分の1の地図なので，4cm
×50000＝200000cm＝2000m。

身近なくらし編

第5章　日本の諸地域

問題…P.69

1 東京都	**2** 北海道		
3 京都府，大阪府	**4** 東北地方		
5 香川県	**6** 長野県	**7** 信濃川	
8 大阪府	**9** 青森県	**10** 自動車	
11 阿波おどり	**12** 石川県	**13** 屋久島	

入試問題にチャレンジ!　問題…P.70

1 （1）①鹿児島（県）・エ
②兵庫（県）・イ　③千葉（県）・ア
④岩手（県）・オ
2 （1）能登（半島）　石川（県）
（2）aカ・ほたて貝　bウ・うなぎ
cオ・かき
3 ア

〈解説〉

1 （1）まず図から①〜④がそれぞれど
この県かを考えよう。縮尺や方位がそ
ろっていないので，注意が必要である。
①は南が上になっているのでわかりにく
いが，大きな二つの半島が向き合ってあ
ることから，鹿児島県である。
②は淡路島があることから兵庫県。上が
東になっている。
③は上が北なのでわかりやすい。大きな
房総半島があることから千葉県である。
④は入り組んだ海岸がみられることから，
三陸海岸にリアス（式）海岸がある岩手
県。上が西になっている。
次にア〜オがそれぞれどの県についての
説明か，文中の語句から読みとろう。
アは「県の面積の半分以上をしめる房総
半島」から千葉県。
イは「近畿地方」「北部は日本海に面し，
南部は瀬戸内海に面している」から兵庫
県。日本の標準時子午線というのは，東
経135度の経線のことで，日本の時刻を
決める基準となっている経線である。
エは「九州の最南端」「シラス台地」か
ら鹿児島県。向き合っている二つの半島
は，薩摩半島と大隅半島である。
オは「県の中では面積は最大」「北上高
地」から岩手県である。
ウは「鈴鹿山脈」「志摩半島」から三重
県である。

入試ポイント その県の特徴を示すキー
ワードを読みとろう。

2 （1）本州の中央付近で日本海に突き
出ている半島は，石川県の能登半島。伝
統的工芸品の輪島塗が有名である。
（2）aは青森県の陸奥湾で，ほたて貝の

養殖がさかん。bは静岡県西部の浜名湖で、うなぎの養殖で有名。cは広島県の広島湾でかきの養殖がさかん。

③ 乳牛の飼育頭数が最も多いのは北海道だが、栃木県でもさかんに行われている。

国土編

第1章　世界の中の日本の国土

入試要点チェック　　　　問題…P.104

1 東経135度　2 兵庫県　3 領土
4 領海　5 領空
6 排他的経済水域　7 公海
8 択捉島　9 南鳥島
10 沖ノ鳥島　11 与那国島
12 北方領土　13 サンフランシスコ

入試問題にチャレンジ！　　問題…P.105

① (1) イ　(2) ｱ　(3) ｸ
(4) ｽ　(5) 午後8時
② (1) あ 東　い 南鳥　う 沖ノ鳥
(2) 沖縄県
③ (1) ウ　(2) イ　(3) エ
④ (1) あC　いB　うA　えD
(2) ウ　(3) F　(4) C

〈解説〉
① (1) 日本は東経135度の経線を標準時子午線としており、この経線は兵庫県明石市などを通る。
(2) 本初子午線は、イギリスのロンドンにある旧グリニッジ天文台を通る。
(3) 赤道はアフリカ大陸の西のギニア湾、マレー半島の先端付近、アマゾン川の河口付近を通る。
(4) 対蹠点は、緯度は南北をそのまま入れかえ、経度は東西を入れかえ、180度から引いて求める。明石市は東経135度、北緯34度に位置していることから、対蹠

点は西経45度、南緯34度である。
(5) 2018年のサッカーのワールドカップはロシアで開催された。時差は6時間であり、日本の方が時刻が進んでいることから、午後2時から6時間進めればよい。
③ (1) イランは約163万km²、オランダは約4.2万km²、ドイツは約35.8万km²、スイスは約4.1万km²。
(2) 東経153度の反対側（180度逆側）は西経27度。イギリスのロンドンの旧グリニッジ天文台を通る経線が東経でも西経でも0度の経線である。
④ (2) 東京とCのロサンゼルスは緯度がほぼ同じで、地図上ではCは東京の東にあるが、地球儀や正距方位図法で東京とCを最短の直線で結ぶと、Cは東京から北東の方位にある。

入試ポイント ▷ 地図は、図法によって正確に表すことができるものが異なるという点をおさえよう。
(4) 日付変更線は太平洋の真ん中を通っている。日付変更線の東側でもっとも近いCが1月31日である。

国土編

第2章　国土の地形の特色と人々のくらし

入試要点チェック　　　　問題…P.126

1 環太平洋造山帯
2 フォッサマグナ
3 飛驒山脈，木曽山脈，赤石山脈
4 長良川　5 佐賀県　6 筑後川
7 日本海流〔黒潮〕
8 千島海流〔親潮〕　9 潮目〔潮境〕
10 プランクトン　11 リアス(式)海岸
12 下北半島　13 津軽半島
14 渥美半島　15 三河湾　16 輪中

入試問題にチャレンジ！ 問題…P.127

1 (1) ①フォッサマグナ ②海溝
(2) イ

2 (1) a上川 b三日月湖
c最上 d米沢 e庄内 f扇状地
g長良 h伊勢 i輪中
(2) 旭川市 (3) 酒田市

3 (1) ア…四万十 イ…シラス
(2) A38 B46

4 (1) ア (2) 田沢(湖)
(3) 関東ローム層 (4) ア (5) イ

〈解説〉

1 (2) 面積の比は、四国1：九州2：
北海道4：本州12となる。

3 (2) Aは高知県、Bは鹿児島県。

入試ポイント 大きな川が通る盆地・平
野の名前と最後にそそぐ湾や海の名前を
しっかり覚えておこう。

4 (1) 有珠山は北海道の洞爺湖の南に
位置する火山である。
(2) 田沢湖は秋田県に位置する、日本で
最も深い湖である。
(3) 関東ローム層は、かつて富士山や浅
間山などの噴火により放出された火山灰
が堆積してできたものである。関東平野
の台地をおおっている。
(4) 長崎県は離島が多いことから、面積
に対して海岸線の長さが長い。イは兵庫
県、ウは香川県、エは福島県を示している。

国土編

第3章 国土の気候の特色と人々のくらし

入試要点チェック 問題…P.144

1 季節風〔モンスーン〕 2 偏西風
3 梅雨 4 台風 5 イ 6 亜熱帯
7 水 8 流氷 9 てんさい
10 西岸海洋性気候

入試問題にチャレンジ！ 問題…P.145

1 ウ

2 (1) ア (2) ウ

3 A4 B8

〈解説〉

1 瀬戸内海の気候で1月の平均気温が
0℃以下になることはない。

2 (1) イは札幌、ウは那覇、エは松本
である。(2) アは松本、イは那覇、エは
札幌である。

入試ポイント 各地の雨温図の特ちょう
をしっかりつかんでおこう。

食料編

第1章 農業と人々のくらし

入試要点チェック 問題…P.168

1 北海道 2 代かき 3 輸入量
4 じゃがいも 5 近郊農業
6 園芸農業 7 促成栽培
8 抑制栽培 9 減反政策
10 自主流通米 11 産地直送

入試問題にチャレンジ！ 問題…P.169

1 X北海道 Y鹿児島県

2 イ

3 カ

〈解説〉

1 乳用牛と肉用牛の飼育頭数がともに
全国第1位なのは北海道である。

2 長野県では高原野菜であるレタスの
抑制栽培がさかんである。

3 北海道が半分以上で、第2位が佐賀
県であることから、たまねぎとわかる。

入試ポイント おもな農産物の都道府県
別生産高の上位3県の割合は、グラフで
きちんと覚えておこう。

第2章　水産業と人々のくらし

入試要点チェック　　　　問題…P.189

1 大陸だな　　2 潮目〔潮境〕
3 排他的経済水域　　4 遠洋漁業
5 沖合漁業　　6 養殖漁業
7 栽培漁業　　8 まき網漁法
9 定置網漁法
10 （かつおの）一本づり　　11 せり

入試問題にチャレンジ!　　問題…P.190

1 B
2 イ
3 （1）リアス（式）海岸
（2）潮目〔潮境〕があり，魚が集
まるから。（14字）（3）イ
4 （1）かき　（2）宮城
5 え

〈解説〉

1 Aは沖合漁業，Bは遠洋漁業，Cは
海面養殖漁業。まぐろやかつおは沖合漁
業でもとるが，焼津港はまぐろ・かつお
の遠洋漁業の基地である。

入試ポイント▶ 沖合漁業，遠洋漁業，沿
岸漁業の生産量の変化とその理由は，
しっかり理解しておこう。

2 イ日本の遠洋漁業の漁場が縮小した
のは，国際的に設けられた排他的経済水
域のためである。

4 （1）漢字は「牡蠣」。

食料編

第3章　これからの食料生産とわたしたち

入試要点チェック　　　　問題…P.203

1 食料自給率　　2 アメリカ
3 アメリカ　　4 ブランド米
5 フードマイレージ　　6 バイオ燃料

7 米　　8 人件費　　9 品種改良
10 地産地消　　11 安全

入試問題にチャレンジ!　　問題…P.204

1 （1）ア　（2）こうていえき
（3）有機
2 ウ
3 （1）日本の野菜は外国産の野
菜より，生産費用が高いので価格が
高い点。
（2）日本の野菜は農薬の使用基準も
厳しく，安全であると思われるため。
（3）A イ　B カ　C エ
（4）地産地消
4 （1）減反政策　（2）アメリカ
（3）遠洋漁業　（4）イ

〈解説〉

1 （1）アアメリカは大豆を輸出してい
る。

2 もともと米の自給率は高く，小麦の
自給率は低かった。自給率100％だった
野菜と果実を輸入するようになったが，
野菜は果実にくらべていたみやすいので，
遠い距離の外国から輸入する量は果実よ
り少ない。

3 （1）海外では広大な農地で野菜を
作っている場合が多く，同じ面積あたり
の人件費などが安い。

入試ポイント▶ 食料の自給率が低いこと
の問題点を整理しておこう。

4 （1）1970年以降，政府は農家に対し
て減反政策をすすめ，生産量を調整して
きたが，2018年に廃止された。
（4）アは食肉用の鶏，イは肉牛，ウは
豚，エは乳牛の飼育頭数上位3道県を表
している。

工業編

第1章　さまざまな工業

入試要点チェック　問題…P.233

1 重化学工業　2 軽工業
3 組み立てライン　4 関連工場
5 キャリアカー
6 ハイブリッド自動車
7 エアバッグ　8 貿易摩擦
9 ＩＣ　10 石油化学コンビナート
11 パルプ　12 世界同時不況

入試問題にチャレンジ！　問題…P.234

1 オ
2 （1）ア…貿易摩擦　イ…中国
（2）自動車の需要が急速に拡大した中国に近く，輸出に便利だから。
3 エ

〈解説〉
1 オ化学は，従業者数の割合（全体の15.1％）にくらべて，製造品出荷額の割合（全体の20.8％）が約1.4倍と一番高い。
3 内陸部を含めて，全国に工場が立地しているあが半導体工場。いの太平洋ベルトの沿岸地域におもに立地しているのが製鉄所（太平洋ベルト以外では北海道の室蘭市）。中国地方や埼玉県の秩父地方など石灰石の産地の近くに立地しているうがセメント工場。
入試ポイント▶ 時代ごとの工業のうつりかわりと，現在の工業の地方別の特色を整理しておこう。

工業編

第2章　工業生産と工業地域

入試要点チェック　問題…P.253

1 太平洋ベルト　2 中京工業地帯
3 北九州工業地域

4 関東内陸工業地域
5 東海工業地域
6 シリコンアイランド
7 石油化学コンビナート　8 自動車
9 印刷業〔出版業〕　10 伝統的工芸品

入試問題にチャレンジ！　問題…P.254

1 （1）横浜市　（2）ア
（3）八幡製鉄所　（4）ウ　（5）エ
2 イ
3 ア

〈解説〉
1 （4）中国や韓国の工場が生産高をのばしている。
2 アは阪神工業地帯，ウは中京工業地帯である。
3 イは中京工業地帯。アとウの区別は，金属工業の生産額の割合の高いところが阪神工業地帯，機械工業の割合が高いところが京浜工業地帯である。
入試ポイント▶ 各工業地帯・地域の特ちょう・生産高・歴史を整理しておこう。

工業編

第3章　工業生産と貿易

入試要点チェック　問題…P.270

1 貿易摩擦　2 産業の空洞化
3 サウジアラビア
4 モーダルシフト
5 ハブ空港　6 東北新幹線
7 東名高速道路　8 コンテナ船
9 アメリカ　10 供給量
11 火力発電　12 中国
13 成田国際空港

入試問題にチャレンジ！　問題…P.271

① ウ

② エ

③ ウ→ア→イ→エ

④ （1）ア　（2）川崎港 イ
東京港 ウ　成田空港 ア

〈解説〉

② アは名古屋港，イは大阪港，ウは成田空港である。

③ アの名神高速道路・東名高速道路が全線開通したのは1969年，イの青函トンネル営業開始は1988年，ウの東海道新幹線開通は1964年，エの明石海峡大橋完成は1998年。

④ （1）羽田空港，成田国際空港，茨城空港の３つである。（2）京浜工業地帯の中心である川崎港は鉱物性燃料が多く，大消費地に近い東京港は食料品が多く，成田空港は電子部品が多い。

入試ポイント ▶ 貿易港の特ちょうは工業地帯の特ちょうとあわせて理解しよう。

情報編

第1章　情報産業とわたしたちのくらし

入試要点チェック　問題…P.286

1 IT革命　2 前島密
3 デジタル放送　4 電子書籍
5 マスメディア
6 マスコミュニケーション〔マスコミ〕
7 世論　8 人工知能（AI）
9 プロバイダ
10 コンピューターウイルス
11 メディア・リテラシー

入試問題にチャレンジ！　問題…P.287

① イ

② ウ

③ （例）小ぜにを持ち歩くめんどうがなくなるから。〔きっぷや使い捨てカードなどのごみが減るから。／カード１枚で，交通費だけではなく，買い物などもできて便利だから。〕

④ （1）1 エックス〔旧ツイッター〕
2 ワンセグ　3 メディア・リテラシー
（2）緊急地震速報
（3）（例）インターネットを使える人と使えない人の世代間格差の解消。〔高齢者が情報にアクセスしやすい環境の整備。〕

〈解説〉

① あるニュースに対して，ニュースキャスターが自分の感想や意見を述べることはよくある。アについて，税金ではなく受信料が正しい。ウについて，アメリカではなく日本である。エについて，東京や大阪だけでなく，地方にも新聞や放送局はある。

② 教育や所得の格差によってコンピューターを使う能力に差ができ，情報の入手に差がついてしまうことをデジタルデバイドという。

③ 電子マネーは，現金や預金を電子的な価値に変換したお金である。ICカードや携帯電話を介して利用されることが多く，紙幣や硬貨をもたずに料金の支払いができるという便利さがある。

④ （2）地震発生時に，先に伝わる小さなゆれを検知して震源や地震の規模などを予測し，大きなゆれが想定される場合に，警報を出すシステム。テレビやラジオ，携帯電話，公共施設の館内放送などで流されることになっている。
（3）グラフで，70歳以上の利用率が大きくおちこんでいることに着目する。70

歳以上の高齢者が，インターネットから情報を得にくいという，情報格差が生じているので，これを解消することが課題となる。

> **入試ポイント** 情報産業によって便利になったことと，生じている問題を，それぞれまとめておこう。

環境編

第1章 わたしたちをとりまく自然環境

入試要点チェック 問題…P.308

1 人工林 2 水源林
3 東日本大震災 4 マグニチュード
5 高潮 6 冷害
7 ハザードマップ〔防災マップ〕
8 公害対策基本法 9 騒音
10 地球温暖化 11 砂漠化
12 地球サミット〔国連環境開発会議〕
13 生物多様性

入試問題にチャレンジ! 問題…P.309

1 (1) ウ (2) エ (3) イ
(4) ア
2 エ
3 ア
4 エ

〈解説〉

1 (1) 日本の国土面積は約38万km²，その約65%なので，約25万km²。1km²＝100haなので，2500万haとなる。
(2) エは，広葉樹と針葉樹が逆である。1950～70年代に造成された人工林は，生長が早くて加工がしやすく，木材にするのに適した性質をもっていたため，その多くは針葉樹林である。
(4) 酸性雨は，工場や自動車の出すガスが原因なので，森林の消失とは関係がない。

> **入試ポイント** 木材をとること以外の森林のはたらきを整理しておくことが重要。

2 ①は沖縄や九州，四国・近畿・関東地方の太平洋側の地域が多いので，台風の被害を受けやすい地域とわかる。②は東北地方から北海道地方にかけての地域が中心となっているので，夏の低温を原因とする冷害とわかる。③は瀬戸内地方や中部地方の内陸部，北海道地方などの降水量が多くない地域が中心なので，干害とわかる。

3 Aは空気のよごれ，Bは水のよごれである。

4 リデュースは（ごみを）減らすこと，リユースはくり返し使うこと，リサイクルは資源として再利用することである。

政治編

第1章 わたしたちのくらしと日本国憲法

入試要点チェック 問題…P.320

1 1946年11月3日
2 基本的人権の尊重 3 象徴
4 国事行為 5 第9条 6 自由権
7 生存権 8 団結権 9 参政権
10 プライバシーの権利 11 環境権
12 納税の義務 13 3分の2，過半数

入試問題にチャレンジ! 問題…P.321

1 (1) ②平和 ③国民主権
④基本的人権 ⑤象徴 (2) ウ，エ
(3) イ，エ ((2)・(3) 順不同)
2 (1) ①エ ②ウ ③キ
(2) 基本的人権の尊重 (3) 勤労
3 (1) イ (2) エ (3) ウ
4 ①エ ②イ ③ク ④キ ⑤オ

〈解説〉

1 (2) 国会が貴族院と衆議院からなっていたのは大日本帝国憲法においてであ

る。日本国憲法では衆議院と参議院からなるので，アは誤り。国会は国権の最高機関であり，ただ一つの立法機関であるから，イも誤り。

(3) 内閣総理大臣の指名は国会，最高裁判所長官の指名は内閣だからアは誤り。参議院の解散はないからウは誤り。

入試ポイント▶ 天皇の国事行為はしっかりおさえておこう。

② (2) 本問に引用された前文の一部には戦争放棄，国民主権が述べられている。

③ (2) アは自由権，イは参政権，ウは平等権の内容。エのみ生存権の内容。

(3) ア，イ，エは新しい人権の内容。アは環境権，イは知る権利，エはプライバシーの権利である。ウは参政権の内容。

入試ポイント▶ 新しい人権の種類をおさえておこう。

④ ①「基本的人権は，侵すことのできない永久の権利」と憲法第11条で述べられている。②人権は公共の福祉によって制限される場合がある。

入試ポイント▶ 憲法前文や第11条などの条文はキーワードをおさえておこう。

政治編

第2章　わたしたちの願いを実現する政治

〈解説〉

① (4) 国会は，aの常会〔通常国会〕，bの特別会〔特別国会〕，内閣または衆・参議院のどちらかの議院の総議員の4分の1以上の要求に応じて開かれる臨時会〔臨時国会〕がある。

入試ポイント▶ 国会の3つの種類を，会期と召集の条件で覚えておこう。

② (1) 下級裁判所には4種類ある。Aの高等裁判所，地方裁判所，Bの家庭裁判所と，簡易裁判所である。

入試ポイント▶ 三審制のしくみを，刑事裁判，民事裁判に分けて覚えておこう。

③ (1) ④「収入の…不足分をおぎなう」から，カが正しい。

(2) 消費税は収入の多い少ないにかかわらず，ものを買えば必ずかかるから，収入の少ない人ほど負担が大きくなる。

入試ポイント▶ 地方公共団体と国家の歳入・歳出の特ちょうは必ず覚えよう。

歴史編

第1章　日本のあけぼの

8 青銅器　9 吉野ヶ里遺跡
10 卑弥呼　11 前方後円墳　12 はにわ
13 大王　14 渡来人

入試問題にチャレンジ！　問題…P.366

1 （1）銅鐸　（2）ウ　（3）ア
2 （1）ウ　（2）石包丁
（3）吉野ヶ里遺跡
3 ①ア　②オ

〈解説〉

1 （1）銅鐸は祭りの道具として用いられていたと考えられている。青銅器には，銅剣，銅矛などの武器もある。
（2）アは1〜2世紀の奴国の様子がかかれた『後漢書』東夷伝の内容。イは5世紀から倭の五王が朝貢した記述のある『宋書』倭国伝の内容。ウは3世紀ごろの倭の様子がかかれた『魏志』倭人伝の内容。エは4世紀末に高句麗と倭が戦った記述のある「好太王の碑文」の内容。3世紀の日本の様子を記述した歴史書はウである。
（3）新羅は朝鮮半島の南西部ではなく，東部に建国された国。アが誤り。

入試ポイント　（2）中国の歴史書の名称とその記述内容は，時代順に整理して覚えておこう。

2 （1）アは弥生時代の遺跡。イの野尻湖からは約2万年前のナウマンゾウの化石や石器が発見された。ウは縄文時代の遺跡。エは日本ではじめて打製石器が見つかり，日本にも旧石器時代があったことを証明した遺跡。縄文土器が見つかった遺跡ではない。

入試ポイント　縄文時代，弥生時代を代表する遺跡とその位置，特ちょうをおさ

えておこう。

3 ①中国の古い歴史書とは『魏志』倭人伝のこと。邪馬台国が従えたのは30か国とかかれている。②岩宿遺跡を発見したのはオの相沢忠洋。カは江戸時代の儒学者。キはノーベル物理学賞の受賞者。クはノーベル化学賞の受賞者。

入試ポイント　『魏志』倭人伝にかかれている内容は必ずおさえておこう。

歴史編

第2章 天皇と貴族の政治

入試要点チェック　問題…P.392

1 聖徳太子　2 冠位十二階
3 十七条の憲法　4 遣隋使
5 法隆寺　6 飛鳥文化
7 大化の改新　8 大宝律令
9 平城京　10 墾田永年私財法
11 天平文化　12 平安京　13 摂関政治
14 枕草子

入試問題にチャレンジ！　問題…P.393

1 （1）改新　（2）エ　（3）ウ
2 （1）推古天皇　（2）ア
（3）エ　（4）十七条の憲法
（5）⑤エ　⑦イ　⑧オ　（6）聖武
3 （1）聖武天皇　（2）イ
（3）ア

〈解説〉

1 （2）アの調は主に成年男子に課せられていた税だから誤り。イの庸は都での労働10日間か，布を納めるものだから誤り。ウにある租は地方に納める税で都には運ばないから誤り。エが正しい文である。
（3）税は稲や特産物，労役などで納められていたからアは誤り。菅原道真の意見で遣唐使が中止されたのは平安時代だからイは誤り。奈良時代は国際色豊かな天

平文化が栄え，『万葉集』などがつくられた。国風文化は安平時代の文化だからエは誤り。口分田をあたえるには戸籍づくりが必要だったので，ウが正しい。

入試ポイント （3）奈良時代と平安時代の文化の特色を整理して覚えておこう。

❷ （1）593年聖徳太子はおばにあたる推古天皇の摂政となった。
（4）役人の心構えを示したのは十七条の憲法である。冠位十二階は有能な人材を政治に登用するために定められたもの。まちがえやすいので注意。

入試ポイント 聖徳太子の業績は必ずおさえておこう。

❸ （3）資料①は『続日本記』の一部なのでイは誤り。遣唐使は瀬戸内海を通り，黄海や東シナ海を通って中国大陸へ向かったのでウは誤り。宝物は東大寺の正倉院に納められたので，エは誤り。

入試ポイント （3）天平文化の特色，正倉院の宝物の代表的なものをまとめて覚えておこう。

歴史編

第3章　武士の政治

入試要点チェック
問題…P.434

1 1192年　2 承久の乱
3 御成敗式目〔貞永式目〕　4 元寇
5 金剛力士像　6 建武の新政
7 勘合貿易　8 応仁の乱　9 銀閣
10 鉄砲　11 織田信長　12 豊臣秀吉
13 桃山文化

入試問題にチャレンジ！
問題…P.435

❶ （1）イ　（2）御家人　（3）ウ
❷ （1）ウ　（2）源頼朝
（3）イ→ウ→エ→ア
❸ （1）徳川家康　（2）イ　（3）ウ
（4）イ　（5）豊臣秀吉　（6）エ

（7）せいいたいしょうぐん
❹ （1）①今川義元　②足利義昭
③一向〔浄土真〕　（2）ア　（3）エ

〈解説〉

❶ （1）絵は『蒙古襲来絵詞』で，1274年（13世紀）の文永の役での戦いの様子を表している。
（2）鎌倉幕府の家来は御家人である。
（3）アは北条政子の父。イは後醍醐天皇に協力した豪族（悪党）。エは源頼朝の弟。『蒙古襲来絵詞』は自分の手がらを表すために竹崎季長がえがかせた絵であり，そこには当人がえがかれている。

入試ポイント 『蒙古襲来絵詞』のえがかれた背景と絵から読み取れる点をまとめよう。

❷ （1）ウは厳島神社が正しい。鶴岡八幡宮は鎌倉幕府の守護神。
（3）ア 1185年3月，イ 1180年10月，ウ 1184年2月，エ 1185年2月。

入試ポイント 平家が滅亡するまでの戦いを，年代と地図で整理しておこう。

❸ （3）アは甲斐（山梨県）の戦国大名。イは越前（福井県）の戦国大名。エは越後（新潟県）の戦国大名。徳川家康はウの今川氏の人質となっていた。
（6）徳川家康が豊臣方を破ったのはエ。アは1185年源氏が平氏を破った地。イは織田信長と徳川家康の連合軍が武田勝頼の軍と戦い，武田軍の騎馬隊を破った地。ウは織田信長が今川義元を破った地。

入試ポイント （6）歴史的に有名な戦の場所と，そこで戦った人名を覚えよう。

❹ （3）アの義満が貿易を行ったのは明。イの応仁の乱が起きたのは1467～1477年で，室町幕府が滅亡したのは1573年。室町幕府は応仁の乱の約100年後に滅亡し

た。ウの室町幕府では，将軍の補佐役は管領である。

入試ポイント▶ (3) 鎌倉幕府と室町幕府のしくみ，将軍の補佐役を覚えておこう。

歴史編
第4章　江戸幕府の政治

入試要点チェック　問題…P.465

1 徳川家康　2 武家諸法度
3 島原・天草一揆〔島原の乱〕
4 鎖国　5 享保の改革
6 田沼意次　7 松平定信
8 外国船〔異国船〕打払令
9 天保の改革　10 元禄文化
11 化政文化　12 十返舎一九

入試問題にチャレンジ!　問題…P.466

1 (1) 朱印船貿易
(2) 武家諸法度
2 (1) イ　(2) エ
3 ①俳諧　②松尾芭蕉
③奥の細道　④井原西鶴
⑤浮世草子　⑥日本永代蔵
⑦化政文化　⑧浮世絵〔錦絵〕
⑨歌川〔安藤〕広重
⑩東海道五十三次
⑪杉田玄白〔前野良沢〕
⑫シーボルト　⑬鳴滝

〈解説〉
1 (2) 大名を統制するため，参勤交代の義務や，城の修築の禁止などを定めた法令は，武家諸法度である。武家諸法度に違反したものはきびしく処罰された。
入試ポイント▶ 江戸幕府が全国を支配したしくみを整理しておこう。
2 (1) イの長崎貿易の拡大は，田沼意次が行った政策。
(2) エの寛政異学の禁では，蘭学以外で

はなく，朱子学以外のすべての学問が禁止された。
入試ポイント▶ 江戸時代の3大改革を行った人物と，改革の内容を覚えておこう。
3 Aは上方中心に発展した町人文化である，元禄文化。Bは江戸中心に発展した町人文化である，化政文化。Cは蘭学の広まりについての文。
入試ポイント▶ 元禄文化と化政文化の特ちょうと，代表的な文学や絵画は整理して覚えておこう。

歴史編
第5章　明治からの世の中と日本

入試要点チェック　問題…P.498

1 ペリー　2 下田と函館
3 日米修好通商条約　4 大政奉還
5 廃藩置県　6 地租改正
7 西南戦争　8 自由民権運動
9 大隈重信　10 伊藤博文
11 日清戦争　12 下関条約
13 ポーツマス条約　14 田中正造

入試問題にチャレンジ!　問題…P.499

1 (1)(例) 米の豊作や不作のえいきょうを受け，政府が一定の税収を得るのが難しいから。
(2) 板垣退助　(3) エ
2 (1) ワシントン　(2) 生糸
(3) a. 治外法権〔領事裁判権〕
b. (例) イギリス人によりイギリスの法律で裁判されたから。(24字)
3 ウ
4 (1) ①日米修好通商条約
②大政奉還　(2) エ　(3) ウ

〈解説〉
1 (1) 米の出来，不出来により，税収が安定しないことをさけるため，という

621

ことがまとめられていればよい。

(2) 板垣退助は，自由民権運動の中心となった人物で，立志社，愛国社，自由党を結成した。

(3) ア〜ウの人物はすべて明治期に活やくし，業績を残した。エの平塚雷鳥は明治生まれだが，女性解放運動で活躍したのは大正期のことだから，誤り。

❷ (3) b．ノルマントン号沈没の責任者（船長）が，自分の国の法律で裁かれたため，罪が軽く量刑された，ということが述べられていればよい。

入試ポイント ノルマントン号事件によって，治外法権の撤廃を求める国民の世論が高まったことをおさえておこう。

❸ 日英同盟が結ばれたのは1902年。日露戦争は1904年に始まったからアは誤り。関税自主権の回復に成功したのは1911年だからイは誤り。日露戦争では，日本は賠償金を獲得していないからエは誤り。日露戦争の戦後処理を決めたポーツマス条約で，日本はロシアが満州に建設した鉄道の利権を得ているから，ウが正しい。

入試ポイント 日清戦争，日露戦争の結果を整理して覚えておこう。

❹ (3) 1890年の第一回帝国議会で選挙権があったのは，25歳以上の男子で直接国税を15円以上納めた人々だから，ウは誤り。

入試ポイント 第一回の帝国議会における衆議院議員選挙で，選挙権（投票権）のある人の条件は必ずおさえておこう。

歴史編

第6章　現代の日本

入試要点チェック　　　問題…P.528
1 第一次世界大戦　2 米騒動
3 満州事変　4 五・一五事件
5 二・二六事件　6 太平洋戦争

7 ポツダム宣言　8 日本国憲法
9 国民主権　10 日米安全保障条約
11 国際連合
12 石油危機〔オイルショック〕
13 バブル経済

入試問題にチャレンジ！　　問題…P.529
❶ (1) 満州事変
(2) 2番目 イ　4番目 ア
(3) ア　(4) ウ
❷ (1) エ　(2) デモクラシー
(3) ウ

〈解説〉

❶ (1) 中国にいた日本軍が中国軍を攻撃したのは，1931年の満州事変。文章中の「この地」とは，満州のこと。

(2) ウ→イ→エ→アの順。アのソ連は，1945年8月9日以後に南樺太や千島列島などに侵攻した。イの沖縄戦は，4月1日に沖縄本島に上陸したアメリカ軍との間で始まった。ウの東京大空襲は，3月9〜10日にかけて。エの広島への原爆投下は8月6日である。

(3) 農地改革は有償で行われたので，アは誤り。

入試ポイント 第二次世界大戦，太平洋戦争の終結前後の流れは年月日でおさえておこう。

❷ (1) 第一次世界大戦の講和会議はパリで開かれたので，エは誤り。

(3) 青鞜社を結成したのは平塚らいてうである。

入試ポイント 明治〜昭和時代に活やくした女性の業績を覚えておこう。

:::: 国際編 ::::

第1章　日本とつながりの深い国々

入試要点チェック　問題…P.547

1 イギリス　2 フランス　3 ドイツ
4 ロシア連邦〔ロシア〕
5 ＥＵ〔ヨーロッパ連合〕　6 ユーロ
7 アメリカ合衆国〔アメリカ〕
8 ブラジル　9 漢民族
10 大韓民国〔韓国〕　11 インド
12 サウジアラビア

入試問題にチャレンジ!　問題…P.548

1 イ
2 (1) ベルギー
(2) ユーロポート
(3) エ　(4) エ　(5) ユーロ
3 Ａ　イ　Ｃ　ウ

〈解説〉

1 ①は Ｂの中国，②は Ｃの韓国，③は
Ｄのブラジル，④は Ａのサウジアラビア
の説明である。

入試ポイント▶ 日本とつながりの深い国
は，面積や人口，首都，民族，宗教など
の特ちょうをおさえておこう。

2 (1) ベルギー，オランダ，ルクセン
ブルクでベネルクス三国を形成している。
(3) ＥＵの日本語の名称は，ヨーロッパ
連合。アは ＮＡＴＯ，イは ＥＣ，ウは
ＥＣの日本語の名称である。

入試ポイント▶ ＥＵの主な加盟国を地図
で確認しよう。

3 地図中の Ａはインドでイ。Ｂは中国
でア。Ｃはインドネシアでウ。Ｄはアメ
リカでオ。Ｅはブラジル。

入試ポイント▶ 人口の多い国とその位置
は，地図を使って確認しておこう。

:::: 国際編 ::::

第2章　世界の未来と日本の役割

入試要点チェック　問題…P.568

1 ニューヨーク　2 ＵＮＥＳＣＯ
3 安全保障理事会　4 ＰＫＯ
5 南北問題　6 ＮＧＯ　7 ＯＤＡ
8 酸性雨　9 ラムサール条約
10 グローバル化　11 ノーベル賞

入試問題にチャレンジ!　問題…P.569

1 (1) 193　(2) ②総会
④安全保障理事会
⑥国際司法裁判所
(3) 拒否権　(4) ユネスコ
2 (1) ①ウ　②オ　③ア
④エ　⑤イ
(2) ア③　イ①　(3) ウ　(4) イ

〈解説〉

1 (4) 国連教育科学文化機関は1946年
に設立された機関で，頭文字をとって
ＵＮＥＳＣＯ（ユネスコ）と呼ばれている。

入試ポイント▶ ＵＮＥＳＣＯとＵＮＩＣＥＦ
（国連児童基金）を間違えないように注意。

2 (2) ア　ヨーロッパの歴史的な建造物
や石像が酸性雨でとけるなどの被害が出
ている。イ　地球温暖化により氷河や氷
山がとけて海面が上昇し，ツバルなどの
国は水没の危険がある。
(4) アは地球温暖化防止京都会議で採択
された（1997年）。ウは正式には，「絶滅
のおそれのある野生動植物の種の国際取
引に関する条約」といい，生きている動
植物や，毛皮などの加工品の輸出入を規
制している。エは世界に点在する自然や
文化遺産を保護する国際条約。

入試ポイント▶ 環境問題とその原因，起
こりうる被害をまとめよう。

623

調べたい語句がわかっているときは，このさくいんで調べると便利です。
（教科書で学習したことにそって調べたい場合は，巻頭のもくじのほうが便利です）
50音順に配列してあります。そのあと，アルファベットから始まる語句を
ABC順に，最後に，数字や記号から始まる語句を配列してあります。
おなじ音の中では，「は⇒ば⇒ぱ」というような順番です。

さくいん

627

さくいん

さくいん

写真協力

Artefactory　（公社)青森観光コンベンション協会　秋田市竿燈まつり実行委員会　安土城郭資料館復元
模型：内藤　昌　復元©　アフロ　AFP/WAA　AP　越中八尾観光協会　旺文社　大阪公立大学中百舌鳥
図書館　大阪市北区役所　大阪府立弥生文化博物館　Osaka Metro　沖縄全島エイサーまつり実行委員会
国立教育政策研究所　神奈川県立歴史博物館　気象庁　岐阜県白川村役場　キユーピー株式会社　京都
大学附属図書館　京都市歴史資料館　宮内庁三の丸尚蔵館　国(文化庁保管)　慶應義塾図書館　建仁寺
高山寺　興福寺　神戸市立博物館　国営沖縄記念公園(首里城公園)　国際連合広報センター※　国立
国会図書館　国立奈良文化財研究所　復元料理　奥村彪生　国立歴史民俗博物館　こまつ観光物産ネッ
トワーク　ColBase(https://colbase.nich.go.jp/)　埼玉県さきたま史跡の博物館　佐賀県　三内
丸山遺跡センター　時事　BIOSPHOTO/時事通信フォト　Bridgeman Images/時事通信フォト
De Agostini/時事通信フォト　慈照寺　静岡市立登呂博物館　渋谷敦志/ＪＩＣＡ　JAPAN IMAGES
相国寺　正倉院正倉　正倉院宝物　聖徳記念絵画館「五箇條御誓文」(乾南陽)「下関講和談判」(永地秀
太)「大政奉還」(邨田丹陵)　城陽市　真正極楽寺　関ケ原町歴史民俗学習館　仙台七夕まつり協賛会
田原市博物館　中尊寺　鶴岡市　DNPartcom　東京国立博物館　東京大学法学部附属明治新聞雑誌
文庫　東京都江戸東京博物館　東京都選挙管理委員会　東京文化財研究所　東阪航空サービス　徳川
美術館　徳島市　長崎大学附属図書館　長崎歴史文化博物館　奈良市役所　日本写真著作権協会　日本製
鉄㈱九州製鉄所所蔵　根津美術館　©公益社団法人能楽協会　野尻湖ナウマンゾウ博物館　ののじ株式
会社　白山文化博物館　平等院　草戸千軒展示室実物大復元模型(全景)，広島県立歴史博物館画像提供
福岡市博物館　福岡市美術館　法隆寺　毎日新聞社　株式会社メイク　山形県花笠協議会　山口県防府
天満宮　横浜開港資料館蔵　一般社団法人 横浜みなとみらい２１　米沢市(上杉博物館)　㈲美術同人社
読売新聞　ロイター　鹿苑寺　早稲田大学図書館

※"The content of this publication has not been approved by the United Nations and does not
reflect the views of the United Nations or its officials or Member States".

47 都道府県の位置と名称

中国・四国地方

㉛	鳥取県	鳥取市
㉜	島根県	松江市
㉝	岡山県	岡山市
㉞	広島県	広島市
㉟	山口県	山口市
㊱	徳島県	徳島市
㊲	香川県	高松市
㊳	愛媛県	松山市
㊴	高知県	高知市

九州地方

㊵	福岡県	福岡市
㊶	佐賀県	佐賀市
㊷	長崎県	長崎市
㊸	熊本県	熊本市
㊹	大分県	大分市
㊺	宮崎県	宮崎市
㊻	鹿児島県	鹿児島市
㊼	沖縄県	那覇市

近畿地方

㉔	三重県	津市
㉕	滋賀県	大津市
㉖	京都府	京都市
㉗	大阪府	大阪市
㉘	兵庫県	神戸市
㉙	奈良県	奈良市
㉚	和歌山県	和歌山市

北海道地方
中部地方
東北地方
関東地方
中国・四国地方
近畿地方
九州地方

番号	都道府県	都道府県庁所在地
北海道地方		
❶	北海道	札幌市
東北地方		
❷	青森県	青森市
❸	岩手県	盛岡市
❹	宮城県	仙台市
❺	秋田県	秋田市
❻	山形県	山形市
❼	福島県	福島市
関東地方		
❽	茨城県	水戸市
❾	栃木県	宇都宮市
❿	群馬県	前橋市
⓫	埼玉県	さいたま市
⓬	千葉県	千葉市
⓭	東京都	東京
⓮	神奈川県	横浜市
中部地方		
⓯	新潟県	新潟市
⓰	富山県	富山市
⓱	石川県	金沢市
⓲	福井県	福井市
⓳	山梨県	甲府市
⓴	長野県	長野市
㉑	岐阜県	岐阜市
㉒	静岡県	静岡市
㉓	愛知県	名古屋市

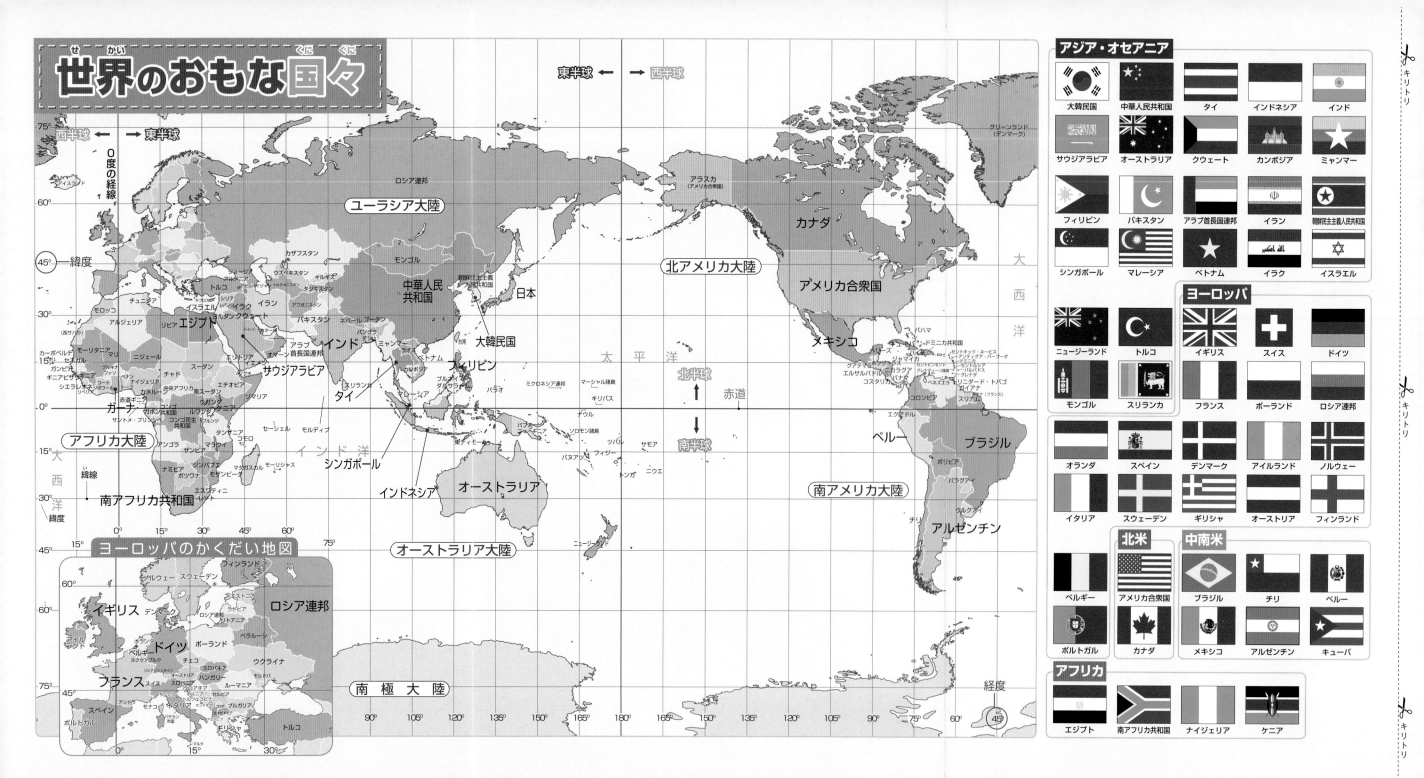

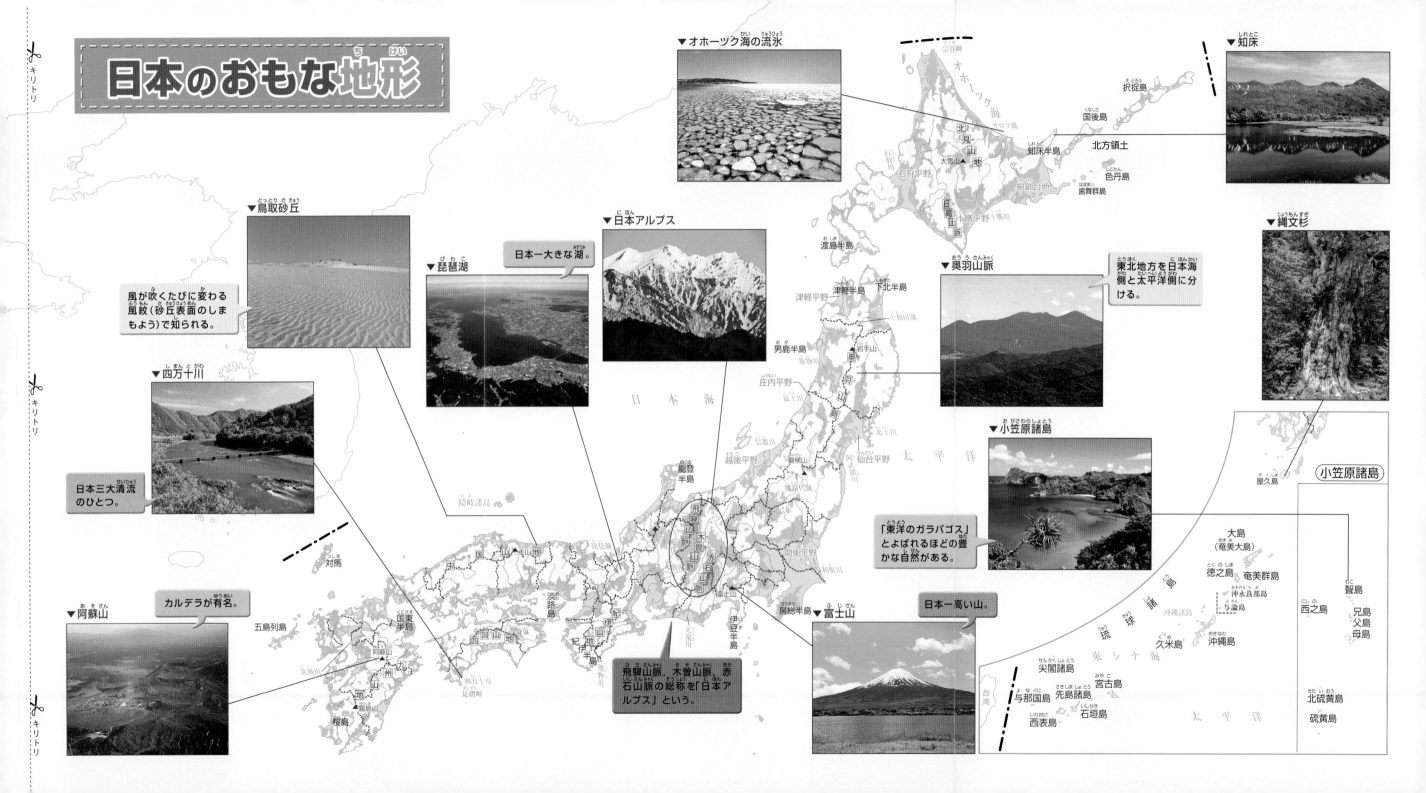

日本のおもな地形

▼オホーツク海の流氷

▼知床

宗谷岬
オホーツク海
択捉島
国後島
北見山地
サロマ湖
石狩川
大雪山▲
知床半島
北方領土
色丹島
石狩平野
根釧台地
歯舞群島
十勝平野
日高山脈
十勝川

▼縄文杉

▼鳥取砂丘

風が吹くたびに変わる風紋（砂丘表面のしまもよう）で知られる。

▼琵琶湖

日本一大きな湖。

▼日本アルプス

▼奥羽山脈

東北地方を日本海側と太平洋側に分ける。

渡島半島

津軽半島
下北半島
津軽平野
男鹿半島
秋田平野
岩手山▲
奥羽山脈
北上川
庄内平野
最上川
仙台平野
磐梯山▲
阿武隈高地

▼四万十川

日本三大清流のひとつ。

能登半島
越後平野
信濃川
阿賀野川

▼小笠原諸島

「東洋のガラパゴス」とよばれるほどの豊かな自然がある。

日本海
太平洋

隠岐諸島

屋久島

小笠原諸島

▼阿蘇山

カルデラが有名。

対馬
中国山地
飛驒山脈
木曽山脈
赤石山脈
関東平野
天竜川
富士山
房総半島
伊豆半島

五島列島
国東半島
四国山地
淡路島
紀伊山地
紀ノ川
紀伊半島
熊野川

阿蘇山▲
筑後川
九州山地
四万十川
足摺岬
桜島
霧島山

飛驒山脈、木曽山脈、赤石山脈の総称を「日本アルプス」という。

▼富士山

日本一高い山。

大島（奄美大島）
徳之島
奄美群島
沖永良部島
与論島
琉球諸島
沖縄諸島
久米島
沖縄島

尖閣諸島
宮古島
先島諸島
石垣島
与那国島
西表島

東シナ海
太平洋

西之島
聟島
父島
母島
北硫黄島
硫黄島

キリトリ

世界のおもな地形

▼アルプス山脈

▼バイカル湖

北極海

▼ロッキー山脈

世界で一番深い湖。

グリーンランド

ノバヤゼムリャ島

グリーンランド

アイスランド島

中央シベリア高原

マッキンリー山
▲6194

ハドソン湾

大西洋

ラブラドル半島

大西洋

アイルランド島 グレートブリテン島

ライン川

モンブラン山
4810

ドナウ川

北海

ウラル山脈

オビ川

エニセイ川

レナ川

西シベリア低地

バイカル湖

オホーツク海

ベーリング海峡

ベーリング海

アリューシャン列島

アリューシャン海溝

ニューファンドランド島

スペリオル湖

セントローレンス川

ミシガン湖

イベリア半島

アルプス山脈

黒海

カフカス山脈

カスピ海

アラル海

バルハシ湖

モンゴル高原 ゴビ砂漠

アムール川

日本海

富士山 3776

小笠原諸島

地中海

アトラス山脈

ナイル川

スエズ地峡

イラン高原

ペルシャ湾

パミール高原

テンシャン山脈

タクラマカン砂漠

朝鮮半島

黄河

黄海

東シナ海

エベレスト山

チベット高原

長江

▶チベット高原

メキシコ湾

西インド諸島

キューバ島

フロリダ半島

シエラマドレ山脈
▲5699

サハラ砂漠

リビア砂漠

アラビア半島

紅海

ルブアルハリ砂漠

インド半島

デカン高原

ガンジス川

ベンガル湾

8848
エベレスト山

フィリピン海

-10920

マーシャル諸島

太平洋

カリブ海

オリノコ川

ギアナ高地

▲6310

アマゾン川

セルバ

▼サハラ砂漠

ギニア湾

カメルーン山
▲4095

エチオピア高原

コンゴ盆地

ビクトリア湖

ケニア山
▲5199

キリマンジャロ山
▲5895

インド洋

マダガスカル島

カリマンタン島

マレー諸島

スマトラ島

インドシナ半島

南シナ海

フィリピン諸島

ジャワ島

スラウェシ島

ニューギニア島 ニューブリテン島

アラフラ海

ソロモン諸島

カロリン諸島

ミクロネシア

メラネシア

フィジー諸島

サモア諸島

ニューカレドニア島

ポリネシア

タヒチ島

チチカカ湖

ブラジル高原

アンデス山脈

パンパ

カンポ

世界で一番長い川。

▼ナイル川

世界で一番大きな砂漠。

▼エベレスト山

グレートサンディー砂漠

オーストラリア

グレートビクトリア砂漠

大鑽井盆地

マリー川 ダーリング川

▲2230
コジアスコ山

タスマニア島

北島

ニュージーランド

南島

世界で一番高い山。

▼アマゾン川

アコンカグア山
▲6959

チリ海嶺

マゼラン海峡

フエゴ島

ホーン岬

流域面積は世界第一位。熱帯雨林が広がる。

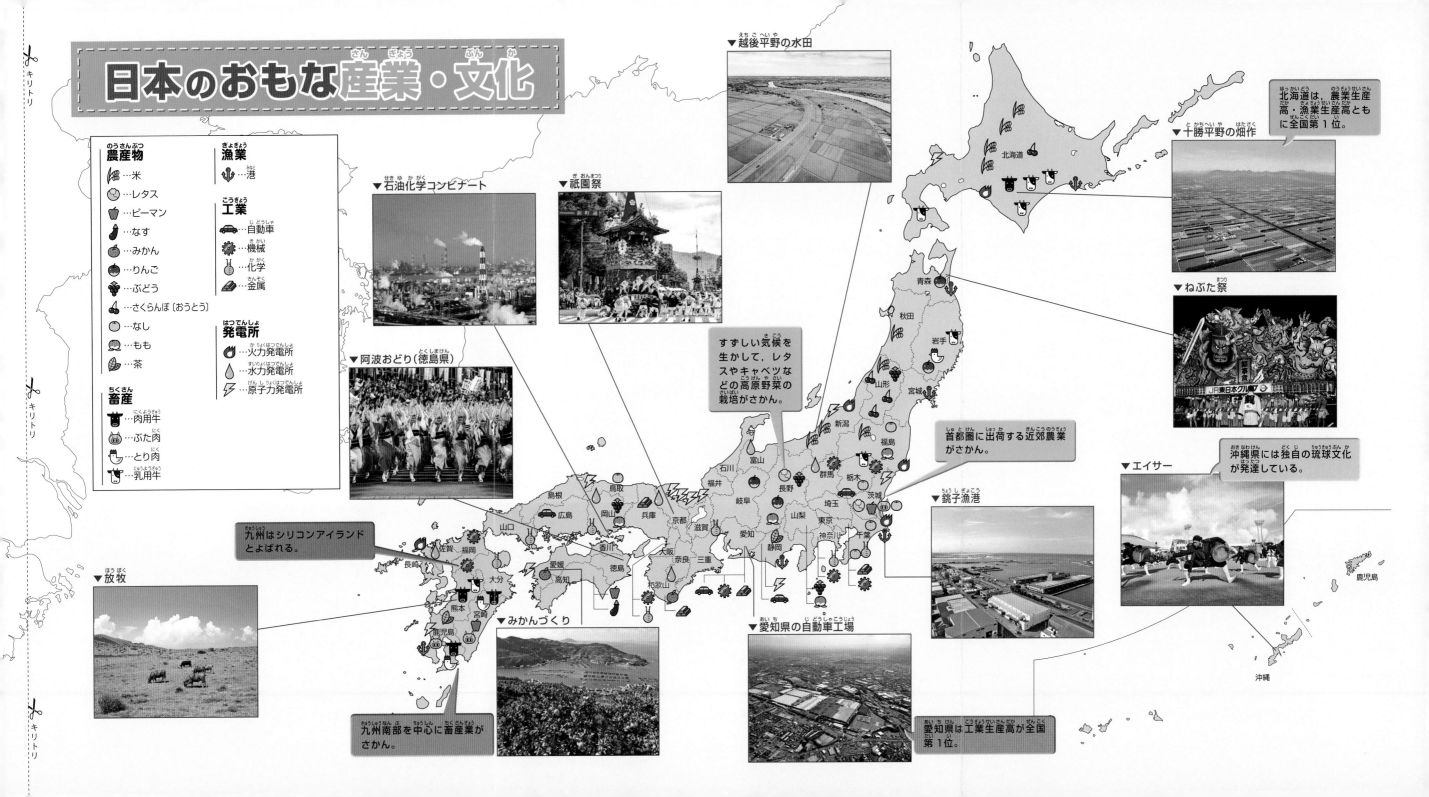

日本のおもな産業・文化

農産物
- 🌾…米
- …レタス
- …ピーマン
- …なす
- …みかん
- …りんご
- …ぶどう
- …さくらんぼ〔おうとう〕
- …なし
- …もも
- …茶

漁業
- ⚓…港

工業
- 🚗…自動車
- ⚙…機械
- …化学
- …金属

発電所
- …火力発電所
- …水力発電所
- …原子力発電所

畜産
- …肉用牛
- …ぶた肉
- …とり肉
- …乳用牛

▼越後平野の水田

北海道は，農業生産高・漁業生産高ともに全国第1位。

▼十勝平野の畑作

▼ねぶた祭

石油化学コンビナート

祇園祭

すずしい気候を生かして，レタスやキャベツなどの高原野菜の栽培がさかん。

首都圏に出荷する近郊農業がさかん。

沖縄県には独自の琉球文化が発達している。

▼エイサー

阿波おどり(徳島県)

九州はシリコンアイランドとよばれる。

▼放牧

▼銚子漁港

▼みかんづくり

九州南部を中心に畜産業がさかん。

▼愛知県の自動車工場

愛知県は工業生産高が全国第1位。

北海道　青森　秋田　岩手　山形　宮城　新潟　福島　富山　石川　福井　群馬　栃木　長野　茨城　岐阜　山梨　埼玉　東京　神奈川　千葉　静岡　愛知　三重　滋賀　京都　奈良　大阪　兵庫　和歌山　鳥取　島根　岡山　広島　山口　香川　徳島　高知　愛媛　福岡　佐賀　長崎　大分　熊本　宮崎　鹿児島　沖縄

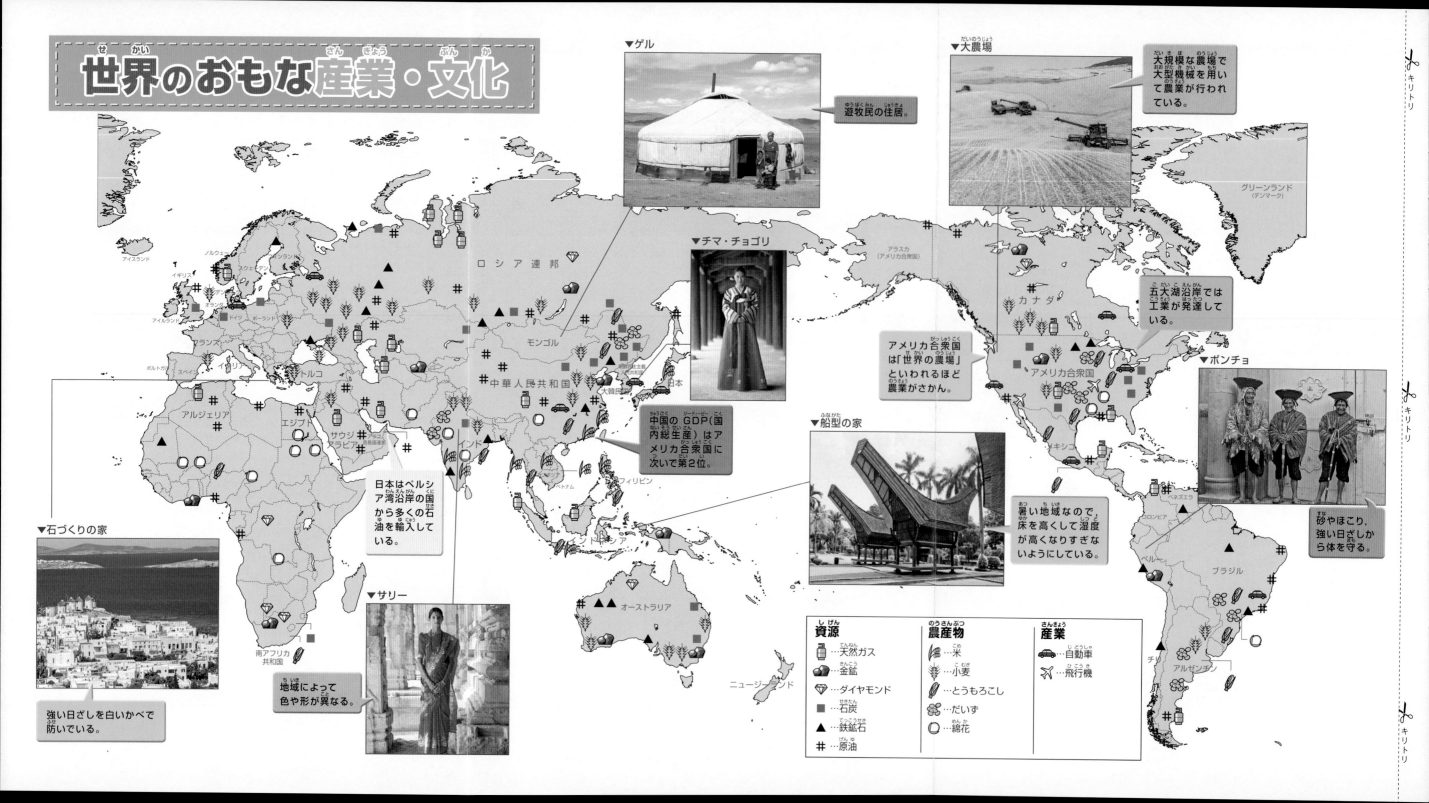

世界のおもな産業・文化

▼ゲル

遊牧民の住居。

▼大農場

大規模な農場で大型機械を用いて農業が行われている。

グリーンランド
（デンマーク）

▼チマ・チョゴリ

五大湖沿岸では工業が発達している。

アラスカ
（アメリカ合衆国）

カナダ

アメリカ合衆国は「世界の農場」といわれるほど農業がさかん。

アメリカ合衆国

▼ポンチョ

ロシア連邦

アイスランド

ノルウェー

イギリス

スウェーデン

フィンランド

オランダ

ドイツ　ポーランド

アイルランド

フランス

モンゴル

イタリア

ポルトガル　スペイン

トルコ

中華人民共和国

大韓民国

日本

朝鮮民主主義人民共和国

中国のGDP（国内総生産）はアメリカ合衆国に次いで第2位。

▼船型の家

メキシコ

砂やほこり、強い日ざしから体を守る。

アルジェリア

エジプト

サウジアラビア

アラブ首長国連邦

インド

日本はペルシア湾沿岸の国から多くの石油を輸入している。

ベトナム

フィリピン

暑い地域なので、床を高くして湿度が高くなりすぎないようにしている。

ベネズエラ

コロンビア

▼石づくりの家

インドネシア

ペルー

ブラジル

強い日ざしを白いかべで防いでいる。

南アフリカ共和国

▼サリー

オーストラリア

地域によって色や形が異なる。

チリ

アルゼンチン

ニュージーランド

資源
🛢…天然ガス
⛏…金鉱
💎…ダイヤモンド
⬛…石炭
▲…鉄鉱石
#…原油

農産物
🌾…米
🌾…小麦
🌿…とうもろこし
🌰…だいず
🥚…綿花

産業
🚗…自動車
✈…飛行機

日本の歴史地図ーできごと編ー

米騒動
1918 年

富山県の漁村の主婦が米の安売りを要求したのをきっかけに全国的な騒動に発展、シベリア出兵を見こした米の買い占めが発端。

長篠の戦い（部分）
1575 年

織田信長と徳川家康の連合軍（左側）が鉄砲隊を使い、騎馬戦法の武田勝頼軍（右側）を破った。

ラクスマンが来航（1792 年）

下田・函館
日米和親条約（1854年）での開港地

函館，神奈川（横浜），長崎，新潟，兵庫（神戸）
日米修好通商条約（1858年）での開港地

戊辰戦争終結の地…五稜郭（1869 年）

足尾銅山鉱毒事件の発生地

元寇
文永の役（1274 年）
弘安の役（1281 年）

2度にわたって博多に襲来した元軍と鎌倉幕府軍が戦った。『蒙古襲来絵詞』の右の騎馬兵は竹崎季長、左は元軍。

壇ノ浦の戦い（1185年）
源 義経が平家を滅亡させた。

日清戦争の講和会議が下関で開かれ，下関条約が結ばれた。（1895年）

都が平安京に移される（794 年）
保元の乱（1156 年）
平治の乱（1159 年）
承久の乱（1221 年）
応仁の乱（1467 年）

日宋貿易が行われる

原子爆弾が投下される（1945 年）

正長の土一揆（1428 年）

加賀の一向一揆（1488 年）

平将門の乱（935 年）

ペリー来航（浦賀）
1853 年

軍艦（黒船）を率いたアメリカの使節ペリーが、大統領の国書をもって開国を要求した。
※絵は翌年（1854 年）の横浜上陸を表したもの。

出島
1641 年

鎖国後の江戸時代におけるオランダとの貿易窓口。オランダ商館が置かれた。

原子爆弾が投下される（1945 年）

島原・天草一揆（1637 年）

大塩平八郎の乱（1837 年）

山城の国一揆（1485 年）

ノルマントン号事件が発生（1886 年）

藤原純友の乱（939 年）

都が平城京に移される（710 年）

源 頼朝が鎌倉に幕府を開いた

沖縄戦（1945年）
第二次世界大戦の激戦地。

桶狭間の戦い（1560 年）
織田信長が今川義元を破り，天下統一のいしずえを築く。

関ヶ原の戦い（1600 年）
豊臣軍と徳川軍の決戦。徳川家康が勝利して政権を手に入れた。

西南戦争（1877 年）
征韓論争に敗れて辞職した西郷隆盛が不平士族とともに新政府軍と戦い敗れた。

フランシスコ・ザビエルがキリスト教を伝える。（1549年）

鉄砲伝来（1543 年）
種子島に流れ着いた中国の貿易船に乗船していたポルトガル人によって，日本にはじめて鉄砲が伝えられた。

北海道

青森
秋田
岩手
山形
宮城
新潟
福島
富山
石川
福井
長野
群馬
栃木
茨城
神奈川（横浜）
山梨
東京
千葉
埼玉
滋賀
岐阜
愛知
静岡
神奈川
三重
京都
大阪
奈良
和歌山
兵庫（神戸）
鳥取
島根
岡山
広島
山口
香川
徳島
高知
愛媛
福岡
佐賀
長崎
熊本
大分
宮崎
鹿児島
沖縄
函館
下田

日本の歴史地図 —文化編—

日本の世界文化遺産

名称	所在地	登録年
❶法隆寺地域の仏教建造物	奈良県	1993年
❷姫路城	兵庫県	1993年
❸古都京都の文化財（京都市，宇治市，大津市）	京都府，滋賀県	1994年
❹白川郷・五箇山の合掌造り集落	岐阜県，富山県	1995年
❺原爆ドーム	広島県	1996年
❻厳島神社	広島県	1996年
❼古都奈良の文化財	奈良県	1998年
❽日光の社寺	栃木県	1999年
❾琉球王国のグスク及び関連遺産群	沖縄県	2000年
❿紀伊山地の霊場と参詣道	三重県，奈良県，和歌山県	2004年
⓫石見銀山遺跡とその文化的景観	島根県	2007年
⓬平泉—仏国土（浄土）を表す建築・庭園及び考古学的遺跡群—	岩手県	2011年
⓭富士山—信仰の対象と芸術の源泉—	山梨県，静岡県	2013年
⓮富岡製糸場と絹産業遺産群	群馬県	2014年
⓯明治日本の産業革命遺産 製鉄・製鋼，造船，石炭産業	山口県，福岡県，佐賀県，長崎県，熊本県，鹿児島県，岩手県，静岡県	2015年
⓰ル・コルビュジエの建築作品 —近代建築運動への顕著な貢献—	東京都	2016年
⓱「神宿る島」宗像・沖ノ島と関連遺産群	福岡県	2017年
⓲長崎と天草地方の潜伏キリシタン関連遺産	長崎県，熊本県	2018年
⓳百舌鳥・古市古墳群—古代日本の墳墓群—	大阪府	2019年
⓴北海道・北東北の縄文遺跡群	北海道，青森県，岩手県，秋田県	2021年

※2023年8月現在

姫路城
桃山文化
※完成は江戸時代

平等院鳳凰堂
国風文化

金閣
室町文化

三内丸山遺跡
縄文文化

銀閣
室町文化

中尊寺金色堂
平安末期の文化

富岡製糸場
明治時代

岩宿遺跡
旧石器時代の文化

国立西洋美術館
昭和時代

大森貝塚
縄文文化

吉野ヶ里遺跡
弥生文化

大山古墳
古墳文化

法隆寺
飛鳥文化

東大寺正倉院
天平文化

東大寺南大門
鎌倉文化